KB034537

세상의 모든 역사

고대편 1 | 최초의 이야기부터 상나라의 몰락까지

지은이_ 수잔 와이즈 바우어

미국의 저술가이자 교육자, 소설가이다. 1968년 버지니아에서 태어나 초중고 과정을 대부분 홈스쿨링으로 마쳤다. 버지니아 윌리엄&메리 대학에서 영문학과 미국 종교사를 전공했으며 미국학으로 박사 학위를 받았다. 1994년부터 이 대학 영문과 교수로 재직중이고 월간지『책과 문화(Books & Culture)』객원 편집위원이며『크리스천 투데이(Christian Today)』등의 신문에 종종 기고하고 있다. 저서로는『잘 훈련된 정신(The Well-Trained Mind: A Guide to Classical Education at Home)』(1999년),『잘 교육된 정신(The Well-Educated Mind: A Guide to the Classical Education You Never Had)』(2003년),『교양 있는 우리 아이를 위한 세계 역사 이야기(The Story of the World: History for the Classical Child)』(2001~2005년) 등이 있다.

옮긴이_ 이광일

서울에서 태어나 연세대학교 독문과 강사로 일했다.『한국일보』기획취재부장을 거쳐 논설위원으로 있다. 이라크 전쟁과 팔레스타인 분쟁을 다룬『끝나지 않은 전쟁』을 썼으며『루모와 어둠 속의 기적』,『성취하는 사람들의 작지만 특별한 습관』,『당신이 고양이를 복제했어?』를 비롯해 영어와 독일어로 된 책을 다수 번역했다.

세상의 모든 역사 고대편

글_수잔 와이즈 바우어 | 옮긴이_이광일 | 처음 찍은날_2007년 10월 1일 | 처음 펴낸날_2007년 10월 10일 | 펴낸곳_이론과실천 | 펴낸이_김인미 | 등록 제10-1291호 | 주소 121-856 서울시 마포구 신수동 448-6 한국출판협동조합 내 | 전화 02-714-9800 | 팩시밀리 02-702-6655

THE STORY OF THE WORLD (VOL. 1)
Copyright ⓒ 2007 by Susan Wise Bauer
All rights reserved.
Korean translation copyright ⓒ 2007 by Theory and Praxis Publishing Co.
Korean translation rights arranged with W. W. NORTON & COMPANY, INC.
through Eric Yang Agency, Seoul, Korea.

ISBN 978-89-313-6017-2 04900
     978-89-313-6016-5 (전2권)

값 23,000원

■ 잘못된 책은 바꾸어 드립니다.

세상의 모든 역사

고대편 1 | 최초의 이야기부터 상나라의 몰락까지

수잔 와이즈 바우어 지음 | 이광일 옮김

이론과실천

감사의 말

최근 몇 해 동안 "요새 무슨 일 하세요?" 하는 질문을 들으면 답이 마땅치가 않았다. "세계사 작업을 하고 있어요" 하면 사람들은 웃고 만다.

사실 나는 진짜 세계사를 쓰고 있다. 하지만 노튼 출판사 편집자인 스탈링 로런스 씨가 먼저 제안하지 않았더라면 이런 식의 프로젝트는 감히 시작하지 못했을 것이다. 로런스 씨의 충고와 격려, 편집자로서의 판단력은 이 책을 꾸미는 데 큰 도움이 되었다. 특히 긴장의 끈을 늦추지 않을 수 있었다는 점에서 감사의 마음을 전한다. 또 사뭇 친절하게 대해준 스타와 제니에게도 감사한다.

내 유능한 에이전트인 리처드 헨쇼 씨는 사무적인 부분을 처리하는 데 많은 도움을 주었다. 그 성의와 우정에 감사한다.

이런 종류의 역사책은 전문가들의 세심한 작업이 있었기에 가능하다. 특히 수메르 분야에 관해서는 새뮤얼 노아 크레이머 선생에게 많은 빚을 졌다. 메소포타미아와 바빌론에 대해서는 그웬들린 라이크, 파라오들의 연대기는 피터 클레이튼, 아시리아 왕들에 대해서는 대니얼 루켄빌, 인도에 관한 시각에서는 로밀라 타파르 선생에게 빚을 졌다. 바빌론의 왕들에 대해서는 그랜트 프레임, 그리스 문헌 번역에서는 로빈 워터필드, 중국 문헌 번역은 버튼 왓슨 선생의 도움을 많이 받았다. 특히 옥스퍼드 대학교 동양학연구소가 꾸민 수메르 문헌 전자 텍스트를 많이 활용했음을 밝혀둔다.

내가 재직중인 윌리엄&메리 대학 스웸 도서관 사서들의 도움도 컸다. 옥스퍼드

대학교 새클러 도서관의 다이앤 버그만 선생께도 감사의 뜻을 전한다.

재능 있는 사라 파크 씨와 함께 지도 작업을 한 것은 대단한 행운이었다. 중세편에서도 계속 함께 일하기를 기대한다.

앞서 『교양 있는 우리 아이를 위한 세계 역사 이야기』를 냈던 피스 힐 출판사의 피터 버핑턴과 사라 버핑턴 씨에게도 세심하게 지원해주신 데 대해 고맙다는 말씀을 전하고 싶다. 웹사이트 작업 등을 도와준 찰리 파크, 참고문헌을 비롯해 온갖 일을 챙겨준 엘리자베스 웨버에게도 감사한다. 특히 낸시 블라운트는 참고문헌 364종을 확인하는 등 궂은일을 대신하면서도 유머를 잃지 않아 큰 힘이 되었다.

이 프로젝트를 추진할 수 있도록 격려해준 전문 역사학자와 아마추어 역사학자들에게도 감사의 뜻을 전한다. 월간 『책과 문화(Books & Culture)』의 존 윌슨, 윌리엄&메리 대학의 모린 피츠제럴드 선생은 더할 나위 없는 지원을 아끼지 않았다. 그리고 의학박사이자 비즈니스 파트너인 아버지(제임스 L. 와이즈)는 우리 집 헛간을 멋진 사무실로 꾸며주었다.

로버트 에릭 프라이켄버그, 롤린 필립스, 마이클 스튜어트, 마사 다트는 초고를 읽고 이런저런 비평을 해주었다. 고마움을 표하고 싶다. 엘리자베스 피어슨 선생은 편집 과정에서 많은 오류를 바로잡아주었다.

로런 위너와 스미스 부부는 따뜻한 격려를 아끼지 않았다. 수잔 커닝햄은 필자가 집중해야 할 지점을 끊임없이 일깨워주었다.

남동생 밥 와이즈는 사진에 관해 많은 도움을 주었다.(동생 부부에게: 이제 1권이 끝났으니까 전화도 받고 이메일 연락도 할게.) 존경하는 동료이기도 한 어머니(제시 와이즈)는 아이들의 좋은 할머니다. 수메르 명문 관련 부분을 쓰는 동안 딸 에밀리에게 읽기를 가르쳐주었고, 잡초 뽑는 일을 도와드린 적도 없는데 정원에서 가꾼 채소며 과일들을 따다 주었다. 아들 크리스토퍼는 이 책을 고등학교 역사 교재로 쓰게 될 첫 학생으로서 여러 가지 의견을 제시해주었다. 벤과 대니얼, 에밀리는 최종 교열을 볼 때조차 인생은 "정말 행복하다!"는 사실을 일깨워주었다. 마지막으로 내가 글을 쓰면서 행복한 생활을 할 수 있게 배려해준 남편 피터에게 깊은 감사의 마음을 표한다.

한국어판 인사말

나는 한국인에 대해 각별한 애정을 갖고 있습니다. 대학원 때 인연 때문이지요. 당시 필라델피아에서 혼자 자취를 했는데 저한테는 낯선 도시였습니다. 일요일 오전에 한국 장로교회에서 유치원생들 가르치는 아르바이트를 했습니다. 참 즐거웠지요. "앉아", "조용히 해요", "간식 먹자" 같은 한국말도 거기서 처음 배웠습니다.

특히 부모님들이 따뜻하게 대해주어서 깊은 감동을 받았습니다. 그분들 역시 필라델피아가 낯설었을 겁니다. 미국에 온 지도 그리 오래되지 않았고 영어도 거의 못했지요. 그런데도 집으로 초대해 식사 대접을 해주었습니다. 생전 처음 먹어보는 음식이 많았습니다. 그분들은 내게 영어로 말하려고 애썼고, 나는 한국어로 말하려고 애썼습니다. 양쪽 다 썩 잘하지는 못했지요. 아무튼 제가 외롭지 않도록 많은 배려를 해주었습니다. 언젠가 추수감사절 때는 고향에 못 간 대신 한국인 가정에서 음식을 나눠먹으며 지내기도 했습니다.

세계사를 쓰면서 나는 한국 문화에 대한 인식을 새롭게 하게 되었습니다. 나는 평소 21세기의 시민은 세계사를 알아야 한다고 생각해왔습니다. 미국인들은 서양뿐아니라 동양의 역사에 대해 알아야 합니다. 그래야 현재를 더 잘 이해할 수 있지요. 불행하게도 동양의 역사를 담은 많은 고대 기록들은 아직 영어로 번역되지 않은 상태입니다. 번역이 되었다고 해도 전문 학자들이나 대학 도서관에서 접할 수 있는 수준이지요. 일반 독자들은 접하기가 어렵습니다.

나는 이 책이 서구 독자들에게 자칫 소홀하기 쉬운 동양에 대한 인식을 심어줄 수 있기를 기대합니다. 그리고 한국 독자들에게는 동양과 서양의 공통점은 물론이고 한국 고대사가 나머지 다른 세계와 어떤 연관관계를 맺고 있는지에 대한 인식을 넓혀주기를 바랍니다.

나는 낯선 도시에서 대학원에 다닐 때 따뜻하게 대해준 한국인 가정들을 통해 한국인이 새로운 얼굴과 새로운 개념에 대해 얼마나 개방적인지를 알게 되었습니다. 이 책의 한국어 번역본에서도 그러한 마음을 느낄 수 있습니다. 한국 독자들이 동양이나 서양이 아니라 전세계에 관해 이야기하려는 나의 노력에 귀 기울여주신 데 대해 감사드립니다.

수잔 와이즈 바우어

2007년 9월

세상의 모든 역사 고대편 1권
| 차례 |

서문

B.C. 1770년경 유프라테스 강 연안 성곽도시 마리의 왕 짐리-림은 둘째 딸에게 단단히 화가 났다.

짐리-림은 10년 전 큰딸 쉬마툼을 다른 주권 도시인 일란수라의 왕한테 시집보냈다. 잘된 결혼이었다. 성대한 잔치가 이어지고 엄청난 선물이 오갔다. 물론 대부분은 신부네서 신랑한테로 보내는 것이었다. 이렇게 해서 짐리-림의 외손자들이 일란수라의 왕위를 계승할 가능성이 높아지고, 비옥하지만 넓지 않은 유프라테스 강 연안을 둘러싼 여러 독립 도시들 간의 영토 싸움에서 일란수라의 왕을 경쟁자가 아니라 동맹으로 만들려는 심산이었다.

그러나 불행하게도 외손자는 기대만큼 빨리 나오지 않았다. 3년 후 짐리-림은 다시 일란수라와의 동맹을 영구화할 목적으로 왕에게 딸 하나를 더 보냈다. 쉬마툼의 여동생 키룸이었다. 많은 사람들은 그녀가 둘째 부인으로서 언니의 시녀가 되는 것이 타당하다고 여겼다. 그러나 입이 험하고 야심적인 키룸은 정처 자리를 차지하려고 공작에 나섰다. 정치에 관여하고 시종들을 사적인 목적으로 멋대로 부리는가 하면 언니를 능멸하고 궁정 여기저기서 왕비 노릇을 하고 다녔다.

그러나 쉬마툼이 쌍둥이를 낳자 아이가 없는 키룸의 지위는 삽시간에 곤두박질쳤다. "내 의견을 묻는 사람이 이젠 아무도 없어요." 그녀는 아버지에게 보내는 편지에서 이런 불만을 토로하곤 했다. "남편은 마지막 남은 시종들까지 데려가버렸어요. 언니는 나를 자기가 하고 싶은 대로 하겠다고 떠들고 다녀요!"

결혼 초기에 키룸이 언니에게 한 행태로 보아 "자기가 하고 싶은 대로"가 좋은 내용을 의미할 것 같지는 않다. 이후에 키룸이 아버지에게 보낸 편지들도 제발 구해달라는 하소연을 담고 있다. "절 집으로 데려가주시지 않으면 틀림없이 죽게 될 거예요"라는 호소는 "절 마리로 데려가지 않으면 일란수라 지붕에서 투신해버리겠어요!"라는 표현으로 절박해진다.

짐리-림은 당초 일란수라의 왕을 친구로 만들 계획이었다. 그러나 불행하게도 키룸을 시가에 놓아두는 것은 두 왕가의 우호를 증진시키는 데 도움이 되지 않았다. 결혼 7년 만에 짐리-림은 기대를 접고 북쪽으로 순행을 떠났다. 짐리-림의 궁정 기록에 따르면 그는 "일란수라 궁정을 해방시키고" 키룸을 집으로 데려왔다.[1]

수천 년 전 일단의 수렵인과 채집인 들이 초원에 사는 매머드 무리를 따라 아시아와 유럽을 떠돌고 있었다. 빙하는 서서히 물러가기 시작했다. 그에 따라 풀이 자라는 유형에도 변화가 왔다. 매머드 무리는 북쪽으로 이동하면서 수가 감소했다. 일부 수렵인들은 매머드를 따라갔다. 그러나 다른 일부는 주식인 고기가 없어지자 야생초본을 수확했고, 시간이 가면서 그런 풀들을 직접 심어 재배하기 시작했다.

아마 그랬을 것이다.

세계사 책들은 대개 선사시대부터 시작한다. 그러나 나는 역사가가 선사시대를 출발점으로 잡는 것은 잘못이라고 생각한다. 아주 먼 과거를 진흙 속에서 캐내는 데 능한 다른 분야의 전문가들이 있다. 고고학자들은 매머드 뼈로 지은 마을 유적을 발굴한다. 인류학자들은 그 마을 사람들의 사라진 세계를 재구성하려고 애쓴다. 둘 다 증거에 부합하는 가설을 추구한다. 여러 집단이 동쪽에서 서쪽으로 이동했고, 매머드 고기를 포기하고 대신 보리를 선택했으며, 여분의 곡물을 저장하려고 큰 구덩이를 팠다는 것을 입증할 증거를 찾고 있는 것이다.

그러나 사람들이 **무엇을** 했느냐가 아니라 얼마간은 **왜** 그리고 **어떻게** 그랬느냐를 설명하고 싶어 하는 역사가에게 선사시대—사람들이 왕과 영웅과 자기 자신에 대해 쓰고 이야기하기 시작하기 이전 시대—는 불투명한 상태로 남아 있다. '신석기인'으로 일컬어지는 집단에 대해 고고학자가 어떤 결론을 내리든지 간에 나는 프랑스 남부의 한 마을에서 테두리가 있는 토기를 만들던 신석기시대 도공의 일상생활에 대해 아무것도 알지 못한다. 토기, 돌조각, 사람과 동물의 뼈, 절벽과 동굴 벽에 그린 그림 같은 수렵인과 채집인의 흔적은 삶의 유형을 보여주지만 그 어떤 이야기도 드러나지 않는다. 선사시대에는 왕도 없고 왕비도 없다. 개성이 제거된 선사시대 사람들은 지도상에서 이동하는 점의 무리로 나타나는 경우가 많다. 북쪽으로 갔다가, 서쪽으로 갔다가, 곡물 경작지를 만들거나 새로 길들인 동물을 우리에 가두어 키운다. 이런 이름 없는 사람들의 이야기는 비인격적인 스타일로 할 수밖에 없고 그래서 너무 많은 역사가 누락된다. 예를 들면 이런 식이다. "비옥한 초승달 지역에서 문명이 발생했다. 유프라테스 강 연안에서 처음으로 밀이 재배되었다. 이어 문자가 만들어졌고, 도시들이 건립되었다."

이처럼 역사가가 '인간의 행동'에 관해 지극히 일반적인 진술에 의존하지 않을 수 없는 경우는 말하자면 모국어를 포기하고 외국어로 말하는 것이나 마찬가지다. 대개는 표현이 자연스럽지도 우아하지도 않다. 수동태식 표현들에 크게 의존하는 이런 종류의 비인격적인 역사는 극도로 모호하다. 더욱 나쁜 것은 부정확하다는 점이다. 예를 들어 비옥한 초승달 지역이 농사를 독점한 것은 아니다. 날씨가 따뜻해지면서 소규모 무리들이 아시아와 유럽 전역에 걸쳐 곡물을 재배하기 시작했고, 비옥한 초승달 지역 대부분은 황량한 황무지에 불과했다.

인류학자는 인간의 행동에 대해 추론할 수 있다. 고고학자는 주거지의 형태에 대해, 철학자와 신학자는 미분화된 집단으로서의 '인류'의 행동 동기에 대해 추론할 수 있다. 그러나 역사가의 과제는 다르다. 인간 행동에 관한 추상적인 주장들에 대해 육신과 영혼이 살아 숨 쉬는 특정한 인간의 삶을 찾아내는 것이다.

고대 근동에서 소국의 왕이 되는 것은 쉬운 일이 아니었다. 짐리-림은 생애의 절반을 다른 도시의 왕들과 싸우며 보낸다. 그리고 나머지 반은 복잡한 개인생활을 처리하는 데 보낸다. 그의 아내는 유능하고 정치적으로 영민한 쉽투였는데 남편이 또다시 전쟁에 나가 있는 동안 마리를 통치한다. 그녀는 지중해의 여름이 한창일 때 남편에게 편지를 보낸다. "뜨거운 햇살 아래 있을 때는 몸조심하세요! …… 제가 만들어드린 정장과 외투를 챙겨 입으세요! …… 당신의 안부가 몹시 염려됩니다. 편지 보내주세요. 별일 없다고 말해주세요!" 그러자 짐리-림은 답장을 보낸다. "적은 아무리 무기가 많아도 날 두렵게 하지 못한다오. 모든 게 잘 되고 있소. 더는 마음 아파하지 말아요."[2] 유프라테스 연안에서 출토된 수천 개의 쐐기문자 점토판에 기록된 바에 따르면 짐리-림은 전형적인 메소포타미아의 왕인 동시에 여러 번 결혼했고 아버지로서의 자질은 없는 한 개인으로 등장한다.

따라서 나는 이 책을 동굴벽화나 평원을 따라 돌아다니는 익명의 유목민 집단으로부터 시작하기보다는 특정한 인간의 삶과 귀에 들리는 인간의 목소리가 선사시대의 불명료한 군중들과 확연히 구분되는 시점에서부터 시작하기로 했다. 물론 다음 몇 장에서는 고고학과 인류학의 성과에 힘입은 선사시대 이야기가 일부 나올 것이다. 이럴 경우 비인격적인 문체를 사용하는 것은 불가피한 일이다. 그러나 그런 이야기는 차례를 기다리는 인물들을 제대로 보여주기 위한 준비작업일 뿐이다.

나는 서사시와 신화를 조심스럽게 사용한다. 선사시대의 모습을 구체화하기 위해서다. 고대사의 표면에 처음 튀어나오는 인물들은 일부는 인간이고 일부는 신으로 보인다. 초기의 왕들은 수천 년을 통치했다. 그리고 최초의 영웅들은 독수리 날개를 타고 하늘로 올라간다. (적어도) 18세기 이후로 서양 역사가들은 그런 이야기들을 신뢰하지 않았다. 과학을 오류가 없는 것으로 떠받드는 대학 제도에서 교육받은 역사가들은 자신을 과학자의 지위에 올려놓으려고 많은 시도를 했다. 냉철하고도 엄밀한 사실을 찾고, 뉴턴식 우주라는 현실과 괴리된 것으로 보이는 역사적 자료는 내쳤다. 그 결과 수메르 역대 왕 목록에서 보듯이 "왕권은 하늘에서 내려온 것이다"라고 시작하는 어떠한 기록도 역사로서는 신뢰할 수 없는 것이 되어버렸다. 고고학에 의지해서 만져서 알 수 있는 물리적 증거를 중심으로 수메르나 이집트의 초기 시대, 인더스 강 유역의 주거지를 재구성하는 것이 훨씬 바람직한 것으로 생각되었다.

그러나 인간이 왜, 어떻게 그런 행동을 하느냐에 관심이 있는 역사가라면 오지그릇 파편과 가옥의 기초는 쓸모가 제한적이다. 그런 유물들은 영혼을 들여다볼 수 있는 창이 되지 못한다. 반면에 서사시는 그런 이야기를 하는 사람들이 느꼈던 공포와 희망을 드러내준다. 그리고 그런 것들이야말로 인간의 행동을 설명하는 데 핵심적인 중요성을 지닌다. 역사가 존 키가 말했듯이 신화는 '역사의 연기'다. 그 속에 숨겨진 불꽃을 엿보려면 부채질을 아주 잘해야 한다. 그러나 연기를 보고도 거기에 아무것도 없는 것처럼 행동하는 것은 현명하지 못한 처사다.

어쨌든 모든 고대 역사는 상당한 추론이 포함된 것임을 잊어서는 안 된다. 물리적 증거를 토대로 한 추론이 사람들이 보존해왔고 자기 아이들에게 전해준 이야기들을 토대로 한 추론보다 더 믿을 만한 것은 아니다. 모든 역사가는 증거를 추린다. 적합하지 않아 보이는 것은 버리고 그 나머지를 어떤 유형으로 배열한다. 고대의 이야기들이 제공하는 증거가 상인들이 무역로에 남긴 증거보다 덜 중요한 것은 결코 아니다. 둘 다 채집하고 타당성을 가려서 평가한 다음 사용할 필요가 있다. 물리적 증거에 집착하고 신화와 이야기를 배제하는 것은 인간 행동을 만지고 냄새 맡고 보고 무게를 달 수 있는 측면에만 국한시키는 것이다. 이는 인간 본성에 대한 기계적 관점이며, 인간 행동의 신비를 설명하는 과학적 방법에 대한 맹신을 보여준다.

그러나 아주 오래된 이야기만을 중심으로 구성한 역사는 아주 오래된 유적만을 중심으로 구성한 역사만큼이나 지나친 이론화가 된다. 그래서 나는 문자로 쓴 기록이 늘어나기 시작하고 추측이 조금은 덜 억측이 되는 지점을 적시하고 싶다(2부를 보라). 역사가가 독자에게 항상 이런 종류의 주의를 환기시키려고 애쓰는 것은 아니다. 많은 역사가들이 "중석기인은 점차 무기를 잘 만들게 되었다" 하고는 훌쩍 뛰어넘어 "사르곤(메소포타미아의 수많은 도시국가를 통합해 최초의 통일 국가인 아카드 제국을 건설한 왕. 재위 기간은 B.C. 2334~2279년으로 추정—옮긴이)이 메소포타미아 전역으로 통치력을 넓혀갔다"라고 쓴다. 그러면서 두 진술이 아주 다른 종류의 증거에 근거한 것이며 모호성의 정도도 매우 다르다는 점은 언급하지 않는다.

이 책에서 우리는 호주나 아메리카, 아프리카에 많은 양을 할애하지는 않을 것이다. 물론 그 이유는 조금씩 다르다. 이런 문화권의 구비(口碑) 역사는 오래되기는 했지만 메소포타미아에서 가장 오래된 왕들의 명단이나 이집트 왕들에 관한 최초의 기념 명판(銘板)만큼 그렇게 멀리 거슬러 올라가지는 않는다. 또 역사의 개요를 선사시대, 고대사, 중세사, 현재, 미래로 잡는 선적인 시간관 자체는 아프리카나 아메리카 원주민들에게는 해당되지 않는다. 그것은 전적으로 서구적인 창조물이다. 물론 그렇다고 개념의 효용성이 떨어진다는 이야기는 결코 아니다. 고고학자 크리스 고스덴은 선사시대에 관한 입문서에서 호주 원주민들은 '선사시대'라는 개념 자체가 없다고 했다. 우리가 알 수 있는 한에서 그들은 과거와 현재를 하나로 생각했다. 그러나 서구인들이 들어오면서 '역사'를 함께 가져왔고 그 결과 그들의 선사시대는 갑자기 끝이 난 것이다. 우리는 나중에 이들을 만나게 될 것이다. 이런 접근방식은 이상적이지는 않겠지만 적어도 그들 자신의 시간관을 부당하게 왜곡하지는 않을 것이다.

한 가지 더 말해둘 것이 있다. 함무라비(B.C. 1750년경 사망 추정) 이전에 일어난 일에 대해 연도를 확정하는 데는 문제가 많다. 함무라비의 등극도 50년의 오차가 있고, 이런 오차는 B.C. 7000년까지 거슬러 올라가면 500~600년까지 들쭉날쭉하다. B.C. 7000년 이전에 기록된 일의 연도를 확정한다는 것은 그야말로 중구난방이다. B.C. 4000년경에 발생한 일에 대해 기록하는 것은 '선사시대'의 시대 구분에 사용하는 체계들이 서로 달라서 더욱 혼란스럽다. 그 어느 체계도 다른 것들과 완벽한 일치를 이루지 못하기 때문에 최소한 하나는 분명히 잘못된 것이다.

　나는 연도 표기를 위해 전통적인 시대구분법인 B.C.와 A.D.를 사용하고자 한다. 나는 많은 역사가들이 B.C.E.(Before the Common Era 또는 Before the Christian Era의 약자로 비기독교인들이 B.C. 대신 사용하는 기원전 표시―옮긴이)와 C.E.(the Common Era 또는 the Current Era 또는 the Christian Era의 약자로 비기독교인들이 A.D. 대신 사용하는 기원후 표시―옮긴이)를 사용하는 이유가 역사를 유대·기독교적 관점에서 보는 것을 피하기 위한 것임을 이해한다. 그러나 B.C.E.를 사용하면서 여전히 예수 그리스도의 탄생을 기점으로 잡는 것은 내가 보기에는 요령부득이다.

THE
HISTORY
OF
THE WHOLE
WORLD

1

역사의 여명

왕권의 기원

아주 먼 과거에, 페르시아 만 바로 북쪽에서
수메르인들이 도시에는 통치자가 필요하다는 사실을 발견하다

수천수만 년 전 수메르의 왕 알룰림이 에리두를 통치했다. 에리두는 예측불허의 거친 두 강 유역—로마인들은 후일 이곳을 메소포타미아라고 불렀다—에서 벗어난 곳에 안전하게 자리한 성곽도시였다. 알룰림이 권좌에 오른 것이 문명의 시작이었다. 그리고 그의 통치는 3만 년 가까이 지속되었다.

수메르인들은 초자연적인 것과 물질적인 것이 아직 뚜렷이 구분되지 않던 세계에 살고 있었다. 따라서 그들은 앞 문단 마지막 문장에 대해 황당해 하지는 않았을 것이다. 이에 반해 알룰림을 '문명의 시작' 단계에 배치한 것은 심히 받아들이기 어렵다고 생각했을 것이다. 수메르인들의 정신세계에서 자신들은 언제나 문명화된 존재였다. 알룰림의 왕권은 수메르 역대 왕 목록에 따르면 '하늘에서 내려온 것'이고 지상에 도착하는 순간 이미 완벽했다. 이 목록은 아마도 세계에서 가장 오래된 역사 기록일 것이다.

그러나 우리는 최초의 임금의 출현을 다른 시각에서 볼 수 있다. 그것은 인간 조건의 전면적인 변화이자 인간과 토지와 지배자들 사이에 전혀 새로운 관계가 시작되었음을 의미한다.

알룰림의 통치 기간을 정확히 알 수는 없다. 다른 기록에 그의 이름이 언급된 바 없기 때문이다. 더구나 우리는 수메르 역대 왕 목록 자체가 얼마나 오래된 것인지조차 알지 못한다. 이 목록은 B.C. 2100년 이후 어느 시기에 점토판에 기록된 것이다. 그러나 훨씬 오래된 전통을 보전하고 있음은 의심의 여지가 없다. 아니, 그 이상이다. 수메르 역대 왕 목록이 제시하는 연대기는 우리가 아는 과거와 정확히 일치하지는 않는다. "왕권이 하늘에서 내려온 이후 알룰림은 2만 8,000년을 왕으로 통치했다. 〔그의 후계자〕 알랄가르는 3만 6,000년을 통치했다"[1]고 역대 왕 목록은 말한다.

이런 통치 기간은 두 왕이 실제로는 역사보다는 신화에서 끌어온 반신반인(半神半人)임을 말해준다. 아니면 단순히 알룰림과 그 후계자가 아주 오랜 기간 다스렸다는 것을 말하는 것일 수도 있다. 수메르인들에 따르면 온 나라를 '홍수가 쓸어가는' 엄청난 재앙이 일어나기 전에 여덟 임금이 다스렸다. 각 임금의 재위 기간은 3,600년을 기본으로 그 몇 배씩이나 지속되었다. 이는 역대 왕 목록에 우리가 이해하지 못하는 어떤 계산이 들어 있음을 시사한다.*

우리가 **할 수 있는** 일은 최초의 수메르 왕을 먼 과거에 위치시키는 것이다. 그의 통치 시기가 언제였든 간에 알룰림은 우리가 오늘날 알고 있는 메소포타미아와는 전혀 달랐을 나라에 살고 있었다. 이 지역은 티그리스와 유프라테스라고 하는 친숙한 두 강이 페르시아 만으로 흘러드는 곳이다. 지질학자들은 역사시대가 시작되기 직전에—엄밀한 것은 아니지만 B.C. 11000년이 준거점이 된다—얼음이 극지의 빙산에서

---

* 역대 왕 목록에는 이 밖에도 몇 가지 문제가 있다. 점토판이 파손되어 빠진 부분이 있고, 명문과 기타 독립적인 증거를 통해 실존인물임이 입증된 통치자들을 배제한 점 등이 그러하다. 그러나 수메르인들의 머나먼 과거를 알려주는 최고의 길잡이임은 분명하다.

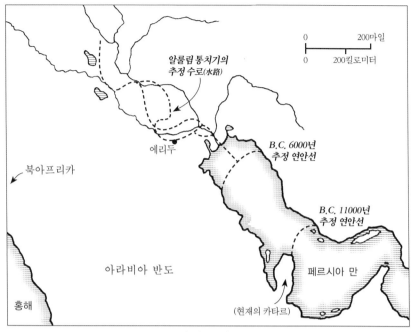

고대 메소포타미아

남쪽으로 거의 지중해 연안까지 흘러 내려왔다고 한다. 당시에는 물이 얼음으로 갇혀 있었기 때문에 대양과 연근해는 지금보다 수위가 낮았다. 페르시아 만의 북쪽 끝도 아마 평원으로 고작 개울이 흐르는 정도였을 것이다. 그런데 바다가 현재 카타르의 해발과 같은 수준이었던 해안을 잠식해 들어갔다. 비가 정기적으로 내렸고, 그 결과 육지에는 물이 넘쳤다.

　기후가 따뜻해지고 얼음 덩어리가 녹기 시작했다. 지질학자들은 이런 변화가 B.C. 11000년에서 6000년 사이 5,000년 동안에 발생한 것으로 추정한다. 바다가 카타르를 넘어 현재의 바레인 영토까지 잠식했다. 주거지는 계속 뒤로 물러났다. 전에는 유럽대륙에서 튀어나온 반도였던 영국도 B.C. 6000년경에는 섬이 되었다. 페르시아 만의 해변은 쿠웨이트 남쪽 국경 지역까지 치고 올라왔다. 그 이북에 있던 평원도 물이 넘치게 되었다. 유프라테스와 티그리스 강만으로 그런 것이 아니라 큰 하천이 아주 많았다. 인공위성 사진으로 보면 그런 하천들이 흐르던 자취를 아직도 볼 수 있다. 「창세기」에는 에덴에서 강 하나가 흘러나와 동산을 적시고 '네 줄기'로 갈라진다는 묘사가 나온다.[2]

그러나 여러 줄기의 강물이 대지를 적셨어도 땅은 차츰 말라갔다. 얼음층이 물러나면서 기온이 상승했다. 페르시아 만 바로 북쪽에서는 굵은 비가 간헐적으로 내리는 보슬비로 바뀌었다. 그나마 겨울철 몇 달만 비가 왔다. 여름에는 강한 바람이 맨몸을 드러낸 평원에 불어 닥쳤다. 개천은 매년 강둑을 넘어 들판을 쓸어버린 다음 다시 하상(河床)으로 물러나면서 개흙을 퇴적시켰다. 개흙은 여러 하천의 강둑에 쌓이기 시작하면서 하천을 서로 단절시켰다. 게다가 페르시아 만은 계속 북쪽으로 올라왔다.

만에 가장 가까운 남쪽 평원에 사는 종족들은 변덕이 심하고 예측이 어려운 자연환경 속에서 생존을 위해 분투했다. 1년에 한 번은 너무나 많은 물이 들판을 뒤덮었다. 홍수가 빠져도 땅은 잘 마르지 않았다. 돌도 없고 목재를 공급해줄 숲도 없고 드넓은 초원도 없었다. 하천을 따라 자라는 갈대와 다량의 진흙뿐이었다. 진흙은 형을 만들어 말린 다음 갈대와 섞어 구우면 건축자재가 되고, 성벽을 만드는 벽돌이나 토기가 되었다. 그들은 흙의 사람들이었다.*

이들이 사용한 언어(수메르어)는 지구상의 그 어떤 언어와도 연관관계가 없는 것으로 보인다. 그러나 수메르인들이 문자를 쓰기 시작할 때쯤 그들의 언어에는 이미 다른 나라 말에서 많은 단어가 차용되었다. 수메르어 단어는 단음절어가 기본이다. 그러나 가장 오래된 명문에 나오는 수십 개의 단어는 이상하게도 2음절어다. 평원을 흐르는 가장 큰 두 강의 이름이 그렇고, 농부, 어부, 목수, 직조공 및 기타 12가지 직종에 대한 명칭이 그렇다. 에리두라는 도시 이름 자체도 그렇다.

이런 단어들은 셈어계다. 이는 수메르인들이 남부 평원에 홀로 있었던 게 아니라는 것을 입증해준다. 셈어계 단어는 고향이 메소포타미아 평원 남쪽과 서쪽인 사람들이 쓰던 말이다. 메소포타미아 북쪽과 동쪽은 산맥이 막고 있어서 이동이 여의치 않았지만 아라비아 반도에서 위로 북상하거나 북아프리카에서 건너오기는 훨씬 쉬웠다. 셈족은 바로 이런 경로를 택했다. 그리하여 수메르인들과 함께 거주하게 되면서 단어에까지 흔적을 남긴 것이다. 셈어계 차용어는 농업 기술(쟁기, 이랑 등) 및 농업과 병행되는 평화로운 직업(바구니 제조공, 피혁공, 목수 등)과 관련된 명사의 거의 전부를 차지한다. 그런 기술을 메소포타미아에 가져온 것은 수메르인이 아니라 셈족이었던 것이다.

그러면 셈족은 어떻게 농사짓는 법을 배웠을까?

아마도 유럽이나 훨씬 북쪽에 사는 민족들과 마찬가지로 점진적인 단계를 거쳤을 것이다. 얼음층이 물러나면서 고기를 제공하는 짐승 무리가 북쪽으로 이동하는 바람에 수가 적어지자 짐승을 따라다니던 수렵인들은 하루 종일 고기만을 추구하는 대신 비교적 따뜻한 평원에서 자라는 야생곡물을 수확하면서 날씨의 변화에 따라 주

---

* 많은 역사서는 이 촌락 거주민들을 '수메르인'이라고 칭하지 않는다. 역사가들은 대략 B.C. 3200년 이후 메소포타미아 평원을 차지한 문화에 대해서만 수메르인이라는 표현을 써왔다. 왜냐하면 오랜 세월에 걸친 여러 증거로 볼 때 초기의 마을은 B.C. 4500년 이후에는 사라지는 반면 수메르인은 북쪽에서 침입해 B.C. 3500년 이후 메소포타미아를 점령한 독특한 집단으로 보였기 때문이다. 그러나 최근의 발굴 성과나 지하수면 아래 지층 조사 기술 덕분에 수메르가 B.C. 4500년 훨씬 이전에 점령되었음을 알게 되었다. 고고학자들이 접근할 수 있는 유적을 자세히 살펴보면 외부의 침입은 '메소포타미아 원주민'에게 새로운 문화를 강요하지 않았다. 초기의 마을들은 건축이나 주거지, 장식 등에서 후대의 '수메르' 마을들과 같은 양식을 갖고 있다. 북쪽에서 이동해 내려오거나 남쪽에서 올라오거나 동쪽에서 건너온 종족들이 초기 주민들과 합류했을 가능성이 매우 높다. 이는 일방적인 침략이 아니라 서서히 이루어지는 집단 간의 삼투작용이다. 그럼에도 불구하고 가장 오래된 수메르 주거지들에 대한 옛날식 이름은 좀처럼 없어지지 않고 있다. 예를 들어 아래쪽 메소포타미아 평원에 살았던 사람들에 대해서는 시기에 따라 B.C. 5000~4000년까지는 '우바이드'로, B.C. 4000~3200년까지는 '우루크'로, B.C. 3200~2900년까지는 '젬다트 나스르'로 구분했다. 그러나 이러한 시기 구분들은 유동적이다. B.C. 5000년 이전의 주거지들은 사마라, 하수나, 할라프 등으로 지칭하고 있다. 이런 시기 구분은 토기 양식의 혁신에 일부 근거를 둔 것으로, 각 시기의 대표적인 유적 가운데 최초로 발굴된 곳의 이름을 따서 붙인 것이다. 언어학자들은 또 다른 용어를 사용함으로써 혼란을 가중시킨다. 예를 들어 우바이드족을 '원(原)유프라테스인'이라고 하는 식이다. 나는 '수메르인'으로 통칭하는 것이 훨씬 단순하면서도 정확하다고 생각한다.

거지를 옮겼을 것이다.(현재의 캐나다에 사는 북미 원주민들은 아직도 이런 식으로 주거지를 옮긴다. 자크 카르티에가 이에 대해 밝힌 바 있다.) 과거에는 유목민이었던 이들은 야생곡물을 단순 수확하는 단계에서 경작하는 단계로 발전하면서 결국은 이동 생활을 완전히 포기하고 마을에 정착하게 되었을 것이다. 영양이 좋아지면서 아이도 더 많이 낳게 되었다. 현대 터키에서 나일 강 계곡에 걸치는 지역에서 발견된 낫과 맷돌은 그 아이들이 어른이 되면 인구 과잉인 마을을 떠나 다른 곳으로 이주했다는 점을 시사한다. 그러면서 농사 기술을 함께 가져가 현지의 다른 족속들에게 가르친 것이다.

고대의 이야기들은 또 다른 측면을 말해준다. 셈족의 영향을 받은 수메르인들이 마을 주변에 작물을 경작하면서 생활이 복잡해졌고, 그 결과 그런 데서 파생되는 난제들을 해결하기 위해 왕을 필요로 하게 되었다는 것이다.

에리두의 왕 알룰림과 문명의 시작으로 들어가보자.

'문명의 시작'에 관해 떠들기는 쉽다. 문명이란 결국 우리를 혼돈으로부터 구분해주는 것이다. 문명화된 도시들은 내부의 정돈된 도로를 바깥의 황무지와 구분해주는 성벽이 있다. 문명이란, 고고학자 스튜어트 피곳이 고대 수메르에 관한 맥스 맬로원의 고전적인 연구에 대한 서문에서 밝혔듯이, 현 상태에 대한 용기 있는 불만의 결과다. 피곳은 이렇게 쓰고 있다. "이따금씩 전통의 고수보다는 혁신과 변화에서 만족과 해방감을 느끼는 종족들이 나타났다. 우리는 이런 혁신하는 사회야말로 문명의 개척자라고 칭할 수 있다."[3]

사실 문명이란 누구도 식량이나 물을 너무 많이 독차지하지 못하게 해야 한다는 좀 더 근본적인 요구의 결과인 것처럼 보인다. 문명은 비옥한 초승달 지역에서 시작되었다. 자연자원이 넘쳐흐르는 에덴동산 같은 데서가 아니라 이 지역에서 문명이 시작된 것은 여건이 열악해서 마을 규모가 어떠하든 생존을 위해서는 세심한 통제가 필요했기 때문이다. 농민들은 홍수 때 넘치는 물을 가두는 데 필요한 운하와 저수지 건설에 협력해야 했다. 누군가는 그런 협력을 강제적으로 조정하고, 제한된 수자원의 공정한 배분을 감독할 필요가 있었다. 누군가는 가족이 필요로 하는 이상의 곡물을 경작한 농민이 바구니 제조공, 피혁공, 목수처럼 곡물을 직접 경작하지 않는 비농민에게 식량을 팔도록 강제할 필요가 있었다. 이런 종류의 관료제도—문명의 진정한 특징이다—는 호락호락하지 않은 거친 환경에서만 필요하다. 물과 식량과 사냥감과 광물자원과 목재가 넘쳐나는 진짜로 비옥한 지역에서는 대개 사람들이 아득바득하지 않는다.*

비옥한 초승달 지역에서 촌락은 도시로 발전했고 더 많은 사람들이 똑같은 넓이의 건조한 땅에서 삶을 지속해야 했다. 강력한 리더십이 그 어느 때보다 필요했다. 인간의 본성인지는 모르나 도시의 지도자들은 어떤 강제수단, 즉 자신의 명령을 강제로 집행할 무장한 사람들이 필요했다.

그런 지도자들이 왕이 되었다.

홍수가 경작지를 쓸어가거나 완전히 물이 빠지면 곡식이 햇볕에 타들어가는 땅에서 살아남기 위해 악전고투한 수메르인들에게 왕권은 신들이 내린 선물이었다. 수메르인들에게는 최초의 낙원 같은 것이 없었다. 강물의 범람으로부터 보호해주고 굶주린 침입자들을 두꺼운 진흙 벽돌로 막아주는 도시야말로 인류 최초이자 최고의 고향이었다. 왕권이 처음 하늘에서 내려온 에리두 시(市)는 바빌로니아인들의 신화에서 신이자 왕인 마르두크가 창조한 수메르의 에덴동산으로 다시 나타난다.

모든 땅은 바다였고 ……

---

* 이는 대규모 관개시스템을 통제하기 위해 관료제가 생겨났다고 설명하는 것과는 좀 다르다. 제러드 다이아몬드(Jared Diamond)가 『총, 균, 쇠(Guns, Germs, and Steel)』에서 지적하듯이, 도시들의 중앙집권화된 관료제는 일반적으로 '복잡한 관개시설'이 형성되기 이전에 이미 작동했다. 게다가 "비옥한 초승달 지역에서 식량 생산과 촌락 생활이 처음 시작된 곳은 구릉과 산악 지역이지 강 유역 저지대가 아니었다."(23쪽) 관료제의 형성은 관개시스템이 제대로 건설되고 유지되기 이전에 이미 필요 불가결한 것이었다. 따라서 '문명'이 강 유역보다 훨씬 살기 어려운 구릉에서 시작되었다는 사실은 나의 논거를 뒷받침한다.

그때 에리두가 만들어졌으니 ……

마르두크는 수면 위에 갈대로 틀을 세웠다.

그는 진흙을 창조해 갈대 틀에 들이부었고 ……

그는 인간을 창조하셨다.[4]

에리두는 「창세기」에 나오는 에덴동산과 달리 결코 사라지지 않는다. 이 신성한 도시는 수렵인과 채집인이 활동하던 구세계와 새로운 문명세계를 가르는 선으로 남았다.

그러나 수렵인과 채집인이 완전히 사라진 것은 아니었다. 왕권이 처음 등장하고 도시가 최초로 건설된 이후 정착 농민들은 유목민과 싸웠다.

수메르 역대 왕 목록에 나오는 다섯 번째 왕은 두무지다. 그런데 그는 양치기 출신이었다. 이 대목의 서술에서는 희미하나마 어떤 놀라움 같은 게 느껴진다. 양치기가 왕이 되었다는 것은 적대세력 간의 만남을 의미하고, 이는 두무지와 여신 이난나를 주인공으로 하는 이야기 「이난나에 대한 구애」에서 분명히 드러난다.* 이 이야기에서 두무지는 양치기 왕인 동시에 신들의 피를 타고난 존재다. 신성이 있는데도 이난나는 두무지를 하찮게 생각한다. "양치기가 그대와 잠자리를 함께 하리라!"라고 태양신 우투는 선언한다. 그러나 평소에는 거리낌 없이 구애를 받아들이던 이난나가 강력히 반론을 제기한다.

양치기라니! 난 양치기랑은 결혼 못 해!

그자의 옷은 조잡하고, 양털은 거칠어.

---

* 이난나는 시간이 좀 흐른 후 메소포타미아의 셈계 민족들 사이에서 이슈타르로 알려진다. 이난나는 성애(性愛)와 전쟁의 여신으로 발전하는데, 이는 고대에는 상당히 흔한 조합이었다.

난 농부랑 결혼할 거야.

농부는 아마를 재배해서 내 옷을 만들어주고.

농부는 보리를 재배해서 내 식탁을 꾸며줄 거야.[5]

두무지는 이에 굴하지 않고 끊임없이 구애한다. 누구네 집안이 더 좋으냐를 놓고 상당한 논쟁을 벌인 끝에 두무지는 이난나에게 크림이 든 신선한 우유를 주고 침실에 들게 된다. 그녀는 곧바로 그에게 "나의 축축한 들판을 경작하라"고 제안한다. 그는 이 제안을 받아들인다.

이난나가 농부를 선호한다는 사실에서 현실적인 긴장감이 느껴진다. 남쪽 평원이 점차 건조해짐에 따라 도시들은 강 연안을 따라 다닥다닥 달라붙은 상태로 발전한다. 그러나 도시를 벗어나면 황무지는 여전히 양과 염소를 키우는 방목지이자 고대의 이동 생활을 고수하는 유목민들의 고향이었다. 유목민과 농민은 서로를 필요로 했다. 유목민은 농민에게 고기와 신선한 우유와 양털을 주고 대신 생명 유지에 불가결한 곡물을 받았다. 그러나 상호 간의 필요가 상호 간의 존중으로 이어지지는 않았다. 도시인들은 씻지 않는 조야한 유목민을 경멸했고, 유목민들은 나약하고 퇴폐적인 도시인들을 우습게보았다.

이러한 도시국가에서 농민과 유목민 출신인 수메르의 첫 여덟 왕이 총체적인 파국이 들이닥칠 때까지 통치했다.

Chapter 02

최초의 이야기

얼마 후 수메르에서
전무후무한 대홍수가 나다

몇 달 동안 비 한 방울 오지 않았다. 페르시아 만의 소금기 많은 연안 들판에서 한 여성이 오그라든 밀을 수확하고 있다. 뒤로는 그녀가 사는 도시의 성벽이 잿빛 하늘 위로 솟아 있다. 발아래 대지는 돌투성이다. 한때 홍수로 물이 넘치던 저수지들은 걸쭉한 진흙만 얕게 덮여 있다. 관개용 수로에도 물이 없다.

물방울 하나가 팔뚝에 떨어지자 먼지가 번진다. 하늘을 올려다보니 저 멀리 지평선에서 먹구름이 밀려들고 있다. 성벽 쪽을 향해 소리친다. 그러나 성안 거리마다 벌써 남녀노소로 넘쳐나고 있다. 너도나도 항아리와 대야 같은 것을 들고 나와 비를 받느라고 난리다. 이런 소나기가 평원에 잠깐씩 내리는 것은 아주 흔한 일이다.

그러나 이번에는 달랐다. 빗방울이 거세지더니 폭우로 변했다. 물이 모이면서 웅덩이가 되는가 싶더니 여기저기서 흘러넘쳤다. 전에 듣지 못했던 엄청난 천둥소리가 우르르 밀려오면서 대지를 흔들었다.

고대인들은 깊은 우물이나 제방, 도시형 수리시설이 없었던 탓에 생활의 상당 부분을 물을 찾고 확보하는 데 보냈다. 물을 못 찾으면 얼마나 더 버틸 수 있는가를 따져보고 하늘에서 비가 쏟아지거나 샘에서 물이 솟기를 간절히 기원했다. 그러나 생존에 불가결한 이런 고민과 함께 메소포타미아에서는 물에 대한 근원적인 **공포**가 존재한다. 깊은 물속에는 악마와 사악함이 깃들어 있다. 물은 생명을 주지만 총체적 파멸도 거기서 멀지 않다.

지구의 역사에서는—지질학자들의 말에 따르면—모든 생명체를 휩쓸어가 버리는 엄청난 재앙이 간간이 등장한다. 그러나 서로 다른 수십 개 민족의 언어와 전설에 아직까지 남아 있는 것은 딱 한 가지다. 여러 민족에 공통적으로 나타나는 이야기 중에서 "그러고 나서 날씨가 **아주 아주 추워지기 시작했다**"로 시작하는 내용은 없다. 그러나 물은 인류의 삶과 기억 속에서 특정 시점에 이르면 인간의 취약한 거점을 위협한다. 역사가라면 이런 대홍수를 무시할 수 없다. 대홍수 이야기는 인류가 공통적으로 갖고 있는 보편적인 이야기에 가장 가까운 것이다.

역대 왕 목록에서 홍수에 관해 간단히 언급한 것과는 별도로 수메르판 홍수 이야기는 우리에게 간접적으로 전해졌다. 이 설화는 문제의 사건이 일어난 지 수천 년이 지나서 아카드어(메소포타미아에서 후대에 사용된 셈어족의 하나)로 번역되어 아시리아의 도서관에 보존된 것이다. 신들의 왕인 엔릴은 지상의 인간들이 와자지껄하는 소리에 잠을 이루지 못하자 단단히 화가 난다. 그래서 다른 신들을 설득해 인류를 쓸어버리려고 한다. 그러나 인간을 보호해주겠다고 맹세한 신 에아는 현인 우트나피쉬팀의 꿈에 나타나 이런 음모를 속삭여준다.* 그러고 나서

저 깊은 땅속의 신들이 일어서자

---

* 어떤 버전에서는 수메르판 노아로 지우수드라가 등장하기도 한다.

그 아래 물을 막는 제방들이 파괴되고

지옥의 일곱 판관이 횃불로 대지를 불태웠도다.

대낮이 한밤이 되고

대지는 찻잔처럼 산산조각 났도다.

물이 사람들에게 쏟아져 드는 것이 마치 전쟁의 물결 같았다.[1]

우트나피쉬팀은 미리 경고를 받았기 때문에 가족과 일부 동물과 가급적 많은 사람들을 배에 태우고 달아났다.

이 이야기의 바빌로니아판은 「아트라하시스 서사시」(아트라하시스는 '대단히 현명한 인간'이라는 의미다)로 일컬어진다. 아트라하시스는 지상에서 가장 현명한 왕으로 곧 재앙이 닥칠 것이라는 경고를 받고 방주를 짓는다. 극소수밖에 구할 수 없다는 사실을 알기 때문에 신하들을 불러 큰 잔치를 연다. 그들은 종말이 오기 전 마지막 남은 하루를 즐겁게 보낸다. 그들은 먹고 마시고 왕의 은혜에 감사한다. 그러나 아트라하시스 자신은 이 잔치가 죽음의 잔치라는 것을 알기 때문에 마냥 왔다 갔다 하면서 슬픔과 죄책감을 떨치지 못한다.

그리하여 그들은 풍족하게 먹고

배불리 마셨도다.

그러나 그는 마냥 왔다 갔다 할 뿐이었으니

그저 왔다 갔다,

좌정하지 못했도다.

그토록 가슴 아프고 절망감에 힘겨웠으니 …….[2]

지상에서 가장 현명한 왕조차도 총체적인 파국을 맞아 신민의 생존을 보장해주지 못한 것이다.

그러나 가장 친숙한 홍수 이야기는 역시 구약성서 「창세기」에 나오는 것이다. 신은 타락한 피조물을 쓸어버릴 계획을 하고 "흠 없는 사람" 노아에게 방주를 만들어 그와 가족을 구하라고 한다. 비가 내리고 "땅속 깊은 곳에서 큰 샘들이 모두 터지고, 하늘에서는 홍수 문들이 열려서" 물이 대지를 삼켜버렸다.

이처럼 세 문명에 세 가지 설화가 있다. 일치하는 내용이 너무 많아서 예사롭지가 않다.*

19세기 지질학자들은 「창세기」를 길잡이로 삼아 대홍수의 흔적을 탐사하다가 종종 그런 유적을 발견하곤 했다. 지층이 뒤바뀌고, 산꼭대기에서 조개껍질이 발견된 것이다. 그러나 1840년 루이 아가시(1807~1873년. 스위스 태생 미국 지질학자로 빙하시대 이론을 제시함—옮긴이)가 빙하가 육지 전체에 걸쳐 서서히 이동했다는 학설을 처음 제시함으로써 지구 차원의 홍수 때문으로 여겨졌던 많은 지질학적 구조 변화를 설명할 수 있게 되었다. 이는 우주의 발전이 일관되며 점진적이고 동일한 논리적 과정에 영향을 받아 예측 가능한 방식으로 평탄하게 진전한다는 주장이 과학적으로 많은 지지를 받고 있는 것과도 맥을 같이한다. 그런 과정에 독특한 일회성 사건이 끼어들 여지는 없다.**

그러나 대홍수 이야기는 여전히 남아 있다. 메소포타미아 연구자들은 계속해서 진짜 홍수가 있었다고 주장했다. 물론 지구적 규모의 홍수를 말하는 것은 아니었다.

---

* 수메르 홍수 이야기가 처음 번역되었을 때 대개의 역사학자들은 「창세기」 설화가 수메르 홍수 이야기에서 파생된 것이라고 생각했다. 그러나 두 이야기의 실질적인 차이에 주목하면서부터 두 설화를 동일한 사건으로부터 각각 발전된 것으로 보는 경향이 많다.
** 이러한 우주관은 일회성 재앙이 실제로 지구에 영향을 주고 기후를 변화시켜 특정한 종 전체에 종말을 가져오기도 한다는 증거가 제시되면서 다소 설득력이 떨어졌다. 백악기를 종식시킨 것으로 생각되는 소행성 충돌과 같은 것이 그 예다. 고대에 일어난 지구 차원의 참사에 대해서는 Peter James and Nick Thorpe, *Ancient Mysteries*를 보라.

라이언-피트먼이 추정한 대홍수 이전의 지형

그런 건 이제 철학적으로 별 설득력이 없기 때문이다. 그들은 수천 년 동안 기억되기에 충분할 정도로 가공할 홍수가 메소포타미아 지역에서 실제로 일어났다고 주장한다. 우르 발굴로 유명한 고고학자 레너드 울리는 이렇게 썼다. "인류가 완전히 파멸했다거나 삼각주 거주민 전체가 멸망했다는 의미는 아니다. …… 그러나 역사의 이정표가 되고 하나의 시대로 따로 구분할 수 있을 만큼의 타격은 충분히 주었다고 본다."[3] 홍수의 흔적을 찾다가 울리는 마침내 성공했다. 놀라운 일도 아니다. 그것은 바로 메소포타미아 초기 취락과 후기 취락을 구분하는 3미터 두께의 개흙층이었다.

70여 년 후 지질학자 윌리엄 라이언과 월터 피트먼은 홍수 설화는 대홍수가 메소포타미아를 단번에 파괴했다는 것이 아니라 지속적인 범람을 의미하는 것이라고 주장했다. "홍수가 좀처럼 빠지지 않아서 …… 사람들은 고향에서 내쫓겨 새로 살 곳을 찾지 않을 수 없었다."[4] 얼음이 녹고 지중해의 수위가 높아지면서 당시만 해도 견고한 연륙교 같았던 보스포루스 해협이 뚫려버렸다. 흑해는 연안을 넘어 새로운 하상을 만들면서 주변 마을들을 영구히 수몰시켰다. 사람들은 남쪽으로 피난을 가면서 홍수에 대한 기억도 같이 가지고 갔다.

덜 그럴 듯한 설명도 있다. 홍수 이야기는 메소포타미아 일대를 흐르는 여러 하천에서 정기적으로 발생하는 범람에 대한 불안을 일반화시켜 표현했다는 것이다.[5] 또는 대홍수는 페르시아 만이 북상하면서 마을을 집어삼키는 과정에서 수메르인의 고향이 새롭게 형성되는 과정을 반영한 것이라는 설도 있다.

이런 설명들은 하나같이 난점이 있다. 레너드 울리가 찾아낸 개흙층은 추가 발굴이 진행되면서 메소포타미아 거주자들의 문명을 종식시킨 정도로 보기에는 너무도 국지적인 것으로 밝혀졌다. 게다가 개흙층의 시기는 B.C. 2800년경이어서 수메르 문명이 한창일 때에 해당한다. 매번 큰물이 졌다가 빠지곤 하는 범람이 수 세기 동안 되풀이된 사건이 어떻게 지표면의 형상을 영구히 바꿔놓은 파국적인 단일사건으로 변형될 수 있었는지를 알기는 어렵다. 그리고 페르시아 만의 상승이 마을을 수몰시켰다고 해도 수면은 10년에 30.5센티미터꼴로 상승했다. 이런 속도로는 엄청난 공포를 유발하기는 어려웠을 것 같다.

흑해 바닥에서 채집한 샘플에 근거한 피트먼과 라이언의 이론은 더욱 흥미롭다. 그런데 그들이 추정한 홍수 발생 시기는 대략 B.C. 7000년으로, 여기서 한 가지 의문이 남는다. 그런 지구적 규모의 홍수가 어떤 식으로 계산해도 B.C. 7000년의 메소포타미아와는 아주 거리가 먼 여러 민족의 구비전승에 어떻게 스며들게 되었을까 하는 것이다.

수메르인들이 도시를 세우는 동안 양사오(仰韶) 문화와 룽산(龍山) 문화라는 별개의 두 농업문화가 성장한 중국에서는 위험한 장군이 하늘에 구멍을 뚫는 바람에 물이 쏟아져 나오면서 온 세상을 뒤덮고 모든 사람을 익사시킨다. 유일한 생존자는 고귀한 여왕으로 소수의 전사 무리와 함께 산꼭대기로 피신한다. 인도에서는 물고기가 현명한 왕 마누에게 대홍수가 날 것이니 배를 만들어두었다가 수위가 높아지면 올라타라고 경고한다. "물은 삼천세계(三千世界)를 모두 쓸어버렸고 마누만이 홀로 살아남았다"고 『리그베다』는 기록하고 있다.[6]

더욱 흥미로운 것은 아메리카 대륙의 홍수 이야기다. 그 중 일부는 메소포타미아 설화와 기이할 정도로 유사하다. 그리고 기독교 선교사들이 와서 「창세기」를 전하기 이전에 구전된 이야기로 보인다. 마야 버전에서는 '400명의 아들'이 물고기로 변함으로써 홍수에서 살아남는다. 그들은 나중에 술에 취해 살아남은 것을 축하하는데, 바로 그 시점에 하늘로 올라가 묘성(昴星, 플레이아데스성단)이 된다. 주의 깊은 독자라면 하늘에 징표가 나타나고 마른 땅에 도착해서는 인사불성으로 취한다는 노아 이야기와 이상할 정도로 닮았다는 것을 알아챌 것이다. 페루 버전에서는 한 라마가 먹이를 먹지 않는다. 주인이 왜 그러냐고 묻자 라마는 닷새 안에 물이 불어 지상을 뒤덮을 것이라고 경고한다. 이 남자는 제일 높은 산으로 올라가 살아남고 다시 지상에 자손을 퍼뜨린다. 그와 함께 올라간 여자가 하나도 없다는 것은 유감스럽지만 화자(話者)의 실수였을 것이다. 이런 아메리카 홍수 이야기들이 메소포타미아 이야기와 관계가 있다면 홍수는 B.C. 7000년에 일어났을 수는 없을 것이다. 역사가 존 브라이트는 대홍수가 양쪽에 공통된 참사가 되려면 수렵인들이 베링 해협을 건너온 B.C. 10000년 이전에 일어난 사건이어야 한다고 주장한다.[7]

그래서 어떻게 되었는가?

인간세상이 물에 잠겼다. 그래서 어떤 사람은 대홍수가 들이닥치기 이전에 이미 그런 재앙이 진행중이었다고 추정한다.

대홍수 이후 대지는 바짝 마른다. 인간은 흙바닥이 뻘겋게 드러난 세상에서 사력을 다해 다시 시작한다. 그러나 뭔가가 상실되었다. 「창세기」에서 노아는 동물을 이제 고기를 얻을 목적으로 죽이는 것은 용납되지 않는다는 말을 듣는다. 수메르 홍수 설화에서는 신들이 예전 세계의 파멸을 한탄한다.

차라리 기근이 세상을 휩쓸었다면

홍수보다는 나았을 텐데.
차라리 역병이 인간세계를 휩쓸었다면
홍수보다는 나았을 텐데.[8]

이렇게 많은 나라에서 창세 이야기가 파국적인 홍수로 시작된다는 것은 우연이 아니다. 물이 빠지면서 인간은 마른 대지에서 생존을 시작하게 된다. 「길가메시 서사시」와 함께 점토판에서 발견된 아카드 창세 이야기는 이렇게 시작된다.

저 위에 창공이 아직 솟지 않고
저 아래 땅에 풀 한 포기 자라지 않고
땅속 깊은 곳 사방이 터지지 않았을 때
혼돈 티아마트는 그들 모두의 어머니였도다.[9]

세계를 창조하는 과정에서 바다의 존재인 티아마트는 살해당한다. 그리고 몸의 절반이 하늘로 날아가 치명적인 짠물은 새로 생긴 마른 땅을 뒤덮지 못하게 된다.

멕시코 아메리카 원주민인 미스텍족 창세 설화는 이렇게 시작한다. "구름의 해, 구름의 날에 세상은 어둠 속에 놓여 있었다. 모든 것이 무질서했고, 물은 당시의 땅이었던 진흙을 덮고 있었다."[10] 인도의 『사타파타 브라마나』는 "진실로, 태초에 물이 있었다. 물의 바다뿐이었다"고 말한다. 아프리카 반투족 신화는 "태초에, 암흑 속에 물 외에는 아무것도 없었다"로 시작한다. 아마 기독교나 유대교 문화권 사람들에게 가장 유명한 표현은 「창세기」에 나오는 구절일 것이다. "태초에, 땅은 아직 모양을 갖추지 않고 아무것도 생기지 않았는데, 어둠이 깊은 물 위에 뒤덮여 있었고 그 물 위에 하느님의 기운이 휘돌고 있었다."

홍수로 무엇이 파괴되었는지는 알 수가 없다. 그러나 다른 많은 종족들과 마찬가지로 수메르인들은 잃어버린 낙원에 관한 이야기를 갖고 있었다. 아주 오래된 수메르 서사시 「엔키와 닌우르삭」에는 이 낙원이

> 사자가 (다른 동물을) 죽이지 않고,
>
> 늑대가 양을 잡아먹지 않고,
>
> 아이들을 잡아먹는 들개는 아는 이 없고,
>
> 눈이 아픈 자는 "눈이 아파"라고 말하지 않고
>
> 두통이 있는 자는 "머리가 아파"라고 말하지 않는 곳[11]

으로 묘사되어 있다.

그러나 과일나무 가득하고 소금에 오염되지 않은 신선한 물이 넘치는 이 꿈의 도시는 인간에게서 영영 사라져버렸다.

우리는 그러면서도 물 자체와 우리가 사는 질서정연한 마른 공간에 물이 범람한 것에 매료된다. 영화 「타이타닉」에 열광하는 우리의 모습을 보라. 갑판이 기울기 시작하고 물이 서서히 위로 올라온다. 파국이 다가오고 있음을 예감한 선원들은 달리 어쩔 도리가 없다. 그런데도 깊은 물에 관한 이야기는 무서우면서도 매혹적이다. 철학자 리처드 모우가 "'분노한 심연'과 관계된 이미지들은 인간의 상상력에 지속적인 영향력을 행사하고 있다. 그건 우리가 어느 지역에 사느냐와는 거의 관계가 없다"[12]고 한 이야기는 그런 맥락에서 이해할 수 있다.

그러나 이는 신학자와 철학자의 영역이다. 역사가는 맥주 제조가 농업만큼이나 오래되었고, 세계에서 가장 오래된 포도주—이란의 한 마을 유적지에서 발견되었다—는 B.C. 6000년 무렵에 만들어졌다는 사실을 관찰하는 것으로 족하다. 인간은 곡물을 재배하는 동안 일시적으로나마 지도상에서 더는 찾을 수 없는 좀 더 안온한 세계를 탈환하려고 노력해왔던 것이다.

귀족제의 등장

*B.C. 3600년경 수메르에서
왕권이 세습되다*

수메르 역대 왕 목록은 대홍수 이후 북쪽이 옥수수 밭으로 둘러싸인 키쉬라는 도시국가가 왕권의 새로운 중심이 되었음을 말해준다. 목록은 일반적으로 '키쉬의 첫 왕조'로 알려진 일련의 왕들로부터 새로 시작된다. 키쉬의 첫 지배자는 가우르라는 이름의 인간이었다. 다음에는 굴라-니다바-아나파드라는 화려한 이름의 왕이 나온다. 그 다음에는 19명의 왕을 거쳐 바로 엔메바라게시로 이어진다. 대홍수 이후 22번째 왕이다. 명문 덕분에 우리는 엔메바라게시가 B.C. 2700년경에 다스렸다는 것을 알 수 있다. 수메르 왕의 정확한 연대를 확인할 수 있는 첫 사례다.

그러나 대홍수—시기가 언제였든 간에—로부터 B.C. 2700년까지의 수메르 역사를 기술하는 것은 여전히 문제로 남는다. 홍수 이후에는 3,600년을 기본으로 그 몇 배씩 통치하는 임금은 이제 없다. 대신 치세가 점점 짧아진다. 대홍수로부터 엔메바라게시가 등극하기 직전까지는 다 합해서 22,985년 3개월 하고도 3일이다. 그러나 엔메바라게시도 정확한 시기 구분을 하는 데는 도움이 안 되는 인물이다. 수메르 문헌 연구자들은 홍수 이전 왕들을 '신화적 인물'로, 그 이후의 왕들을 '반(半)역사적 인물'로 부르는 경향이 있다. 나는 이런 구분이 무슨 의미가 있는지 모르겠다.

엔메바라게시 이전에 통치한 왕 21명 대부분은 한 문장으로 묘사된다. 이름과 재위 기간이 고작이다. 하나 예외가 있다면 목록 중간 조금 지나서 나오는 에타나다. 그는 홍수 이후 13번째 왕으로, 느닷없이 무색무취한 전임자들과 확연히 구분된다.

> 에타나는 하늘로 올라갔고,
>
> 모든 대지를 굳건히 하였으니,
>
> 1,560년 동안 왕으로 다스렸도다.
>
> 그리고 에타나의 아들 발리흐,
>
> 그는 400년을 통치하였다.

여기에는 역사적인 요소가 상당히 들어 있다.

왕 목록이 새로 시작될 때쯤 메소포타미아 유역은 현재와 같은 모습이 되었다. 페르시아 만의 맨 윗부분은 북쪽으로 전진했다. 얽히고설킨 하천들은 개흙이 누적되면서 두 개의 큰 강으로 정리되었다. 오늘날 우리는 이 두 강을 유프라테스와 티그리스라고 한다. 이는 후대에 그리스인들이 붙인 이름이다. 그 이전에는 서쪽 유프라테스강을 우루투라고 했고, 유속이 빠르고 거친 동쪽 티그리스 강을 화살처럼 빠르다 해서 이디글라트라고 했다.*

---

* 「창세기」 2장에 나오는 네 강, 즉 비손, 기혼, 힛데겔, 페라트 중에서 비손과 기혼은 사라진 것으로 보인다. 반면 힛데겔은 이디글라트로 알려졌다가 나중에 티그리스가 되었고, 페라트('거대한 강')는 우루투로 알려졌다가 나중에 유프라테스가 되었다. 「창세기」 2장에 대한 현대 영어 번역은 대개 힛데겔을 '티그리스'로, 페라트를 '유프라테스'로 옮긴다.

이 두 강 사이에서 도시가 성장했다. 고고학은 우리에게 B.C. 3200년경 시골에 거주하던 많은 무리들이 생활양식을 몽땅 바꿔서 성곽도시로 이주해 들어왔다고 말해준다. '유입' 이라고 하는 현상이다.

이러한 이주가 늘 평화로웠던 것은 아니다. 「창세기」와 대홍수 이야기를 통해 우리는 모종의 분열이 있었음을 엿볼 수 있다. 노아가 다시 생활을 시작하면서 그의 후손들은 육지 곳곳으로 흩어져나간다. 시날(메소포타미아 남부 평원을 일컫는 셈어계 지명)에서는 도시 건설이 특히 고도의 수준으로 발달했다. 도시 거주민들은 자신들의 기술에 도취해 하늘까지 닿는 바벨탑을 만들겠다고 나선다. 이 탑은 지상의 지배에 대해서뿐 아니라 신에 대해서까지 인간의 우월감을 표현하는 것이었다. 그러한 오만이 언어의 혼란과 소외, 그리고 마침내는 전쟁을 유발하게 된다.

바벨탑은 성서에 나오는 대홍수와 마찬가지로 시기를 알 수 없는 과거에 벌어진 사건이다. 그러나 이를 통해 우리는 진흙 벽돌 도시들이 성곽과 성탑을 갖추고 메소포타미아 전역으로 퍼져가던 시대의 모습을 엿볼 수 있다.[1] 12개의 성곽도시가 주도권을 다투었다. 이 도시들은 각각 외곽 지역이 9.7킬로미터 정도 뻗어 있었다. 에리두, 우르, 우루크, 니푸르, 아답, 라가쉬, 키쉬 등등이었다. 이런 고대 도시의 중심지에는 4만 명이나 되는 인구가 살았을 것이다.

각각의 도시는 하나의 신이 보호해주었으며, 그 신을 모시는 사원에는 주변 시골 지역에서 순례자들이 몰려들었다. 그리고 각각의 도시는 더 많은 땅을 차지하려고 시골로 권력의 촉수를 뻗쳤다. 유목민들이 도시로 들어와 신들에게 예물을 바치고 물건을 사고팔았다. 그리고 제사장과 왕이 요구하는 세금을 냈다. 그들은 거래와 경배를 도시에 의존했다. 그러나 도시는 주는 만큼 요구했다. 초기 수렵·채집인 무리의 평등주의적 사회구조는 깨졌다. 이제 계급이 생겼다. 도시에서 먼저 생겼고 시골이 그 다음이었다.

대홍수 이후 열 세대 정도 만에 계급제는 새로운 형식으로 발전했다. 사람들은 처

수메르 초기 도시국가들

카스피 해

페르시아 만

청금석 석재

자그로스 산맥

구리산맥

구리

청금석 및 요석 목재

티그리스 강

유프라테스 강

키쉬
니푸르
라가시
아답
우르크
우르
에리두

목제

석재

목제

청금석 금 국화석

지중해

홍해

300마일

300킬로미터

0

음으로 힘이 세다거나 지혜롭다는 이유가 아니라 혈통을 근거로 통치권을 주장했다.

홍수 이후 키쉬의 열 번째 왕인 아탑은 처음으로 왕위를 아들에게, 그리고 다시 손자에게 물려준다. 3대에 걸친 이 왕조는 역사상 최초로 혈통 승계를 한 것이다. 그러나 그 다음 왕 에타나가 왕위를 이었을 때 아주 새로운 문제에 부딪히게 된다.

에타나에 관해 역대 왕 목록은 그가 "하늘로 올라갔다"고만 전한다. 그 이상의 상세한 설명은 없다. 자세한 내막을 알려면 비교적 오래된 수메르 설화를 담고 있는 훨씬 후대의 시를 참조해야 한다. 이 시에서 에타나는 신들을 경배하는 경건한 왕으로 나온다. 그러나 한 가지 큰 슬픔이 있었다. 아이가 없었던 것이다. 그는 기도에서 이렇게 한탄한다.

나는 신들을 경배하고 사자(死者)들의 영혼을 섬겼다.
해몽가들은 나의 분향을 족히 즐겼고,
신들은 도살해 바친 새끼 양 희생을 한껏 누리셨으니 ……
내 부끄러움을 면하게 하고 아들을 달라![2]

무서운 꿈에서 에타나는 후계자를 구하지 못하면 도시가 고통을 당할 것임을 알게 된다.

키쉬가 흐느끼고 있나니
그 안에 사는 사람들이 슬픔에 잠겼도다. ……
에타나는 그대들에게 후계자를 줄 수 없구나![3]

별다른 설명 없이 또 하나의 거대한 변화가 인간에게 닥쳤다. 왕권이 세습된 것이다. 인민의 복지를 책임지는 지도자들은 이제 그러한 과제를 선천적으로 타고난다. 그런 일에 얼마나 적합한지는 혈통이 말해준다. 여기서 우리는 처음으로 귀족제의 등장을 보게 된다. 나면서부터 통치계급이 되는 것이다.

신들은 에타나를 불쌍히 여겨 그에게 답을 준다. 독수리 등을 타고 하늘로 올라가면 탄생의 나무가 있고 거기서 아들을 얻는 비밀을 알게 된다는 것이다. 점토판이 떨어져 나가서 이후 이야기는 없어졌다. 그러나 역대 왕 목록은 에타나의 아들인 발리흐가 에타나 사후에 통치했다고 말하고 있는 것으로 보아 에타나의 노력은 성공했음을 짐작할 수 있다.

불평등이 혈통에 스며들었다. 왕권이라는 개념 자체와 마찬가지로 타고난 귀족이라는 개념은 결코 사라지지 않았다.

통치자로 타고난 사람들은 가급적 많은 영토를 다스려야 했기 때문에 에타나는 아들을 위해 "대지를 굳건히 한다."

메소포타미아의 도시국가들은 독립적이었다. 각각은 해당 지역 왕자가 다스렸다. 그러나 키쉬는 두 강 사이에 위치한 까닭에 대군주의 지위를 행사하려고 들었다. 수메르 지역에는 원래 나무가 없었다. 고작 수입한 소량의 야자나무를 3급 건축자재로 삼았다. 석재도 구리도 흑요석도 없었다. 진흙과 소량의 역청(횃불이나 회반죽 접착제로 쓰는 아스팔트) 광상이 고작이었다. 목재는 북동쪽 자그로스 산맥에서 배로 실어오거나 북서쪽 레바논 산맥에서 가져와야 했다. 구리는 아라비아 반도 남쪽 산맥에서 났고, 청금석은 북쪽과 동쪽의 바위가 많은 지역에서 났다. 석재는 서쪽 사막에서, 흑요석은 북쪽 끝에서 가져왔다. 그 대신 수메르의 도시들은 곡물, 옷감, 가죽, 토기와 같은 농업사회의 산물을 제공했다. 수메르의 단지와 사발은 동유럽과 북아시아 전역의 작은 취락이나 도시 지역에서 광범위하게 출토된다.

이런 교역은 일부 사막을 거쳐 동쪽과 서쪽에서 이루어졌다. 그러나 대부분은 티그리스와 유프라테스 강을 오르내리며 이루어졌다. 유프라테스의 옛 이름 우루투는 '구리강'이라는 뜻이다. 메소포타미아 유역은 찰스 펠레그리노가 지적하듯이 선적(線的)인 문명이었다. "오아시스의 길이는 수천 마일인 반면 너비는 10마일(16킬로미터)도 안 되었다."[4] 하류 지역에 있는 한 도시에서 레바논 산맥에서 나는 삼나무를 구하려고 상류로 사람을 보내려면 키쉬를 통과하지 않을 수 없었다. 키쉬의 왕은 다른 왕자들로부터 일정한 몫을 통행세로 떼어 자신을 살찌웠다.

에타나의 아들이 왕위를 물려받으면서 키쉬는 남쪽의 오래된 도시 에리두를 제치고 메소포타미아 평원에서 가장 강력한 도시국가가 되었다. B.C. 2500년경 다른 도시의 왕들은 종종 자신을 '키쉬의 왕'이라고 참칭했다. 그런 칭호가 나머지 도시들에 대한 우위권 행사를 정당화하는 명예로운 직함이라도 되는 듯한 태도였다.[5]

그러나 조공을 받는 것과 실제로 정복을 하는 것은 다른 문제다. 에타나와 그 일가는 결코 수메르의 다른 도시들을 정복하여 지배하려고 하지는 않았다. 키쉬의 왕들은 평원을 따라 군대를 위아래로 길게 배치하기가 곤란했기 때문에 다른 도시들을 실제로 정복하지는 않았던 것 같다. 아니면 왕권과 귀족제라는 개념을 넘어서는 제국적 통치에는 아직까지 생각이 미치지 않았을지도 모른다. 최초의 제국을 건설한 인물은 전혀 다른 민족에서 나온다.

제국의 출현

*B.C. 3200년경 나일 강 유역에서
전갈왕이 북부 이집트와 남부 이집트를 통합하고,
제1왕조의 나르메르 왕이 통일을 영구화하다*

수메르 남서쪽 지중해 아래 지역에서 제국을 건설한 최초의 인물이 나일 강 유역을 휩쓸었다.

수메르 최초의 왕들과 마찬가지로 전갈왕은 역사와 신화의 경계에서 배회한다. 그는 어떤 임금 목록에도 등장하지 않는다. 다만 의식용 무기의 머리 장식으로 새겨져 있을 뿐이다. 그러나 수메르 최초의 왕들이 모호한 먼 과거에 자리하고 있는 것과는 달리 전갈왕은 거의 문자로 기록된 영역 안에 들어와 숨 쉬고 있다. 그는 B.C. 3200년경 세상을 정복하려고 노력했다.

전갈왕은 한때 나일 강 연안에 살았던 아프리카계 종족의 후예였다. 그가 태어나기 수 세기 전, 전설적인 알룰림 왕이 습기 차고 서늘한 수메르를 통치하던 시절 나일 강 유역은 아마도 사람이 살 수 없는 지역이었을 것이다. 매년 남쪽 산맥 지역에 폭우가 쏟아지면 한데 모인 물이 나일 강을 따라 폭포처럼 흘러내리다 북쪽 지중해로 흘러들면서 주변 대지를 온통 휩쓸어버렸다. 홍수가 너무 심해서 감히 남아 있으려고 하는 수렵·채집인 집단은 거의 없었다. 대신 그들은 동쪽과 서쪽의 좀 더 온화한 땅에서 살았다. 홍해 연안 가까이에 거주하면서 사하라 지역을 넘나든 것이다. 기후가 온화하고 습기가 많던 시절이어서 사하라에는 풀이 자라고 물이 흘렀다. 고고학자들은 현재의 사막 지하층에서 나뭇잎, 나무, 사냥의 대상이 되었던 동물의 유체를 찾아냈다.

그러나 메소포타미아 평원의 기후가 뜨겁고 건조해졌듯이 사하라 지역도 그렇게 해서 쇠퇴해갔다. 사하라에 거주하던 사람들은 물이 많은 동쪽의 나일 강 유역으로 이동했다. 비가 덜 내리게 된 덕분에 나일 강의 홍수는 그나마 견딜 만해졌다. 난민들은 매년 반복되는 범람을 관리할 수 있다는 사실을 알게 되었고, 저수지를 파서 우기에 물을 가두거나 수로를 만들어 건기에 경작지에 관개를 했다. 그들은 강둑에 취락을 건설하고, 홍수가 빠지면서 쌓인 검은 개흙에 곡식을 심었다. 그리고 들소, 야생염소, 악어, 하마, 물고기, 새 같은 습지의 야생동물을 사냥했다. 다른 종족들은 홍해 서부 연안에서 이동해 와 이들과 합류했다. 그들은 나일 강 유역에 완전히 정착한 최초의 사람들이었다. 즉 최초의 이집트인이었던 것이다.＊

수메르와 달리 나일 강 유역에는 사냥감과 물고기와 석재, 구리, 금, 아마, 파피루

＊ 수메르 초기 역사와 마찬가지로 대략 B.C. 3000년 이전의 이집트 초기 역사('왕조 이전 시대')는 고고학적 시기로 구분된다. 각 시기는 부분적으로 토기 양식에 따라 규정되고 전형적인 토기가 발견된 취락의 명칭을 따서 이름을 붙였다. 최초의 주거지는 대략 B.C. 5000~4000년 것으로 바다리 문화라고 한다. B.C. 4000~3000년은 나카다 시대로 알려져 있는데, 한때는 세 단계로 나누기도 했다. 즉 B.C. 4000~3500년을 아므라 문화, B.C. 3500~3200년을 게르제 문화, B.C. 3200~3000년을 왕조 이전 시대 말기라고 했다. 일부 이집트학자들은 나카다 시대를 두 시기, 즉 나카다 I기(~3400년)와 II기(약 3400~3200년)로 구분한다. 그러나 다른 학자들은 4000~3500년을 나카다 I기, 3500~3100년을 나카다 II기로 규정함으로써 아므라 문화와 게르제 문화라는 시대 구분을 완전히 없애고 세 번째 시기인 나카다 III기를 3100~3000년으로 잡는다. 이 한 세기를 (제1왕조에 앞선) 0왕조라고 하기도 한다. 이집트 문화가 나일 강 유역 초기 주거지와 다소 무관하다고 생각할 이유는 별로 없기 때문에 나는 전 시기를 통틀어 '이집트(적)'라는 표현을 쓰고자 한다. 한때 이집트 문화는 B.C. 3400년경 외부의 침입자들이 나일 강 유역으로 가져온 것이라고 보는 견해가 일반적이었다. 그러나 계속된 발굴에 따라 이런 이론은 지탱하기 어렵게 되었다.

스가 있었다. 목재만 빼고는 다 있었다. 이집트인들은 서쪽으로 가서 상아를, 동쪽으로 가서 조가비를, 북쪽으로 가서는 보석에 준하는 돌들을 바꿔 왔다. 그러나 생존에 꼭 필요한 것은 나일 강이었다.

이집트의 젖줄인 나일 강은 유역을 따라 804킬로미터를 달리면서 일부 지역에서는 절벽을 지나고 또 일부에서는 저지대를 통과한다. 매년 발생하는 홍수는 상류 지역인 현재의 에티오피아 고원에서 시작되어 제2폭포를 지나 제1폭포로 내려가다가 왕들의 무덤이 있는 굴곡부를 돌아 저지대 평원으로 쏟아져 내려간다. 이 지점에서 강은 12개의 지류로 갑자기 내려앉게 되니 여기가 바로 나일 강 삼각주다.

나일 강은 남에서 북으로 흐르기 때문에 이집트인들은 다른 모든 강들도 뒤로 흐른다고 생각했다. 후대의 상형문자를 보면 그들은 **북쪽, 하류, 뒷머리**를 한 단어로 표현했고, **남쪽, 상류, 얼굴**을 또 다른 한 단어로 표현했다.[1] 이집트인은 늘 남쪽, 즉 나일 강의 물결이 다가오는 쪽을 기준으로 방향을 잡았다. 초기 촌락 시절 이집트인은 죽은 이를 사막 주변에 묻었다. 손은 남쪽을 향하게 하고 얼굴은 서쪽 사하라 사막을 향하게 했다. 생명은 남쪽에서 오지만 사자들의 땅은 서쪽, 풀과 물이 사라지면서 떠나온 사막 쪽이었다.

이집트인들은 나라 이름이 두 개였다. 매년 홍수로 퇴적된 땅은 케메트, 즉 검은 땅이었다. 검은색은 생명과 부활의 상징이었다. 그러나 검은 땅 너머로 데쉬레트, 즉 죽음을 의미하는 붉은 땅(사막)이 있었다. 생명과 죽음의 구분은 아주 분명해서 그들은 한 손으로는 비옥한 검은 땅을 짚고 다른 한 손으로는 태양이 작열하는 붉은 사막을 짚은 형국이었다.

두 극단 사이에서 생존해야 하는 이러한 이중성은 이집트 문명 발전 과정에 뚜렷이 각인되었다. 수메르의 도시들과 마찬가지로 이집트 도시들은 B.C. 3200년에 '유입'을 겪었다. 금광으로 이어지는 동서 루트에 자리한 눕트(나카다라고도 한다)는 남부에서 가장 강한 도시가 되었다. 히에라콘폴리스는 적어도 1만 명이 살았던 도시로 눕트에서 상류 쪽으로 멀지 않았다. 아주 일찍부터 이 남부 도시들은 스스로를 주권을 지닌 독립적 존재가 아니라 한 나라, 즉 하얀 왕국—지중해에서 보면 나일 강 상류에 있다고 해서 '상(上)이집트'라고도 했다—의 일부라고 인식했다. 하얀 왕국은 원통 모양의 하얀 왕관을 쓴 왕이 다스렸다. 이집트 북부('하下이집트')도 붉은 왕국이라는 동맹체를 이루고 있었다. 헬리오폴리스와 부토 같은 도시들이 주도권을 쥐었다. 하 이집트의 왕은 붉은 왕관을 썼는데 왕관에는 코브라가 앞쪽으로 돌출되어 꼬부라진 장식이 달려 있었다.(왕관을 묘사한 제일 오래된 초상화는 B.C. 4000년경의 것이다.)[2] 코브라 여신이 적에게 독액을 내뿜어 왕을 보호한다고 믿었기 때문이다.[3] 하얀 왕국과 붉은 왕국 두 왕국은 붉은 땅, 검은 땅과 마찬가지로 세상은 균형세력과 적대세력으로 구성되어 있다고 하는 이집트의 기본적인 현실을 반영하는 것이었다.

수메르 역대 왕 목록이 표면적으로 초기의 시대 구분을 의도하고 있는 것과 달리 가장 오래된 이집트 왕 목록들은 하얀 왕국이나 붉은 왕국으로까지 거슬러 올라가지 않는다. 따라서 왕국을 다스린 왕들의 이름도 없다. 그러나 전갈왕이 실존했다는 사실에 대해서는 다른 종류의 증거가 있다. 히에라콘폴리스의 사원에서 출토된 곤봉머리가 그것이다. 거기에 새겨진 그림을 보면 하얀 왕이 독특한 하얀 왕관을 쓴 채 패배한 붉은 왕국의 군인들을 누르고 승리를 구가하고 있다. 그리고 손에는 관개용 도구를 들고 있는데 이는 인민을 부양하는 힘을 보여준다. 오른쪽에는 상형문자로 그의 이름을 '전갈'이라고 기록해놓았다.*

전갈왕 자신은 히에라콘폴리스 원주민이었을 가능성이 크다. 히에라콘폴리스 자체는 이중 도시였다. 원래는 나일 강으로 나뉘는 두 도시였는데, 서쪽 강둑에는 매

---

* 왕조 이전 시대 이집트에 대한 일부 연구서에서는 두 명의 전갈왕을 거명하고 있다. 전갈왕 2세는 최초의 제국 건설자다. 그보다 이른 시기의 전갈왕 1세는 남쪽에서 통치한 것 같기는 한데 나라를 통일하려는 노력은 전혀 하지 않은 것으로 보인다. 그는 우-자트 아비도스에 묻혔을 것이다.

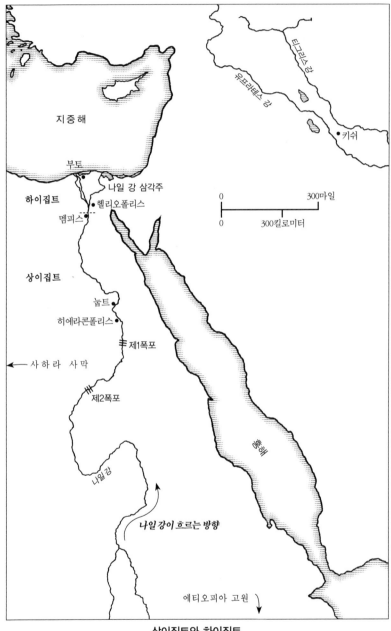

지중해

부토

나일 강 삼각주

하이집트

헬리오폴리스

멤피스

상이집트

눕트

히에라콘폴리스

제1폭포

사 하 라 사 막

제2폭포

나일 강

유프라테스 강

티그리스 강

키쉬

홍해

에티오피아 고원

나일 강이 흐르는 방향

0   300마일

0   300킬로미터

상이집트와 하이집트

신(鷹神)에게 봉헌된 네켄이 있고 동쪽 강둑에는 독수리 여신이 수호하는 네케브가 있었다. 시간이 지나면서 서로 떨어져 있던 두 도시는 하나가 되었고 독수리 여신의 감호를 받게 되었다. 아마도 전갈왕은 두 반쪽 도시의 통합을 보고 나서 처음으로 하얀 왕국과 붉은 왕국을 한 임금 아래 통일할 계획을 구상하게 되었을 것이다.

그의 승리는 B.C. 3200년경에 있은 것으로 추정되지만 일시적인 것이었다. 또 다른 부조는 두 왕국이 또 다른 하얀 왕에 의해 재통일되었음을 기록하고 있다. 전갈왕의 통일이 있고 나서 100년 후의 일로 추정된다. 전갈왕의 곤봉과 마찬가지로 부조는 히에라콘폴리스의 사원에서 발견되었다. 팔레트('캔버스'로 사용된 납작한 석판)에 새겨진 부조는 앞면에는 붉은 왕관을 쓴 왕을, 뒷면에는 하얀 왕관을 쓴 왕을 보여준다. 상형문자는 왕의 이름을 나르메르로 적고 있다.

나르메르라는 이름은 '사나운 메기' 또는 좀 더 시적으로 표현해서 '사악한 메기'라는 의미다. 이는 칭송하는 표현이다. 메기는 모든 민물고기 중에서 가장 용감하고 공격적이기 때문이다. 나르메르 석판 뒷면에는 나르메르가 하얀 왕의 역할을 하면서 붉은 왕국 전사의 머리채를 붙잡고 있다. 앞면에는 나르메르가 하얀 왕관을 벗고 붉은 왕관을 쓴 채로 목이 잘린 군인들 시신을 지나 개선행진을 하고 있다. 그는 마침내 붉은 왕국을 하얀 왕국의 지배 아래 복속시킨 것이다.

나르메르는 여러 이집트 왕 목록에서 이집트 최초의 인간 왕으로 등장하는 메네스의 다른 이름일 가능성이 높다.* 그에 관해 이집트의 신관(神官) 마네토는 이렇게 기록하고 있다.

---

* 이 문제에 대해서는 지금도 논란이 계속되고 있다. B.C. 1500년 이후부터 각종 명문들은 이집트를 통일한 인물을 '메니'라고 부른다. 이는 마네토가 기록한 '메네스'일 수도 있고, 석판에 나오는 '나르메르'나 아하라는 이름의 후대 임금일 수도 있고, 심지어 '나타난 사람'이라는 문장적 의미─이 지경에 이르면 이집트를 통일한 사람의 이름을 확인하는 것은 영영 불가능해진다─일 수도 있다. 그가 누구든 두 왕국의 통일에 앞장선 것은 분명하다.

전갈왕 곤봉 의식용 곤봉에 새긴 부조다. 임금의 머리 바로 왼쪽에 전갈을 새겨 '전갈왕'임을 나타냈다. 영국 옥스퍼드대 부속 애슈몰린미술관. 사진 Werner Forman/Art Resource, NY

〔신들과〕 반신반인들 이후에

제1왕조가 시작되니 여덟 임금이 있었다.

메네스가 그 처음이었으니

군대를 이끌고 국경을 넘어 위대한 영광을 쟁취하였다.[4]

그는 왕국 사이의 경계인 국경을 침해함으로써 최초의 제국을 창조했다. 세계에서 가장 오래 지속된 제국의 하나였으니 실로 '위대한 영광'이 아닐 수 없다.

마네토의 기록은 그런 사실이 있고 나서 한참 후대에 적은 것이다. 마네토는 2,700년 후 헬리오폴리스에 있는 태양신 라의 신전에서 신관으로 활동한 사람이다.

나르메르 석판 이집트를 통일한 나르메르가 패퇴하는 적군을 들어 치고 있다. 오른쪽 위에서 매 모습을 한 태양신 호루스가 다른 포로를 그에게 넘겨주고 있다. 카이로 이집트 박물관. 사진 Werner Forman/Art Resource, NY

대략 B.C. 300년경 그는 여러 이집트 왕 목록 판본을 첨삭하여 하나의 기록으로 편찬하는 일을 떠맡는다. 여러 기록 중에서 특히 '토리노 역대 왕 목록'(Turin King List 또는 Turin (Royal) Canon이라고 함. 이것은 신관神官문자로 기록한 파피루스본으로, 현재 이탈리아 토리노의 이집트박물관에 보관되어 있음. 1822년 이탈리아의 외교관이자 탐험가, 골동품 수집가인 베르나르디노 드로베티가 이집트 테베에서 발견한 이 목록은 람세스 2세 때 작성된 것으로, 역대 이집트 통치자들의 이름을 기록했음—옮긴이)을 많이 참조했다. 이 목록도 메네스('멘')를 이집트 최초의 왕으로 적고 있다.[*] 마네토는 역대 왕 목록을 편찬하면서 B.C. 3100년 이후 수많은 이집트 통치자들을 혈통이 다른 새 왕가가 집권하거나 천도가 있을 때마다 새로운 집단으로 분류했다. 그는 이런 집단을 그리스어로 '통치권력'이라는 뜻의 **뒤나스테이아**(dynasteia)라고 지칭했다. 마네토가 나눈 제1왕조, 제19왕조 하는 식의 뒤나스테이아(왕조) 구분이 항상 정확한 것은 아니지만 이집트사에서는 전통적인 구분법으로 자리 잡았다.

마네토에 따르면 제1왕조는 이집트의 두 부분이 전 이집트 최초의 왕 치하에 하나로 통일되면서 시작한다. 그리스 역사가 헤로도토스에 따르면 메네스(나르메르)는 승리를 축하하는 의미에서 멤피스에 새 도읍을 건설했는데 이 도시야말로 새로운 왕국의 구심점이었다. 멤피스는 '하얀 벽들'이라는 뜻이다. 모든 벽에 석회를 발랐기 때문에 햇빛에 환히 빛났다. 이 하얀 도시를 중심으로 통일 이집트의 지배자는 남부의 나일 강 연안과 북부의 삼각주를 모두 통제할 수 있었다. 멤피스는 두 왕국의 균형을 잡아주는 중심축이었다.

곤봉에 새겨진 또 다른 부조는 붉은 왕관을 쓴 나르메르(메네스)가 결혼식과 흡사한 모종의 의식에 참여하는 모습을 보여준다. 제1왕조를 세운 왕으로서 의기양양하게 붉은 왕국의 공주와 결혼함으로써 두 왕국을 이중 왕관의 후계자를 통해 확고히 통합하려고 한 것일 가능성이 높다.

이후 이집트 역사에서도 이런 본원적인 이중성은 왕의 혈통에 남아 있었다. 이집트 왕은 두 나라의 주인으로 일컬어졌고, 그가 쓴 이중 왕관은 하이집트의 붉은 왕관을 상이집트의 하얀 왕관 위에 얹은 형상이었다. 남부의 독수리와 북부의 코브라는 하나는 하늘에 서식하고 하나는 땅 위를 기어 다니는 존재로 통일 왕국의 수호신이 되었다. 적대적인 두 세력이 균형을 이룬 하나의 강력한 왕국으로 통합된 것이다.

나르메르는 64년을 통치했다. 재위 마지막 해의 어느 날 왕은 하마 사냥을 나섰

---

* 역대 왕 목록들은 무덤이나 궁전 벽에서 발견되는 경우가 많다. 특정한 파라오의 명성을 찬미할 목적으로 쓴 것임은 분명하다. 토리노 역대 왕 목록은 대략 B.C. 1250년경에 작성한 것으로 그보다는 훨씬 오래 전 구비전승을 보전하고 있는 것으로 보인다.

다. 문명을 위협하는 적에 대해 왕으로서의 권능을 과시하려는 전통적인 이벤트였다. 마네토에 따르면 그는 하마에게 짓밟혀 즉사했다고 한다.

연표 4	
메소포타미아	이집트
온난화 시작(B.C. 11000)	
수메르인과 셈족이 섞이다	
왕권의 시작	
대홍수	
	최초의 이집트인들이 나일 강 유역에 정착하다
우바이드 시대(B.C. 5000~4000)	바다리 문화(B.C. 5000~4000)
우루크 시대(B.C. 4000~3200)	나카다 시대(B.C. 4000~3000)
젬다트 나스르 시대(B.C. 3200~2900)	
아탑	초기 왕조 시대(B.C. 3100~2686)
에타나	*제1왕조*(B.C. 3100~2890)
발리흐	**메네스(나르메르)**

참고| 모든 연표에서 왕의 이름은 볼드체로 표기한다.

Chapter 05

철의 시대(깔리 유가)

B.C. 3102년 인더스 강 유역에
북부의 방랑자들이 정착해 읍락을 건설하다

키쉬의 왕이 유프라테스 강을 오르내리는 배에서 공물을 받고, 멤피스의 하얀 벽들이 이집트의 균형을 잡으며 중심지로 우뚝 솟아 있던 시절, 고대의 위대한 세 번째 문명은 여전히 강 연안 평원에 다닥다닥 늘어선 작은 마을에 불과했다. 인도에서는 적어도 600년 동안 거대한 도시도 없었고 제국의 형성도 없었다.

인더스 강을 따라 정착한 사람들은 도시 거주민이 아니었다. 수메르인들처럼 역대 왕 목록을 갖고 있지도 않았다. 그들은 지도자와 같은 존재들을 돌에 새기지도 않았고 자신들의 업적을 점토판에 남기지도 않았다. 따라서 우리는 초기 인도 문명에 관해 아는 바가 거의 없다.

그러나 단서로 삼을 만한 서사시를 조사해볼 수 있다. 인도 서사시는 비록 아주 후대에—주민들이 처음 정착하고 나서 수백 년 뒤 정도가 아니라 수천 년 뒤의 일이다—기록된 것이기는 하지만 문자로 정착될 당시보다 훨씬 오래 전 전통을 보존하고 있을 개연성이 높다. 그러나 이런 전통 속에서도 단 한 명의 왕과 단 하나의 연도가

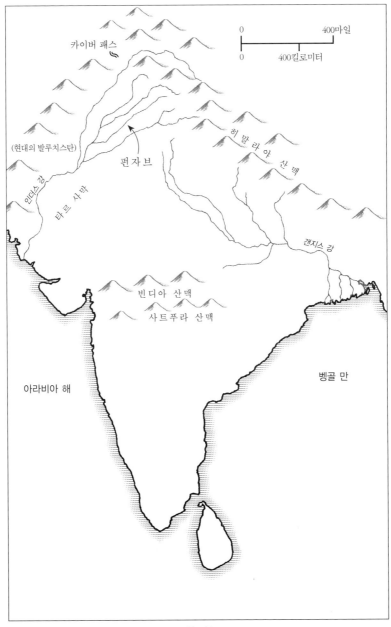

0   400마일

0   400킬로미터

(현대의 발루치스탄)

펀자브

히말라야 산맥

인더스 강

타르 사막

갠지스 강

빈디아 산맥

사트푸라 산맥

아라비아 해

벵골 만

인 도

아주 선명하게 두드러진다. B.C. 3102년에 현명한 임금 마누는 현대의 시작을 주재했다. 그의 시대는 이후 40만 년이 더 남아 있었다.

　　B.C. 3102년 훨씬 전에 유목민들이 인도로 건너왔다. 일부는 중앙아시아에서 지금은 카이버 패스(Khyber Pass: 힌두쿠시 산맥에 있는 해발 1,070미터 높이의 고갯길로 역사적으로 파키스탄에서 아프가니스탄을 거쳐 인도로 들어가는 중요한 통로였음—옮긴이)라고 하는 북부 산맥들 사이의 산길을 통해 내려왔다. 다른 그룹은 곧바로 히말라야 산맥을 넘어왔다. 왕왕 이 지역에서 해골이 발견되는 것을 보면 이 루트는 당시에도 지금과 마찬가지로 험난했던 것으로 보인다.

　　그들은 산맥 너머에서 따뜻한 기후와 물을 동시에 찾아냈다. 히말라야 산맥은 추위를 막아주는 장벽 역할을 했다. 그래서 겨울에도 기온이 화씨 50도(섭씨 영상 10도) 이하로 떨어지지 않았다. 여름이면 태양이 인도의 대지를 뜨겁게 달구었다. 그러나 두 거대한 강이 이 아(亞)대륙이 황무지가 되는 것을 막아주었다. 카일라스 산맥 북쪽 사면에서 눈과 얼음이 녹아 인더스 강으로 흘러들면 인더스 강은 북서쪽으로 흐르면서 대지를 적시고 아라비아 해로 흘러들었다. 산맥은 갠지스 강에도 물을 공급해주었다. 갠지스 강은 중부 히말라야 산맥 경사면에서 발원해 동쪽 멀리 벵골 만으로 흘러든다. 사하라가 푸르고 인더스 강 동쪽의 타르 사막도 푸르렀던 시절 또 다른 강—완전히 마른 지 오래되었다—이 타르 지역을 적시고 아라비아 해로 흘러들었다.[1]

　　메소포타미아와 이집트에서 처음으로 곡물을 재배한 지 2,000년이 지난 시점에 북쪽의 방랑자들이 인더스 강 바로 서쪽, 산이 많은 지역에 정착했다. 이 지역은 현재 파키스탄의 발루치스탄 주에 해당한다. 작은 마을들이 인더스 강 하류를 따라 번져갔고, 인더스 강 상류로 합류하는 다섯 개의 지류를 따라서도 번창했다. 바로 이 지역이 **펀자브**다. 펀자브는 '다섯 개의 강'이라는 뜻이다. 다른 촌락들은 갠지스 강을 따라 발달했다. 아래로 인도 남부에는 남아프리카에서 사용된 것과 흡사한 도구들이 많아 대담한 사람들이 아프리카 해안을 떠나 인도 남서 해안으로 항해해 와서 정착했음을 알 수 있다.

그러나 세 지역—남부, 동부, 북서부—은 엄청난 물리적 장벽에 가로막혀 서로 고립된 상태였다. 수백 킬로미터의 평원과 중부를 동서로 가로지르는 빈디아와 사트 푸라 두 산맥이 북부의 인민과 남부의 인민을 분리시킨 것이다. 남부 주민들의 역사는 훨씬 후대에 알려진다. 기후가 더워지면서 너비가 480킬로미터나 되는 사막이 갠지스 강 유역과 북서쪽 취락을 떨어뜨렸다. 인도 역사의 맨 처음부터 남쪽, 동쪽, 북서쪽 인민들은 서로 독립적으로 생활을 한 것이다.

북서쪽 인더스 강 근처의 마을들이 먼저 읍락으로 성장했다.

인더스 강 유역에 맨 처음 나타난 가옥들은 강 주변 평원에 건설되었다. 아마도 강으로부터 1.6킬로미터 정도 떨어져서 홍수위보다 훨씬 위쪽에 위치했을 것이다. 진흙으로 빚은 벽돌은 강물이 들어차면 흐물흐물 녹고 곡물은 쓸려나갔을 것이다. 이집트나 수메르와 마찬가지로 물은 인더스 강 유역에서 처음 시작된 삶의 현실에서 생명과 죽음을 동시에 안겨주었다.

그래서 우리는 인도 최초의 왕 마누 바이바스바타에 주목하게 된다. 마누 바이바스바타 이전에는 여섯 명의 반신반인 왕이 인도를 통치했다고 한다. 각자 똑같이 마누라는 이름을 갖고 있었다. 그리고 각각 만반타라(400만 년 이상의 세월) 동안 통치했다.

지금 하는 이야기는 분명히 신화의 영역에 속한다. 그러나 전승에 따르면 신화는 일곱 번째 마누의 통치 기간에 역사로 들어서기 시작했다. 이 마누는 간단히 '마누'라고 하기도 하고, 온전한 이름 그대로 마누 바이바스바타라고 부르기도 한다. 어느 날 마누가 손을 씻고 있는데, 작은 물고기가 꿈틀거리며 다가와 '강의 관습' 대로 힘이 세고 큰 물고기가 약한 놈을 잡아먹으려 하니 자기를 보호해달라고 호소했다.

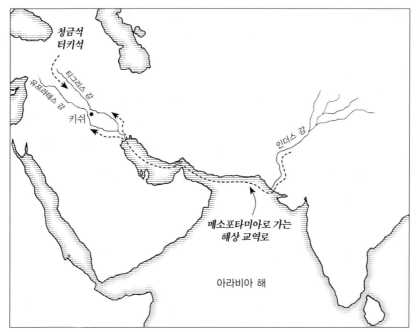

청금석
터키석

티그리스 강

유프라테스 강

키쉬

인더스 강

메소포타미아로 가는
해상 교역로

아라비아 해

인도 교역로

마누는 불쌍해서 그 물고기를 구해주었다.

잡아먹힐 위험을 면한 물고기는 마누의 호의에 보답하는 뜻에서 곧 홍수가 들이 닥쳐 하늘과 땅을 모두 쓸어가버릴 것이라고 경고해주었다. 그리하여 마누는 나무 방주를 만들어 리시라고 하는 일곱 현자(賢者)를 거느리고 배에 올랐다. 홍수가 빠지자 마누는 배를 북쪽 멀리 있는 산꼭대기에 정박시킨 다음 밖으로 나와서 역사로 기록된 인도의 첫 임금이 되었다. 한편 일곱 리시는 큰곰자리의 일곱 별(북두칠성)이 되었다. 그해가 B.C. 3102년이었다.

인도 역사를 재구성하는 차원에서 보면 이 이야기는 불이라기보다는 연기다. 마누 바이바스바타는 이집트의 전갈왕과 같은 세기를 산 것으로 보인다. 하지만 과연 실존인물이었느냐는 점에서는 전갈왕보다 신빙성이 떨어진다. 더구나 이상할 정도로 명확한 3102년이라는 연도는 적어도 그로부터 2,000년이 지난 후대에 구비전승이 문자로 정착될 때 당시 학자들이 추산해낸 결과다. 그러나 이 연도 자체는 대부분의 인도 역사서에 나타난다. 고대 인도 역사에서는 확고한 연도를 손에 넣을 수 있는 경우가 거의 없다. 따라서 역사학자들이 이 연도에 집착하는 것은 확실해서라기보다는 그나마 하나라도 연도가 있어서 다행이라고 생각하기 때문이다. "그것은 인도사에서 신뢰할 수 있는 최초의 연도다. 정확성에는 의문의 여지가 많지만 충분히 존중할 만한 가치가 있다"고 존 키는 말했다.[2]

3102년에 관해 유일하게 확실한 것은 이때쯤 인더스 강 유역의 마을들이 본격적으로 읍락으로 성장하기 시작한다는 사실이다. 이층집들이 생겨났다. 인더스 강 유역 정착민들은 토기를 물레에 얹고 구리로 도구를 만들기 시작했다. 또한 벌목을 해서 토기를 가마에 구웠다. 구운 벽돌은 햇볕에 말린 벽돌보다 내구성이 뛰어나서 홍수가 들이닥쳐도 잘 견뎠다. 3102년 이후 홍수는 이제 그렇게 파괴적인 힘을 발휘하지 못했다.

터키석과 청금석은 메소포타미아 이북 평원에서 가져온 것으로 최부유층 가옥 유적에서 발견된다. 읍락에 거주하는 주민들은 인더스 강 유역을 벗어나 티그리스와 유프라테스 강 너머까지 올라가서 키쉬, 니푸르, 우르의 왕들에게 보석에 준하는 돌을 공급하는 상인들과도 교역했다.

그러나 인더스 강 유역의 읍락들이 번영과 확장을 계속했는데도 인도의 서사시는 진보가 아니라 몰락을 이야기하고 있다. 홍수는 이전 시대를 쓸어버리고 새로운 시대를 잉태했다. 읍락들이 있던 시대는 깔리 유가(Yuga: 힌두교의 우주론에서 세계가 한 번 생성되고 소멸되기까지의 기나긴 기간—옮긴이), 즉 철의 시대였다. 이 시대는 마누가 산에서 내려오면서 시작되었으며 부와 산업의 시대였다. 그러나 진실, 측은지심, 자비, 헌신은 이전 시대에 비해 4분의 1로 줄어든 시대였다.* 신성한 기록들은 철의 시대에 대해 이렇게 경고했다. "지도자들은 재정적인 이유를 둘러대며 인민의 재산을 멋대로 징발해 쓰며, 강자는 약자의 재산을 빼앗고 어렵게 얻은 부를 몰수할 것이다. 부자들은 토지를 잘 활용하는 자유민이 되기보다는 경작지와 가축을 버리고 허구한 날을 돈을 지키는 데 허송함으로써 세속적인 소유물의 노예가 될 것이라는 말이다."

이런 끔찍한 경고가 나온 시기가 상대적으로 늦다는 점을 감안하면 이는 아마도 좀 더 성숙한 사회의 우려를 반영한 것일 것이다. 이때 인도 사회는 이미 국부를 고갈시키는 비생산적인 대규모 관료제가 있었다. 그런데 인도의 이야기꾼들은 이러한 타락의 시작을 한참을 거슬러 올라가 3102년에 위치하게 한 것이다. 이해는 인더스 강을 따라 생긴 마을들이 읍락으로 발전하기 시작하는 때였다.

당시 마누 자신은 곧 이전 시대를 휩쓸어버리고 깔리 유가의 몰락을 가져올 물 옆에서 무릎을 꿇고 약자를 노리는 강자로부터 보호해달라고 호소하는 작은 물고기와 이야기를 나누고 있었다. 인도에서 문명을 향한 여정이 이제 막 시작된 것이다. 그러나 수메르의 경우와 마찬가지로 그것은 인민을 그만큼 더 낙원에서 멀어지게 하는 여정이었다.

---

* 인도 우주론에서는 시대가 사띠야 유가, 트레타 유가, 드와파라 유가, 깔리 유가의 네 단계로 이어지는데 각각 금의 시대, 은의 시대, 동의 시대, 철의 시대에 해당한다. 한 시대에서 다음 시대로 넘어갈수록 영적인 의식은 책상 다리가 하나씩 없어지는 것처럼 4분의 1씩 줄어든다. 마지막 철의 시대는 가장 사악한 시대다.

연표 5	
이집트	인도
최초의 이집트인들이 나일 강 유역에 정착하다	
바다리 문화(B.C. 5000~4000)	
나카다 시대(B.C. 4000~3000)	인더스 강 하류와 펀자브 지방에 초기 정착촌 형성
초기 왕조 시대(B.C. 3100~2686) *제1왕조*(B.C. 3100~2890) 메네스(나르메르)	깔리 유가(철의 시대: B.C. 3102년~현재) 마을들이 읍락으로 발전하기 시작하다 마누 바이바스바타

인도사의 기록에 관하여 |

인도사가들은 정치적 편향에 물든 경우가 많다. 신화적 인물인 마누와 금, 은, 동, 철의 시대에 관해 논한 기록을 포함해 글로 된 전거는 물론이고 훨씬 후대에 산스크리트어 문자로 정착된 구비전승도 그러하다. 인도에서 '힌두 민족주의' 또는 '힌두트바(Hindutva, 힌두 근본주의 운동)'라고 하는 정치적 운동은 이러한 후대의 '힌두'(또는 '브라만') 전통이야말로 가장 인도적인 것이라고 주장한다. 그러나 많은 강단 사학자들, 특히 Romila Thapar는 지금 우리가 '힌두교'라고 하는 것은 인도 원주민 전통과 후대에 중앙아시아에서 내려온 이주민들(이른바 '아리아인 침입자들'. 25장과 37장을 보라) 사이의 상호작용의 결과로 생긴 것이며, 산스크리트어 문헌들은 아리아 이주민 가운데 엘리트 소수 계층의 사고를 대변한 것이라고 논한다. 역사라는 관점에서 볼 때 이는 마누와 철의 시대에 관한 기록들이 실제로는 그 이전 시기 인도 문명과의 연속성이 전혀 없다는 의미가 된다. 그러나 아리아인의 침입 이론은 19세기 말 인종주의적 편견과 정치적 목적 때문에 왜곡되었다. 그래서 '힌두 민족주의자들'은 이제 아리아인의 침입을 주장하는 어떤 이론에 대해서도 인종주의적 책략이라고 본다. 반면 언어학적 증거는 어떤 식으로든 외부세계로부터의 침입이 있었음을 뒷받침한다고 믿는 학자들은 초기 인도 역사를 해명하기 위해 후대의 산스크리트 신화를 활용하는 사람을 왕왕 '힌두트바 근본주의자'라고 몰아친다. 마누는 분명 신화상의 인물이다. B.C. 4000년대에 마누와 인도의 관계가 어땠는지는 극히 불확실하다.

Chapter 06

철인왕(哲人王)

B.C. 2852년에서 2205년 사이 중국 황허 유역에서
초기 촌락들은 왕은 맞아들이되 혈통 승계는 거부하다

메소포타미아와 인도에서 아주 멀리 떨어진 동방에서 유사한 형태가 다시 한 번 되풀이되었다.

이번에는 황허(黃河) 주변에 사람들이 정착하기 시작했다. 이 강은 티베트 고원(요새는 칭장靑藏 고원이라고 한다)에서 발원해 동쪽으로 달리다 황해로 흘러든다. 한참 아래 남쪽의 양쯔(揚子) 강도 동해안으로 흘러든다.

사하라가 푸르고 타르 사막에 강물이 흐르던 시절 중국의 이 두 거대한 강 사이의 드넓은 지역은 아마도 땅과 물이 조각보처럼 이어져 늪지와 호수와 진창을 이루고 있었을 것이다. 두 강 사이에 위치한 산둥(山東) 반도는 거의 섬이었다. 수렵인과 채집인 들은 늪지를 누볐겠지만 물에 흠뻑 젖은 땅에 정착할 이유는 별로 없었다.

당시 사하라는 더워졌다. 나일 강의 범람도 줄어들었다. 한때 타르 사막을 적셨던 강은 사라졌다. 메소포타미아의 크고 작은 하천들이 두 개의 강으로 통합되면서 그 사이에 평원이 나타났다. 중국의 두 거대한 강 사이에서도 대지가 말라갔다.

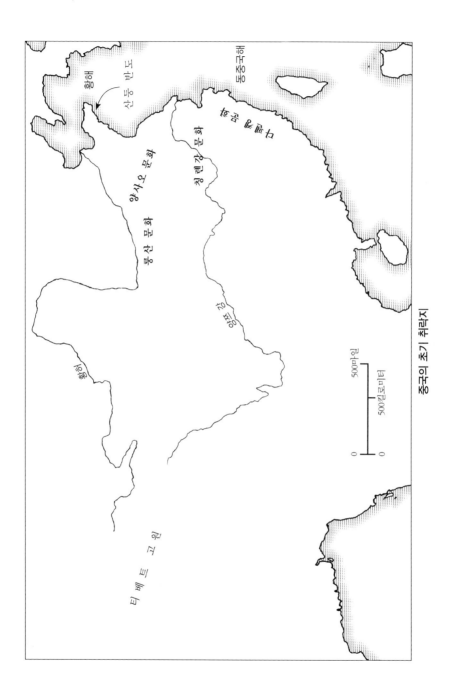

황해

산둥 반도

동중국해

룽산 문화

룽산 문화

양사오 문화

칭롄강 문화

양쯔 강

황허

티베트 고원

500마일

500킬로미터

0

0

중국의 초기 취락지

B.C. 5000년경 두 강 사이는 드넓은 평원이었다. 고지대에는 숲이 형성되었다. 방랑자들은 정착을 시작해 연안 축축한 땅에서 벼를 재배했다. 가옥이 급속히 늘었고 마을이 성장했다. 고고학은 황허 가까이에 처음으로 가옥들이 밀집했음을 보여준다. 이곳에서 정착촌은 서서히 문화 수준으로 발전했다. 즉 동일한 관습과 동일한 건축기법과 동일한 스타일의 토기를 사용하는 사람들이 나타난 것이다. 아마 언어도 동일했을 것이다.

이 황허 문화를 지금은 양사오(仰韶) 문화라고 하는데, 중국 전체로 보면 유일한 취락은 아니었다. 동중국해에 면한 남동부 연안에 다펜켕(大坌坑)이라는 또 다른 문화가 나타났다. 양쯔 강 연안에서 한참 아래쪽으로는 칭롄강(靑蓮崗) 문화가 성장했다.[1] 황허가 남쪽으로 크게 구부러지는 지점에서는 네 번째 취락 유적인 룽산(龍山)이 솟아올랐다. 발굴 결과는 룽산이 양사오 유적층보다 위에 있는 것으로 나타나고 있다. 이는 룽산 문화가 황허 문화권에서는 평화적으로 우위를 확보했음을 시사한다.

이 네 집단의 생활과 관습에 관해서 우리는 거의 아무것도 알지 못하고 있다. 우리가 할 수 있는 일이라고는 그 집단들에 대해 서로 다른 이름을 붙이는 정도가 고작이다. 그나마 토기도 스타일이 다르고 농사나 건축방식도 다르기 때문이다. 양사오 취락은 도랑이 둘러싸고 있었을 가능성이 높다. 반면 룽산 마을은 주변 황무지와는 흙벽으로 분리되어 있었을 가능성이 높다. 그러나 황허 남안에 있는 마을 근처에 묘지를 조성했다는 사실은 조상숭배의 초기 형태를 보여준다거나 음식을 죽은 이와 함께 매장하는 것은 내세의 평안을 믿었음을 시사한다는 식의 극히 일반적인 추론을 제외한다면 생활과 관습을 알 수 있는 실마리는 없다. 다만 중국의 시원(始原)을 이야기한다고 주장하는 전설들이 있을 뿐이다.

고대 인도의 대서사시 『마하바라타』에 나오는 이야기들과 마찬가지로 초기 중국에 관한 설화들은 당대에서 수천 년이 흐른 후에 문자로 정착된 것이다. 전통을 보존하고 있는 그런 이야기들은 만물의 본질적인 질서를 발견한 최초의 임금에 관해

전하고 있다. 그의 이름은 복희(伏羲)다.

중국의 전통적인 이야기들을 수집해 하나의 서사적인 역사를 만들어낸 대역사가 사마천은 복희씨가 B.C. 2850년에 통치를 시작했다고 말한다. 그는 팔괘를 발명했다. 팔괘란 직선(─ : 양효陽爻)과 가운데가 뚫린 직선(-- : 음효陰爻)을 조합한 것으로 기록을 하거나 점을 치거나 사건을 해석하는 데 사용하는 것이었다. 복희는 새와 짐승의 출현에 관해 명상을 하면서

직접 자기 자신으로부터 반추해보기도 하고,
간접적으로 외부 사물에 비추어보기도 했다.
그리하여 팔괘를 창안하여
신령한 지성의 덕을 전하기도 하고
모든 살아 있는 존재의 현상을 분류하기도 했다.[2]

팔괘의 유형은 거북 등껍질에 나타난 무늬를 형상화한 것이다. 이 최초의 중국 왕은 인민을 홍수에서 구한 것도 아니고 권위를 하늘로부터 받은 것도 아니고 두 나라를 하나로 통일하지도 않았다. 그의 위대한 업적은 중국인들에게 그런 것들보다 훨씬 중요한 것이었다. 그는 세계와 자아 사이에, 자연의 양상과 주변의 모든 것을 질서 지우려는 인간 정신의 충동 사이에, 모종의 연관관계가 있음을 발견해낸 것이다.

중국 전설에 따르면 복희를 잇는 두 번째 위대한 임금은 신농(神農)이다. 그는 최초로 나무로 쟁기를 만들어 밭을 갈았다. 『회남자(淮南子)』는 신농씨가 옥토를 고르는 법과 오곡을 씨 뿌리고 경작하는 법, 탈곡하는 법, 좋은 약초와 독풀을 구분하는 법을 사람들에게 가르쳤다고 한다. 이 농부 왕의 뒤를 세 번째 위대한 임금이 이었으니 아마도 역대에 가장 위대한 왕이었을 것이다. 그의 이름은 황제(黃帝)였다.*

황제는 B.C. 2696~2598년에 통치했다고 보는 것이 전통적인 견해다. 통치 기간 동안에 그는 처음으로 동생인 염제(炎帝)를 정복해서 통치권을 동생 나라에까지 확대시켰다. 이어 남쪽의 장군 치우(蚩尤)를 무찔렀다. 염제에 충성하던 치우는 염제를 제압한 황제에게 반란을 일으켰다. 치우는 불쾌한 인물이었다. 전쟁을 발명하고, 금속 칼을 처음 주조하고, 부러지지 않는 이빨로 돌을 씹고, 악인과 거인의 군대를 이끌었다. 그는 안개 자욱한 전쟁터에서 황제의 군대를 들이쳤다. 황제는 나침반이 달린 마법의 전차를 사용해 중앙을 돌파할 수밖에 없었다. 그리고 승리했다.

이 기사는 시대착오적이다. 마법이건 아니건 B.C. 2696년 중국에는 나침반이 없었다. 도시도 없었다. 멤피스와 키쉬가 번창하고 있을 때 황허 유역의 취락은 나무로 기둥을 세우고 윗가지에 흙을 바른 촌락이 다닥다닥 붙은 형태에 그 주변으로 도랑이나 벽이 있는 정도에 불과했다. 이런 취락에 사는 사람들은 이미 고기를 잡거나 곡식을 재배하는 법을 배웠으며, 아마 침입자에 맞서 싸우는 법도 익혔을 것이다. 황제는 제국을 위해서 동생과 동생의 부하 장군에 맞서 싸웠지만 그 제국이란 것은 도시가 번창하고 상인들이 북적거리는 모습과는 거리가 멀었다. 그저 벼와 기장 밭으로 둘러싸인 시골 오두막집들이 모여 있는 수준이었다.

그러나 황제의 정복 이후 중국의 통치구조에 모종의 변화가 일어났다. 수메르의 경우 이때쯤이면 세습권력이라는 개념이 확고하게 정착된다. 표면적으로 보면 똑같은 문제가 중국에서도 거의 동시에 제기되었다. 황제는 삼황 중 마지막 왕으로 후임자는 요(堯)라고 하는 임금이었다. 요는 지혜의 화신으로 현인 왕 가운데 첫 번째 인물이었다. 그가 살던 시대의 중국은 이미 왕이 권력을 아들에게 물려주는 것이 관행

---

* 중국의 기록은 세 명의 신적인 임금의 뒤를 이어 다섯 명의 현인 임금이 있었다고 말하고 있다. 그러나 이 삼황오제설에서 말하는 제왕이 누구인지는 의견 일치를 보지 못하고 있다. 삼황오제 중 유명한 인물은 복희, 신농, 황제, 요, 순, 우 등이다. 우 임금은 반쯤은 전설에 속하는 하 왕조를 세웠다고 한다. 하 왕조는 B.C. 1776년에 상 왕조로 바뀌는데, 상은 중국사에서 의미 있는 기록이 존재하는 최초의 왕조다.

인 시대였던 것으로 보인다. 그러나 요는 아들이 왕위를 이어받기에는 불민한 것을 깨닫고 가난하지만 현명한 농부 순(舜)을 후계자로 선택했다. 순은 평소 덕행뿐 아니라 아버지에 대한 지극한 효도로 유명했다. 현명하고 공정한 임금이 된 순은 현인 왕 가운데 두 번째 인물로, 전임 왕의 모델을 따랐다. 아들을 제치고 제3의 능력 있는 인물 우(禹)를 후계자로 택한 것이다. 세 번째 현인 왕인 우는 중국 최초의 왕조인 하(夏)나라를 건국한 것으로 알려져 있다.

다른 말로 하면 중국에서는 왕위 계승에 관한 최초의 이야기들이 아득바득해가며 혈통 승계를 추구하는 것이 아니라 오히려 아들의 상속권을 박탈하고 덕망 있는 인물에게 선양하는 방식을 보여준다. 왕권을 찬미하기는 하지만 과다한 왕권의 행사는 거부한다. 권위란 당연히 좋은 것이지만 누구도 출생과 신분으로 인해 자동적으로 권위를 부여받는다고 가정해서는 안 된다는 것이다. 혈통이 아니라 지혜가 특정 인간의 통치권을 정당화한다는 이야기다. 키쉬의 인민들은 에타나 왕에게 자식이 없다는 이유로 슬퍼했을지 모른다. 황허 유역 읍락들은 그런 갈망이 없었다.[*]

＊ 서구에서 중국사를 쓰다 보면 통일된 중국어 로마자 표기법 때문에 상당한 애로를 겪는다. 1859~1912년에 영국 케임브리지대학교 교수였던 웨이드와 자일스가 고안한 웨이드-자일스 방식(Wade-Giles system)은 1979년까지 널리 사용되었다. 그러나 이해에 중화인민공화국 정부가 중국 이름 영문 표기법을 표준화하고자 병음(併音) 방식을 공식 채택했다. 그러나 병음 표기법이 완전히 세를 장악하지 못한 것은 부분적으로 웨이드-자일스 방식의 로마자 표기법이 너무 보편화된 나머지 많은 서구인들이 병음식 표기를 오히려 혼란스러워하기 때문이다. 예를 들어 널리 알려진 I Ching(易經)은 Yi jing이 되고, the Yangtze river(揚子江)는 the Chang Jiang(長江)이 되는 식이다. 또 한편으로는 많은 중국 용어들이 비중국계 독자들에게 웨이드-자일스 방식도 병음 방식도 아닌 형태로 익숙해져 있기 때문이다. 예를 들어 중국 북동부 지역은 웨이드-자일스식 표기로는 Tung-pei(東北), 병음 표기로는 Dongbei라고 한다. 그러나 대부분의 역사학자들은 이런 다툼은 아랑곳하지 않고 그냥 16세기식 명칭인 Manchuria(만주)를 사용한다.

병음 방식은 내가 판단하건대 가장 정확한 표기법이기 때문에 가급적이면 병음 표기를 사용하고자 한다. 그러나 다른 표기법이 훨씬 친숙해서 병음 표기가 혼란을 야기할 경우에는 Yangtze river의 경우와 같이 사람들이 익숙해하는 표기를 따랐다.

연표 6

인도	중국
인더스 강 하류 연안과 펀자브 지방에 초기 취락이 생기다	양사오, 다펜켕, 칭롄강, 룽산 등 중국의 초기 문화가 꽃피다
깔리 유가, 철의 시대(B.C. 3102~현재) 마을들이 읍락으로 발전하기 시작하다 **마누 바이바스바타**	
	복희씨(B.C. 2850) 신농씨 황제(B.C. 2696) 요, 순(B.C. 2598)
	하 왕조(B.C. 2205~1766) 우

THE
HISTORY
OF
THE WHOLE
WORŁD

2

최초의 사건들

Chapter 07

최초의 문자

B.C. 3800년에서 2400년 사이
수메르인과 이집트인 들이 봉인과 기호를 처음 사용하다

문자로 쓴 역사는 B.C. 3000년쯤부터 시작되었다. B.C. 3000년대 초에 시간과 공간을 뛰어넘어 알려야 할 만큼 중요한 사안은 둘뿐이었다. 하나는 위인들의 행위고 또 하나는 소나 곡식이나 양의 소유권 문제였다. 수메르의 도시들에서는 위대한 서사문학이 형성되기 시작했고, 관료들은 숫자를 따지는 일로 먹고살았다.

으레 그렇듯이 관료들이 먼저였다. 문자가 탄생한 것은 인간 정신을 찬미하기 위해서가 아니라 **이것은 네 것이 아니고 내 것이다**라고 확실히 해야 할 필요에서 이루어졌다. 그러나 관료들이 소유물에 관한 정보를 기록하고자 인위적인 기호를 발전시키는 과정에서 재정 기록을 담당하는 사람들은 본의 아니게 이야기꾼에게 선물을 주게 된다. 영웅들을 영원히 살리는 방법을 선사한 것이다. 이렇게 문학은 발생 초기부터 상업과 연결이 되어 있었다.

동굴벽화 시절 이후 사람들은 대상의 수를 세는 표시를 만들었다. 우리는 이런 표시를 문자의 씨앗이라고 부를 수 있다. 그 표시는 **여기에 어떤 표시가 있다**는 자체가 아니라 다른 것을 의미하기 때문이다. 그러나 표시는 시공을 넘어서지 못한다. 표시는 표시한 사람이 그 옆에 서서 **이 선은 소 한 마리고 이 선은 영양 한 마리고 이건 내 아이들이다**라고 설명해주지 않으면 아무런 소리를 내지 못한다.

수메르에서는 표시의 사용이 한 단계 발전했다. 아주 이른 시기에 값나가는 물건(곡물이나 우유, 기름 등)을 소유한 수메르인이 곡물 포대를 묶은 매듭 위에 공 모양의 점토 덩어리를 붙이고 납작하게 만든 뒤 그 위에 도장을 꽉 눌렀다. 도장은 사각형 또는 원통 모양으로 특정한 문양이 새겨져 있었다. 점토 덩어리가 마르면 소유자의 표시(**이건 내 것이다!**)가 단단히 남게 되는 것이다. 표시는 주인이 있음을 말해준다. 그가 물건 옆에 없더라도 곡물을 남이 가져갈 수 없게 지켜주는 셈이다.

이런 봉인은 동굴벽화를 그린 사람들이 한 표시와 마찬가지로 공통의 지식을 토대로 한다. 봉인을 보는 사람은 누구나 그 표시가 누구를 뜻하는지 알고 있어야만 **이것은 일슈**(대홍수 이후 60번째 수메르의 왕. 마리 왕조의 첫 임금으로 통치 기간은 B.C. 2809~2779년으로 알려져 있음. 여기서는 같은 이름을 가진 평범한 한 수메르인으로 보는 것이 좋겠음─옮긴이) **것이다**라는 메시지를 파악할 수 있다. 그러나 동굴벽화를 그린 사람들이 남긴 표시와 달리 봉인은 좀 더 특별했다. 표시는 여자나 양, 남자나 소를 의미할 수 있다. 반면 봉인은 일단 그 의미를 알게 되면 일슈라는 수메르인만을 표현한다. 일슈는 이제 그 물건이 자기 소유임을 설명하기 위해 그 자리에 있을 필요가 없다.

공간의 제약을 뛰어넘는 진전을 이룬 것이다.

아마 그와 동시에 다른 유형의 기호도 사용된 것 같다. 동굴벽화를 그린 사람들과 마찬가지로 수메르인들은 소나 곡식 포대의 수를 파악하기 위해 표시와 산가지를 이용했다. 소유물을 세는 산가지는 종종 점토로 만든 작은 원판('계산기'라고 한다)에 보관했다. 이런 계산기는 농부가 소를 가지고 있는 동안에 계속 사용했다. 아마 수 세기 동안은 그랬을 것이다. 그러나 B.C. 3000년 이전 어느 시기에 계산기가 아주아주 많은 극히 부유한 수메르인이 계산기들을 종잇장처럼 얇은 점토판에 올려놓고 둘둘 만 다음 접합 부위에 봉인을 찍었다. 얇은 점토판은 마르면서 일종의 봉투가 되었다.

불행하게도 이 봉투를 여는 유일한 방법은 깨는 수밖에 없었다. 이렇게 되면 더는 사용할 수 없게 된다. 계산기가 봉투 안에 몇 개나 들었는지를 파악하는 좀 더 경제적인 방법은 안에 계산기가 얼마나 들었는지 알려주는 산가지를 바깥에 새로 꽂아두는 것이었다.

이제 '봉투' 바깥에 있는 표시들이 소의 숫자를 나타내는 표시가 든 계산기가 얼마나 되는지 알려준다. 다른 말로 하면 바깥에 있는 표시와 지칭 대상이 **이중으로** 떨어져 있게 된 것이다. **사물**과 **표시**의 관계가 좀 더 추상화되기 시작했다는 이야기다.[1]

다음 단계의 발전은 단순한 표시를 완전히 뛰어넘는 것이었다. 수메르의 도시들이 발전하면서 소유권은 더욱 복잡해졌다. 더 많은 **종류**의 물품을 소유하고 양도할 수 있게 되었다. 이제 셈을 하는 사람들은 표시 이상의 것이 필요했다. 그들은 산가지뿐 아니라 그림문자(셈하는 대상을 재현한 것)를 필요로 했다.

그림문자는 점차 단순화되었다. 그림문자는 일반적으로 점토에 그렸는데 점토는 섬세한 묘사에는 적합하지 않다. 그리고 소가 필요할 때마다 사실적으로 그리려면 시간이 많이 걸렸다. 점토판에 머리를 대충 사각형으로 그리고 꼬리를 붙이면 소라는 걸 누구나 충분히 알 수 있었다. 아이가 들고 있는 막대기가 엄마를 나타내는 것도 분명했다. 그 모양은 인간으로 알아보기 어렵지만 엄마는 늘 아이 곁에 있기 때문이다.

이런 정도는 아직까지 표시 시스템이었다. 아직 **문자**라고 하기에는 부족했다. 한편 표시 시스템도 점점 복잡해졌다.

이어 봉인이 다시 나타난다. 이번에는 전혀 새로운 메시지를 전하는 것이었다. 한때 자기 소유의 곡식과 기름을 표시하는 목적으로만 도장을 사용했던 일슈는 이제 점토판 아래 도장을 찍었다. 이 점토판은 그림문자로 왼쪽에 있는 이웃이 오른쪽에 있는 이웃에게 소를 판다는 것을 기록한 내용이었다. 두 사람은 서로를 완전히 믿지 못했기 때문에 그에게 매매에 입회해달라고 부탁했다. 그는 점토판에 자기 인장을 찍어 거래의 증인이 된 것이다. 점토판 아래에 있는 일슈의 문양은 이제 **일슈가 여기 있었다**거나 **이것은 일슈의 것이다**라는 뜻이 아니다. **여기에 있던 일슈가 거래를 지켜봤고 나중에 문제가 생기면 내가 설명을 해주겠다**는 의미다.

이런 것은 단순한 표시가 아니다. 읽는 사람에게 하는 진술이다.

이 시점에 이를 때까지 수메르의 '문자'는 사용하는 사람들의 비상한 기억력에 의존했다. 그것은 발전된 상징체계라기보다는 단순한 약속이었다. 그러나 도시들이 무역을 하고 경제가 커지면서 이제 그런 점토판은 숫자나 거래 물품 종류 이상의 정보를 담을 필요가 있었다. 농부와 상인 들은 언제 밭에 씨를 뿌리고 어떤 종류의 곡식을 심어야 하는지, 어느 종을 무슨 심부름으로 보냈는지, 또 신관들이 계산을 잘못할 경우에 대비해 축복을 받는 조건으로 엔릴을 모시는 사원에 소를 얼마나 보시했는지, 왕이 계산을 잘못해서 더 달라고 할 경우에 대비해 왕에게 공물을 얼마나 보냈는지 등을 기록해두어야 했다. 이런 수준의 정보를 전하기 위해 수메르인들은 사물이 아니라 **단어**에 해당하는 기호가 필요했다. 그들은 **소**를 나타내는 그림문자뿐 아니라 **보냈다** 또는 **샀다**를 나타내는 기호도 필요했다. **밀**을 나타내는 그림문자도 있어야 하지만 **씨를 뿌렸다**거나 **파괴되었다**는 것을 의미하는 기호도 필요했다.

기호에 대한 필요가 폭증하면서 적는 부호는 두 방향으로 나아가게 되었다. 한쪽에서는 기호 하나가 개별 단어 하나를 나타내는 방식으로 나아갈 수 있다. 반면에 그림문자가 표음체계로 발전할 수 있다. 이렇게 되면 기호는 단어 자체가 아니라 단어를 구성하는 요소인 **소리**를 나타내게 된다. 이런 식으로 하면 아무리 많은 단어라도 제한된 수의 기호로 구성할 수 있다. 결국 수메르인이 **소**를 나타내는 그림문자를 보고 입술을 **소**에 해당하는 단어 모양으로 움직일 때마다 소리가 나게 되는 셈이다. **소**에 해당하는 그림문자가 결국 소라는 단어의 첫소리를 나타내는 기호로 발전하는

쐐기문자 점토판 B.C. 2600년경 것으로 가옥과 토지의 매매 내역을 기록하고 있다. 파리 루브르박물관 소장. 사진 Erich Lessing/토픽포토에이전시

것은 그리 어려운 과정이 아니다. 그렇게 되면 그 그림문자는 **소**라는 소리로 시작하는 단어 전체의 첫 음(ㅅ)을 나타내는 기호로 사용될 수 있는 것이다.

수메르의 그림문자는 최소 600년 동안 두 번째 길을 걸으면서 소리를 나타내는 상징으로 발전했다.* 끝이 쐐기 모양으로 뾰족하게 된 첨필(尖筆)로 축축한 점토판에 새긴 이 상징들은 아래보다 위가 넓은 독특한 모양이었다. 수메르인들이 이 문자를 무엇이라고 불렀는지는 알 길이 없다. 세계를 변화시킨 기술의 맨 처음 단계가 어떠했는지를 아는 것도 거의 불가능하다. 수메르인들은 자신들이 이룩한 혁신에 대해 언급하지 않았다. 그러나 1700년 고대 페르시아를 연구하는 영국 학자 토머스 하이

---

* 문자의 발전을 다룬 책은 많다. 이 장에서는 역사적 맥락만 설명하고자 했다. 진짜 언어학 전문가가 쓴 자세한 설명을 보려면 피셔(Steven Roger Fischer)의 『문자의 역사(A History of Writing)』를 참고하는 것이 좋다. 초기 문자 및 문자의 발전에 관해서는 *Reading the Past* 시리즈 제3권 『쐐기문자(Cuneiform)』(C. B. F. Walker 지음)와 제6권 『이집트 상형문자(Egyptian Hieroglyphs)』(W. V. Davies 지음)를 보라.

드가 이 문자를 **쐐기문자**(또는 설형楔形문자)라고 명명한 이후 우리는 지금까지 그 명 칭을 그대로 쓰고 있다. 이는 라틴어의 '쐐기 모양의' 라는 말에서 따온 것으로, 문자 의 중요성이나 의미와는 아무 상관이 없다. 하이드는 점토판에 새겨진 예쁜 기호들 을 일종의 테두리 장식이라고 생각했다.

이집트에서는 그림문자가 수메르보다 약간 늦은 시기에 사용되었다. 이집트가 하나의 제국이 되었을 때쯤에는 이미 널리 사용되고 있었다. 나르메르 석판에는 나 르메르 왕의 머리 바로 오른쪽에 **메기**를 뜻하는 그림문자가 적혀 있다. 그것은 나르 메르의 이름으로, 그의 초상 위에 써놓은 것이다.

이집트의 그림문자(pictogram)를 지금은 상형문자(hieroglyph: 히에로글리프는 이집트 상형문자를 지칭하는 말. 그리스어로 '신성한' 을 뜻하는 hierós와 '새기다', '쓰다' 를 뜻하는 glúphein의 합성어. 우리말로는 신성神聖문자 또는 성각聖刻문자라고도 함. 프톨레마이오스 왕조 때 이집트에 진출한 그리스인들이 상형문자가 사원이나 묘지에 새긴 종교적인 내용이나 공식 문 서에 많이 쓰인 것을 보고 붙인 이름임—옮긴이)라고 하는데, 수를 세는 체계에서 진화한 것으로 보이지는 않는다. 이집트인들은 그림문자 방식을 북동쪽 이웃 나라들로부터 배웠을 가능성이 농후하다. 그러나 수메르의 쐐기문자는 원래 그림문자의 모습을 잃 어버린 반면 이집트의 상형문자에는 아주 오랫동안 그 모습이 남아 있었다. 심지어 상형문자가 사물 자체가 아니라 소리를 나타내는 표음기호가 된 다음에도 두 손을 든 남자, 양치기가 들고 있는 손잡이가 구부러진 지팡이, 왕관, 매 등등 **사물**을 묘사 했던 당초의 모습을 알아볼 수 있었다. 상형문자는 잡동사니였다. 어떤 기호는 그림 문자로 남은 반면 또 어떤 기호는 표음 상징이 되었다. 매 기호는 소리를 나타내지만 경우에 따라서는 매 자체를 나타내기도 했다. 그래서 이집트인들은 **토씨**라고 하는 것을 발전시켰다. 상형문자 옆에 기호를 붙여 문제의 상형문자가 음을 나타내는 상 징인지 아니면 원래 그대로의 그림문자인지를 알려주는 장치였다.

그러나 상형문자도 쐐기문자도 완전한 표음문자 형태, 즉 알파벳으로 발전하지는 못했다.

수메르어는 그럴 기회가 없었다. 그 발전 과정이 완료되기 이전에 아카드인들이 수메르를 정복하면서 아카드어가 수메르어를 대체했기 때문이다. 한편 이집트 상형문자는 **그림**으로서의 성격을 잃지 않고 수천 년간 존속했다. 이는 아마도 문자에 대한 이집트인들의 태도에서 이유를 찾을 수 있을 것이다. 이집트인들에게 문자란 영생을 가져오는 것이었다. 문자를 구성하는 선 하나하나가 생명과 힘을 불러일으키는 주술적 형식이었다. 어떤 상형문자는 너무도 강력해서 주술적인 장소에는 새기지 못하고 원하지 않는 힘을 발휘하지 않도록 평범한 곳에만 쓸 수 있었다. 왕의 이름을 기념물이나 조각상에 상형문자로 새기면 사후에도 왕의 현존이 계속되는 것이었다. 따라서 왕의 이름을 새긴 글자를 지워버리면 그를 영원히 죽이는 셈이었다.

좀 더 현실적인 수메르인들은 문자에 그런 의도를 담지 않았다. 이집트인들과 마찬가지로 수메르인들에게도 필경사(筆耕士)를 보살피는 신이 있었다. 여신 니사바로 (우리가 아는 한) 곡물의 여신이기도 했다. 반면 이집트인들은 문자를 '신성한 서기(書記)'로 불리는 신 토트가 발명한 것으로 믿었다. 그는 자신의 말의 힘으로 스스로를 창조했다. 토트는 문자의 신이자 지혜와 주술의 신이기도 했다. 그는 지구를 측량하고 별을 헤아리고 명부(冥府)에 심판을 받으러 나온 죽은 이들의 행위를 모두 기록했다. 쓸데없이 곡물 포대 수나 세고 다니지는 않았다.

문자에 대한 이런 태도가 상형문자의 회화적 성격을 보전해준 것이다. 그림 자체가 그런 힘을 가지고 있다고 생각했기 때문이다. 사실 표음문자와 달리 상형문자는 그 의미를 들여다볼 수 있는 열쇠가 없으면 해독이 불가능하도록 만들어졌다. 이집트 신관들은 그러한 정보의 파수꾼으로 그런 도구를 손에 쥐고 놓지 않기 위해 관련 지식 분야를 총괄했다. 그 이후로 문자를 쓰고 읽는다는 것은 권력행위가 되었다.

사실 상형문자는 직관과는 거리가 먼 것이어서 이집트가 하나의 국가로서 존립하고 있을 때조차 그것을 읽을 수 있는 능력이 사그라지기 시작했다. 우리는 A.D. 500년쯤 되면 그리스어를 말하는 이집트인들이 기호와 의미의 관계에 대해 장황한 설명을 늘어놓는 것을 보게 된다. 예를 들어 호라폴로는 그의 저서 『상형문자론 (Hieroglyphika)』에서 독수리라고 쓴 상형문자의 여러 의미를 설명하면서 기호와 의미의 관계를 밝혀내고자 무진 애를 쓰고 있는데 그나마 잘못된 부분이 많다. 호라폴로는 이렇게 적고 있다.

어머니나 시력 또는 경계나 예지를 뜻하고자 하면 독수리를 그린다. 어머니를 뜻하는 것은 이 동물이 수컷이 없기 때문이고 …… 독수리가 시력을 대변하는 것은 모든 동물 중에서 독수리의 눈이 가장 날카롭기 때문이고 …… 경계를 뜻하는 이유는 전쟁이 터질 것 같으면 독수리가 전쟁이 날 지점을 찍어 그 위에서 이레 동안 배회하기 때문이다. 〔그리고〕 예지가 되는 이유는 …… 살육 과정에서 발생할 수많은 시체를 먹잇감으로 미리 알고 기다리기 때문이다.[2]

일단 상형문자에 관한 지식이 완전히 사라지자 이집트인들의 문자는 까맣게 잊혀졌다. 그러다 나폴레옹 군대가 나일 강 삼각주에 요새를 세우려고 기초를 파던 중 760킬로그램짜리 현무암(초기에는 화강암 내지 현무암으로 알려졌으나 지금은 화강섬록암으로 규명되고 있음—옮긴이) 돌판을 발굴함으로써 세상에 드러났다. 이 석판에는 동일한 내용이 상형문자, 후기 이집트 문자, 그리스 문자로 각각 새겨져 있었다. 이 석판은 로제타석(石)으로 알려져서 언어학에 암호를 푸는 열쇠를 제공했다. 이렇게 해서 군대는 이미 수 세기 동안 문학 연구에 자양분을 제공한 데 이어 고대 초기 시와 서사문학을 해독하는 수단을 찾아내는 데 도움을 주었다.(위대한 문학은 전쟁과는 불가분의 관계인 셈이다. 상업과의 관계에 비할 바가 아니다.)

상형문자는 이집트인들이 일상생활에 편리한 새 문자를 발명함으로써 주술적이고 신비적인 성격을 보전할 수 있었다. **신관(神官)문자**(hieratic: 그리스어로 grammata hieratika(신관의 문자)로, A.D. 2세기 알렉산드리아의 클레멘트가 처음 이 용어를 사용. 당시에 이 서체는 신관들이 종교적인 내용을 적는 데만 사용했기 때문임—옮긴이)는 상형문자를 단순화한 형태로, 세심한 그림 기호를 몇 가지 선으로 빨리 흘려 쓰는 방식으로 축약했다. 이 때문에 W. V. 데이비스의 표현에 따르면 '행서체' 내지 '흘림체' 상형문자로 통한다. 신관문자는 업무를 처리하는 데 사용하거나 관료, 행정가 들이 선호하는 서체였다. 이 흘림체 문자는 이집트의 또 다른 발명품인 종이 덕분에 존재할 수 있었다. 선이 아무리 단순해도 점토에는 빨리 흘려 쓸 수 없기 때문이다.

점토는 전통적으로 수메르인과 이집트인 모두에게 수 세기 동안 글자를 쓰는 판 역할을 해왔다. 무한대로 널려 있었고 다시 사용할 수도 있었다. 매끈한 점토판 표면에 쓴 글씨는 햇볕에 말리면 몇 년은 갔다. 그러나 점토판 표면에 습기를 먹여서 손으로 눌러 다시 평평하게 만든 다음 기록을 정정하거나 바꿀 수 있었다. 대신 함부로 바꾸면 안 되는 경우는 구워서 내용이 영원히 변하지 않도록 만들었다.

그러나 점토판은 무겁고 보관하기 불편했으며 이리저리 옮기기도 어려웠다. 게다가 적을 수 있는 문자의 양이 극히 제한되었다.(반대로 워드프로세서는 한없이 장황하게 늘어놓을 수 있어서 대조적이다.) B.C. 3000년경 이집트 필경사는 가옥에 건축자재로 사용하는 파피루스—갈대와 비슷한 파피루스의 껍질을 벗긴 다음 속을 가늘게 세로로 자른 대를 여러 개 늘어놓고 다시 그 위에 자른 대를 반대 방향으로 늘어놓는다. 이를 물에 푹 불려서 접착력이 높아지게 한 다음 망치 같은 것으로 두들겨 펄프 상태로 붙이고 나서 돌판 같은 것으로 압착해 말리면 파피루스 종이가 된다. 두루마리는 이 종이를 여러 장 이은 것이다—를 글자를 쓰는 판으로도 사용할 수 있다는 사실을 알게 되었다. 붓과 잉크만 있으면 신관문자는 아주 빠른 속도로 파피루스에 써내려갈 수 있었다.

알파벳 차트 이집트 문자에서 로마자까지 세 글자의 변형을 보여준다. Richie Gunn 제공

수메르에는 그런 원료가 없었기 때문에 점토판을 수 세기 동안 계속 사용했다. 1,500년 후 방랑자 모세가 아브라함의 셈족 후손들을 이끌고 이집트를 탈출해 근동의 황무지로 올라갈 때도 신은 그들이 지켜야 할 계명을 종이가 아니라 돌판에 새겼다. 이스라엘 사람들은 이런 돌판을 담는 특별한 상자를 만들어야 했다. 돌판은 운반하기가 어려웠다.

반면에 종이는 운반이 훨씬 쉬웠다. 둘둘 말아서 코트나 주머니 속에 넣을 수 있었다. 나일 강 유역 곳곳에 나가 있는 관리들은 그런 단순한 의사소통 방법이 필요했다. 18킬로그램이나 되는 여러 장의 점토판을 가지고 나일 강을 오르내려야 하는 전령은 분명 고역이었을 것이다.

이집트인들은 이 새롭고 효율적인 기술을 기꺼이 받아들였다. 상형문자는 사원 벽과 기념물, 조각상 등에 계속 새겼다. 그러나 편지나 청원서, 지침, 경고 같은 것은 파피루스에 썼다. 파피루스는 젖으면 글자가 번지거나 아예 물에 녹아버렸고, 오래되면 갈라지다가 나중에는 푸석푸석한 먼지로 화했다.

우리는 수메르 왕 짐리-림의 집안 문제를 메소포타미아의 작열하는 도시들 간에 오간 거창한 점토판들에서 추적할 수 있지만 파피루스 발명 이후 파라오와 관료들의 일상생활에 대해서는 거의 아는 바가 없다. 그들의 슬픔과 다급한 전갈들은 사라졌다. 서기들이 조심스럽게 기록한 역사들도 흔적 없이 사라졌다. 이메일이 깨끗이 삭

제된 것과 마찬가지다. 이렇게 해서 5,000년 전에 우리는 최초의 문자뿐 아니라 후일 다시 나타나 인류의 덜미를 잡게 되는 기술적 진보를 처음 보게 된다.

수메르의 쐐기문자는 죽어서 영영 묻혀버렸다. 그러나 상형문자의 선은 오늘날까지 살아남았다. 시나이 반도 근처의 여러 지점에서 나타난다고 해서 '원(原)시나이 문자'라고 부르는 후기 문자는 기호의 거의 절반을 이집트 문자에서 빌려 왔다. 원시나이 문자는 다시 일부 글자를 페니키아인들에게 빌려준 것으로 보인다. 페니키아인들은 그것을 자신들의 알파벳에 사용했다. 이어 그리스인들이 페니키아 알파벳을 차용해 방향을 옆으로 돌린 다음 로마인들에게 전해주었다. 이 로마자가 이후 우리에게까지 전해진 것이다. 따라서 이집트인들의 주술적인 기호는 사실 우리가 알고 있는 그 어떤 발명품보다도 더 오래 생명을 유지하고 있는 셈이다.

최초의 전쟁 연대기

*B.C. 2700년경 수메르에서
우루크의 왕 길가메시가 이웃 나라들을 정복하다*

수메르인들은 쐐기문자를 사용하면서 **옛날 옛적에**서 알 수 있는 과거로 옮겨갔다. 그들은 승리한 전쟁이나 무역 협상, 사원 건축에 관한 기록을 남기기 시작했다. 역대 왕 목록도 이제 공식 점토판에 새겨 만들 수 있게 된다.

서사시들은 종종 악마적인 적대자와 초자연적인 힘이라는 환상의 외피를 걸치지만 그 속에 지상에서 이루어진 성취를 담고 있어서 유용하다. 지금 우리는 그런 이야기들을 다소 사실적인 의도를 가진 설명으로 해석할 수 있다. 그렇다고 해서 명문(銘文)들이 새롭고 놀라운 객관성을 보여준다는 이야기는 아니다. 그런 것들은 왕이 필경사에게 돈을 주어 기록하게 한 것으로 자신의 업적을 알리려는 의도에서 만들었다. 따라서 당연히 왕에게 유리한 방향으로 기우는 경향이 있다. 예를 들어 아시리아의 명문들에 따르면 전쟁에서 진 아시리아 왕은 거의 없다. 그러나 전쟁에서 서로 싸우고도 둘 다 이겼다는 왕들이 만든 명문을 비교해보면 대개는 어느 왕이 진짜로 이겼는지 미루어 짐작할 수 있다.

가진 자와 못 가진 자를 분리시키기 위해 문명이 생겨난 수메르에서는 적어도 B.C. 4000년부터 산발적으로 도시들 간에 전투가 발생했다. 사원에 새겨진 명문이나 역대 왕 목록, 전설 모음 등을 종합해볼 때 우리는 문명 초기에 있었던 일련의 전투 가운데 하나에 관한 이야기를 짜깁기해볼 수 있다. 말하자면 전쟁에 관한 최초의 연대기인 것이다.

B.C. 2800년(을 전후해) 수메르의 왕 메스키악가셰르는 도시국가 우루크를 통치했다. 우루크는 오늘날 이라크 남부 도시 와르카 일대로 적어도 B.C. 3500년 이후부터 사람이 살아온 수메르에서 가장 오래된 도시 가운데 하나였다.* 우루크는 (우리가 알 수 있는 한) 메스키악가셰르 시대에 가장 컸다. 성벽은 길이가 9.6킬로미터였고 그 안팎에 5만 명이 거주했다. 거대한 두 신전 구역은 성문 안에 있었다. 쿨라바라고 하는 신전 구역에서는 수메르인들이 모여 멀리서 말없이 서 있는 하늘의 신 안에게 경배했다. 에안나 신전에서는 좀 더 친숙한 사랑과 전쟁의 여신 이난나를 훨씬 더 열정적으로 경배했다.**

메스키악가셰르는 자기가 다스리는 이 위대한 역사적 도시가 수메르의 대표주자가 아니라는 사실에 화가 났을 것이다. 그 명예는 여전히 키쉬의 것으로 이 도시의 왕은 대(大)군주라는 형식적인 권리를 주장할 수 있었다. 당시 키쉬는 신성한 도시 니푸르에 대한 보호권(과 통제권)을 확장시켰다. 니푸르는 주신(主神) 엔릴의 신전이 있

---

* 고고학자들은 수메르 역사에서 B.C. 4000~3200년을 우루크 시대로 규정한다. 우루크라는 도시 자체와 직접 관계가 있다기보다는 이 시대 토기의 특징을 고려한 것이다. 수메르 역사에서 초기 왕조 시대는 일반적으로 B.C. 2900~2350년으로 잡는다. 이 시기는 종종 초기 왕조 시대 I기(B.C. 2900~2800년), II기(B.C. 2800~2600년), III기(B.C. 2600~2350년)로 세분한다.
** 메스키악가셰르 통치기에 이난나의 작은 조각상이 에안나 신전에, 아마도 제단에 서 있었을 것이다. 이 상의 얼굴이 '와르카 마스크'로 알려진 두상으로 1938년에 발굴되었다. 이 상은 2004년 4월 미국의 이라크 침공 당시 약탈이 횡행할 때 이라크 국립박물관에서 도난당한다. 범인은 이웃이 밀고하는 바람에 이라크 경찰에게 이난나 두상을 자기 집 뒷마당에 묻었다고 털어놓았다. 같은 해 9월 경찰이 삽으로 파내서 문화부에 돌려주었다.

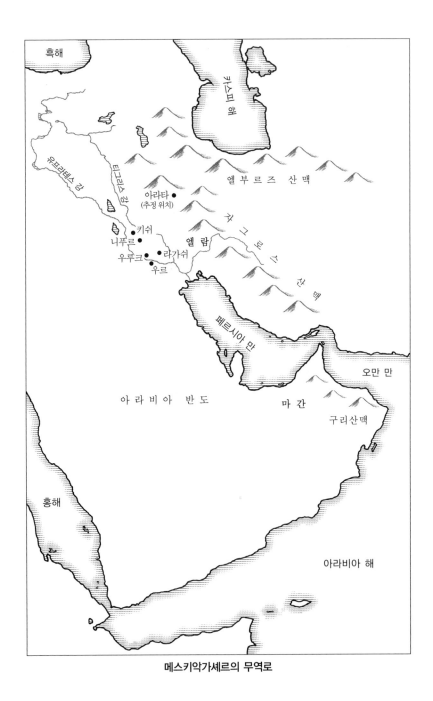

메스키악가셰르의 무역로

는 곳으로 수메르의 모든 왕은 여기에 와서 제사를 지내고 정통성을 인정받는 의식을 치렀다. 키쉬는 수메르에서 가장 강한 도시는 아니더라도 전 지역에 대해 우월적인 영향력을 행사한 것으로 보인다. 뉴욕 시와 마찬가지로 정치적으로나 군사적으로 수도는 아니지만 수메르 문명의 핵심을 대표했다. 특히 외부인들에게 그랬다.

메스키악가셰르는 2인자로 만족할 사람이 아닌 것 같다. 그는 아마도 우루크의 임금으로부터 왕위를 빼앗았을 것이다. 수메르 역대 왕 목록에서 그는 태양신 우투의 아들로 묘사된다. 왕의 계보에서 찬탈자들은 자신의 정당성을 합법화하기 위해 종종 이 신을 끌어대곤 했다. 그리고 역대 왕 목록이 말해주는 바에 따르면 재위 시 그는 "바다로 들어가고 산으로 올라갔다." 에타나가 하늘로 올라갔다는 표현보다는 훨씬 솔직해 보인다. 일단 우루크를 통치하게 되자 메스키악가셰르는 지배력을 다른 수메르 도시들 전체가 아니라—우루크는 라가쉬나 키쉬를 정면으로 칠 만큼 강하지 못했다—바다와 주변 산악 지역으로 통하는 무역로로 확장시켰다.

전쟁보다 이런 무역로를 장악하는 것이 급선무였다. 메스키악가셰르는 칼, 도끼, 투구, 방패가 필요했지만 두 강 사이의 평원에는 금속이 없었다. 키쉬의 칼 만드는 장인들은 북쪽에서 원료를 구해 강을 타고 내려올 수 있었다. 우루크는 두 강 사이의 평원에는 없는 이런 원료를 구하기 위해 남쪽에 공급처를 확보할 필요가 있었다.

남쪽의 공급처는 가까이에 있었다. 환상적인 구리산맥(알하자르 산맥)은 마간에 있었다. 마간은 아라비아 반도 남동쪽 현재의 오만이다. 라가쉬와 다른 지역에서 나온 설형문자 점토판에 언급된 대로 구리산맥에는 19.8미터 깊이의 광산들이 있고, 일찍부터 원광석을 녹이는 가마가 있었다.

아라비아 사막을 지나 마간으로 가는 길은 녹록지 않았다. 그러나 마간의 여러 항구에서 갈대로 만든 수메르의 배들—겉에 역청(아스팔트)을 발라 물이 새지 않게 했고 20톤의 금속을 실을 수 있었다—은 곡물과 양털, 기름을 주고 구리를 바꾸었다. 메스키악가셰르가 처음으로 해야 할 전쟁 준비는 논리적으로 볼 때 (협상을 통해서든 전투를 통해서든) 우루크의 상인들이 오만 만과 마간 지역으로 안전하게 다닐 수 있도록 통행로를 확보하는 일이었다.

그러나 수메르의 도공(刀工)들은 순수한 구리 이상의 것이 필요했다. 메스키악가셰르로부터 한 300년 전쯤 그들은 구리에 주석 내지 비소를 10퍼센트 첨가하기 시작했다. 청동을 만드는 합금이었다. 구리보다 강하고 꼴을 만들기 쉬우며 갈면 날이 훨씬 날카로웠다.*

최고의 청동을 만들려면 메스키악가셰르는 주석이 필요했다. 비소로 만든 청동은 좀 약했고 숫돌로 연마하기도 어려웠다. 또 독성 때문에 시간이 흐르면 기술자들이 다 죽게 되어서 좋은 방법이 아니었다. 그래서 메스키악가셰르가 산으로 올랐다는 것은 자그로스 산맥의 바위투성이 경사면이나 훨씬 북쪽으로 카스피 해 아래쪽 가파르고 눈 덮인 엘부르즈 산맥에서 주석을 찾기 위해서였을 가능성이 높다. 메스키악가셰르는 군인들을 산길 깊은 곳에 투입해 산악 부족들로 하여금 구리를 청동으로 만드는 데 필요한 금속을 공급하도록 강요했다.

이제 우루크는 무장을 끝냈다. 그러나 메스키악가셰르는 승리를 볼 때까지 살지 못했다. 사후에 아들 엔메르카르가 왕위를 계승했다.

엔메르카르는 아버지의 명성에 뒤지지 않아야 한다는 숙명을 타고났다. 그러나 바다에 들어가고 산에 오른 자보다 뛰어나기는 어렵다. 좀 후대에 나온 「엔메르카르와 아라타의 주인」이라는 긴 서사시에서 명성을 얻으려는 그의 간절한 노력을 엿볼 수 있다.

---

* 다른 말로 하면 수메르는 석기시대를 벗어나 동기시대에 접어든 것이다. 동기시대는 문명마다 다르다. 수메르의 동기시대는 대략 B.C. 5500년에서 3000년 정도까지에 해당된다. B.C. 3000년 무렵에 칼 만드는 장인들이 청동을 제조하기 시작했고, 메소포타미아는 청동기시대에 접어들었다. 북부 유럽에서는 부드러운 구리로 도구나 무기를 만드는 방법이 훨씬 늦게 도입되었기 때문에 석기시대가 더욱 오래 지속되었다. 동기시대는 B.C. 2250년 정도까지 계속되었고, 청동기시대는 수메르보다 700년 정도 늦게 시작되었다.

아라타는 수메르의 도시가 아니었다. 이 도시는 동쪽 산악 지역 카스피 해 남쪽 어딘가에 있었다. 주민은 엘람인으로 수메르어와는 전혀 무관한 언어—아직까지도 해독되지 않고 있다—를 사용하는 종족이었다. 엘람의 도시들은 주석이나 구리는 없고 은, 금, 청금석 등 보석과 그에 준하는 광석이 있었다. 그리고 여러 해 동안 수메르인들에게 보석에 준하는 돌을 주고 곡물로 바꾸었다.

바다에 들어가고 산에 오른 자의 그늘에 가려 있던 엔메르카르는 마침내 교역 파트너에게 싸움을 걸기로 작정했다. 꼭 그래야만 할 정치적 이유는 없었지만 아라타는 괜찮은 사냥감이었다. 아라타를 차지하면 금속을 다루는 장인과 숙련된 석공이 넘치는 부유한 도시를 지배하게 된다. 자신의 명성도 높아질 것이다.

그래서 그는 아라타의 왕에게 전갈을 보냈다. 아라타의 주신이기도 한 이난나가 아라타보다 우루크를 좋아하니 아라타 사람들은 엔메르카르에게 금과 은과 청금석을 공짜로 보냄으로써 그러한 사실을 인정해야 한다는 내용이었다.

이는 선전포고였다. 그리고 당연히 반발을 불러일으켰다. 불행하게도 엔메르카르는 자신의 힘을 과대평가한 것으로 보인다. 서사시에서는 두 왕 사이에 불쾌한 언사가 계속 오가고 나서 여신 이난나가 엔메르카르에게 자신은 우루크를 제일 사랑하지만 아라타에도 애정이 있으니 아라타를 쓰러뜨리는 일은 하지 않았으면 좋겠다는 식으로 말함으로써 문제를 봉합한다. 이야기 끝부분에서 아라타의 엘람인들은 여전히 엔메르카르의 지배로부터 자유롭다.[1]

이 이야기가 엘람인이 아니라 수메르인들로부터 전해져 내려왔다는 점을 고려할 때 이러한 모호한 결말은 아마도 수메르의 치명적인 패배를 의미할 것이다. 엔메르카르는 아버지의 제국을 확장하지 못한 채 죽었고 후사도 없었기 때문에 메스키악가셰르 왕조는 단명으로 끝났다.

엔메르카르를 도와 전쟁을 했던 루굴반다라는 자가 뒤를 이었으니 여러 서사시에 나오는 주인공이다. 루굴반다 이후에 또 다른 전사가 도시의 통치권을 장악했다.

부자 승계는 끊어진 듯했고, 우루크는 더는 다른 도시를 장악하려는 시도를 하지 못했다.

그러고 나서 100년쯤 후에 우루크는 다시 수메르 전체를 장악하려는 시도에 나섰다. 새 왕을 맞은 것이다. 그는 또 다른 찬탈자로 길가메시라는 이름의 젊은이였다.

역대 왕 목록에 따르면 길가메시의 아버지는 왕과는 거리가 멀었다. 안 신을 모시는 쿨라바 신전의 고위 신관으로 명성이 상당했을 가능성이 높다. 역대 왕 목록은 그를 **릴루**라고 칭하고 있는데 이는 악마적인 힘을 내포하는 단어다. 수메르의 왕이 제사장인 적도 있었지만 그런 시대는 지났다. 수메르 도시들에서는 신관 조직과 정치가 분리되었다. 길가메시가 신관의 권위를 물려받았을지는 모른다. 하지만 왕위를 부당하게 획득한 것은 분명하다.

그의 치세에서 그다지 멀지 않은 후대에 나온 서사시에서 길가메시는 엔메르카르와 전쟁을 함께한 동료 루굴반다를 아버지라고 주장한다. 루굴반다는 (적어도) 길가메시가 태어나기 수십 년 전에 왕권을 장악했다. 그러나 개인사를 다시 쓰는 사람 입장에서 볼 때는 루굴반다는 좋은 선택이었다. 그는 아주 성공적인 전사 출신 왕이었으며 여러 차례 길고도 끔찍한 원정에서 살아남았고 다시 기운을 차려 아주 멀리까지 나가 싸울 태세가 되어 있었다. 길가메시가 다스릴 즈음에 루굴반다는—사후 30년이 지났을 것이다—거의 수메르의 영웅 반열에 올랐을 것이다. 100년쯤 후에는 아마 신으로 간주될 것이다. 그런 그가 길가메시에게 세속 권력의 광휘를 부여한 것이다.

우루크의 왕위를 거머쥐는 첫 번째 모험은 성공을 한 터여서 길가메시는 새로운 과제에 도전했다. 그런데 키쉬는 여전히 정복되지 않은 상태였다. 키쉬의 왕은 신성한 니푸르를 수호하면서 다른 도시들에 대해 우위권을 주장하고 있었다.

우리는 우루크의 젊은 왕 길가메시를 그보다 일찍 만들어진 부분도 있고 나중에 덧칠해진 부분도 있는 서사시에서 분리시켜도 여전히 생생한 개성을 느낄 수 있다.

길가메시는 모든 것을 원했다. 충직한 동반자, 왕좌, 고귀한 칭호, '키쉬의 왕'이라는 칭호, 그리고 결국에 가서는 영생까지.

길가메시가 이웃 나라에 전쟁을 선포하기 전에 처음 한 준비는 성벽을 요새화하는 것이었다. "우루크에서 〔길가메시가〕 성벽을 세웠다"라고 「길가메시 서사시」의 서사(序詞)는 말한다. "거대한 성벽이 …… 오늘날에도 여전히 내려다보고 있도다. 외벽은 …… 구리로 빛나고, 내벽은 비할 바 없도다."**2**

구리는 후대의 과장이다. 당시 우루크의 성벽은 구리는커녕 돌로 만들지도 않았다. 북쪽에서 가져온 나무로 만든 것이었다. 목재를 구하러 가는 길가메시의 여행은 서사시에 반영되어 있다. 여기에서 그는 위험을 무릅쓰고 신들에게 바치는 기념물을 세우려고 북쪽의 삼나무 숲으로 들어간다. 그러나 기념물을 세우기도 전에 숲의 거인 괴물과 싸워야 했다. 이 거인은 '위대한 전사이자 성문을 부수는 데 쓰는 커다란 망치'로 일컬어졌으며, 수메르어로는 '훔바바'라고 했다.**3**

사실 길가메시는 거인이 아니라 숲에 사는 엘람 종족과 마주쳤을 것이다. 이들은 소중한 자원을 순순히 넘기려 하지 않았다.

성벽을 요새화한 길가메시는 키쉬의 왕에게 직접 싸움을 걸기로 했다.

키쉬의 왕은 엔메바라게시였다. 그는 갑자기 나타난 길가메시가 우루크에서 집권하기 수년 전부터 키쉬를 통치하고 있었다.* 그는 키쉬의 왕인 동시에 신성한 니푸르의 수호자이기도 했다. 그곳에서 발견된 명문은 우리에게 엔메바라게시가 니푸르에 '엔릴의 집'을 세웠음을 말해준다. 위대한 수메르의 주신으로 공기와 바람과 폭풍우의 신인 엔릴을 모시는 신전이었다. 엔릴은 운명의 점토판을 가지고 모든 인간

＊ 엔메바라게시는 치세를 알 수 있는 수메르 최초의 왕이다. 대략 B.C. 2700년에 왕위에 있었다. 이를 통해 우리는 길가메시의 생애도 구체적인 시기를 추론해볼 수 있다. 3장 41쪽을 볼 것.

의 운명을 좌지우지했다. 엔릴은 성이 나면 홍수를 내리는 것으로 되어 있었기 때문에 함부로 대해서는 안 되는 신이었다. 그러나 엔메바라게시가 건립한 신전은 엔릴이 아주 좋아하는 것으로 알려졌기 때문에 키쉬의 왕은 신의 가호를 믿어 의심치 않았다. 그는 남쪽의 젖비린내 나는 도전자에 대해서는 그다지 신경을 쓴 것 같지 않다.

한편 길가메시는 우루크의 군대를 동원하고 모든 전쟁 기구를 작동시켰다. 보병은 가죽 방패에 창과 도끼를 들었다. 북쪽에서 가져온 목재로 황소와 사람이 끄는 공성구(攻城具)를 만들고 그 위에 유프라테스 강 상류에서 실어온 거대한 삼나무를 얹어 키쉬의 성문을 부술 작정이었다. 전쟁은 고대 세계에서 최고도로 발전된 기술이었다. 각종 부조를 보면 B.C. 4000년이라는 이른 시기에 이미 창을 든 사람, 살아 있거나 처형된 포로, 무너진 성문, 포위된 성벽의 모습이 나온다.

그리하여 공격이 시작되었다. 그러나 실패였다. 이런 사실은 엔메바라게시가 늙어서 죽고 그 아들 아가가 평화적으로 키쉬의 왕위를 계승했다고 한 역대 왕 목록의 기록을 보면 알 수 있다.[4]

길가메시는 왜 퇴각했을까?

길가메시를 중심으로 발생하는 모든 전설에서 중심인물은 늘 동일하다. 젊고 공격적이며 행동이 앞서는 남자로 거의 초인적인 생명력이 넘친다. 하루에 3시간 자고 벌떡 일어나서 일하러 나가거나 25살 이전에 항공사를 창업하거나 28살에 회사를 네 개나 세웠다가 팔아치우거나 30살 이전에 자서전을 쓰는 유형의 인물이다. 서사시에서는 이런 생명력이 늘 신민들을 기진맥진하게 한다. 그들은 길가메시가 끊임없이 이리 튀고 저리 튀는 데 지친 나머지 신들에게 구해달라고 호소한다. 실제로 그들은 아마 뒷걸음질쳤을 것이다. 시민들의 지지가 없으니 길가메시는 퇴각할 수밖에 없었다.

수메르 도시의 왕은 절대적인 통치자는 아니었다. 북쪽 원정 이야기에서 길가메시는 출정 전에 장로회의의 승인을 구한다. 수메르인들은 누구나 생존을 위해 이웃의 침입에 제동을 걸 만큼 권리에 대한 감각이 예민했던 것 같다. 그들은 법전을 쓴 최초의 사람들로서 타인의 자유의 한계를 규정함으로써 실수가 없도록 했다. 그들은 왕이 차츰 월권을 하는 데 대해 이의제기 없이 오래 참지는 않았을 것이다. 그래서 이제 그들은 전쟁에 나가기를 거부했다.

키쉬를 정복하겠다는 길가메시의 결심은 여전했다. 한편 키쉬의 왕 아가는 평화를 도모할 계획이었다. 운문으로 쓴 이야기 '길가메시와 키쉬의 아가'는 그가 길가메시에게 사자를 보냈다고 기록하고 있다. 아마도 우호관계를 회복하려는 의도였을 것이다.

길가메시는 이를 평화를 원한다는 의미보다는 약하다는 표시로 본 것 같다. 그 이야기에 따르면 길가메시는 처음으로 도시의 장로들을 한데 불러 모아 아가가 보낸 메시지에 대해 이야기해준다. 물론 평화를 추구하기보다는 다시 공격을 하겠다는 뜻이었다. "그 나라의 많은 우물을 빼앗을 수 있다. 우리가 키쉬 가문에 굴복해야 하겠는가? 아니면 무기로 쳐부숴야 하겠는가?"[5]

장로회의는 키쉬 공격을 거부하고, 길가메시에게 남의 나라 성벽을 부수는 대신 가서 자신의 성벽을 완공하라고 권한다. 그러나 길가메시는 다른 회의체에 호소한다. 비교적 젊은('힘이 넘치는') 사람들의 회의체였다. 그는 이들에게 "전에는 결코 키쉬에 굴복한 적이 없었다!"고 말한다. 잠시 수사가 이어지고 나서 그들은 길가메시에게 환호를 보낼 채비를 한다. "본분에 입각해 자리를 지키며〔키쉬의〕왕의 아들을 호위하고……, 여러분, 누가 그럴 힘이 있겠소?" 그들은 그에게 소리친다. "당신은 신들이 사랑하는 자, 열정이 넘치는 인간!"

"키쉬 가문에 굴복하지 마십시오!
우리 젊은이들이 무기로 쳐부숴야 하지 않겠습니까?
위대한 신들이 우루크를 창조했고
그 위대한 성벽은 하늘에 닿았습니다.

키쉬의 군대는 작고,

그 병력은 감히 우리 얼굴도 쳐다보지 못합니다."

이렇게 지지를 받은 길가메시는 키쉬를 다시 한 번 공격하기로 한다.

이처럼 (현명하지만 전쟁할 나이는 지난) 장로들과 (힘은 넘치지만 성급한) 청년들의 이중 회의체는 수메르 도시국가 통치체계에서 흔한 일이었다. 이런 시스템은 고대 근동에서 수 세기 동안 지속되었다. 한참 후에 히브리의 위대한 왕 솔로몬의 아들은 왕위에 오르면서 평화를 추구하는 장로회의체를 무시하고 청년회의체가 제시한 경솔한 행동을 선호함으로써 나라를 분열시키게 된다.

길가메시는 같은 경로를 밟다가 실패한다. 키쉬 공격이 또 지연되고 우루크의 인민은 저항하고 길가메시는 다시 퇴각한다. 우리는 마지막으로 키쉬를 물리치고 키쉬의 왕이자 니푸르의 수호자라는 칭호를 내건 사람은 길가메시가 아니라 전혀 다른 우르의 왕이라는 사실에서 그의 실패를 알 수 있다.

우루크에서 보면 훨씬 남쪽에 있고 키쉬에서는 한참 멀리 떨어져 있는 우르는 수십 년 동안 조용히 힘을 길렀다. 우르의 왕 메산네파다는 유달리 장수한 것으로 보인다. 키쉬에 대한 길가메시의 두 번째 공격이 힘이 빠지면서 결국은 퇴각하게 될 당시 메산네파다는 수십 년째 왕위를 유지하고 있었다. 그는 길가메시보다 훨씬 나이가 많았다. 아마도 당시에는 이미 죽었을 엔메바라게시보다도 나이가 많았을지 모른다. 그 역시 키쉬를 원했다. 그러나 우루크의 동맹은 아니었다.

그는 직접 공격할 날을 기꺼이 기다렸다. 길가메시가 철수하고 키쉬가 취약한 상태가 되자 메산네파다는 키쉬 공격에 나서 승리했다. 길가메시가 아니라 메산네파다가 키쉬 최초의 왕조를 종식시키고 신성한 도시 니푸르를 장악했다. 길가메시의 초인적인 에너지는 신민들이 또 다시 공격하는 것을 지지하지 않았기 때문에 성벽 안에 갇혀 있었다.

다시 한 번 승계 과정의 혼란이 발생했다. 키쉬는 엔메바라게시가 죽고 아들에게로 왕위가 넘어가자 몰락했다. 이제 길가메시는 기다렸다. 나이는 많지만 강력했던 메산네파다가 죽고 그 아들 메스키아구나가 우르, 키쉬, 니푸르 삼중 왕국의 지배자가 되었다. 아마 길가메시가 두 번 패하는 것을 본 장로들도 죽었을 것이다. 그러자 길가메시는 세 번째 공격을 시도했다.[*]

　　이번에는 그가 승리했다. 혹독한 전투에서 메스키아구나를 쓰러뜨리고 그가 통치하는 도시는 물론 전쟁으로 얻은 영토까지 차지했다. 마지막 밀어붙이기에서 길가메시는 마침내 키쉬, 우르, 우루크, 그리고 성스러운 니푸르까지 위대한 수메르 4대 도시의 주인이 되었다.

　　수십 년간 키쉬 정복을 시도한 끝에 이제 길가메시는 이전의 그 어느 왕보다도 수메르의 많은 부분을 다스리게 되었다. 그러나 잠시뿐이었다. 길가메시의 초인적인 에너지도 나이를 이길 수는 없었다. 최종적인 승리를 거둔 지 얼마 안 되어 그가 죽자 네 도시로 이루어진 왕국과 키쉬의 왕 칭호와 그의 비범함을 둘러싼 모든 이야기들이 그의 아들에게로 넘어갔다.

---

[*] 통치자의 순서는 아마 다음과 같았을 것이다.

	우루크	키쉬	우르
B.C. 2800	**메스키악가셰르**		
	엔메르카르		
	루굴반다		**메산네파다**
		엔메바라게시	
B.C. 2700	**길가메시**		
		아가	
			메스키아구나

연표 8	
중국	메소포타미아
초기 문화 : 양사오, 다펜켕, 칭롄강, 룽산	우루크 시대(B.C. 4000~3200)
	젬다트 나스르 시대(B.C. 3200~2900) 아탑 에타나 발리흐
	초기 왕조 시대 I 기(B.C. 2900~2800)
복희씨(B.C. 2850) 신농씨	
황제(B.C. 2696)	초기 왕조 시대 II 기(B.C. 2800~2600) 길가메시
요, 순(B.C. 2598)	초기 왕조 시대 III기(B.C. 2600~2350)
하 왕조(B.C. 2205~1766) 우	

Chapter 09

최초의 내전

B.C. 3100~2686년 이집트에서는
제1왕조 파라오들이 신이 되고,
제2왕조는 내전을 겪고,
제3왕조는 이집트를 다시 통일하다

메소포타미아에서 서로 싸우던 도시들은 국가적 정체성이 없었다. 각각 하나의 작은 왕국이었다. B.C. 3000년대 초기에 세계에서 유일한 국가가 지중해 남부 연안에서부터 나일 강 상류 쪽으로 적어도 히에라콘폴리스까지 펼쳐져 있었다. 이집트는 실타래 모양의 왕국이었다. 길이는 643.7킬로미터를 넘지만 폭은 아주 좁아서 동쪽 국경에 해당하는 사막(아라비아 사막—옮긴이)에 서서 나일 강을 건너다보면 바로 서쪽 국경 너머 황무지가 보였다.

국가의 수도는 하얀 도시 멤피스로 삼각주 바로 남쪽, 고대의 하이집트와 상이집트 접경 지역에 있었다. 이 지점의 입지는 또 다른 이점이 있었다. 평원은 물이 많아서 헤로도토스에 따르면 나르메르 왕이 처음 한 일이 물을 가두는 제방을 건설하는 것이었다. 심지어 2,500년 후에 헤로도토스는 "이 나일 강 만곡부를 가까이 들여다보면 …… 그들은 매년 댐을 보강한다. 강이 둑을 무너뜨리고 넘쳐흐르게 되면 멤피스는 완전히 수몰 위기에 처하기 때문이다"라고 덧붙이고 있다.[1]

나르메르 왕이 통일을 하고 나서 멤피스를 통일 이집트의 수도로 정함으로써 왕조 이전 시대 이집트는 종말을 고한다. 나르메르를 이어 그 아들이 왕위에 올랐다. 그리고 이후 다시 여섯 명의 왕이 이어지는데 마네토는 이 기간을 이른바 이집트의 '제1왕조'라고 명명한다. 실질적이고 양식화된 왕위 승계였다.*

이 여덟 왕이 통일 이집트를 다스린 600년 동안 무슨 일을 했는지는 잘 알려져 있지 않다. 그러나 중앙집권화된 국가의 성장을 엿볼 수 있다. 궁정이 성립되고 세금을 징수했고 이집트는 먹을 것을 생산하지 않는 보조적 시민들의 사치를 허용하는 수준의 경제가 되었다. 종교적인 일에 전념하는 신관들은 왕을 위해 제사를 지냈고, 금속을 전문으로 다루는 노동자들은 궁정 귀족들을 위해 보석을 제공했으며, 서기(필경사)들은 점차 증가하는 관료조직에 대해 기록했다.[2]

제1왕조의 세 번째 왕 제르는 군인들을 나르메르 왕 당시의 국경 너머로 원정을 보냈다. 히에라콘폴리스 남쪽 402킬로미터 지점의 제2폭포 근처에서 발견된 한 바위에 새겨진 장면은 제르와 그의 군대가 포로들을 잡고 승리를 구가하는 모습을 그리고 있는데 포로들은 하(下)누비아 원주민일 가능성이 높다. 이들은 오래지 않아 원래 살던 지역에서 완전히 자취를 감춘다. 악천후와 이집트의 침공으로 고향에서 쫓겨난 것이다. 이집트 군대는 또 북동쪽으로 지중해 연안을 따라 행군하다가 후일 남부 팔레스타인으로 일컬어지는 지역으로 향했다.

---

* 전통적으로 '제1왕조'의 여덟 왕은 나르메르, 호르-아하, 제르, 제트(와지라고도 한다), 덴, 아지브(아네지브라고도 한다), 세메르케트, 카아다. 호르-아하는 나르메르의 아들인 것 같다. 마네토는 아토티스 파라오라고 한다. 나르메르의 정체성이 불확실하기 때문에 메네스를 나르메르보다는 호르-아하와 동일시할 수 있다. 이렇게 되면 마네토의 아토티스는 제르가 되어야 할 것이다. 이런 문제를 해결하는 방법으로 일부에서는 나르메르를 그 자체로 '왕조'로 보고 전갈왕과 함께 '0 왕조'라고 한다. 나는 나르메르가 메네스와 동일인물이라고 주장했다. 그래서 여기서는 0 왕조는 언급하지 않았다. 전갈왕은 왕조를 시작하지는 않았기 때문에 왕조 이전 시대 이집트에 속하는 것이 마땅하다. 고대 이집트 왕조들의 시기를 구분하는 것은 매우 불확실한 작업이다. 여기서는 일반적으로 클레이튼(Peter Clayton)이 『파라오 연대기(Chronicle of the Pharaohs)』에서 한 시기 구분을 따랐다. 그러나 그가 말한 '0 왕조'는 역시 받아들이지 않았다.

지중해

비블로스

하이집트

부토

멤피스
사카라

헬리오폴리스

시나이 반도

상이집트

아비도스

눕트

히에라콘폴리스
(네케브/네켄)

제1폭포

하(下)누비아

제2폭포

나일강

홍해

이집트의 팽창

다음다음 왕인 덴은 또 다시 이집트 국경 너머로 조심스럽게 촉수를 뻗쳤다. 그는 군대를 이끌고 홍해 북단에 걸쳐 있는 삼각형 땅 시나이 반도로 진출했다. 여기서 덴은 그의 무덤에 새긴 장면에 따르면 현지 족장들을 곤봉으로 때려 굴복시켰다. "처음으로 동방을 쳐부쉈다"고 기록된 승리였다.

이런 승리는 이론적으로는 남과 북 전 이집트의 승리였다. 그러나 죽음에 이르면 제1왕조 통치자들은 상이집트로 돌아갔다. 그들은 멤피스에서 아주아주 먼 고향 아비도스에 묻혔다.

아비도스는 단순한 묘지가 아니었다. 평범한 이집트 사람들은 여전히 사막 주변에 묻히고 얼굴은 서쪽을 향했을 것이다. 그러나 왕족에 이어 두 번째 계급인 귀족들은 멤피스 바로 남쪽 고지 사막 평원인 사카라의 거대한 공동묘지에 묻혔다.* 그리고 아비도스에 묻힌 왕들은 땅속으로 내려가 벽돌이나 돌로 꾸민 방에 안장되었다. 그리고 놀랍게도 주변에는 인간 희생물이 에워싸고 있었다. 거의 200명이나 되는 순장자들이 덴 주위에 묻혔다. 반면 전전 왕인 제르는 순장한 신하와 종이 300명이었다.

이런 왕들은 북부 지역의 충성심에 대해 안심하지 못하고 죽는 순간에도 놀라울 정도의 독재권력을 휘둘렀다. 타인의 죽음을 자기 장례의 일부로 강요할 수 있었다는 것은 초기 수메르 통치자들의 권력보다 훨씬 강력했음을 말해준다.

그런 권력을 왜 인신(人身) 희생의 형태로 표현했느냐를 정확히 이해하기는 쉽지 않다. 제5, 6왕조의 파라오들이 묻힐 때 이집트인들은 피라미드 속의 캄캄한 방에서 하늘로 올라간 다음 이승과 저승을 가르는 물을 건너 기다리고 있던 신들의 따뜻한 영접을 맞을 때까지 죽은 이를 위한 사후의 여정을 현실(玄室) 벽에 완벽하게 조각해 놓았다. 그러나 이런 '피라미드 텍스트'는 아무리 일러야 아비도스에 순장을 한 이

---

* 일부 이집트학자들은 초기의 파라오들은 사카라에 묻혔고 아비도스에는 가묘를 씀으로써 남쪽과 북쪽에서 동시에 영면을 취했다고 주장한다. 지금은 아비도스를 제1왕조의 유일한 왕족 묘지로 보는 견해가 많다.

후 500년은 지나고부터 시작된다. 제1왕조의 왕들을 매장할 때에는 죽은 이를 미라로 만들지도 않았다. 왕족의 시신은 헝겊으로 싸서 수지(樹脂)에 담그기도 했지만 시신을 보전하는 작업은 전혀 하지 않았다.

그럼에도 불구하고 우리는 왕들이 하늘을 지나 태양과 하나가 되는 과정을 추론해볼 수 있다. 아비도스의 왕들 옆에는 나무배 선단이 진흙을 구워 만든 벽돌로 포장한 기다란 구덩이에 30미터쯤 늘어서 있다. 제1왕조 시기의 부조를 보면 태양신이 배를 타고 하늘을 주유하는 모습이 나온다.[3] 함께 묻힌 사람들은 아마 이 배를 타고 파라오를 따라가게 될 것이다.(아비도스의 무덤 가운데 하나는 배가 아니라 왕이 쓸 당나귀 무리를 순장했다. 최소한 어디론가 간다는 점만은 확실하다.)

왕은 지평선 너머 내세에 도착하면 거기서 무엇을 하는 것일까?

아마도 왕의 역할을 계속할 것이다. 사실 이렇게 말할 근거는 없다. 그러나 길가메시는 일단 죽고 나서 지하세계의 신들과 합류해 그곳을 다스리는 일을 돕는다. 초기의 파라오들은 내세에도 왕의 기능을 계속하는 것으로 여겨졌기 때문에 순장은 나름의 의미를 갖는다. 한 임금의 권력이 죽을 때까지만 지속된다면 살아 있을 때만 복종하면 된다. 죽는 데까지 따라가야 할 마땅한 이유는 없다. 반면에 그가 저승에서도 기다리고 있다면 그의 권력은 포괄적인 것이 된다. 지상에서는 찾을 수 없는 나라로 가는 것은 충성의 한 단계에서 다른 단계로 넘어가는 여행에 불과하다.

북부와 남부의 긴장 관계를 염두에 둘 때 제1왕조의 왕들은 나라를 하나로 묶어두기 위해 그런 종류의 권위가 필요했다. 왕의 권력을 떠받치는 신학적 기초는 샤바카 석판—지금은 대영박물관에 소장되어 있다—이라는 기념비에 써놓은 '멤피스 신학'에 잘 정리되어 있다. 많은 이집트학자들은 돌판 자체는 고대 이집트사 전체로 보면 상당히 후대에 새긴 것이지만 거기 담긴 이야기는 초기 왕조 시대로 거슬러 올라가는 것으로 보고 있다.

이 이야기에는 후대의 가공이 많이 들어 있지만 핵심은 간단하다. 오시리스 신이 온 세상을 통치하게 되자 동생 세트는 형의 권력을 시기해서 죽이려는 음모를 꾸민다. 그는 오시리스를 나일 강에 빠뜨려 죽인다. 오시리스의 아내(이자 여동생)인 여신 이시스는 실종된 남편(오빠)을 찾아 나선다. 익사한 시체를 발견하고 그 위에 몸을 숙여 반쯤 부활시킨다. 오시리스는 그녀를 임신시킬 정도는 되었지만 지상에 오래 머무를 수는 없었다. 대신 지하세계의 왕이 된다. 오시리스가 새 왕국으로 내려가고 나서 이시스가 얻은 아들 호루스는 살아 있는 세계의 왕이 된다.

살아 있는 세계의 왕으로서 신 호루스는 태양과 별과 달과 연관된다. 다른 말로 하면 그는 (이집트학자 루돌프 안테스가 지적하듯이) "낮이나 밤이나 눈에 띄는 천체 …… 하늘의 영원한 지배자로 태양과 달리 밤에도 사라지지 않았다."[4] 호루스의 권력은 차지도 이지러지지도 않았다.

초기 파라오들은 지상에서 호루스를 구현한 존재라고 주장했다. 따라서 "밤에도 (죽은 다음에도) 사라지지 않는" 권력을 누렸다. 그러나 모든 왕은 죽는다. 그래서 이집트 신학은 이 불가피성을 나름대로 해석했다. 파라오가 죽으면 그는 이제 호루스의 현현으로 간주되지 않는다. 대신 지하세계의 왕이자 호루스의 아버지인 오시리스의 구현체가 되었다.* 이제 호루스의 현신 역할은 죽은 파라오의 지상의 아들이 떠맡는다. 신학적 체계의 쓸모는 바로 이런 점에 있다. 뒤를 잇는 통치자들에게 정당성을 부여하는 산뜻한 방식이 되는 것이다. 새 왕은 낡은 왕의 아들에 불과한 존재가 아니었다. 그는 어떤 의미에서는 아버지의 재현이었다. 파라오들은 죽지만 왕권의 현실권력은 결코 죽지 않았다. 이집트 왕은 최고로 탁월한 개인이 아니었다. 나르메르나 덴이나 제르가 아니었다. 유일한 절대권력의 담지자였다.

사회학자들은 이런 과정을 '직위 승계'라고 한다. 이집트 왕이 차츰 전임자들의

---

* 이집트 신학을 고려할 때 "이집트 종교는 …… 두 모순적인 개념 가운데 하나를 제거하는 논리와는 전혀 무관하다"고 한 루돌프 안테스(Rudolf Anthes)의 지적(「B.C. 3000년대의 이집트 신학」)을 염두에 두는 것이 유용하다.

이름을 따서 쓰는 것은 이 때문이다. 그런 이름들은 단순히 이름이 아니라 죽지 않는 왕권의 특정한 측면을 묘사하는 것이다.[5] 여동생(때로는 딸)과 결혼하는 것도 그런 점에서 의미를 갖는다. 파라오가 아버지를 승계하면 어머니(전 파라오의 아내)는 어떤 의미에서는 자신의 아내도 되는 것이다. 그는 결국 (어떤 의미에서) 자신의 아버지가 된 것이다.[6] 오이디푸스 콤플렉스가 등장하기까지는 아직 여러 세기가 남아 있다. 이집트인들에게 가족은 분명히 아내를 확보하는 장소였다.

아지브는 제1왕조의 네 번째 왕으로 자신의 호칭에 새 서술적 칭호인 **네수-비트**를 덧붙였다. 이 두 단어는 이집트어로 '위' 와 '아래' 라는 뜻이지만 파라오가 상이집트와 하이집트를 다스린다는 의미는 아니다. 오히려 **네수-비트**는 위와 아래 영역을 가리키는 것으로 보인다. **네수**는 신성한 통치력으로서 왕에서 왕으로 전해지는 **위의 왕권**이다. 반면 **비트**는 이 권력을 담지하고 있는 유한한 인간, 즉 **아래의 왕**이다.[7]

아지브는 이런 칭호를 처음 사용했지만 **비트**를 유지하는 데 어려움을 겪었다. 아마도 인민들의 심한 저항을 받은 최초의 역사적 사례일 것이다. 그의 무덤에는 64명이 순장되어 있다. 위의 왕권의 담지자라는 지위에 바친 선물이다. 한편 아래의 왕에게 바치는 지상의 기념물인 그의 무덤은 아비도스에서 제일 초라하다. 더 처참한 것은 많은 기념물에서 그의 이름이 잘려 나갔다는 사실이다.

아지브의 이름을 깎아낸 사람은 다음 파라오인 세메르케트였다. 전임자의 이름을 파낸 것은 과거를 다시 쓰려는 시도였다. 아지브 파라오가 자처한 칭호는 위의 왕권을 영원히 쥐고 있다는 것을 주술적인 힘이 담긴 상형문자로 새겨놓음으로써 이를 지상세계에 분명히 각인시키고자 한 것이었다. 따라서 그런 파라오의 칭호를 말살하는 것은 그를 지상의 기억에서 완전히 제거하는 행위였다.

아지브의 이름을 말살하려는 시도는 세메르케트가 잘해야 찬탈자고 최악의 경우는 암살자였음을 시사한다. 그는 아래의 왕권을 장악하는 데는 성공한 것으로 보인다. 스스로 매혹적인 무덤을 세웠다. 아지브의 무덤보다 훨씬 컸다. 거기에는 신성한 향유를 엄청 쏟아 부어 땅속으로 90여 센티미터나 적시는 바람에 1900년대 초에 무덤을 발굴할 당시에도 향기가 코를 찔렀다.[8] 그러나 위의 왕권인 **네수**를 주장하는 노력은 별로 성공하지 못했다. 마네토는 "그의 치세에 기이한 사건이 많았고, 엄청난 재앙이 한 번 있었다"고 기록하고 있다.

이 모호한 언급을 구체적으로 밝혀줄 후대의 설명은 없다. 그런데 나일 강 주변 땅은 제1왕조 말기가 되면서 나일 강의 범람이 극도로 약해졌음을 보여준다. 제2왕조가 되면 홍수위는 100년 전에 비해 평균 91센티미터 정도 낮아진다.[9] 홍수위가 낮아지면서 농민들의 수확이 줄게 되었다면 그로 인한 불만은 아마도 찬탈자 세메르케트가 이집트 전역을 이 잡듯이 뒤져 아지브의 기념물을 지워버리는 데 골몰하고 있을 때쯤 폭발했을 것이다.

이집트는 규칙적인 나일 강의 범람에 생명을 의존하고 있었다. 범람은 매년 양상은 조금씩 다르지만 본질적으로는 동일한 사건이었다. 태양신 호루스는 변화와 안정의 조합을 선사했다. 즉 태양이 뜨고 지는 양상은 매번 다르지만 아침마다 태양은 동쪽 지평선 위에 다시 떠오르는 것이다. 네수-비트라는 칭호는 왕 자신이 변하지 않는 영원한 권력과 그 권력의 변화하는 세속적 표현이라는 이중성을 나타내기 시작했음을 말해준다. 왕은 일단 묻히면 다시 아들로 돌아왔다. 같지만 다른 존재였다. 그는 매년 꽃 색깔은 조금씩 다르지만 뿌리는 여전히 똑같은 여러해살이풀 같은 존재였다.

세메르케트가 파라오의 이름을 지웠다는 것은—우리가 아는 한 이런 일은 처음이다—이제 싹이 튼 왕권 개념에 대한 충격적인 모독이었을 것이다. 수년간 칙령을 공표해온 교황이 추기경 회의에서 표 계산을 잘못해 뽑혔다는 사실이 뒤늦게 밝혀진 것과 같다고나 할까.* 이어 나일 강의 홍수위가 떨어지기 시작하고 어디까지 떨어질

---

* 물론 이런 일은 실제로 불가능하다. 그러나 그랬다면 아마 충격적일 것이다.

지도 감이 잡히지 않는다면 왕이 구현하고 있다고 여겨지는 불변의 가치들 가운데 하나가 갑자기 흔들리게 되었다는 이야기다. 그 다음에는 무슨 일이 벌어질까. 해가 뜨지 않게 될까?

세메르케트의 통치는 궁정 내부 반란으로 종식되었다. 얼마나 극심했던지 마네토는 이때부터를 '제2왕조'로 기록한다. 신하가 아니라 파라오들에게 가장 불길한 것은 순장이 끝난다는 점이다.

일부 역사가들이 "인간을 희생시키는 낭비적인 관습이 제1왕조와 함께 종식되었다"는 식으로 말하는 것처럼 이집트 왕들이 갑자기 인간의 생명에 대해 존중하는 마음을 갖게 되었을 것 같지는 않다. 파라오는 두말할 나위 없이 절대적인 호루스의 권력을 가지고 있다는 관념이 급격히 몰락했을 가능성이 높다. 제2왕조의 왕들은 더는 인신 희생을 강요할 수 없었다. 아마도 자신만이 네수-비트의 지위를 갖고 있다는 보장을 할 수 없었기 때문일 것이다. 순장당한 사람들을 데리고 지평선을 건너 행진을 계속할 절대적인 권리를 갖고 있다고 장담할 수 없는 처지가 된 것이다.

제2왕조는 일반적으로 B.C. 2890년에 시작된 것으로 간주되는데 통치한 왕의 숫자는 명확하지가 않다. 가뭄(삶과 죽음에 대한 왕의 통제권이 불확실해졌다는 증거다)에 이어 내전이 발생해 몇 년 동안 난리를 겪었다. 전쟁은 끝에서 두 번째 임금인 세케미브 때 절정에 이르렀다. 한 명문은 남쪽 군대가 "네케브 시 안에서 북쪽 군대와" 싸웠다고 적고 있다.[10] 독수리 여신이 수호하는 고대 도시 네케브는 히에라콘폴리스의 동쪽 절반에 해당하는 지역으로 아비도스에서 남쪽으로 160킬로미터 아래 멀리 상이집트에 위치했다. 북부 하이집트의 반군이 이곳까지 점령하려 했다는 것은 제2왕조 시기에 남부 상이집트의 제국 장악력이 거의 상실되었음을 시사한다.

세케미브는 남부 사람이었지만 그의 이름이 적힌 명문은 그가 사이비였을 가능성을 시사한다. 즉 북부 지역에 애착을 느끼는 인물이었거나 어쩌면 혈통 자체는 북부인이었을지 모른다는 이야기다. 그는 자신의 칭호들을 호루스 신 기호 옆에 쓰지 않고 세트 신 기호 옆에 적었다.

세트는 오시리스의 동생인데 오시리스(와 오시리스의 아들 호루스의 군대)를 죽인 자로서 늘 북부에서 더 인기가 있었다. 후대에 가면 그는 붉은 왕국 하이집트의 색깔인 붉은 머리에 붉은 망토를 걸친 모습으로 묘사된다. 그는 바람과 폭풍우의 신이었다. 구름과 모래폭풍을 불러와 태양을 가리고 정해진 때보다 일찍 지평선 너머로 지게 할 만한 힘을 가진 신이었다.

형 오시리스와 조카 호루스에 대한 세트의 증오는 단순한 질투 이상이었다. 어쨌든 세트는 신들의 왕 오시리스의 피붙이였다. 그 역시 이집트를 통치하고 싶은 욕구를 느꼈다. 옛날이야기들은 세트가 형을 살해한 뒤에도 조카인 호루스와 누가 더 강하고 힘이 세며 지상을 다스리는 데 적임자인지 기를 쓰고 싸웠다고 전한다. 때로는 이런 다툼이 레슬링으로 나타나기도 한다. 여기서 세트는 어찌어찌하여 호루스의 왼쪽 눈알을 뽑아내게 되지만 호루스는 삼촌의 더 중요한 부위인 고환을 뜯어낸다.

결론은 분명하다. 피붙이면서 적인 둘은 승계권을 두고 다투는 것이다. 호루스는 삼촌의 생식 능력을 원천적으로 제거했고, 마침내 왕위를 계승하게 된다. 그러나 세트의 질투는 이미 세상에서 가장 오래된 범죄인 형제간 살인을 낳고 말았다.

세트와 오시리스 사이의 증오는 북부와 남부, 같은 피를 가진 두 종족의 적대감의 반영이다. 세케미브가 호루스보다는 세트에 친근감을 보인 것은 누가 이집트를 통제하느냐에 관한 다툼이 여전히 계속되고 있음을 보여준다. 그리고 그가 죽자 카세켐이라는 이름의 호루스 숭배자가 왕위를 잇고 칼을 빼들었다. 그는 남쪽 군대를 동원해서 잔혹한 전투 끝에 북쪽의 적을 굴복시켰다. 네켄(히에라콘폴리스의 서쪽 절반)에서 발견된 카세켐의 두 좌상은 상이집트의 하얀 왕관만을 쓰고 있다. 왕좌 발치에는 북부 사람들의 조각난 시신이 쌓여 있다.

이집트는 최초의 내전을 겪고 살아남은 것이다. 좀 더 유명해졌을 법도 한 카세켐 왕 치하에서 이집트는 제3왕조로 들어섰다. 피라미드 건설자들이 독자적인 예술을 발전시키는 평화와 번영의 시대였다.

제3왕조는 이집트의 무역로를 재건하려는 카세켐의 노력 덕분에 부를 누리게 되었다. 무장을 하고 삼각주에서 잠시 벗어나는 수준은 이제 지났다. 근처 산록에서 잘라온 삼나무를 엄청나게 거래했던 연안 도시 비블로스에서 발견된 명문은 이집트 상선들이 오고가는 내용을 기록하고 있다. 이는 카세켐의 정략결혼 덕분이었다. 그는 하이집트 출신 공주 네마탑을 아내로 맞았다. 그녀의 이름과 정체가 남은 것은 후일 제3왕조를 건립한 위대한 왕비라는 신성한 명예가 주어졌기 때문이다. 이 왕조가 평화를 누린 것은 카세켐의 통솔력 때문만이 아니라 그가 세트 문제를 노회하게 처리한 덕분이기도 하다.

전쟁이 끝나고 나서 카세켐은 이름을 바꾸었다. 그러나 세트를 기리는 북부 스타일의 이름을 채택하거나 남부의 호루스를 기리는 다른 칭호를 내거는 대신 중간노선을 택했다. 그는 카세켐위로 알려졌다. 이는 '강력한 두 존재가 나타나다'라는 뜻의 이름으로 호루스의 매와 세트를 나타내는 동물 아래에 적어놓았다. 일시적으로 두 세력이 다시 화해를 한 것이다.

이러한 화해는 고대 신화에도 반영되어 있다. 호루스와 세트의 싸움 이후에 호루스는 잃어버린 눈을 세트로부터 돌려받고 이제는 사자(死者)들의 주인으로 편히 지내고 있는 아버지에게 존경의 표시로 바친다. 세트도 자기 물건을 돌려받는다. 고환을 찾아낸 것이다.

두 세력 간의 갈등은 균형을 이루면서도 사라지지 않았다. 호루스는 어찌어찌하여 이집트에 대한 통치권을 장악하게 된다. 그러나 세트는 후사를 낳을 능력을 회복하고(어쨌든 이론적으로는 그렇다) 난 다음 지속적으로 재탈환의 음모를 꾸민다. 몇 세기 후에 나온 이야기들에서는 하나같이 호루스와 세트가 계속 재치 대결을 벌인다. 특히 호루스의 정자와 상추 이야기가 나온다. 누군가의 성기 이야기가 포함된 농담은 실질적이고도 현존하는 위협을 암시한다. 세트의 힘은 줄어들지 않은 것이다. 그는 결코 떠나지 않는다. 언제나 거기 남아 배회하면서 네수-비트의 칭호를 정상적으로 물려주는 데 반기를 들고 자기 권리를 주장한다.

오시리스 이야기 후대 버전에서는 세트가 단순히 형을 익사시키지 않는다. 형의 시체를 분해해서 조각조각을 온 이집트에 흩뜨려버린다. 그의 이름을 말살하려는 시도였다. 1,000년 후 세트는 이집트의 루시퍼(악마), 붉은 눈을 한 암흑의 왕자, 판테온(신들을 모신 신전)을 불태워버리겠다고 위협하는 로키(북유럽 신화에 나오는 말썽꾸러기 신)가 되었다.

카세켐위는 북부와 남부를 재통일한 왕으로서 아비도스에 금과 구리와 대리석으로 화려하게 장식한 거대한 무덤이 있다. 그러나 순장은 없다. 그 어떤 신하도 죽음까지 그를 따라가지는 않았다. 왕좌를 둘러싼 싸움은 파라오가 신이 아니라는 것을 보여주었다. 다른 사람도 그의 권력에 도전장을 내밀 수 있게 된 것이다.

연표 9	
메소포타미아	이집트
우루크 시대(B.C. 4000~3200)	나카다 시대(B.C. 4000~3200)
젬다트 나스르 시대(B.C. 3200~2900)	
아탑	초기 왕조 시대(B.C. 3100~2686)
에타나	*제1왕조*(B.C. 3100~2890)
발리흐	메네스(나르메르)
초기 왕조 시대 I 기(B.C. 2900~2800)	
	제2왕조(B.C. 2890~2696)
초기 왕조 시대 II기(B.C. 2800~2600)	
	고왕국 시대(B.C. 2696~2181)
길가메시	*제3왕조*(B.C. 2686~2613)
초기 왕조 시대 III기(B.C. 2600~2350)	

최초의 서사시 영웅

B.C. 2600년 수메르에서
길가메시가 전설이 되다

수메르의 왕 길가메시는 사후 100년도 채 안 되어—같은 시기 이집트 왕들은 신적인 권위를 세우기 위해 싸우고 있었다—전설적인 영웅이 되었다. 그는 거인 괴물을 죽이고 하늘의 황소를 제거하고 여신 이난나의 낭만적인 구애를 물리치면서 신들의 정원으로 들어갔다. 태양신 자신도 그의 유한한 육신의 냄새를 맡고 깜짝 놀랐다. 「길가메시 서사시」—우리가 알고 있는 가장 오래된 서사시다—덕분에 사후 5,000년이 지난 지금까지 역사적 인물인 길가메시의 개성은 우리에게 전해지고 있다.

문학에 나오는 길가메시와 역사를 산 길가메시의 관계는 셰익스피어의 맥베스와 1056년 스코틀랜드에서 혈족인 왕을 살해하고 처형당한 마오르모어 맥베다의 관계와 다르지 않다. 진짜 삶이 사실보다 과장된 엄청난 이야기로 가는 일종의 도약대가 되어준 것이다. 그러나 그 인간 자체의 핵심은 살아남았다. 과장되고 왜곡되어 있지만 본질적으로는 진실이다.

『맥베스』에서 역사적인 흔적을 분리해내기는 비교적 쉽다. 마오르모어 맥베다의 실제 생애의 구체적 모습은 다른 자료들에 서술되어 있다. 그러나 길가메시의 생애는 서사시를 벗어나면 두 개의 명문과 수메르 역대 왕 목록, 한두 개의 시를 통해 간단한 연대기를 알 수 있을 뿐이다. 서사시 마지막 장에 인용된, 아가가 길가메시에게 평화사절을 보내지만 무위로 끝나는 이야기는 바로 그 시의 내용이다. 이 시는 수메르어로 썼으며 수십(또는 수백) 년 동안 구전되다가 점토판에 정착되었을 가능성이 높다. 우리가 가지고 있는 판본은 B.C. 2100년경 것이다. 당시 우르의 왕은 한 필경사에게 길가메시 이야기들을 완전히 정리하라고 명했다. 이 왕이 슬기로 위대한 임금의 생애를 기록으로 남기고자 한 것이다. 왜냐하면 길가메시를 자기 선조라고 주장했기 때문이다. 이 역시 슬기가 길가메시와는 무관한 찬탈자임을 의미할 가능성이 높다.[1] 이런 시들이 나온 시기는 길가메시가 살아 있던 시대와 아주 가깝기 때문에 우리는 (조심스럽게) 그런 시들이 실제로 역사에 등장했던 길가메시 왕의 행적에 관해 사실을 전해주고 있다고 가정해볼 수 있다.

서사시도 마찬가지다. 하지만 역사적인 내용을 잘 선별해내기가 훨씬 어렵다.

책방에 가서 「길가메시 서사시」를 일별해보면 여섯 개의 연결된 이야기로 구성되어 있음을 알 수 있다. 연관된 단편 여섯 개가 한 편의 소설을 구성하는 경우와 마찬가지다. 처음에는 '엔키두 이야기'가 나온다. 여기서 길가메시는 신들이 그의 버릇을 고치려고 보낸 괴물 엔키두와 친구가 된다. 두 번째 이야기는 '삼나무 산으로의 여행'이다. 여기서 그는 훔바바를 무찌른다. 세 번째는 '하늘의 황소'로 길가메시는 여신 이난나를 화나게 하고 그 때문에 엔키두가 고통을 당한다. 넷째는 '길가메시의 여행'으로 여기서 그는 영원히 죽지 않는 우트나피쉬팀의 땅에 도착한다. 우트나피쉬팀은 수메르판 노아에 해당하는 인물로 대홍수에서 살아남은 이후 줄곧 그곳에서 살았다. 다섯 번째 '홍수 이야기'는 우트나피쉬팀이 길가메시에게 해준 이야기다. 그리고 마지막 여섯 번째 이야기가 '길가메시의 추구'로 길가메시는 영생을—아니면 최소한 젊음을 회복하는 방법을—찾으려고 애쓰지만 결국 실패하고 만다. 그런 다음 길가메시의 죽음을 한탄하는 짧은 후기가 이어진다.

길가메시의 모험을 여섯 개 장으로 깔끔하게 묘사한 판본은 원래부터 이런 형태로 존재했다고 보기는 어렵다. 이 서사시는 점토판에 수없이 복제되었다. 그런데 점토판은 조각이 나곤 했다. 고대 근동 전역에 흩어진 조각들은 수메르어에서부터 아시리아어까지 여러 나라 말로 쓴 것으로 B.C. 2100년에서 612년 사이에 만들어진 것들이다. 가장 오래된 수메르어 판본은 슐기의 필경사가 활동하던 시대에 나온 것으로 처음 두 이야기와 마지막 한탄 부분만을 담고 있다. 나머지 네 이야기가 원래 전체의 일부였는데 나중에 빠진 것인지 아니면 후대에 첨가된 것인지는 알 수 없다. 셋째, 넷째 이야기 '하늘의 황소'와 '길가메시의 여행'은 B.C. 1800~1500년에 맨 앞 두 부분과 함께 아카드어—수메르어 다음에 나타난 언어로 수메르의 도시들이 쇠퇴하면서 메소포타미아 평원을 차지한 민족이 쓰던 말—로 번역되어 점토판에 나타나기 시작한다. B.C. 1000년 무렵이면 네 이야기를 기록한 파편들이 지중해 연안과 소아시아 전역에서 출토된다. '홍수 이야기'는 B.C. 2000년 훨씬 이전에 수많은 판본으로 존재했는데 적어도 길가메시 사후 1,000년이 지난 시점에 다섯 번째 이야기로 「길가메시 서사시」에 편입된 것 같다. 이 이야기가 나머지 부분들과 독립적인 관계에 있음은 분명하다. "앉아보게. 이야기 하나 해줌세." 우트나피쉬팀은 길가메시를 붙잡고 방주에서 내린 이후 도통 말할 기회가 없었다는 듯이 이야기를 풀어나간다. 불로초를 찾았다가 잃어버리는 '길가메시의 추구' 장에 대해 우리가 할 수 있는 이야기는 B.C. 626년 서사시에 첨가되었다는 사실뿐이다.

이것이 여섯 개의 이야기로 구성된 서사시 전체가 온전히 남아 있는 가장 오래된 판본의 시기별 내역이다. 이 판본은 사서 감각이 있던 아시리아 왕 아슈르바니팔의 도서관에서 나온 것이다. 아슈르바니팔은 B.C. 668년에 왕이 되었다. 재위 40여 년 동안 바빌론을 파괴하고 친형(바빌론의 왕)을 살해했으며, 히브리의 선지자 요나가 아슈르바니팔의 수도인 니네베가 멸망할 것이라고 소리치자 불같이 화를 냈다. 아슈르바니팔은 B.C. 626년에 죽는데 그때 이미 2만 2,000개의 점토판을 세계 최초의 진짜배기 도서관에 수집해둔 상태였다. 그 중 12개에 「길가메시 서사시」가 비교적 현재와 같은 형태로 보전되어 있다.

이 중 길가메시가 살아 있던 당시와 얼마 떨어지지 않은 시기에 나온 것으로 볼 수 있는 것은 앞의 두 이야기뿐이다. 길가메시의 엄청난 에너지가 백성들에게 준 온갖 고초와 북쪽 삼나무 숲으로 간 여행, 장례식장의 애도 등등은 왜곡되기는 했지만 어느 정도 역사적 진실을 반영하는 것으로 볼 수 있다.

아니 그 이상이다. 이 부분들이 세계 최초의 서사시에서 핵심을 차지하는 것은 의심의 여지가 없다. 여기서 죽음은 파멸인 동시에 구원으로 나타난다.

첫 번째 일화 '엔키두 이야기'에서 우루크의 왕이 인민을 너무 거칠게 다루자 불평의 소리가 높아진다.

> 길가메시는 재미로 전쟁 소집 명령을 내린다네.
> 그의 오만은 끝이 없어.
> 낮이고 밤이고 한량이 없다네.
> 그는 아버지에게서 아들을 빼앗아간다네.
> 임금은 백성의 목자여야 하거늘.²

신들이 수메르에 부여한 왕권은 도시의 생존을 돕는 강력한 권위였는데 이제는 독재로 변질되었다. 우루크의 시민들은 신들에게 구해달라고 호소한다. 그 응답으로 신들은 진흙으로 엔키두를 만들어 수메르의 황무지로 내려 보낸다. 엔키두는

> 경작지라는 것도 모르고

문명화된 사람들, 그들의 생활양식에 대해서도 전혀 몰랐다.

수메르 문화의 중심인 성곽도시들에 대해서도 전혀 몰랐다. 그는 신과 비슷한 강한 인간인 것처럼 보인다. 그러나 행동은 짐승 같아서 평원을 떠돌며 풀을 먹고 동물과 함께 살았다. 그는 사실 도시 거주자들과 늘 사이가 안 좋던 유목민의 캐리커처였다.

길가메시는 이 신참 이야기를 듣고 매춘부를 들판으로 보내 유혹해서 길들이고자 한다.(시에는 "그녀는 발가벗었다"고 되어 있다.) 이 노골적인 작전에 넘어간 엔키두는 엿새 낮 이레 밤을 육신의 쾌락을 탐닉하며 보낸다. 그러다 마침내 일어나서 동물들과 함께하는 삶으로 돌아가려는데 그들이 오히려 달아난다. 그는 인간이 되어 있었던 것이다.

엔키두는 몸은 작아지고
약해졌으며, 야생동물들은 그를 보고 피했다.
그러나 마음은 넓어져,
이제 지혜가 그에게로 왔으니,
인간의 마음을 갖게 된 것이다.

인간의 마음을 갖게 되었기 때문에 엔키두는 도시로 가서 적당한 살 장소를 찾아야 한다. 매춘부는 "길가메시가 거친 황소처럼 인민들 위에 군림하고 있는 강력한 성곽도시 우루크"로 데려가주겠다고 제안한다.

두 사람이 우루크에 도착했을 때 길가메시는 신부와 첫날밤을 보내야겠다며 결혼식장을 난장판으로 만들고 있었다. 그는 수년간 왕의 초야권(初夜權)을 너무 함부로 사용해왔던 것이다. 서사시는 "우루크의 왕은 신부와 처음 잠자리를 하는 것은 왕으로서 타고난 권리라고 주장했다"고 적고 있다. 엔키두는 권력 남용에 분개해 길가메시가 신부의 침실로 가는 길을 막고 나선다. 둘은 격투를 벌인다. 싸움은 막상막하였다. 길가메시가 지금까지 겪었던 그 어떤 싸움보다도 그랬다. 결국 왕이 이기기는 했지만 엔키두의 힘에 깊은 감명을 받아 둘은 친구가 되기로 맹세한다. 이 사건으로 말미암아 길가메시의 독재자적 충동은 조금 완화가 된다. 우루크 사람들은 깊은 안도의 한숨을 내쉰다. 거리에 평화가 깃든 것이다.

물론 이 격투는 단순한 싸움 이상이었다. 이야기 곳곳에는 왕권에 대한 수메르인들의 모호한 태도가 발견된다. 왕권은 인간의 생존을 위해 신들이 내린 선물이었다. 왕은 정의를 구현하고 강자가 약자를 가난과 기아로 몰아넣지 못하도록 보호할 소명을 가지고 있었다. 분명한 것은 왕은 정의를 강제로라도 실현해야 하기 때문에 자신의 의지를 밀어붙일 만큼 강력하지 않으면 안 된다는 점이다.

그러나 이런 강력함은 위험하기도 한 것이어서 종종 억압을 낳게 된다. 그런 일이 벌어지면 수메르 사회는 뒤틀리고 약해졌다. 우루크에서는 왕이 법이었다. 왕 자신이 부패하면 법의 본질 자체도 뒤틀렸다.

이런 사태는 너무도 끔찍한 것이지만 뾰족한 수도 없었다. 길가메시는 자기 자신이 아니라 성벽 바깥에 있는 존재들과 싸운다. 그런데 신부네 문 앞에서 격투를 벌인 일은 문명화되지 않은 또 다른 자아와의 싸움이었다. 여기서 엔키두가 등장한 것은

그 자신의 반영과 같은 것으로서
그의 질풍노도 같은 심장과 짝하는 제2의 자아였으니
그들로 하여금 서로 싸우게 해서,
도시를 평화롭게 하라.

길가메시가 삼나무 숲으로 여행을 떠나는 이야기도 썩 다르지 않다. 그가 욕망을 추구하는 데 있어서는 역시 황소고집임을 보여준다.

나는 저 거인 괴물을 무찌르겠노라.
나는 영원히 명성을 떨치겠노라.

그는 우루크의 장로회의에서 이렇게 말했다. 그들은 그의 야심을 말리려고 애쓴다.

길가메시여, 당신은 젊습니다.
뜻이야 원대하시지만
저 거인 괴물은 사람과 달리 죽지 않습니다.

그러나 왕이 고집을 부리는 바람에 장로들은 양보한다. 길가메시와 엔키두는 거인과 싸우러 길을 나선다. 엔키두는 장로들로부터 왕을 안전하게 지키라는 당부를 받았다.

길가메시의 북행은 명예욕에서 비롯된 일로 백성을 전쟁으로 내몬 것과 동일한 갈망의 표현이었다. 그러나 다시 한 번 우루크의 평화에 위험이 닥친다. 이번에는 외부세력 때문이었다. 악마가 왕의 영혼이 아니라 북쪽의 숲에 깃든 것이다.

그곳에는 또 다른 위험도 도사리고 있었다. 맨 처음 이야기에서 길가메시는 이미 죽음 때문에 애로를 겪었다. 출정 전에도 그는 자신이 언젠가는 죽을 운명이라는 것에 대해 깊이 생각한다. 인간으로서 피할 수 없는 일에 대해 체념하는 듯한 목소리로 그는 이렇게 말한다.

하늘에 오를 수 있는 자 누구냐?

그곳에는 신들만이 영원히 사시는도다.

인간의 세월은 유한한 것.

그러나 내가 오르다 떨어져도 명예는 남으리,

명예만은 영원히 지속될지니 …….

그러나 전투에서 지면 어쩌나 하는 불안이 영 마음에 걸린다. 거인 괴물 훔바바와 싸우러 가는 길에 그는 세 번 꿈을 꾸는데 매번 벌떡 일어나 "신이 지나갔다. 내 육신이 떨린다!"라고 소리친다. 세 번째 꿈이 가장 섬뜩했다.

한낮의 햇빛이 침묵하고, 어둠이 밀려올라왔다.

번개가 치고, 불길이 치솟고,

죽음이 비로 쏟아져 내렸다.

그는 너무도 무서운 나머지 길을 되돌리려고 했다. 그러나 엔키두가 설득을 해서 계속 가게 된다. 그러고 나서 훔바바와 싸우기 바로 전날 밤 길가메시는 아주 깊은 잠에 빠져 다음 날 싸움이 임박했을 때 엔키두가 마구 흔드는 통에 겨우 깨어났다.

이 모든 불길한 전조에도 불구하고 죽음은 중도하차했다. 이야기 끝부분에서 우루크는 안전해지고 거인은 죽어 널브러진다. 그러나 길가메시가 자신의 살날이 유한하다는 것을 인정함으로써 인간은 죽음 앞에 무기력한 존재라는 사실에서 비롯되는 공포가 이후 서사시의 핵심 주제가 된다. 나머지 부분들에서도 죽음으로 떨어지면 어쩌나 하는 불안은 커지고 죽음을 회피하려는 필사의 노력은 간절해지는 양상이 드러난다. 길가메시는 쓰러진 엔키두를 되살려낼 수 있을까 하는 희망에서 신들의 정원으로 향한다. 그는 홍수 이야기를 듣다가 영생의 비법을 찾게 된다. 어찌어찌하여 죽음을 완전히 물리치지는 못해도 늦출 수는 있는 불로초를 찾은 것이다. 그런데 다시 물뱀한테 그 풀을 도둑맞는다. 그는 죽음을 맞지 않으려고 온갖 머리를 굴리고 먼 길을 찾아 나서고 애걸복걸하고 오만 곳을 찾아보기도 한다. 그러나 결코 성공하지 못한다.*

그러나 이는 수메르인들 입장에서는 전화위복이었다. 서사시의 대미를 장식하는 장례식에 나오는 애가(哀歌)는 전체 이야기 중에서 아주 초기에 형성된 부분이다. 이 부분은 아슈르바니팔 사본에는 포함되어 있지 않다. 아시리아인들은 이 결말이 너무 이상하고 앞서 나온 영생에 대한 추구와는 너무 결을 달리한다고 생각했다. 그러나 애가는 왕권에 대한 수메르인들의 불안을 짧은 소절에 담아 그 어느 구절보다도 직접적으로 표현한다.

당신은 왕권을 받았지만,

영생은 당신의 운명이 아니었습니다.

묶고 푸는 힘을,

---

* 수메르인들에게 죽은 자들의 세계는 특히 불쾌한 장소였다. 우리가 아는 한에서 수메르인의 내세는 일종의 지하영역에서 이루어진다. 이곳은 완전히 환하지도 완전히 깜깜하지도 않고, 따뜻하지도 춥지도 않으며, 음식은 아무 맛이 없고 음료는 멀겋다. 수메르의 한 시에 따르면 거주자 모두가 완전히 벌거벗고 어슬렁거리는 곳이다. 이곳은 육신을 게걸스럽게 뜯어먹는 강을 건너야 도착하는 곳으로 너무도 멀고 께름칙해서 길가메시는 엔키두 사후 이레 동안 그를 그곳으로 들여보내기를 거부했다. 물론 그 후 장례를 더는 미룰 수 없게 된다.

엔키두, 나의 친구여……
엿새 낮 이레 밤 나는 통곡했노라.
차마 그대를 덜컥 묻어버릴 수는 없었다.
그 코에서 구더기가 기어 나올 때까지는.

「길가메시 서사시」 점토판 X. 댈리(Stephanie Dalley)의 『메소포타미아 신화(Myths from Mesopotamia)』, p. 106의 번역문이다. 매력이라고는 털끝만큼도 없는 이 우중충한 곳에서 영원히 지내야 한다는 것은 수메르인들로서는 끔찍한 일이었다.

인민에 대한 통치권을,

전쟁에서는 승리를 가졌습니다.

그러나 그 힘을 남용하지 마십시오.

궁정의 종복들을 공정하게 대우하시오.

왕은 누웠다.

그는 산에 갔다.

다시 돌아오지 않는다.

적은 손도 없고 발도 없고

물도 안 마시고 고기도 안 먹는다네.

그 적이 그분을 짓누르고 있도다.[3]

수메르에서 길가메시는 거의 살아 있을 적부터 신으로 통했다. 그의 신성은 자신이 다스리는 도시를 위한 엄청난 노력—결국 왕과 신의 기능이라는 것이 도시를 보호하는 것이고 그렇게 함으로써 자신들도 위대해진다—덕분에 얻은 것이지만 죽음으로 말미암아 한계가 있다. 훨씬 후대에 나오는 고대 스칸디나비아 신화의 발드르처럼 길가메시는 신적이지만 영원불멸과는 다소 거리가 있다.

사실 길가메시의 엄청난 에너지는 죽음조차 생명력 넘치게 만든다. 그가 아무리 사악한 인물이었다고 해도 결국 그의 권력도 종말을 고한다. 수메르에서 가장 강력한 왕이라도 결국은 죽는 것이다. 손도 발도 없는 적이 백성을 위해서 일할 수도 있고 백성을 괴롭힐 수도 있는 무시무시한 권력을 제한하는 것이다. 실제로도 그랬거니와 세계 최초의 서사시에서도 길가메시 왕은 모든 적을 물리치고 모든 적보다 오래 참고 모든 적을 능란한 언변으로 설득한다. 그러나 마지막 적만은 예외였다.

죽음에 대한 최초의 승리

B.C. 2686~2566년 이집트에서
제3왕조와 제4왕조 파라오들이 죽은 이를 위한 집을 짓다

다시 이집트로 내려가보자. 제3왕조의 파라오들은 「길가메시 서사시」에 나오는 것과 같은 죽음을 정복하려는 노력을 나름대로 시작했다.

비교적 평화로운 시기여서 제3왕조 초기(2대) 파라오인 조세르는 시나이의 구리, 터키석 광산으로 원정을 나섰다.* 이집트의 관료제는 꼴을 갖추기 시작했다. 이집트는 여러 지방으로 나뉘어 있었는데 각 지방은 총독이 관할하고 총독은 왕실에 직보를 하는 체제였다. 조세르는 나름대로 제국을 건설하려는 노력을 통해 남쪽 국경을 제1폭포 지점까지 확장했다. 아스완에서 나온 명문에 기록된 후대의 전승에 따르면, 그는 7년 가뭄을 끝내준 데 대한 감사의 표시로 새로 정복한 땅의 일부를 현지의 신인 크눔에게 봉헌했다.[1] 7 은 간단히 말해 '너무 길다' 는 비유적 표현일 것이다. 아

---

* 조세르를 제외하고는 제3왕조의 왕들은 제2왕조와 마찬가지로 행적이 불분명하다.

니면 나일 강의 홍수위가 줄어든 것이 파라오의 신성한 권력의 정당성에 어떤 난점을 야기했다는 이론을 뒷받침하는 이야기일 수도 있다.

조세르 시기에 변화에 대한 완충자로서 파라오의 역할은 제의(祭儀)로 견고화되었다. 한 부조는 조세르가 재위 30년 만에 하는 **헤브-세드** 축제에 참여하는 모습을 보여준다. 이 축제에서 왕은 하나의 의식으로써 정해진 코스에서 달리기를 한다. 신체의 우열을 다투는 경기에서 그는 이겨야 했다. 그럼으로써 나라의 안녕과 직결되는 왕의 강건함을 과시하는 것이었다. 헤브-세드 경기에서 이기게 되면 이집트를 수호하고 정기적인 나일 강의 범람을 보증하는 파라오의 힘을 다시 한 번 입증하는 셈이었다.

이집트인들이 임금의 힘을 북돋아주는 왕위 갱신제를 할 필요를 느꼈다는 사실은 파라오의 힘이 제의를 통해 보강하지 않으면 쇠퇴하고 말지 모른다는 모종의 두려움을 보여준다. 파라오가 신성을 가진 것은 의심할 바 없지만 처음 두 왕조에서 치열한 왕위 다툼을 벌이는 바람에 그의 인간적인 측면이 그만큼 부각된 것이다. 하나의 관념이 원래의 생생한 힘을 잃기 시작하면 제의와 조직화가 나타나는 법이다. 전에는 불필요했던 보강장치인 셈이다. 이런 경우 카리스마적인 리더십은 규칙적인 승계라는 절차로 변질된다. 갱신제에는 자연스럽게 힘을 과시하려는 의도가 담겨 있다. 국민적 지지를 확보함으로써 파라오의 인간적인 측면을 덮어버리려는 것이다.

조세르가 마침내 죽었을 때 그는 전통적인 아비도스 묘지에 묻히지 않았다. 그는 벌써 저 멀리 북쪽 사카라에 자신의 무덤을 만들어놓았다. 그는 또 제2왕조 때 전통적으로 사용한 진흙 벽돌을 버리고 무덤을 돌로 만들어 영원히 지속되게 했다. 이제 무덤은 파라오의 영혼이 내세로 여행을 떠나는 장소가 아니기 때문이다. 무덤은 파라오가 **여전히 살아가는** 장소였다.

조세르의 무덤 주위에는 그의 영혼을 위한 도시를 조성해놓았다. 헤브-세드 경주 코스는 남쪽에 만들었다. 왕이 다시 젊어지는 경기를 계속할 수 있도록 하기 위해서였다. 무덤 복합체 주변은 전통적인 이집트 가옥에 썼던 돌로 가옥들을 재현했다. 석벽은 갈대 돗자리처럼 보이게 꾸몄고, 돌기둥은 갈대 더미 모양으로 만들었다. 문을 반쯤 열어둔 목제 울타리도 돌로 깎아 만들었다. 이렇게 돌로 만든 갈대와 나무는 풍화되지 않고 지상에 영원히 남는다. 파라오의 영혼도 마찬가지였다. **세르답**이라고 하는 작은 방에 조세르의 등신상이 하얀 석회석 외투를 걸친 채 동쪽을 보고 앉아 있다. 세르답 벽에는 눈구멍 두 개를 뚫어놓았다. 등신상이 떠오르는 해를 내다볼 수 있도록 배려한 것이다. 눈구멍 아래에는 조세르의 영혼이 흠향하도록 신관이 젯밥을 공양하는 제단이 있다.

파라오는 이제 오시리스의 영역으로 가는—조신들을 순장해서 갈 수도 있고 순장자 없이 갈 수도 있다—대신 이 무덤에서 계속 현존을 계속했다. 건물을 사용하고 제삿밥을 먹으면서 헤브-세드 경주를 통해 자신과 이집트를 갱신시키는 것이다. 시중을 들어줄 순장자는 필요하지 않았다. 살아 있는 사람들이 사자를 위한 도시에서 시중을 들어주면 되기 때문이다.

사자의 도시 한가운데 무덤 위에 최초의 이집트 피라미드가 섰다. 계단식 피라미드라고 하는 것이다. 돌덩어리를 계단식으로 여섯 단 쌓아올린 것으로 높이는 대략 61미터였다. 그 아래 맨 밑바닥을 파서 왕가의 무덤으로 이어지는 수직 갱도를 만들었다.

조세르의 재상이었던 임호텝이 이 기이한 구조물을 착상하고 디자인하고 건설 감독을 맡은 것은 분명하다. 마네토는 임호텝을 쪼갠 돌로 건축물을 만든 역사상 최초의 인물로 기록하고 있다. 우리는 어떻게 해서 임호텝이 이런 신식 무덤 아이디어를 냈는지 정확히 알지 못한다. 고고학자들은 계단식 피라미드의 모양이 초기 이집트 양식의 확장판에 불과하다고 보고 있다. 아비도스에 있는 무덤들은 꼭대기를 사각형 석벽으로 덮었다. 이름하여 **마스타바**라고 하는 건축물이다. 계단식 피라미드는 본질적으로 그 위에 작은 마스타바를 다섯 단 더 얹은 거대한 마스타바다. 아마도 임호텝은 조세르 구역 한가운데에 거대한 마스타바식 무덤을 구상했다가 나중에 그 위에 마스타바를 더 쌓아 올렸을 것이다.

그러나 마스타바를 꼭 여러 단 쌓아 올려야 할 이유는 없었다. 오히려 임호텝은 계단식 피라미드 양식을 수메르인들로부터 차용했을 가능성이 높다. 수메르인들은 경배용 계단식 사원을 **지구라트**라고 불렀다. 고대 세계의 무역로 범위를 생각할 때 이집트인들이 이런 사원이 수메르 하늘에 치솟아 있는 것을 보았을 것은 의심의 여지가 없다.

수메르 지구라트 자체가 어떤 기능을 했는지는 확실하지 않다. 본의 아니게 그런 디자인이 나왔을지도 모른다. 고대 도시 에리두처럼 수메르에서 가장 신성한 곳에 있는 허름한 사원들은 헐어버린 것인지 모종의 의식으로 그랬는지 속이 진흙으로 꽉 차 있다. 그 위에 새로운 사원을 지은 것이다. 이렇게 되다 보니 시간이 지나면서 단이 계단식으로 계속 쌓아 올려진 것이다. 그리고 사방에는 흙이 흘러내리지 않도록 벽을 둘렀다. 몇 세기가 흐르면서 계단식 구조가 나름의 독특한 양식이 되었을 가능성이 높다. 즉 세월이 흐르면서 신성한 장소가 되었고, 지구라트 꼭대기―수메르의 신관들이 어디서 제례를 지냈는지는 여전히 불분명하다―는 하늘에 가깝기 때문에 효용성을 갖게 된 것이다.* 지구라트 꼭대기는 신들이 지상에 발을 내딛는 받침대였을지도 모른다.**

---

* 1980~1988년 이란-이라크 전쟁 때 사담 후세인은 우르에서 제일 큰 지구라트(우르-남무 지구라트)를 방공포대 기지로 사용했다. 주변의 어떤 지점보다 하늘에 가까웠기 때문이다.
** 고대 근동의 경배 양식에서 신이 발을 놓을 장소를 세우는 것은 솔로몬의 성전에 이르기까지 하나의 관행이었다. 솔로몬의 성전은 현관에 8.2미터짜리 청동 기둥 두 개를 배치했다. 남쪽 기둥에는 히브리어로 "그분이 세우실 것이다" "그분 안에 힘이 있다"라고 새겨놓았다. 두 기둥은 아브라함의 하느님이 발을 디디는 상징적인 받침대로 의도했을 가능성이 매우 높다. 한편 구약 「열왕기(列王記) 상」에 두 기둥의 존재가 나오는 것은 솔로몬이 성전을 건설한 의도가 신학적으로 순수한 것만은 아니라는 점을 시사한다. 2권 45장 참조.

조세르의 영혼이 계단식 피라미드를 가지고 뭘 어떻게 하라는 의도였는지는 확실하지 않다. 그러나 임호텝의 혁신은 그에게 엄청난 명예를 가져다주었다. 조세르가 다스리던 시절에 만들어진 임호텝 상은 바닥에 그가 보유한 여러 칭호를 열거하고 있다. 그는 하이집트 왕의 재무장관, 상이집트의 이인자, 궁정 행정관 겸 태양신의 종인 헬리오폴리스의 대제사장이었다.[2] 사후에는 이집트에서 가장 위대한 신관이자 현자로 추앙되었다. 그리고 얼마 지나지 않아서 죽음을 물리치려는 인간의 간절한 노력인 의약의 신으로 신격화되었다.[3]

위대한 이집트 피라미드들 중에서 최초 양식인 계단식 피라미드는 죽음을 육신은 없고 영혼만 있는 상태로 재규정하려는 노력 이상의 것을 보여준다. 그것은 새로운 이집트 왕국, 즉 정연한 관료제를 갖춘 평화롭고 통일된 왕국의 시작을 알리는 것이다. 조세르의 치세는 19년에 불과했다. 거대한 석조 건축 프로젝트를 추진하기에는 다소 촉박했다. 그 19년 동안 아주 먼 곳에서 구리 도구로 돌을 쪼개 운반해 와야 했다. 헤로도토스에 따르면 피라미드용 석재는 이집트 동부 홍해 서쪽 산악 지역에서 잘라 왔다.[4] 피라미드 건설에는 강인한 남자들의 조직적인 노동력이 필요했다. 이들은 농사와 병역은 면제해주고 건축에만 전념하게 했다. 피라미드 건설에는 부와 평화와 세금이 필요했다. 임호텝이 '재무장관'이나 '재상'의 직함을 가졌던 것은 세금 징수가 업무의 주요한 부분이었음을 말해준다. 이집트는 처음으로 국세청과 같은 공식 기관을 둔 것이다.

나라가 부강해야만 일꾼들을 동원해 채석장으로 보내고 먹이고 입힐 수 있다. 이집트는 새로운 번영과 조직화의 단계에 들어선 것이다. 그래서 피라미드 시대의 시작은 이집트사에서 새로운 시대, 즉 '고(古)왕국 시대'의 출발을 의미한다.

피라미드 건설 노력의 결과물은 고왕국 시대 처음 두 왕조에서 만든 9기가 남아 있다. 성공적인 것은 일부에 불과하지만 모두가 인력과 자원을 철저히 통제했음을 보여준다. 조세르 다음 파라오인 세켐케트는 똑같은 위업을 달성하려고 노력했다.

우리는 그에 대해 정치적으로 불안정했다는 사실 외에는 별로 아는 게 없다. 세켐케트의 피라미드는 조세르의 6단이 아니라 7단 높이로 계획되었다. 내 것이 더 크다는 걸 과시하려는 전형적인 사례다. 그러나 세켐케트의 피라미드는 완성되지 못했다. 그는 재위 6년 만에 죽고 미완성 피라미드는 기단을 건설하는 도중 중단되었다.

제3왕조의 네 번째 왕 카바도 피라미드를 건설했다. 카바의 중층 피라미드는 사카라가 아니라 북쪽으로 몇 킬로미터 떨어진 곳에서 착공되었다. 아마도 하이집트에 속하는 지역이었을 것이다. 당시 북부와 남부의 긴장은 약해진 것으로 보인다. 이 피라미드 역시 7단으로 해서 조세르의 피라미드보다 높이려고 했을 가능성이 매우 크다. 카바의 시도는 능력 범위를 벗어난 것이었다. 그래서 역시 미완으로 끝났다. 제3왕조의 마지막 피라미드인 메이둠 피라미드도 미완성이었다. 이 피라미드는 제3왕조 마지막 왕 후니가 건설했는데 원래 계획은 **8단**짜리였다.

이전 두 피라미드와 달리 이 피라미드는 다음 제4왕조의 첫 번째 왕에 의해 완성된다. 우리의 관점에서 볼 때 제4왕조가 제3왕조와 가장 큰 차이가 나는 점은 피라미드 문제를 최종적으로 해결했다는 사실이다.

스네프루는 기세 좋게 일을 벌였다. 우선 메이둠 피라미드를 완성하면서 몇 가지 혁신을 꾀했다. 그 하나가 묘실을 이전의 계단식 피라미드, 중층 피라미드, 미완성 피라미드들과 달리 땅속이나 피라미드 근처가 아니라 피라미드 내부에 둔 것이다. 그는 메이둠 피라미드에 참배로를 두었다. 참배로는 피라미드에서 '장제전(葬祭殿)'으로 이어지는 널따란 길로 장제전은 해 뜨는 동쪽에 세운 제물을 바치는 신성한 건물이다. 이 두 가지 혁신은 얼마 후부터 표준으로 자리 잡았다.

가장 흥미로운 것은 스네프루가 메이둠 피라미드를 모종의 외피로 감싸려고 했다는 점이다. 처음 네 피라미드는 모두 측면이 지구라트의 계단형인 계단식 피라미드였다. 그러나 메이둠 피라미드 주변의 돌무더기들을 보면 계단과 계단 사이의 공간을 외장용 돌로 메우려 한 것을 알 수 있다.[5]

이 작업이 성공했다면 메이둠 피라미드는 우리에게 친숙한, 경사면이 일직선인 최초의 피라미드가 되었을 것이다. 그러나 스네프루의 건축가—이 사람은 임호텝과 달리 사후에도 신격화되지 않았다—는 임호텝만 한 기술이 없었다. 피라미드는 무너졌다. 메이둠 피라미드의 남은 부분은 여전히 먹다 만 웨딩 케이크처럼 돌출해 있다. 주변에는 무너진 돌무더기가 널려 있다.

이 실패한 피라미드에는 아무도 묻지 않았다. 참배로 끝에 있는 창 없는 작은 장제전도 대단한 업적으로 치부되지 않았다. 몇 세기 후 이 칙칙한 작은 상자 같은 건물을 지나던 이집트인이 거기다 "스네프루 왕의 아름다운 사원일세" 하고 낙서를 했다. 역사상 최초의 비아냥거리는 낙서라 할 만하다.

스네프루는 포기하지 않았다. 우리는 제4왕조의 초대 파라오에 대해 시나이의 광산과 레바논의 무역항으로 원정을 갔다는 기록을 제외하고는 아는 바가 거의 없다. 웨스트카 파피루스(Westcar Papyrus: 제4왕조 2대 파라오 쿠푸에 관한 단편적인 기록과 신관들이 보인 기적에 관한 다섯 이야기를 담고 있는 12개의 두루마리. 역사가들은 제4왕조의 역사를 재구성하는 기본사료로 삼고 있음. 헨리 웨스트카가 1820년대에 발견했고, 지금은 베를린 이집트박물관에 소장되어 있음—옮긴이)에는 스네프루가 어느 날 심심한 나머지 하렘에서 가장 예쁜 여자 20명에게 궁전 안에 있는 호수 주변에서 자기를 따라다니되 그물 외에는 아무것도 걸치지 말라고 했다는 이야기도 나온다. 그는 메이둠의 실패를 딛고 새 피라미드를 시작했다. 이 피라미드는 장소를 옮겨 사카라에서 남쪽으로 좀 떨어진 다흐슈르에 건립했다.

이 피라미드는 처음부터 달랐다. 애초부터 경사면을 일직선으로 설계했다. 경사면에는 매끈한 외장용 석회석을 붙여 햇빛을 받으면 빛나게 만들었다.

피라미드에 대해서는 온갖 추측이 난무하지만 풀리지 않는 미스터리 가운데 가장 신기한 것은 새로운 건축양식을 발명하는 데는 별로 소질이 없었던 스네프루가 왜 피라미드 측면을 계단식이 아니라 평면으로 바꾸는 혁신을 시도했을까 하는 점이

굴절 피라미드 굴절 피라미드의 경사면은 경사각을 많이 바꿨다. 사진 Heritage-images/토픽포토에이전시

다. 종교적 의미가 있는 것이었을까? 피라미드에 관한 새로운 사고방식을 상징하는
것일까? 예컨대 영혼을 위한 도시의 중심이라기보다는 특정 지역을 상징하는 이정표
와 같은 것 말이다.

　알 수 없다. 그러나 경사면이 일직선인 스네프루의 새 피라미드는 경사각을 잘
못 계산하는 바람에 '굴절 피라미드'로 알려졌다. 경사면을 너무 가파르게 설계한
것이다. 어느 정도 공사가 진척된 단계에서 스네프루와 그의 건설 감독은 측량이 잘
못되었다는 사실을 알게 된 것 같다. 피라미드를 현재와 같은 경사도로 계속 쌓아 올
렸다면 기단 부분은 비교적 좁은 데 비해 돌의 하중이 지나쳐서 완전히 붕괴되고 말
았을 것이다. 그래서 그들은 재빨리 각도를 변경했다. 그 결과 피라미드는 구부정한
모습이 되었고 네 경사면 중 하나는 오른쪽으로 휘었다.

　이 피라미드는 완성은 되었지만 사용하지는 않았다. 스네프루는 영원한 안식처를 완성은 했지만 어쩐 일인지 마음에 들지 않은 것이다. 재위 말에 그는 세 번째 피라미드 건설을 시작했다.

굴절 피라미드에서 1.6킬로미터 이상 떨어진 곳에 위치한 '북(北) 피라미드'는 앞서 지은 피라미드들보다 더 크고 높아졌다. 굴절 피라미드는 경사각이 52도에서 43도로 바뀌었다. 북 피라미드는 경사각을 43도로 설계했다. 이 마지막 시도에서 스네프루의 디자인은 아주 잘 되어서 4,000년이 지난 지금까지도 200만 톤의 돌무더기 아래 있는 방들의 벽이나 천장에 균열 하나 없다.

북 피라미드는 표면을 장식한 석회석이 떨어져 나가면서 그 아래 있던 붉은 사암이 드러나 햇빛에 노출되었기 때문에 '붉은 피라미드'라고도 하는데 아마도 스네프루가 진짜로 묻힌 장소였을 것이다. 고고학자들은 그 안에서 시신 한 구를 찾아내 신원 확인차 배편으로 대영박물관으로 보냈다. 그러나 도중에 사라진 이후 지금까지 소식이 없다.

스네프루의 시신이 어디에 묻혔든 그가 3대 건축 프로젝트를 추진했다는 것은 죽은 파라오가 여전히 현존한다는 이집트인들의 믿음이 제의로 굳어졌음을 말해준다. 스네프루는 자신의 마지막 안식처를 사후에 영혼이 돌아다닐 수 있는 좋은 장소로서뿐 아니라 전임 파라오들이 돌아다니는 장소와는 떨어진 곳에 건설하려고 마음먹었다. 어떤 의미에서는 이런 방식으로 죽음을 길들인 셈이다. 파라오들은 사후에도 여전히 백성들 사이에서 살아 있게 된다는 자위적인 믿음을 갖게 되었다. 이제 그들은 전임 파라오보다 잘했다는 평판을 얻는 데 관심을 쏟았다.

스네프루가 피라미드 하나를 완성하고 두 개를 더 지을 수 있었던 것은 이집트인들이 이제 그 어느 때보다도 부유하고 평화롭고 파라오의 권위에 더욱 더 복종하게 되었음을 의미한다. 그의 아들 쿠푸는 아버지의 권력을 이어받아 최대한 행사했다.[*]그는 이집트의 왕에게는 다반사가 된 정복전쟁을 계속했다. 원정대를 시나이에 보냈다. 청금석을 바꿔왔고, 자신의 피라미드 건설을 계획했다.

헤로도토스에 따르면 쿠푸는 50년을 통치했다. 이집트학자들은 실제 통치 기간은 그 절반이라고 추정하고 있다. 그러나 25년도 역사상 가장 거대한 건축물 프로젝트를 시작하기에는 충분한 시간이었다. 그는 '대(大) 피라미드'를 스네프루가 완성한 설계를 토대로 대규모 단지로 구상했다. 피라미드 본체가 있고, 여기서 동쪽에 제물을 바치는 하곡신전(河谷神殿)으로 이어지는 참배로가 있고, 추가로 작은 피라미드가 3기 더 있는 구조다. 소형 피라미드는 비빈들용이었을 것이다.

이 피라미드는 새로운 지역인 기자 평원에 건설했는데 높이가 146.6미터였다. 사면 각도는 51도 52분이다. 경사각은 스네프루의 성공적인 북 피라미드보다는 높고 실패한 굴절 피라미드만큼 가파르지는 않았다. 쿠푸의 공사 감독은 선배들의 사례에서 많은 교훈을 얻은 것이다. 대 피라미드의 경사각은 놀라울 정도로 일직선이다. 네 측면의 밑변도 놀라울 만큼 균일하다. 각각 230미터 정도로 다 합쳐서 오차가 20.3센티미터 이내다. 왕의 방으로 통하는 북쪽 축은 북극성을 가리키도록 설계되었다.

쿠푸의 생애에 대해 우리가 확실히 아는 것은 거의 없지만 그의 통치에 관해서는 여러 이야기가 간간이 전해졌다. 대 피라미드 건설에 나선 수십만 인부들에게 물을 공급하기 위해 카이로 남쪽 32킬로미터 지점에 세계 최초의 댐인 사드 알카파라를 건설했다는 이야기도 있다. 댐 옆에 조성된 인공호수는 깊이가 거의 24.4미터나 되는 세계 최초의 공용 저수지였다. 대 피라미드 건축가는 여러 해를 신들을 조롱하며 보내다가 결국은 후회를 하고 성스러운 책을 한 질 썼다는 기록도 있다.[6] 또 헤로도토스는 대 피라미드를 건설하기 위해 쿠푸가 "이집트를 완전히 끔찍한 상태로 몰아넣었으며 …… 자신을 위해 모든 이집트인을 노역에 동원했다"고 쓰고 있다.[7] 그는 얄미운 어투로 "그는 아주 나쁜 인간이었다"고 덧붙인다.

---

* 헤로도토스는 쿠푸를 그리스식 이름인 케옵스라고 한다.

헤로도토스는 모든 파라오의 순서를 잘못 배열하고 있는 만큼 이런 주장은 심히 믿기 어렵다. 성스러운 책이라는 것도 발견된 바 없다. 아마 그런 책은 존재하지도 않았을 것이다. 그러나 쿠푸의 악행에 관해서는 일부 출처에 흥미로운 내용이 전한다. 자신의 기념물—250만 개의 돌덩어리가 들어가는 석조 건축물로 돌덩이 하나가 평균 2.5톤이었다—을 짓기 위해 쿠푸는 세상에서 가장 규모가 큰 노동력을 동원했다. 일꾼들이 비참한 노예 상태로 곤두박질친 것은 아니지만 그런 정도의 엄청난 노동력을 동원할 수 있다는 것은 백성을 얼

고왕국 시대의 피라미드 분포

마나 억압했는지 여실히 보여준다. 피라미드 자체가 그런 절대권력의 표현이었다.

쿠푸의 잔인성에 관한 이야기들은 그가 백성을 희생시키면서 권력을 휘둘러 사욕을 채우고자 했으나 잘 먹히지 않았음을 시사한다. 그의 야심도 불경으로 흘렀다. 피라미드를 짓는 데 골몰한 나머지 신전을 폐쇄하고 백성들에게는 제물을 바치지 말라고 했다. 특히 헤로도토스가 전한 자극적인 이야기는 쿠푸가 자금이 달리자 딸을 방에 가두고 찾아오는 남자들에게 성적 서비스를 시켰다는 내용이다. 받은 돈은 자기에게 넘기라고 명령했다고 한다. 공주는 아버지의 말을 따르면서도 일을 보고 나가는 남자들을 붙잡고 공사장에 자신을 위해 돌을 하나 얹어달라고 부탁했다. 그 결과로 생긴 것이 대 피라미드 근처에 있는 가운데 '여왕의 피라미드'로 매춘 기록으로

는 세계 최고였을 것이다.[8]

쿠푸 당시 임호텝이 최초로 건설했던 묘지용 도시의 원래 목적은 거의 잊혀졌을 것이다. 대 피라미드와 그 이후에 나온 기념물들은 우리가 '기념물 건축'이라고 부르는 사례 중에서 지금까지 남아 있는 가장 오래된 건축물이다. 이런 건축물은 크기와 디자인 면에서 실제 필요 이상으로 훨씬 공을 들인다. 고고학자 브루스 트리거의 말에 따르면 "비실제적인 목적을 위해 다른 사람들의 노동력을 동원하는 형식으로 에너지를 확대시킬 수 있는 능력이야말로 가장 기본적이고도 보편적인 권력의 상징이다."[9] 피라미드는 쓸모가 없을수록 그만큼 더 건설자들의 권력을 입증했다. 영혼을 위한 집이 권력의 반짝이는 증거가 된 것이다.

쿠푸에 대해 우리가 알고 있는 사실들은 거의 모두 그가 건설한 피라미드와 관련되어 있다. 다른 업적은 있었다 하더라도 역사 속으로 사라져버렸다.

대 피라미드는 스톤헨지를 제외하면 역사에 등장한 그 어떤 건축물보다도 다채로운 이론을 만들어냈다. 피라미드에 관한 이론은 합리적이기는 하지만 입증이 어려운 종류에서부터 터무니없는 낭설에 이르기까지 다양하다. 기자 평원에 있는 피라미드 설계가 지상에 오리온자리를 재현한 것이라는 설은 개연성은 있지만 그렇게 보기에는 빠진 별이 너무 많다. 대 피라미드가 지구의 지질학적 중심에 서 있다는 설도 메르카토르 도법을 사용할 때만 말이 된다. 그러나 고대 이집트인들이 메르카토르 도법을 사용했을 것 같지는 않다. 이집트인들이 '카두시어스 코일'이라고 하는 분자 에너지장 복사 장치를 사용했다는 주장도 있다. 이 에너지 코일이 '행성 에너지 격자'를 활용해 돌덩어리들을 공중 부양시켜 필요한 장소로 날랐다는 것이다. 그런데 '그 격자를 가동하는 통제용 계기판이 십계명을 새긴 돌판을 넣은 언약궤'라니 매력적이긴 하지만 시대착오다.[10] 대 피라미드는 아틀란티스 주민들이 세운 것이라는 주장도 나왔다. 그들이 저 신비의 대륙에서 신비한 배를 타고 와서 아무 특별한 이유도 없이 피라미드를 건설해놓고는 훌쩍 버리고 떠났다는 것이다. 일부 이론은 수학적 계산에 따르면 대 피라미드가 "반구의 축소판 모델"이라든가 피라미드를 건설한 사람은 "지구의 둘레는 물론 1년의 길이를 소수점 몇 자리까지 정확히 알고 있었다"고 한다.[11]

기상천외한 피라미드 이론의 대가는 에리히 폰 대니켄이다. 그는 스위스에서 호텔을 경영하다가 1960년대 초에 문필가로 돌아서 『신들의 전차(Chariots of the Gods)』라는 책을 냈다. 대니켄은 피라미드가 이집트인들이 만든 것이 아니라고 주장했다. 그들에게는 그런 건축물을 지을 기술이 없었다는 이야기다. 나아가서 피라미드는 그 이전의 선구적 작업이 없는 상태에서 느닷없이 나타났다는 점에서 외계인들이 세웠을 가능성이 매우 높다고 주장한다.

이집트인들이 수학적 사고를 추상화하는 경향이 없었던 것은 사실이다. 그러나 피라미드 기저에서 직선을 잡는 것은 그리 복잡한 작업이 아니다. 상당한 계산능력이 필요하기는 하지만 고도의 수학적 개념을 익혀야만 할 수 있는 일은 아니다. 육중한 돌덩이를 옮기는 작업도 힘이 들기는 하지만 단순한 기계적 애로일 따름이다. 헤로도토스는 흙을 쌓아올려 경사로를 만든 다음 돌덩이를 끌어올렸다고 말한다. 이는 전혀 불가능한 일이 아니다. 실험 결과에 따르면 성인 남자 100명이 2.5톤짜리 돌덩이를 파피루스로 만든 밧줄에 묶어 들어 올릴 수 있었다.[12] 특히 단단한 백운석을 공처럼 깎아 돌덩이 아래 굴림대로 받치고 밀면 작업은 한결 쉬워진다.

아틀란티스인이나 외계인 제작설의 경우는 쿠푸 이전에 실패한 피라미드가 여럿 있었기 때문에 피라미드 건설은 어떤 외계인 종족의 머리에서 어느 날 갑자기 완벽한 형태로 툭 튀어나온 것이 아님을 알 수 있다. 피라미드가 발전해온 과정은 쉽게 추적할 수가 있다. 조세르가 영혼을 위한 도시를 처음 세운 것에서 곧바로 쿠푸의 거대한 안식처로 발전한다. 피라미드는 외계인이 왔었다는 증거가 아니라 이집트인들이 죽음을 눈앞에 두고 얼마나 권력을 놓지 않으려고 아득바득했는지를 보여주는 증거다. 길가메시는 산으로 가서 다시 돌아오지 않았다. 그러나 죽은 왕의 영혼의 집이 저 멀리서 어렴풋이 빛나는 것을 볼 수 있었던 이집트인들에게 파라오의 권능은 여전히 현존하는 것이었다.

연표 11	
메소포타미아	이집트
젬다트 나스르 시대(B.C. 3200~2900)	
아탑	초기 왕조 시대(B.C. 3100~2686)
에타나	제1왕조(B.C. 3100~2890)
발리흐	메네스(나르메르)
초기 왕조 시대 I 기(B.C. 2900~2800)	
	제2왕조(B.C. 2890~2696)
초기 왕조 시대 II기(B.C. 2800~2600)	
	고왕국 시대(B.C. 2696~2181)
길가메시	제3왕조(B.C. 2686~2613)
	조세르
초기 왕조 시대 III기(B.C. 2600~2350)	제4왕조(B.C. 2613~2498)
	스네프루
	쿠푸

최초의 개혁가

B.C. 2350년경 수메르의 왕이
부패와 빈곤과의 전쟁을 치르고
왕위를 잃다

독립성이 강한 수메르인들이 통치자에게 이집트의 파라오와 같은 막강한 권력을 허용했을 것으로 상상하기는 어렵다. 수메르 시민들은 통치자의 영광을 위해 기념물 하나를 짓는 데 20년 동안 땀을 흘리라고 하면 아마 반란을 일으켰을 것이다. 더구나 그 어떤 수메르 왕도 그런 식의 복종을 강요할 처지가 못 되었다. 길가메시의 네 도시 연맹체는 수메르인들이 겪었던 바로는 통일 왕국에 가장 가까웠지만 길가메시 사후 얼마 버티지 못하고 무너졌다. 그 아들 우르-루갈은 길가메시의 왕국을 물려받아 그 럭저럭 통합을 유지했지만 도시들은 한결같이 지속적인 다툼으로 약해졌다. 그런데 이집트는 국경 밖에서 직접적인 위협이 다가오지 않은 반면 수메르는 달랐다. 동쪽 에서 엘람인들이 호시탐탐 기회를 노리고 있었다.

엘람인들은 수메르인들이 메소포타미아 평원을 점거하고 있는 동안 내내 페르 시아 만 동쪽 너머 작은 도시들에서 생활했다. 그들의 내력은 대부분의 고대 민족과 달리 알려져 있지 않다. 그러나 그들의 도시는 카스피 해 바로 이남에서는 물론이고

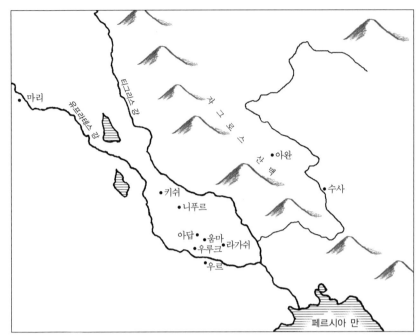

전투를 벌인 수메르와 엘람의 도시들

자그로스 산맥 동쪽에 위치한 대형 소금사막 평원에서도 성장을 거듭했다.

대략 B.C. 2700년부터 엘람인들도 왕을 맞았다. 쌍둥이 도시인 수사와 아완이 그들 문명의 중심지였다. 둘 중에서 아완—정확한 위치는 알려져 있지 않다—이 더 중요했다. 엘람 연합체 전체에 대한 권한을 행사한 왕이 있다면 그것은 아완의 왕이었다. 수메르의 키쉬 왕과 별로 다르지 않은 위치였다.

길가메시 사후 2세기 동안 나온 명문들을 보면 그 혼란상을 일별할 수 있다. 엘람인들과 수메르 평원의 도시들은 서로 주도권을 잡으려고 끊임없이 싸웠다. 우루크와 키쉬뿐 아니라 우르, 라가쉬, 움마까지도 이제는 세력이 만만치 않게 되었다.

수메르 역대 왕 목록에는 이름이 상당수 빠져 있다. 게다가 같은 시기에 통치한 서로 다른 도시의 왕들을 서로 왕위를 승계한 것처럼 나열하는 경향이 있기 때문에 정확한 연대기를 구성하기란 쉽지 않다. 우리는 길가메시의 아들이 아버지의 우루크 왕국을 물려받고 나서 어느 시점에 우르에 정복되었으며, 우르는 다시 "전투에서 패해 왕권을 아완에 빼앗겼다"는 사실을 알고 있다. 이는 엘람인의 강력한 침공이 있었음을 시사하는 것이다. 그리고 실제로 키쉬의 다음 왕조 왕들은 이름이 엘람식이다.

수메르 도시 전체가 엘람인의 지배를 받게 된 것은 결코 아니다. 엘람인들의 침공 이후 어느 시점에 메소포타미아 평원 한복판에 있는 수메르의 다른 도시 아답의 왕이 사람들을 모아 엘람인의 지배에 도전했다.

이 왕이 루굴안네문두로 B.C. 2500년경에 통치했다. 엘람인들을 몰아내기 위해 그는 엘람인이 지배하는 13개 도시 연맹체라는 엄청난 세력과 싸웠다. 자신의 승리를 기록한 명문에 따르면 그는 대승을 거두었다. 그는 "사방의 왕"(다른 말로 하면 온 세상의 왕)을 자처하며, "모든 외국이 그에게 지속적으로 공물을 바치도록 만들었고, 모든 종족에게 평화를 가져다주었으며 …… 수메르의 고토를 회복했다"고 선언한다.[1]

진짜 이런 정복을 이룩했다면 그는 한때 길가메시보다 훨씬 큰 제국을 이룩한 셈이다. 그러나 수메르를 엘람인 치하에서 구해내고 독립적인 문화로서 잠시 더 존속할 수 있게 해준 루굴안네문두의 업적은 동시대인들의 상상력에 불을 댕길 정도는 아니었다. 이 정벌을 토대로 가공된 서사시는 전혀 없다. 그 자신이 직접 다스리는 왕국조차 길가메시의 왕국보다 오래가지 못했다. 수메르 평원에서 그 다음으로 주목할 만한 사건은 라가쉬와 움마의 국경 분쟁이다. 별 볼 일 없는 땅뙈기를 가지고 지루하게 끌어온 이 평범한 분쟁이 결국은 수메르 문화를 종식시킨다.

논란의 시작을 기록한 명문들은 루굴안네문두의 통치가 끝나고 2, 3세대가 흐른 다음에 쓰인 것이다. 그의 왕국은 이미 해체된 마당이었다. 수메르의 왕들은 무력과 카리스마로 통치했다. 왕국을 버텨줄 만한 관료제의 틀은 잡혀 있지 않았다. 왕관이 혈기 방장한 전사에서 재능이 떨어지는 아들로 넘어가면 왕국은 어쩔 수 없이 맥없이 무너지곤 했다.

　루굴안네문두의 왕국이 너무나 빨리 무너지는 바람에 그의 고향 아답은 수메르의 무대에서 더는 세력으로서 존립하지 못했다. 라가쉬와 움마가 다투자 다른 왕이 끼어들었다. 그는 키쉬의 왕으로 다시 한 번 주도권을 잡게 된다. 두 도시는 80킬로미터쯤 떨어져 있었는데 서로의 땅을 침범했다. 키쉬의 왕 메실림은 중간에 끼어들어 수메르의 재판의 신 사타란이 자신에게 두 도시가 준수해야 마땅할 국경선을 보여주었다고 선언했다. 그는 이 국경선을 표시하고자 **스텔레**(명문을 새긴 돌)를 세웠다. 명문은 이 사건을 기념해 "키쉬의 왕 메실림이 사타란의 말씀에 따라 구역을 나누었다"고 적고 있다.[2] 표면상 두 도시는 이 판결에 동의한 것 같다. 신이 그에게 직접 말했다는 주장은 지금이나 그때나 논박하기 어려웠을 것이다.

　그러나 동의는 오래가지 못했다. 메실림이 죽고 나서 움마의 새 왕은 그 비석을 부숴버리고 분쟁 지역을 합병했다. 이는 사타란 신에 대한 외경심이 아니라 메실림에 대한 두려움이 일시적인 평화를 가져왔음을 의미한다. 움마는 2세대 동안 그 땅을 차지했다. 그러고 나서 에안나툼이라고 하는 군사 마인드를 갖춘 라가쉬의 왕이 다시 탈환했다.

　우리는 다른 많은 수메르 왕들보다 에안나툼에 대해 많은 것을 알고 있다. 명문을 새기고 기념물 세우기를 좋아했기 때문이다. 그는 가장 유명한 수메르 기념물 가운데 하나인 '독수리 비'를 남겼다. 이 돌판은 만화식으로 칸을 나누어 새긴 장면들을 통해 에안나툼이 움마를 무찌르고 승리하는 과정을 보여준다. 정연하게 대오를 갖춘 에안나툼의 병사들은 투구를 쓰고 방패와 창으로 무장한 채 적의 시체를 넘어 진군한다. 독수리들은 흩어진 시신을 쪼다가 잘려나간 머리통을 물고 날아간다. "그는 평원에서 적군의 시신을 산더미처럼 쌓아 올렸다"고 명문은 분명히 기록하고 있다. "그들은 꿇어 엎드린 채 살려달라고 눈물로 호소했다."[3]

　독수리 비는 전쟁 수준이 발전했음을 보여준다. 에안나툼의 병사들은 창은 물론

독수리 비 독수리들이 죽은 병사들의 머리통을 물고 날아가고 있다. 라가쉬 왕의 승리를 기념하고자 조각한 것이다. 파리 루브르박물관 소장. 사진 Erich Lessing/토픽포토에이전시

이고 전투용 도끼, 낫 모양의 칼로 무장했다. 똑같이 무장했다는 것은 군대를 단순히 독립적인 전사들의 무리로 보지 않았다는 이야기다. 즉 군사를 조직화해야 한다는 개념이 확산되었음을 말해준다. 그들은 밀집대형으로 전진했다. 이 대형은 후일 알렉산더 대왕의 원정길에서 치명적인 위력을 발휘했다. 그리고 에안나툼 자신은 노새로 보이는 동물이 끄는 전차를 탄 모습으로 등장한다.[*]

---

[*] 유사한 전투 장면이 '우르의 깃발'(영국 고고학자 레너드 울리가 1920년대에 현재의 바그다드 남쪽 우르의 묘지에서 이 기념물을 발굴했을 때 깃대 끝에 다는 깃발처럼 사용했을 것으로 생각해서 붙인 이름임. 그러나 천으로 된 깃발과는 달리 속이 빈 직사각형 나무상자로 겉면에 전쟁과 평화를 보여주는 장면을 조개, 붉은 석회석, 청금석 등을 쪼개 나전칠기처럼 모자이크해 만든 것임—옮긴이)에 보인다. B.C. 3000~2500년에 만든 수메르의 또 다른 전쟁기념물이다. 초기 왕조 시대 III기(B.C. 2600~2350년)에 조성된 우르의 왕족 무덤에서 출토되었다. 수천 년이 지난 지금도 색감이 화사하기 이를 데 없는 이 유물은 병사들의 밀집대형과 전차, 각종 무기와 함께 외투에 원형 금속편을 붙인 갑옷 등을 보여준다. 고도로 조직화된 전쟁을 한 나라는 라가쉬만이 아니라는 이야기다.

라가쉬의 에안나툼은 조직화한 군대를 투입해 움마와는 물론이고 실제로 수메르의 모든 도시를 상대로 싸웠다. 그는 키쉬와 싸웠다. 마리와도 싸웠다. 다른 한편으로는 엘람인 침입자들과 싸웠다. 에안나툼은 평생을 전쟁으로 보내다 전쟁터에서 죽은 것으로 보인다. 그리고 동생이 왕위를 이었다.

이후 3, 4세대 동안 라가쉬와 움마는 국경선 문제를 놓고 싸웠다. 이 치열한 내전은 엘람인들이 쳐들어오는 바람에 종종 중단되었다. 그 다음 움마의 왕은 메실림의 석판과 독수리 비를 모두 불태웠다. 둘 다 돌로 된 것이어서 별 소용없는 행위였으나 분한 감정을 삭이는 데는 도움이 되었을 것이다. 에안나툼의 동생은 라가쉬의 왕위를 아들에게 물려주었다. 이 아들은 나중에 찬탈자에게 쫓겨난다.[4]

분쟁은 시작된 지 100여 년 후에도 계속되고 있었다. 라가쉬는 이제 우루카기나라는 이름의 왕이 다스리게 되었다. 우루카기나는 고대 중동의 지미 카터였다. 사회적 양심을 가진 최초의 수메르 왕이었다. 그 위대함이 그의 약점이기도 했다.

움마와의 전쟁은 라가쉬가 직면한 유일한 문제는 아니었다. 우루카기나 치세에 나온 일련의 명문은 이 도시가 어떤 상태에 처해 있었는지를 묘사하고 있다. 부패한 신관과 부자들이 전횡을 일삼고 약하고 가난한 사람들은 기아와 공포에 허덕였다. 사원의 토지는 원래 라가쉬 시민을 위해 사용하도록 되어 있었으나 파렴치한 신관들이 사적인 목적으로 독차지했다. 탐욕스러운 산림감시원이 국립공원 땅을 무단으로 점거한 것이나 마찬가지였다. 노동자들은 빵을 구걸해야 했고, 도제들은 급료를 주지 않는 바람에 빵 조각을 찾으려고 쓰레기통을 뒤졌다. 관리들은 양털 깎는 데에서부터 시신을 매장하는 일까지 모든 업무에 급행료를 요구했다. 아버지를 묻고 싶으면 맥주 일곱 주전자와 빵 420덩어리를 내야 했다. 세금 부담이 너무 커서 부모들은 자식을 노예로 팔아 빚을 갚아야 했다.[5] 한 명문은 "국경에서 바다까지 세리가 없는 곳이 없었다"고 개탄하고 있다. 좌절감의 표현으로 꽤 현대적인 느낌이 든다.[6]

우루카기나는 세리의 대부분을 없애고 세금을 낮추었다. 국가의 기본적인 서비스에 대해서는 요금을 없앴다. 관리와 신관들에게 채무 변제 대신 타인의 토지나 소유물을 압류하는 것을 금하고 채무자들에 대해 사면령을 내렸다. 그는 우월적인 지위─뱃사공 감독, 어로 감시인, '곡물창고 감시인' 등이 포함된다─를 누리며 간덩이가 부은 관료들을 내쳤다. 또 종교적 기능과 세속적 기능을 분리해 신관들의 권위를 상당 부분 빼앗음으로써 메실림이 비석을 세우면서 끌어들였던 사타란 신의 권위 같은 것을 아예 존립하지 못하도록 만든 것으로 보인다. 그의 연대기를 기록한 작가는 "국경에서 국경에 이르기까지 어디서도 재판관을 겸한 신관에 관한 이야기를 하는 사람은 이제 없었다. …… 신관은 더는 보통 사람의 정원을 침범하지 않았다."[7]

우루카기나는 라가쉬를 신들이 의도했던 정의로운 상태로 되돌리려고 했다. "그는 라가쉬의 주민들을 고리대금 …… 배고픔, 도둑질, 살인으로부터 해방시켰다"고 연대기 작가는 적고 있다. "그는 **아마기**를 세웠다. 과부와 고아가 더는 강자에게 좌지우지되지 않았다. 우루카기나가 신에게 서약을 한 것은 그런 사람들을 위해서였다."[8] **아마기**는 공포로부터의 자유를 나타내는 쐐기문자 기호로 라가쉬 시민에 대한 생사여탈은 강자의 변덕이 아니라 불변하는 법전에 의해서만 결정된다는 믿음의 표현이었다. 이는 논란의 여지가 있기는 하지만 '자유'라는 관념이 문자로 처음 나타난 사례라고 할 수 있다. **아마기**는 글자 그대로 하면 '어머니한테로 돌아감'을 의미하는 말로 우루카기나가 라가쉬를 예전의 순수했던 상태로 되돌리고 싶어 했음을 보여준다. 잘만 했다면 우루카기나의 라가쉬는 신들의 소망에 답하는, 특히 수호신인 닌기르수의 기대에 부응하는 도시가 되었을 것이다. 한때 그랬을 이상적인 과거로 돌아갔을 것이라는 이야기다. 이처럼 찬란하지만 실제로 존재하지는 않았던 과거에 대한 향수는 아주 초기부터 사회개혁과 짝하여 나타난다.*

---

* 수메르 학자들이 이 쐐기문자에 대한 해석을 내놓자 미국의 민간 재단 자유기금(Liberty Fund)은 곧바로 아마기를 재단 로고로 사용했다. 좋은 사회개혁은 어떤 식으로든 활용된다는 것을 보여주는 사례다.

그러나 이러한 개혁이 우루카기나 자신에게는 그다지 득이 되지 못했다. 거의 5,000년을 격해 있는 우리로서는 그 사람의 마음속에 무슨 생각이 있었는지를 알기란 불가능하다. 그러나 그의 행동은 정치적 이득 따위는 일절 생각하지 않는 경건한 인물이었음을 보여준다. 우루카기나의 도덕적인 올곧음은 결국 정치적 자살로 이어졌다. 신관의 권력 남용을 제한함으로써 종교계에 인기가 없게 것이다. 더욱 심각한 것은 가난한 사람들을 위한 조치로 말미암아 부자들의 반감을 사게 된 것이다. 모든 수메르의 왕은 장로와 청년층의 이중 회의체의 도움을 받아 통치했다. 그리고 장로 회의체를 부유한 지주들이 꽉 잡고 있을 것임은 불문가지다. 우루카기나의 명문들은 **루갈**('대가大家')이라고 하는 바로 이 계층이 가난한 이웃들에게 온갖 못된 짓을 다했다고 극렬히 비판하고 있다.⁹ 그런 사람들이 이런 공공연한 압박을 한마디 원망 없이 순순히 받아들였을 리 만무하다.

한편 라가쉬의 숙적인 움마의 왕위는 탐욕스럽고 야심적인 루갈작게시가 승계했다. 그는 라가쉬로 진군했고 우루카기나의 도시는 함락되었다.

정복은 순조롭게 이루어진 것 같다. 라가쉬의 저항은 거의 없었다. "사방의 왕 엔릴이 그 나라의 왕권을 루갈작게시에게 넘겨주었다"고 승리를 기록한 명문은 적고 있다. "[그리고] 해 뜨는 곳에서 해 지는 곳까지 온 나라의 눈길을 그에게 쏠리게 했다. [그리고] 모든 종족을 그 앞에 꿇어 엎드리게 하였으니 …… 온 나라가 그의 통치를 환호했고 수메르의 모든 족장이 …… 그 앞에 머리를 조아렸다."¹⁰ 이 명문의 어투는 라가쉬뿐 아니라 엔릴이 수호하는 신성한 도시 니푸르의 신관들까지 정복자에게 협력하고 있음을 시사한다.¹¹ 니푸르의 신관들은 여전히 강력해서 저 아래 남쪽 라가쉬에서 신관의 권력이 축소되는 것을 보고 위협을 느낄 정도는 아니었을 것이다. 어쨌든 그것은 아주 좋지 않은 선례였다. 장로회의도 우루카기나 타도에 실질적인 도움을 주지는 않았다 해도 왕 편에 서서 열심히 싸우지 않은 것은 분명하다. 그의 개혁은 정치적 업적이었으나 그 바람에 소란스러운 종말을 맞았을 가능성이 높다.

우루카기나가 옳다고 확신한 한 서기가 쓴 기록은 그 선한 왕이 복수할 것이라고 예언하고 있다. "움마 사람이 라가쉬의 벽돌을 파괴했으니 닌기르수 신께 죄를 지은 것이다. 닌기르수는 당신께 항거한 손들을 잘라버리실 것이다." 이 기록은 루갈작게시의 수호 여신에게 루갈작게시에게 그가 저지른 죄악의 업보를 돌려주라고 호소하는 것으로 끝난다.[12]

라가쉬를 쉽게 무찌른 데 고무된 루갈작게시는 통치망을 넓혔다. 그는 20년 동안 수메르 전역을 휩쓸고 다니며 전쟁을 했다. 그 자신의 기록에 따르면 그의 영토는 "아래쪽 바다에서 티그리스와 유프라테스를 따라 위쪽 바다에까지" 뻗쳤다.[13] 이것을 제국이라고 한다면 아마 과장일 것이다. 루갈작게시가 저 멀리 위쪽 바다까지 통치했다고 으스대는 것은 아마도 잠시 흑해까지 쳐들어 올라갔던 기습사건을 말하는 듯하다.[14] 그러나 루갈작게시가 가장 야심적으로 수메르의 분산된 도시들을 통일하려고 노력했다는 것은 의심의 여지가 없다.

루갈작게시가 새로운 제국을 둘러보면서 북쪽을 등지고 있는 동안 응보의 날이 다가왔다.

연표 12	
메소포타미아	이집트
젬다트 나스르 시대(B.C. 3200~2900)	
아탑	초기 왕조 시대(B.C. 3100~2686)
에타나	제1왕조(B.C. 3100~2890)
발리흐	메네스(나르메르)
초기 왕조 시대 Ⅰ기(B.C. 2900~2800)	
초기 왕조 시대 Ⅱ기(B.C. 2800~2600)	제2왕조(B.C. 2890~2696)
	고왕국 시대(B.C. 2696~2181)
길가메시	제3왕조(B.C. 2686~2613)
	조세르
초기 왕조 시대 Ⅲ기(B.C. 2600~2350)	제4왕조(B.C. 2613~2498)
	스네프루
루굴안네문두(대략 B.C. 2500)	쿠푸
메실림	
루갈작게시(움마)　　우루카기나(라가쉬)	

Chapter 13

최초의 군사독재자

(RRRRR)

B.C. 2334년에서 2279년 사이 수메르에서
술잔을 드리는 시종장 사르곤이 제국을 건설하다

도시국가 키쉬에서 사르곤이라는 이름의 왕에게 술잔을 드리는 시종장이 제국 건설을 꿈꾸고 있었다.

사르곤은 정체가 손에 잘 안 잡히는 인물이다. 그의 출생을 기록한 명문에서 사르곤의 목소리는 이렇게 말한다.

내 어머니는 뒤바뀐 아이였으며, 아버지는 몰랐다.
아버지의 형제는 구릉지대를 좋아했고,
나의 고향은 약초 자라는 산악 지역이었다.*

---

* 이 행은 글자 그대로 하면 "나의 도시는 아주피라누다"이다. 그런데 아주피라누는 실재하는 도시가 아니다. 아시리아학자 라이크(Gwendolyn Leick)가 지적하듯이 향기가 나는 약초(아주피라누)가 자라는 북부 산악 지역을 가리킨다. Leick의 *Mesopotamia: The Invention of the City*, p. 94를 보라.

어머니는 나를 은밀히 잉태하여 몰래 낳았다.

어머니는 나를 골풀 바구니에 담아,

뚜껑을 역청으로 바르고,*

강물에 띄웠으나 강물은 나를 덮치지 아니하였다.

강물은 나를 아키에게 데려갔으니 그분은 물 긷는 자였다.

그는 강물에 단지를 담그다 나를 건져 올렸다.

그는 나를 아들로 삼아 키웠다.

그는 나를 정원사로 삼았다.[1]

이 출생 이야기는 사르곤의 내력에 대해 아무것도 말해주는 바가 없다. 우리는 그가 속한 종족이나 어렸을 적 이름을 알지 못한다. '사르곤'이라는 이름도 도움이 안 된다. 나중에 스스로 붙인 이름이기 때문이다. 이 이름의 아카드어 원형은 샤룸-킨으로 '정당한 왕'이라는 의미다. 정당성을 주장한다는 점에서 오히려 왕위 계승 과정에 합법성을 결여했음을 보여준다.**

그가 산악 지역 출신이라면 아마도 수메르계보다는 셈계였을 가능성이 높다. 서쪽과 남쪽의 셈족들은 정착 초기부터 메소포타미아 평원에서 수메르인과 뒤섞였다. 앞서 지적한 대로 셈어계 차용어 수십 개가 아주 이른 시기 수메르 문헌에 나타나고 키쉬의 초기 왕들도 이름이 셈계였다.

그러나 남쪽의 수메르인과 대부분 북쪽에 사는 셈족 사이에는 분명한 구분이 있

---

* 주일학교에 나가본 사람이라면 이 이야기가 모세 이야기와 연관이 있지 않나 하는 생각이 바로 들 것이다. 이 문제에 대해서는 32장에서 설명한다.
** 샤룸-킨은 샤르켄으로 일부 음절이 생략되어 히브리어로 사르곤이라고 표기했다. 사르곤은 「이사야서」 20장 1절에 "아시리아 왕 사르곤의 명령을 받고 ……"로 나오는데 이 사르곤은 1,500년 후인 B.C. 700년경에 위대한 전임자의 이름을 차용한 사르곤 2세를 말한다. 히브리어로 변형된 이름이 가장 유명해졌다.

었다. 두 종족의 선조는 오래 전 서로 다른 지역에서 메소포타미아로 이주해왔다. 셈어는 후대의 이스라엘, 바빌로니아, 아시리아 언어와 친연관계가 있으며 북쪽에서 사용되었다. 남쪽에서는 수메르의 도시들이 수메르어를 말하고 썼다. 수메르어는 우리가 아는 어떤 다른 언어와도 친연관계가 없다. 수메르인과 아카드인이 뒤섞인 지역에서도 일종의 종족적 구분은 여전히 존재했다. 1세기 반 전 아답 왕 루굴안네문두가 엘람인들을 몰아내고 한때 수메르의 '사방의 왕'을 자처했을 때에도 똘똘 뭉쳐 그에게 대항한 13개 도시 우두머리들은 하나같이 셈어식 이름을 자랑스러워했다.[2]

그러나 사르곤의 이야기로 그가 셈족 출신임이 확인되지는 않는다. 의도적으로 부모의 상세한 내력을 얼버무렸기 때문이다. 그는 아버지에 대해서는 아무것도 모른다고 주장한다. 이로써 선조가 초라한 가문 출신이거나 반역을 했을지 모른다는 문제는 깨끗이 정리된다. '뒤바뀐 아이'라는 어머니도 수상쩍기는 마찬가지다. 아마도 그 여자는 어느 시점에 정체성을 바꾸었을 것이다. 어쩌면 종교적인 일을 위해 세속적인 삶을 거부했을지 모른다.(어떤 번역자들은 '뒤바뀐 아이'라는 단어를 '여사제'로 옮기기도 한다.) 아니면 어찌어찌하여 낮은 계층에서 높은 계층으로 신분 상승을 했거나 다른 종족 틈에 정착했을지도 모른다.

뒤바뀐 아이인 어머니의 사회적 위치가 어떠했든 간에 그녀는 아들과 함께하지 않았다. 강물에 내버림으로써 사르곤 왕의 정체성은 유동적이 된다. 물에서 건져 올려졌다는 것 자체가 후대 히브리인과 기독교인들의 기록에서도 여전히 동일한 느낌을 준다. 수메르인들은 강물이 현세와 내세를 가르는 것이고, 물을 통과하면 존재에 본질적인 변화가 온다고 생각했다. 물에서 건져 올려진 사르곤은 양부모의 내력을 물려받았다. 그를 구한 사람은 아키로 셈계 이름이다. 사르곤은 셈족이 된 것이다. 아키는 키쉬 왕의 궁정에 고용되어 있었다. 그는 양아들을 왕의 정원사로 키웠다.

사르곤은 성년이 되면서 신분이 훨씬 상승했다. 수메르 역대 왕 목록에 따르면 그는 키쉬의 수메르 왕 '우르-자바바의 술잔을 드리는 시종장'이 되었다.[3]

고대에 술잔을 드리는 시종장은 단순한 집사가 아니었다. 수메르의 명문들은 시종장의 임무를 기록하고 있지 않지만 그다지 머지않은 후대 아시리아에서는 시종장이 일인지하 만인지상의 이인자였다. 크세노폰에 따르면 술잔을 드리는 시종장은 왕이 먹는 음식을 맛볼 뿐 아니라 왕의 인장을 가지고 다녔다. 왕의 승인을 대신 내려주는 권한을 부여받았다는 이야기다. 술잔을 드리는 시종장은 왕의 접견을 주선하는 사람이었다. 이는 왕에 대한 접근을 통제한다는 의미다. 크세노폰은 『키루스의 교육』에서 페르시아 왕들의 술잔을 드리는 시종장에 대해 "[왕한테] 볼일이 있는 사람들은 왕을 알현하도록 하고 접견해봐야 도움이 안 된다고 생각되는 사람들은 내치는 임무를 맡았다"고 쓰고 있다.[4] 시종장은 이처럼 권한이 막강했기 때문에 왕이 먹고 마시는 음식과 포도주를 맛보도록 되어 있었다. 왕을 독살에서 보호하려는 것이 아니라―시종장은 왕을 보호하는 인간방패로 쓰고 버리기에는 너무 소중한 존재였다―주인을 독살하고 권력을 장악하려는 유혹을 받지 않도록 하기 위한 장치였다.

사르곤이 키쉬에서 우르-자바바의 시종장으로 활동하는 동안 루갈작게시는 군사를 보내 수메르 일대를 야금야금 자기 영토로 편입시키느라 여념이 없었다. 사르곤이 왕의 술잔을 들고 있는 동안 루갈작게시는 라가쉬를 공격하고 우루카기나 왕을 축출했다. 또 길가메시의 고향인 우루크를 점령하여 자신의 영토로 편입시켰다. 그러고 나서 모든 수메르 정복자가 그러했듯이 메소포타미아 평원의 보석인 키쉬로 눈을 돌렸다.

한 기사의 단편은 당시 무슨 일이 있었는지를 우리에게 말해준다. 이 단편은 "엔릴 신이 왕궁의 번영을 말살하기로 결심했다"고 선언한다. 다른 말로 하면 루갈작게시가 공격에 나서기로 했다는 이야기다. 엔릴은 그를 수호하는 신이었다. 우르-자바바는 정복자의 군대가 다가오는 것을 알고 공포에 사로잡힌 나머지 "오줌을 지렸다." 공격에 직면하자 그는 "물속에서 파닥거리는 물고기처럼 겁에 질렸다."[5]

우르-자바바는 시종장까지 의심을 하게 되면서 그야말로 사면초가였다. 사르곤의 태도는 왕으로 하여금 신뢰하는 이인자가 과연 자기편인지를 의심하게 할 만한 구석이 있었다. 그래서 왕은 사르곤에게 메시지를 적은 점토판을 들려 루갈작게시에 게 보냈다. 그 메시지는 표면상으로는 타협을 위한 노력이었지만 적에게 시종장을 죽여달라는 요청을 담고 있었다. 루갈작게시는 이런 부탁을 거부하고 계속 키쉬로 진군했다.

이 부분은 전거가 좀 의심스럽다. 사르곤 이야기들은 후대 아시리아 왕들이 그를 위대한 선조라고 주장하면서 지나치게 윤색했기 때문이다. 루갈작게시의 아내가 "자신의 여성스러움을 보호막으로" 제공함으로써 사르곤을 환영한다는 그 다음 이야기도 위대한 정복자를 성적으로 매력 만점인 인물로 묘사하는 관행에 따른 것이 분명하다. 그러나 키쉬 자체에 대한 공격은 사르곤이 자기가 모시는 왕을 전적으로 엄호하지 않았음을 시사한다. 루갈작게시는 개선가를 부르며 키쉬에 입성한다. 우르-자바바는 어쩔 수 없이 달아난다. 우르-자바바의 오른팔이었을 사르곤은 어디서도 보이지 않는다.

루갈작게시가 승리를 한껏 구가하는 동안 사르곤은 자기 군사(아마도 이전 몇 년 동안 우르-자바바의 군사 중에서 은밀히 뽑은 대원들일 것이다)를 소집해서 우루크로 진군한 것으로 보인다. 이런 사실을 유추할 수 있는 것은 전투 관련 기록들에서 사르곤이 처음 지평선에 모습을 드러냈을 때 루갈작게시는 거기 없었고 도시는 느닷없이 점령당했다는 점을 명백히 보여주기 때문이다. 사르곤의 승리를 기록한 명문은 "그는 우루크 시를 초토화시켰다. 성벽을 파괴하고 우루크 사람들과 싸워 그들을 정복했다"고 말한다.[6]

루갈작게시는 공격을 당했다는 소식을 접하고 키쉬를 떠나 본국으로 향했다. 위협을 제거할 요량이었다. 그러나 당시로서는 사르곤의 기세를 막을 수 없었다. 사르곤은 들판에서 루갈작게시를 사로잡아 목에 굴레를 씌운 다음 신성한 도시 니푸르로 끌고 갔다. 니푸르에서 그는 포로가 된 왕에게 엔릴에게 봉헌한 특별한 대문을 통과하도록 강요했다. 루갈작게시에게 온 나라의 '목자' 노릇을 할 권리를 준 신도 사르곤의 승리에 감사했다고 한다. 이는 씁쓸한 조롱이었다. 라가쉬 정복 이후 20년 만에 우루카기나의 저주가 마침내 실현된 것이다.

사르곤은 즉각 키쉬의 왕 칭호를 차지했다. 루갈작게시 정벌을 묘사한 같은 명문에서 그는 남쪽으로 원정을 떠나 우르를 정복하고 움마를 쓸어버리고 남아 있는 수메르 저항세력을 잠재운 다음 남쪽으로 페르시아 만 초입까지 정복전쟁을 벌인 것으로 되어 있다. 그곳에서 그는 승리의 제스처로 "바다에 무기를 씻었다."

수메르 왕들이 2, 3개 도시 이상을 장악하지 못한 전례를 생각하면 사르곤이 비교적 빠른 속도로 메소포타미아 전역을 정복한 것은 놀랍다. 그 자신은 강력한 반면 수메르 전역은 약했기 때문에 사태가 유리한 쪽으로 전개된 것이다. 사르곤의 군대는 수비하는 수메르군보다 강했으며 활과 화살을 엄청나게 사용했다. 수메르는 나무가 없었기 때문에 활은 보기 드문 무기였다. 사르곤은 주목(朱木) 공급처를 확보하고 있었던 것으로 보인다. 일찍부터 저 멀리 페르시아 만 바로 동쪽 자그로스 산맥 일대에까지 영향력을 뻗치고 있었다는 이야기다. 그의 군대는 또 대형을 신속히 바꾼 것으로 보인다. 독수리 비와 우르의 깃발을 보면 무장한 군인들이 꼭 달라붙어서 후대의 밀집대형처럼 움직이고 있다. 돌판에 새긴 부조 등을 보면 사르곤의 군사들은 무장이 가볍고 기동력이 뛰어나서 전장을 자유롭게 누비다가 필요 시에 바로 대형을 갖춰 공격한다.[7]

게다가 수메르인들은 도시 내부의 계층간 단절로 말미암아 낭패를 겪었을 것이다. 정복 직전 수메르의 도시들은 엘리트 지배층과 가난한 노동자 사이에 점점 간극이 커지고 있었다. 우루카기나가 바로잡겠다고 한 폐해들은 귀족과 신관이 짜고 종교적·세속적 권력을 휘둘러 전 국토의 4분의 3이나 착복한 사회의 모습을 상징적으로 보여준다. 사르곤이 비교적 쉽게 전 지역을 정복했다는 것은 그만큼 수메르 사회에서 핍박받는 계층에게 호소력이 있었고 이들을 자기편으로 끌어들일 수 있었다는

이야기다. 귀족 출신이 아니라는 사실을 끊임없이 떠벌리는 것도 그런 작업의 일환일지 모른다.[8]

수메르의 취약점이 정복자의 성공에 어떤 기여를 했건 간에 결과는 새로운 것이었다. 사르곤은 그 어떤 수메르 왕도 성공하지 못한 일을 해냈다. 느슨한 도시 연맹체를 하나의 제국으로 바꾼 것이다.*

정복이 끝나자 새로운 영토를 제대로 통치하는 일이 과제였다.

멀리 떨어져 있는 도시들을 통치하는 전략의 하나로 사르곤은 새 수도 아가데를 세웠다. 아가데는 원래 이름인 아카드의 히브리어식 표기로 아카드는 제국의 이름이기도 했다.** 아가데의 유적은 발견되지 않았지만 이 도시는 북부 수메르 평원에 있었던 것으로 추정된다. 시파르가 있던 병목 지역인 현재의 바그다드 근처였을 가능성이 높다. 키쉬 약간 북쪽인 이곳에서 사르곤은 운하를 통제하고 제국의 양쪽 끝을 감시할 수 있었다.

수메르인들은 예전부터 살던 고향 도시에서 졸지에 외국인으로 살아가게 되었다. 사르곤이 거느린 사람들은 북부 평원 출신의 셈족이었다. 그들의 언어는 아카드어로 알려진 셈어였다. 그들의 관습과 언어는 남부 수메르인들과는 달랐다. 사르곤이 한 도시를 장악하면 그곳은 아카드의 요새가 되면서 아카드인 관리가 충원되고 아카드인 군대가 배치되었다.

전임자들과 달리 사르곤은 원주민들을 함부로 대했다. 루갈작게시가 키쉬를 정복했을 때 그는 대군주의 권리를 주장했지만 수메르 관리나 키쉬의 관료제를 좌우하

---

* 학자들은 사르곤의 등극을 B.C. 2334년으로 추정하고 있다. 바빌론 왕 암미사두가 치세로부터 뒤로 700년을 역산해 잡은 시점이다. B.C. 2334년은 전통적으로 메소포타미아 역사에서 초기 왕조 시대(B.C. 2900~2334년)와 아카드 시대(B.C. 2334~2100년)를 나누는 분기점이 되었다.
** 「창세기」 10장 10절은 바빌론과 우루크와 '시날 지방의 아갓(아카드)'을 특별히 언급하고 있다.

사르곤의 제국

카스피 해

자그로스 산맥

나네베

아수르

티그리스 강

아완

수사

페르시아 만

벨루키스탄에서 온 침략자

마간

딜문

우르

우루크

(추정 위치)

아가데

시파르

(현재의 바그다드)

키시 · 나푸르

아답 · 라가시

유프라테스 강

마리

소아시아

헤블라

푸루슈칸다

지중해

홍해

200마일

200킬로미터

0

소아시아

는 루갈들을 제거하지는 않았다. 결국은 동족이었기 때문이다. 그래서 충성을 다하는 한 원래 있던 자리에 그대로 기용했다. 사르곤은 그런 배려가 없었다. 그는 한 도시를 정복하면 지도층을 자기 사람들로 교체했다. 그가 남긴 명문은 "위쪽 바다에서 아래쪽 바다까지 아카드의 아들들이 각 도시의 지배자가 되었다"고 적고 있다. 수메르인들과 오래 섞여 살았던 셈족 아카드인들이 이제 그들을 누르고 승리한 것이다. 아가데만 해도 왕 '앞에서 매일 빵을 먹는' 군인이 5,400명이나 되는 상설 요새였다. 이 밖에 수천 명이 메소포타미아 전역에 배치되었다.

메소포타미아 평원이 손아귀에 들어오자 사르곤은 메소포타미아를 넘어서는 제국을 건설하기 시작했다. 그는 군사를 이끌고 원정을 거듭했다. 한 점토판은 "키쉬의 왕 사르곤은 34번의 전투에서 승리했다"고 기록하고 있다.[9] 그는 티그리스 강을 넘어 엘람인들의 땅을 빼앗았다. 그러자 엘람인들은 왕국의 중심을 아완에서 약간 멀리 떨어진 수사로 옮긴 것으로 보인다. 수사가 계속 수도 노릇을 한 것이다. 사르곤은 북쪽으로 마리를 쳐서 함락시키고 더 올라가서 다른 셈 종족의 땅으로 밀고 들어갔다. 이들은 그가 거느리는 아카드인들보다 더 거칠고 유목생활을 유지하는 부류로 카스피 해 서쪽 일대에 사는 아모리인이었다. 티그리스 강을 따라 북쪽으로 원정을 하면서 사르곤은 아수르라는 작은 도시를 정복했다. 아수르는 사르곤이 태어나기 300년 전부터 이슈타르 여신 숭배의 중심지였다. 이후 사르곤은 훨씬 북쪽으로 진군해 똑같이 작은 도시 니네베를 장악했다. 160킬로미터를 더 올라간 것이다. 니네베는 수도에서 가장 멀리 떨어진 외곽 기지였다. 이를 거점으로 사르곤의 아들들이 북부 정복을 담당하는 동안 아가데는 눈길을 남으로 돌렸다.[10]

사르곤은 소아시아를 침공했을지 모른다. 후대의 이야기 '전투의 왕 사르곤'은 푸루슈칸다 원정을 그리고 있다. 이 도시 사람들은 현지의 왕 누르-다갈의 학정에서 구해달라는 메시지를 사르곤에게 보냈다. 남아 있는 시행에는 누르-다갈이 사르곤이 들이닥칠 것이라는 이야기를 듣고 비웃는 장면이 나온다.

그자가 이렇게 멀리까지 올 리 없다.
강둑과 깊은 물에 막혀 못 올 것이다.
거대한 산이 그의 앞길에 장애가 될 것이다.

이 말을 입 밖에 내자마자 사르곤이 성문을 통과해 들이닥쳤다.

누르-다갈은 입도 뻥끗 못 했다.
사르곤은 도시를 포위하고
성문을 활짝 열어젖혔다!**[11]**

사르곤이 실제로 푸루슈칸다에 도착했는지 아닌지를 이 이야기는 분명히 말해 주고 있다. 그의 엄청난 파괴력 앞에서는 대적할 자가 없었던 것으로 보인다. 그는 동에 번쩍 서에 번쩍 당시 사람들이 알고 있던 세상의 곳곳에서 출몰했다. 그는 서쪽으로 지중해까지 진군했다고 주장했다.**[12]** 심지어는 멜루하(인더스 강), 마간(아라비아 남동부), 딜문(페르시아 만 남쪽 연안)의 선박들을 통제했다고 자랑했을 정도다.

이렇게 광대한 땅덩어리를 통제하려면 상비군이 필요했다. 매일 사르곤의 면전에서 '빵을 먹은' 사람들은 역사상 최초의 직업군인이었을지 모른다. 다양한 종족을 장악하려면 종교 문제에 있어서도 어느 정도 노련함이 필요했다. 사르곤은 분명 그런 재능이 있었다. 지방에 갈 때마다 중요한 신과 마주치면 공물을 바치고, 선한 수메르인처럼 니푸르에 사원을 세우고 딸을 우르의 달의 신의 최고 여사제로 삼았다.

사르곤의 궁정에서 나온 기록에 따르면 아카드 제국은 당시까지 수메르에 존재했던 그 어떤 형태보다 발전된 관료제를 갖고 있었다. 사르곤은 국경 내의 모든 도량형을 표준화하고자 했다. 이집트 스타일의 세금 징수제도 도입했다. 제국의 재정을 국가 관료가 담당하도록 한 것이다.**[13]** 그의 정치 전략은 세금과 행정 이상의 것을 포함했다. 그는 궁정에 예전 지배 가문들의 대표를 불러들였다. 이러한 조치는 훨씬 후에 여러 제국에서 일반화된다. 그렇게 파견된 대표들은 겉으로는 사르곤이 귀족 가문의 명예를 생각해서 초대한 것으로 되어 있지만 실은 그들이 실권을 쥐고 있는 도시가 대왕의 뜻에 순순히 따르도록 인질로 잡아놓은 것이었다.[14]

이러한 전략은 역으로 그의 제국이 분열의 가능성이 상존한다는 것을 보여준다. 멀리 떨어진 왕국일수록 늘 반란의 기미가 있었다.

수메르 역대 왕 목록은 사르곤이 56년 동안 통치했다고 기록하고 있다. 재위 말기에 왕의 나이 70이 넘었을 때 심각한 반란이 일어났다. 고대 바빌론의 명문들은 이제는 권위를 박탈당한 '나라의 장로들'이 똘똘 뭉쳐 키쉬에 있는 이난나 신전 앞에 인간 바리케이드를 쳤다고 기록하고 있다.

사르곤은 당연히 이러한 봉기를 즉각 진압했다고 주장한다. 그러나 고대 바빌론의 기록들—물론 후대에 나온 것이고 전반적으로 반(反)사르곤 성향임을 염두에 두어야 한다—에 따르면 적어도 한 진압 작전의 경우는 거의 실패에 가까워서 이 노인네는 결국 반군이 휩쓸고 지나가는 동안 도랑에 숨어 있어야 했다.[15] 사르곤이 죽자마자 아들 리무쉬가 우르, 라가쉬, 움마를 포함하는 다섯 개 도시 반군 연합체에 반격을 가하지 않을 수 없었다는 것은 논란의 여지가 없다.[16] 리무쉬는 10년도 채 집권하지 못하고 급사했다. 후대에 나온 한 명문은 종복들이 암살했다고 전한다.

사르곤 사후 이처럼 혼란스러운 다툼이 있었지만 그의 후계자들은 아가데의 왕위를 100년 이상 지켜나갔다. 그 어떤 수메르 왕조보다도 긴 기간이다. 아카드 제국이 이처럼 오래 유지된 것은 위대한 임금의 카리스마 이상의 것이 있었기 때문이다. 메소포타미아의 왕위가 위대한 아버지에서 고군분투하는 아들로 넘어간 뒤에도 관료제와 행정조직은 이집트에서와 마찬가지로 제국을 한데 묶어주는 중요한 구실을 했다.

연표 13	
메소포타미아	**이집트**
초기 왕조 시대 I 기(B.C. 2900~2800)	
	제2왕조(B.C. 2890~2696)
초기 왕조 시대 II기(B.C. 2800~2600)	
	고왕국 시대(B.C. 2696~2181)
길가메시	제3왕조(B.C. 2686~2613)
	조세르
초기 왕조 시대 III기(B.C. 2600~2350)	제4왕조(B.C. 2613~2498)
	스네프루
루굴안네문두(대략 B.C. 2500)	쿠푸
메실림	
루갈작게시(움마) 우루카기나(라가쉬)	
아카드 시대(B.C. 2334~2100)	
사르곤	
리무쉬	

최초의 계획도시

B.C. 2300년 이전 어느 시기에
인더스 강 유역 정착촌들이 하라파의 도시가 되다

'멜루하' 는 사르곤 대왕과 교역을 하던 배들의 출발지로 위대한 문명이 자라난 인도였다. 그러나 이 위대한 문명으로부터 단 한 사람의 개인도 이름이 남지 않았다.

마누 비슈누와 사르곤 사이 700년 동안 인더스 강 유역을 따라 들어선 촌락들은 도시 네트워크로 변했다. 이들 도시에 사는 사람들은 엘람인과 혈연관계상으로 그다지 멀지 않았다. 아모리인과 아카드인이 동일한 이주집단의 후예인 것처럼 아라비아 해 북쪽 엘람 평원의 원주민과 인더스 강을 따라 도시를 건설한 사람들은 동일한 선조의 후예로 보인다.

이것이 우리가 아는 전부다. 인더스 도시문명에서 남아 있는 것이라곤 도시 유적과 물품 교역 시 썼던 다양한 인장, 간단한 명문들이 고작이다. 인더스 도시문명은 맨 먼저 발견된 하라파 시의 이름을 따서 '하라파 문명' 이라고 한다. 명문들은 아직 해독되지 않아서 누구도 읽을 수 없다. 하라파의 양대 도시는 인더스 강 북쪽 지류에 있던 하라파와 훨씬 남쪽에 있던 모헨조다로다.* 상상력을 발휘한다면 얼굴은 잘 안

떠오르지만 두 도시에 장인, 상인, 노동자 들이 살았던 것을 알 수 있다. 그러나 하라파 문명은 전쟁이나 포위공격, 권력투쟁, 영웅 이야기 같은 것에 관한 기록이 없다.

그렇다고 인류학자와 고고학자 들이 특별히 애로가 있는 것은 아니다. 하지만 역사가는 아주 짜증난다. 존 키는 "〔우리는〕 실제에 근접한 연도와 도시와 산업과 예술품을 완비한 역사를 갖고 있다. 그런데 기록된 사건이 하나도 없다. …… 〔그리고〕 일부 별 도움이 안 되는 뼈를 제외하고는 사람도 없다"고 불평한다.[1] 우리는 이들 도시에 왕이 있었다고 추정할 수 있다. 유적에서 발견된 독특한 초상들 가운데 수염을 기른 남자상이다. 화려한 예복에 모자 같은 것을 걸치고 눈은 반쯤 감은 상태로 얼굴은 무표정하다. 아마도 이 조각상이 발견된 모헨조다로의 왕일 것이다. 모헨조다로에는 병영 내지는 하인 숙소처럼 보이는 일련의 건물이 있다. 이는 임금이나 제사장을 겸한 왕이 직무를 처리하는 데 보좌진이 필요했을 것이라는 점을 시사한다.[2] 그러나 어쩌면 왕이 아예 없었을지도 모른다. 점토판도 없고 글씨를 쓴 파피루스도 없고 기록을 남겼다는 일체의 흔적이 하라파 유적에는 없다. 물론 문자체계(어떤 종류의 것이든 간에)는 그런 것들을 만들어낼 능력이 있었던 것으로 보인다.[3] 그리고 신관과 왕과 관료들이 자신들의 행위를 기록할 필요를 느끼지 않은 상태에서 어떻게 직무를 수행했는지를 알기는 어렵다.

관료제가 있었거나 없었거나 하라파의 상인들은 멀리까지 나아가 물품을 교역했다. 하라파의 인장들은 우르의 유적에서 나온다. 시기는 사르곤이 우르를 지배했을 때로 추정된다. 두 문명이 아라비아 반도 남동부에서 처음 만났을 가능성이 있다. 이곳에서 양측은 마간의 광산에서 나는 구리를 사다가 나중에 직교역을 시작했을 것

---

* 두 도시의 이름은 하라파 문명 자체와는 무관하다. '하라' 는 시바 신의 후대 이름이다. 이 신이 그렇게 오래전에 숭배되었는지 여부는 불확실하다. '모헨조다로' 는 '사자(死者)의 언덕' 이라는 의미로 유적을 발굴한 사람들이 붙인 이름이다.

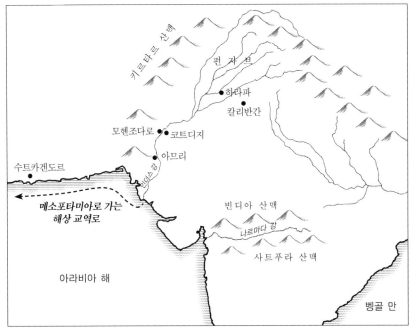

키르타르 산맥

펀 자 브

● 하라파

칼리반간

모헨조다로 ● ● 코트디지

아므리

수트카겐도르 ●

인더스 강

메소포타미아로 가는
해상 교역로

빈디아 산 맥

나르마다 강

사트푸라 산 맥

아라비아 해

벵골 만

하라파 문명의 도시들

이다. 우르는 페르시아 만 북쪽 끝에 가깝기 때문에 인도 및 아카드산 물품 교역의 중심지가 될 만했다. 인도 상인들은 북쪽 평원을 가로막고 있는 키르타르 산맥을 넘지 않고 인더스 강에서 배를 띄워 바로 아라비아 해로 들어가서 오만 만을 지나 북상하다가 페르시아 만으로 들어간 다음 유프라테스 강을 타고 올라갈 수 있었다. 하라파의 교역 거점은 수트카겐도르에서 발견되었다. 이곳은 거의 엘람인 영역 내에 있는 곳이다. 아마도 두 문화는 최소한 실무적인 평화관계를 유지했을 것이다.

한동안 사람들은 하라파와 모헨조다로를 하라파 문명에서 단 둘뿐인 도시라고 생각했다. 그러나 지금은 70개 이상의 도시가 발굴되었다. 도시들은 인더스 강 하구에서 거의 북쪽 지류 일대까지, 서쪽 수트카겐도르에서 동쪽 나르마다 강 유역까지 걸쳐 있다. 하라파 문명은 129만 5,000제곱킬로미터에 걸쳐 있었을 것이다.[4]

도시들은 규모는 컸지만 건물은 낮았다. 가마에 넣어 단단하게 구운 진흙 벽돌로 건물을 지었다. 집들은 거의 2층을 넘지 않았는데 치밀하게 계획된 도로를 따라 길게 늘어섰다. 도로 폭은 우마차 두 대가 교차할 정도였다.[5] 주민 전체를 먹여 살릴 곡물을 저장한 창고 건물은 대도시들 한 귀퉁이에 들어섰다. 모헨조다로와 하라파라면 각각 3만 명 정도를 부양할 수 있었을 것이다.

주민들은 목욕을 매우 중시한 것으로 보인다. 도로는 정교한 배수로와 하수 배출 시스템을 갖추고 있다. 가옥들은 일반적으로 욕실이 있었다. 그리고 대도시의 가장 특이한 면모 중 하나는 엄청난 수영장 크기의 목욕탕이 있고 그 주위를 탈의실용으로 보이는 작은 방들이 둘러싸고 있다는 점이다. 하라파 사람들의 청결 욕구가 종교적인 이유 때문인지 단순히 취향 때문인지 확실히 말할 수는 없다. 하라파의 읍락과 도시 유적들은 고고학자들이 사원이라고 의견의 일치를 볼 만한 건물을 단 하나도 남기지 않았다.

하라파 도시들의 가장 두드러진 특징은 성채였다. 높은 건물을 사방에서 성벽과 망루로 에워싼 것이다. 일반적으로 많은 가옥들이 그런 성채에서 바깥으로 뻗어나갔다. 방향은 대개 동쪽을 향했다. 도시 전체 주변에는 벽돌로 두껍게 쌓은 또 하나의 벽이 있었다. 이 벽이 무너지더라도 주민들은 성채 안으로 퇴각할 수 있었다. 마지막 피난처인 것이다.

바로 이 점이 의문이다. 하라파 사람들은 무엇이 그렇게 무서워서 이중 성벽이 필요했을까? 수메르인도 엘람인도 동쪽으로 그렇게 멀리까지 원정대를 보내지는 않았다. 야만적인 유목 부족이 그 일대에 출몰했다는 증거도 별로 없다. 그러나 이중벽은 높고 두껍다. 성가퀴에 망루까지 갖추고 있다. 적을 물리칠 목적으로 건설한 것이 분명하다.

이런 보강장치들은 하라파 문명의 성격을 이해하는 실마리가 될 수 있다.

성채도시는 근 1,000년 전에 인더스 강에 정착한 촌락들이 자연스럽게 발전한 것으로 보는 견해가 그동안에는 주류였다. 그러나 다른 가능성이 있다. 모헨조다로에서 48킬로미터 떨어진 인더스 강 건너편 강둑에 코트디지로 알려진 읍락이 있다. 정착촌 지층을 조심스럽게 발굴한 결과 하라파 도시들이 번성하기 수 세기 전에 코트디지의 성벽은 공격에 대비해 여러 차례 보강공사를 한 것으로 밝혀졌다. 이후 하라파 문명 초기에 성벽을 또 다시 쌓았다. 이후 큰불이 번지면서 성벽은 물론 도시 자체를 완전히 파괴해버렸다. 새 도시는 옛 코트디지 위에 건설된 것이

모헨조다로 인물상 인더스 강 유역에서 출토된 석회석 조각상으로 B.C. 2000년경 것으로 추정된다. 카라치 파키스탄국립박물관 소장. ⓒ 1990. 사진 Scala, Florence

다. 이 도시는 도로가 넓고 벽돌 배수로에 집집마다 욕실이 있었다. 전형적인 하라파식 도시로 그 양식은 예전의 읍락과는 달랐다.[6]

코트디지는 하라파 도시들이 번창하던 시기에 강제 점령이 있었던 것으로 보이는 유일한 유적은 아니다. 모헨조다로가 위치한 쪽 인더스 강 강둑을 따라 남쪽으로 160킬로미터 내려간 지점에 있는 아므리에는 아주 오래된 정착촌이 있었는데 어느 날 갑자기 주민 절반이 떠나버렸다. 그 오래된 폐허 위에 하라파식 도시가 솟아난 것이다. 도로는 넓고 배수로는 벽돌로 만들고 집에는 욕실을 두었다.

북쪽으로 하라파 조금 못 미치는 지점의 칼리반간에서도 오래 존속한 도시를 주민들이 버리고 떠나는 일이 벌어졌다. 버려진 폐허 위에 다시 하라파식 도시가 솟았

다. 도로는 넓고 배수로는 벽돌로 만들고 집에는 욕실이 있었다.[7]

실제로 전쟁이 있었던 흔적을 찾기는 어렵다. 그러나 그런 패턴은 시사하는 바가 크다. 하라파 문명은 확장 과정에서 줄곧 유기적으로 발전한 것은 아니었다. 적어도 일부 도시에서는 확장이 호전적인 인도인 종족에 의한 점령이었다. 그들은 다른 종족을 의식해서 또는 보복을 당할까봐 성벽을 건설한 것이다.

무력점거란 유별난 것은 아니었다. 그러나 하라파 건축의 확산은 실로 매우 특이하다. 심지어 129만 5,000제곱킬로미터에 걸치는 지역 전체를 놓고 보아도 하라파의 도시들은 놀라울 정도로 유사하다. 도시의 기본 구조는 동일하다. 성채는 늘 서쪽에 두고 여기서 좀 떨어져서 가옥과 상점들이 뻗어 나갔다. 가옥과 상점들 즉 '낮은 마을'은 세심하게 계획한 도로 주변에 조직적으로 배치했다. 도로는 예상 교통량에 따라 간선도로(너비 7.3미터), 일반도로(간선도로의 4분의 3인 5.4미터), 샛길(간선도로의 반인 3.6미터)로 설계했다. 도로는 정남북 방향이나 정동서 방향으로 냈다. 계획적으로 바둑판 모양을 택한 것이다. 도시들은 한결같이 무게 단위를 표준화했다. 이는 그다지 드문 일은 아니다. 사르곤의 아카드 제국과 이집트인들도 같은 방향으로 나아갔다. 좀 더 신기한 것은 표준화가 건축용 벽돌에도 적용되었다는 사실이다. 규격은 17.5×15×30센티미터였다.[8]

이런 규격화가 얼마나 쓸모가 있는지는 레고로 건물을 지어본 사람이라면 쉽게 알 수 있다. 그러나 아무리 그렇다 해도 규격화를 뭔가 알 수 없는 방식으로 강요한 것 같아 기이할 정도다. 존 키는 이를 "강박관념에 사로잡힌 규격화"라고 부르면서 규격화가 건축 도구와 장인들의 연장에까지 확산되었다고 지적한다. 아라비아 해 연안에서 북쪽으로 멀리 펀자브 지방에 걸쳐 출토된 도구들을 보면 "표준화된 한 세트"임을 금세 알 수 있다.

그래도 일상생활의 양상은 도시마다 달랐을 가능성이 높다. 하라파 문명의 확산은 고대판 보그의 침입과 같은 것은 아니다.* 그러나 그렇게 넓은 지역에 흩어져 있는 도시들 간에 그토록 유사성이 있다는 것은 누군가가 통일성을 강요했음은 물론이고 틀림없이 긴밀한 커뮤니케이션이 있었다는 이야기다. 그런데도 그런 메시지는 남아 있는 것이 없다. 이 기간에 하라파의 문자(무엇이라고 부르든 간에)도 형태에 있어서는 표준화되었다. 사용법도 마찬가지였을 것이다.

그러나 우리에게는 아무 메시지도 남기지 않았다. 하라파의 도시들은 어떤 개성 같은 것이 없는 상태로 남아 있다. 그들을 보그 같다고 한 이유는 하라파의 집합적인 체험에서 **나**라고 할 수 있는 목소리가 결여되어 있기 때문이다.

---

* 너무 어리거나 책만 보시는 독자 분들은 이 말이 무슨 말인지 잘 모를 것이다. 보그(Borg)는 지금까지 인간이 상상해낸 문명 중에서 가장 섬뜩한 것으로 영화 「스타트렉: 넥스트 제너레이션(Star Trek: The Next Generation)」에서 전 우주를 위협하는 존재로 나온다. 보그는 하나의 집합체로 연결된 사이보그다. 집단적 정체성이 너무 강해서 '나'라는 말은 모른다. 그들은 우주를 누비고 다니면서 다른 문명들을 자신들의 집합체 속으로 빨아들여 보그로 만든다. 그러면서 "우리는 보그다. 저항은 헛수고다. 너는 흡수될 것이다"라고 떠든다. 그들은 도저히 막을 수 없는 존재였다. 그런데 스타트렉 시리즈 8편의 시나리오 작가들이 갑자기 그들에게 개인으로서의 정체성을 부여한다. 분명 술에 취해 한 짓일 것이다. 이에 따라 엔터프라이즈 호 승무원들은 보그 함대를 쓸어버린다.(「스타트렉: 퍼스트 콘택트(Star Trek: First Contact)」) 이런 이야기가 어떤 지적인 가치를 갖는지에 대해서는 필자가 쓴 *The Well-Educated Mind*, pp. 186~187의 설명을 보라.

연표 14	
메소포타미아	인도
초기 왕조 시대 Ⅰ기(B.C. 2900~2800)	인더스 강 연안을 따라 농촌 촌락이 발전하다
초기 왕조 시대 Ⅱ기(B.C. 2800~2600)	
길가메시	
초기 왕조 시대 Ⅲ기(B.C. 2600~2350)	하라파 문명이 인더스 강을 따라 펀자브 지방까지 확산되다
루굴안네문두(대략 B.C. 2500) 메실림 루갈작게시(움마)　우루카기나(라가쉬)	
아카드 시대(B.C. 2334~2100) 사르곤 리무쉬	메소포타미아와 교역 하라파 문명의 성숙

Chapter 15

최초의 제국의 붕괴

B.C. 2450~2184년
파라오들의 학정으로 이집트는 난국에 처하고
고왕국이 종언을 고하다

한편 이집트는 정반대 문제에 시달리고 있었다. 개인이 너무 많은 데다 하나같이 영원히 기억되고 싶어 안달을 했기 때문이다.

대 피라미드를 건설한 쿠푸의 왕위는 처음에는 장남이 이었는데 특별한 것을 건설할 만큼 오래 임금 자리에 있지 못했다. 그래서 쿠푸의 차남이 왕위를 계승했다. 차남 카프레는 마네토에 따르면 66년, 헤로도토스의 계산에 따르면 56년을 통치했다.[*] 어느 쪽이든 아주 오래 재임한 것이다.

카프레는 아버지와 "똑같은 방식으로 해나갔다"고 헤로도토스는 말한다. 쿠푸와 마찬가지로 그는 너무 많은 에너지를 기념물 건설에 쏟은 나머지 신들을 무시하고 신전을 열지 않았다. "이집트인들은 케프렌(카프레의 그리스식 이름)과 케옵스

---

[*] 마네토는 카프레를 수피스 2세로 부른다.

스핑크스 기자에 있다. 뒤로는 대 피라미드가 보인다. 사진 Corbis/토픽포토에이전시

〔쿠푸의 그리스식 이름〕를 너무도 혐오해서 그들의 이름을 언급조차 하려 하지 않았다"고 헤로도토스는 덧붙이고 있다.[1] 쿠푸의 아들은 아버지와 똑같이 피라미드를 건설하는 데 혹독한 수단을 동원했다. 카프레 자신의 피라미드는 '제2피라미드'라고 하는데 아버지가 건설한 대 피라미드보다 10.3미터밖에 안 낮다. 그러나 카프레는 이 피라미드를 교묘하게 지대가 높은 곳에 세움으로써 모르고 지나가는 사람들은 제2피라미드가 대 피라미드보다 크다고 생각한다.

그는 또 다른 놀라운 기념물을 남겼다. 스핑크스다. 미스터리한 석회암 조각상으로 일부는 사자, 일부는 매의 모습을 했고, 얼굴은 사람 형상이다.(아마도 카프레 자신의 초상일 것이다. 물론 이 문제에 대해서는 아직도 논란이 많다.) 이 거대한 조형물은 동쪽을 응시하고 있다. 이 조형물은 보통 '살아 있는 바위'로 만든 상이라고 한다. 다른 곳에서 조각한 뒤 이곳으로 가져온 것이 아니라 현장에 솟아 있는 바위에 새겼다는 의미다.

스핑크스 상이 어디서 유래했는지는 미지수다. 후일 그리스인들이 엄청난 이야기를 떠벌렸지만 그런 이야기들은 B.C. 3000년대에는 전혀 나오지 않은 것들이다. 카프레가 그런 디자인을 고안해냈을 수도 있다. 그보다 오래되었을지 모르는 유일한 스핑크스*는 작은 여성 스핑크스 상으로 그의 장남 제데프레의 미완성 무덤 유적에서 발견되었다. 이 상이 제데프레 시절에 만들어진 것인지 후대에 거기다 갖다 놓은 것인지는 알 길이 없다.[2]

대 피라미드와 마찬가지로 스핑크스에 관해서도 얼빠진 이론들이 난무한다. B.C. 10000년에 지금은 사라졌지만 고도로 발달된 문명이 건설했다는 이야기다. 아틀란티스 주민들이 만들었다고도 하고 외계인들이 만들었다고도 한다. 황도 12궁의 표시라고도 하고 지구 에너지의 중심을 나타낸다고도 한다.

이런 이론들에 대해 상세히 설명할 필요는 없겠다. 매는 호루스와 동일시되었다. 반면 사자는 태양, 즉 태양신 라 및 라의 동료 신인 아문(라와 동일시된 지역 신으로 때로는 아문-라 신으로 부르기도 한다)과 동일시되었다. 반은 사자, 반은 매 형태로 자신의 영혼이 영원히 쉴 장소를 수호하는 조각상을 세운다는 것은 이집트에서 가장 강력한 신들의 가호를 요구한다는 이야기였다. 그 상 위에 자신의 얼굴을 표현하는 것은 바로 그들과 동일하다고 주장하는 것이었다. ‘스핑크스(sphinx)’ 라는 이름은 그리스어식 와전이다. 이 상을 지칭하는 원래 이집트어 이름은 아마도 ‘셰세팡크(shesepankh)’ 즉 ‘살아 있는 이미지’ 였을 것이다.[3]

카프레는 자신의 신성을 입증할 새로운 증거가 필요했을 것이다. 헤로도토스가 시사하는 바대로 이집트인들은 통치자의 가혹한 요구에 넌덜머리를 내고 있었기 때

---

* 왕조 이전 시대 조각에서 사자와 매는 하나의 상으로 조합되어 나타난다. 그러나 이 동물은 생김새가 전혀 달라서 ‘그리핀’ 이라는 이름이 붙게 된다.

문이다. 사실 카프레는 거대한 피라미드를 건설한 마지막 인물이자 인민의 에너지를 무한대로 낭비한 마지막 인물이었다. 그 아들 멘카우레는 긴축과 개혁을 하지 않을 도리가 없었다.

헤로도토스는 이집트 전승에 따르면 멘카우레가 이집트의 사원과 신전을 다시 열고 전임자들의 학정으로 도탄에 빠진 백성을 구했으며 부드러운 통치를 했다고 전한다.* 멘카우레의 피라미드는 변화를 보여주는 증거이기도 하다. 제3피라미드는 높이가 69.4미터에 불과했다. 쿠푸의 대 피라미드의 절반 규모다. 그래도 엄청난 자원이 필요했다. 그러나 이전 피라미드처럼 투입 인원 전원이 평생을 바쳐야 할 정도는 아니었다.

멘카우레가 비교적 자비로웠던 것은 양심 때문이었다고 헤로도토스는 설명한다. 그는 "아버지가 한 일에 반대했다."[4] 아마도 멘카우레는 실제로 아버지와 할아버지의 기념물 건축에 반대했을 것이다. 그러나 불가피한 상황에 굴복했을 가능성도 있다. 제4왕조 파라오들은 시대가 가면서 대 피라미드 건설 때 대규모 노동력을 동원했던 식으로 국민들의 복종을 강요하기가 점점 어려워졌다. 그러다가는 반란이 일어날 것이라는 예감을 했다면 경비를 확실히 줄이고 좀 더 자비로운 모습을 보이는 것이 현명할 뿐더러 불가피한 일이었다.

그것이 좀 더 오래갈 수 있는 길이었다. 이집트 전 역사를 상징하는 제4왕조의 거대한 피라미드들은 역사적인 호기심을 자아내는 기념물로 지금도 그 자리에 서 있다. 그 이상의 작품을 후대의 그 어떤 파라오도 만들지 못했다. 그런 피라미드를 만든 파라오들은 신적인 권위의 한계를 시험한 것이고 이제 그런 시대는 끝날 때가 된 것이다. 멘카우레는 아버지나 할아버지처럼 국민들에게 무조건 희생하라고 강요할 처

---

* 헤로도토스는 멘카우레를 그리스식 이름인 미케리누스라고 부른다. 여기서도 그는 계보를 헷갈리고 있다. 카프레(케프렌)를 쿠푸(케옵스)의 동생이라고 하는가 하면 멘카우레를 쿠푸의 손자가 아니라 아들로 보고 있다.

지가 못 되었다.

　신적인 권력의 한계를 안 이후 파라오의 영광은 내리막길을 걷게 된 것처럼 보인다. 멘카우레가 자신의 한계를 인정함으로써 이집트는 내리막길을 걷기 시작했고 결국은 무정부 상태의 늪에 빠지고 말았다.

　멘카우레 통치기에 대한 전통적인 설명은 헤로도토스가 멤피스의 신관들로부터 전해들은 것으로 그가 곤경에 처했음을 시사한다. 신들이 멘카우레의 통치에 심히 불만을 갖고 그에게 메신저를 보냈다는 것이다. 재위 7년이 끝나기 전에 죽을 것이라는 이야기였다. 그러자 멘카우레는 격분했다. 쿠푸와 카프레에 비하면 어불성설이라고 생각했다.

　쿠푸와 카프레는 신전을 폐쇄하고 신들을 무시하고 인간의 삶을 황폐화시켰다. 그런데도 장수했다. 그런데 자신처럼 신을 두려워할 줄 아는 사람은 그렇게 빨리 죽어야 한다니. 두 번째 메시지는 신탁소에서 날아왔다. 그의 수명이 단축되는 것은 바로 신을 두려워하는 인간이기 때문이라는 설명이었다. 시키는 대로 행동하지 않았다는 이야기다. 이집트는 150년 동안 고통받도록 예정되어 있었다. 그리고 두 전임자는 그것을 이해했다. 반면에 그는 그렇지 않았다.[5]

　이런 괴이한 징벌 이야기는 신적인 정체성과 자비로운 통치 사이에 내적인 긴장이 있었음을 시사한다. 신과 유사한 파라오의 지위는 사실 그것을 활용하려는 의지와 관련된다. 동정심을 보이는 것은 약점을 드러내는 것이었다. 그럴 경우 신과 같은 통치자의 무한권력은 본질적으로 축소되기 마련이다. 그렇게 계속 가다 보면 결국은 파라오가 하야하거나 민중이 반란을 일으키게 된다.

　그리고 실제로 제4왕조에서 그런 일이 벌어졌다. 멘카우레가 갑자기 죽고 왕위는 아들 셉세스카프에게 넘어갔다. 셉세스카프는 그럭저럭 4년간 권력을 유지했다.

따라서 피라미드 건설은 생각할 겨를도 없었다. 그는 마스타바식 무덤에 묻혔다. 제3왕조 선조들이 묻힌 사카라에 있는 옛날 묘지의 구식 무덤이었다. 제4왕조가 막을 내린 것이다.

학정이 왕조의 종말로 이어졌을 것이다. 그러나 다른 요인도 생각해볼 수 있다.

왕은 신성하기 때문에 후계자의 신성을 유지하려면 분명히 다른 신성한 존재와 결혼해야 할 필요가 있었다. 왕가는 이집트의 다른 유한한 인간이 이런 특성을 공유하고 있다고 인정하지 않았다. 그래서 아내로는 왕의 누이들이 유일한 대안이었다.

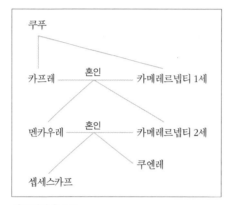

카프레의 후손들

전임자의 예를 따라 카프레는 이복누이 카메레르넵티 1세와 결혼했다. 카메레르넵티 1세는 딸과 아들을 낳았으니 멘카우레와 카메레르넵티 2세다. 멘카우레는 왕위에 오르고 나서 친동생과 결혼했다. 동생은 사촌이기도 했다. 카메레르넵티 1세가 이복오빠와 결혼했기 때문에 딸의 고모이기도 했다. 그녀는 멘카우레의 어머니이자 장모가 되었다. 대단한 역할이 아닐 수 없다. 셉세스카프는 이렇게 해서 아버지의 아들이자 할머니의 조카의 아들이 되었고, 어머니와는 육촌이 되었다.

주의 깊은 독자라면 이 사람들이 정신이 나갔나 하고 의아스러울 것이다. 근친혼은 유전자 풀을 제한하는 경향이 있다. 그래서 유전자 손상이 일어날 가능성이 높다. 수천 년 후 유럽에서는 혈연관계에 있는 왕족끼리 결혼을 계속하다가 각종 유전병과 정신박약이 나타났다. 어머니와 복잡한 사촌관계였던 19세기 오스트리아 황제 페르디난트 1세는 휴지통 속에 들어가거나 홀에서 굴러 내려가기를 좋아했다. 그가 늘 하는 말은 "난 황제다! 푸딩을 다오!"였던 것으로 알려져 있다.

유전자 코드가 취약해졌을 가능성이 있다. 동시에 모종의 자기선택이 이루어졌을 수도 있다. 소수의 자매만을 배우자로 선택해야 한다면 가장 활력 있고 건강한 쪽을 택했을 가능성이 높다. 그렇게 해서 유전자 손상을 피하려는 것이다. 다른 한편으로 멘카우레 이후 파라오 권력의 급속한 감소는 왕가 혈통 내에 말썽이 생겼음을 시사하는 것일 수도 있다. 멘카우레 상들을 보면 두개골 모양이 좀 이상하고 눈이 기묘하게 튀어나왔다. 물론 정신은 말짱했던 것으로 보인다. 그러나 여동생 카메레르넵티 2세가 낳은 장남 쿠엔레 왕자는 후계자로 지명되었지만 아버지가 죽기도 전에 정체 모를 병으로 사망했다. 멘카우레 자신은 아주 급작스럽게 사망한 것으로 보인다. 그리고 멘카우레의 둘째 아들 셉세스카프는 아무 특징 없이 짧은 치세를 마감했다.

또 한 가지 역시 헤로도토스가 전한 충격적인 이야기가 있다. 멘카우레가 딸과 사랑에 빠져 강간을 했고 딸은 비탄 속에 목을 매 자살했다는 것이다. 헤로도토스 자신은 "내 생각으로는 말도 안 되는 소리"라고 평했다.[6] 그러나 사실이었을 가능성이 크다. 이집트 왕실에서 근친상간은 아주 흔한 일이라는 점을 고려할 때 이집트의 공주가 그런 행동을 우리처럼 충격으로 받아들였을 것 같지 않다. 그런데 이 이야기는 공주가 멘카우레의 유일한 자식이라고 말하고 있다. 이는 사실이 아님을 입증할 수 있다. 그러나 근친교배의 전설 말고도 왕조의 멸망을 설명할 수 있는 방법은 또 있다.

제5왕조의 파라오들은 신선한 피를 대거 수혈하지 않았다. 제5왕조 초대 파라오인 우세르카프는 멘카우레와 숙질 관계였다. 그 역시 멘카우레의 딸인 육촌동생과 결혼했다. 그러나 부자 승계가 중단되었다는 것은 다른 변화도 있었음을 시사한다.

우세르카프 당시보다 한 500년쯤 뒤에 나왔을 법한 파피루스는 마네토보다는 훨씬 이른 시기의 문서로 왕조 내부의 변질의 원인을 하나의 예언으로 소급해 설명하고 있다. 쿠푸가 그 아들과 손자까지는 통치하지만 이후 왕위는 태양신 라의 최고 신관의 세 아들한테로 돌아갈 것이라는 이야기를 들었다는 것이다. 이 신관은 헬리오폴리스의 태양신을 모시는 주 신전에서 봉직하고 있었다. 아이들은 신의 피부를 하고 있으며 태어날 때 신들의 방문을 받게 된다고도 했다.[7]

다른 말로 하면 권력이 궁정에서 신전으로 넘어가고 있었던 것이다. 제5왕조의 파라오는 아홉 명쯤 되었지만 하나같이 무색무취했다. 아주 작은 피라미드를 건설했지만 이 한 세기 동안 태양신을 위해 새로 지은 신전은 다섯 개나 되었다. 처음 것은 우세르카프 자신이 세웠다. 라가 사용할 배는 남쪽 모서리에 모셔놓았다. 그리고 그 앞에는 오벨리스크가 위용을 자랑하고 있다. 라의 고향인 저 높은 창공을 가리키는 석탑이다. 오벨리스크 꼭대기에는 금으로 덮은 미니 피라미드를 올려놓았는데 햇빛을 받으면 작은 태양처럼 빛났다.

제5왕조 기간에 파라오들도 점점 태양신과 동일시되었다. 파라오는 예전에는 호루스이자 오시리스였다. 그런데 이제는 라의 아들이 된 것이다.[8] 따라서 파라오는 더더욱 태양신을 모시며 파라오에게 아버지의 말씀을 전하는 고위 신관들의 영향을 받게 되었다.

왕은 초기에는 신의 화신이었지만 이제는 신의 아들이 되었다. 미묘하지만 의미 있는 격하다. 신성한 권력의 동심원이 바깥쪽으로 확대되었다. 그리고 파라오는 이제 의문의 여지가 없는 중심점이 아니었다. 파라오가 사후에도 지상에 계속 현존한다는 관념도 사그라지기 시작했다. 제5왕조는 사후에 영혼이 완전히 다른 세계로 들어가는 과정을 처음 기록으로 남겼다. 이 왕조의 마지막 파라오 우나스는 작은 피라미드에 묻혔는데 거기에는 사방 벽에 상세한 주문이 적혀 있다. 가야 할 곳으로 확실히 가도록 하기 위한 것이었다. 다음 왕조 묘실의 표준 장식품이 된 이런 피라미드 텍스트들은 분명 우나스가 백성의 곁을 떠나게 될 것임을 말해준다.* "오, 라 신이여"라는 말로 주문 217행은 시작된다. "이 왕 우나스가 당신께 가나이다. 당신의 아들이 당신께 가나이다." 우나스 왕을 호루스와 이시리스와 동일시하는 언급은 슬쩍 나오고 만다. 반면 그가 이제 라와 함께 승천할 것이며 "높은 곳에 올라" 그곳에서 "높고도 아득한 라, [그의] 아버지의 포옹을 받으며" 살 것이라는 내용이 훨씬 강조된다.[9]

우나스가 백성을 떠날 때 자식 없이 죽은 것이 분명하다. 그래서 단기간에 왕위를 둘러싼 난투극이 이어졌다. 왕위를 차지한 다음 왕조는 제6왕조로 자신의 신성에 대한 개념이 훨씬 모호했다. 이 왕조의 파라오들은 평민과 결혼했다. 이로써 왕실에는 새로운 활력이 넘치고 권력에 생기가 돌았다. 그러나 너무 늦었다. 다른 혈통이 왕실 권력에 도전하는 사태가 벌어진 것이다. 이집트 각지의 총독들은 항상 왕이 임명했는데 6왕조 100여 년 동안 멤피스의 혼란을 틈타 권력을 아들들에게 물려주었다.**

결과적으로 제6왕조 초대 파라오 테티는 이제 본질적으로 예전부터 물려받은 작은 지역들을 포괄하는 이집트를 '왕실 사람들'과 함께 통치했다. 테티 자신은 호루스식 이름인 세헤텝타위라는 칭호를 택했다. '두 나라를 화평하게 하는 자'라는 의미다.[10] 이집트 통일 이후 수면 아래로 가라앉았던 북부와 남부의 적대감이 놀랍게도 다시 나타났다는 것은 당시의 기류가 어떠했는지 알려주는 하나의 암시에 불과하다. 다른 양상은 마네토의 기록에 보인다. 테티가 경호대장에게 시해당했다는 것이다. 파라오의 신성함은 그를 범접할 수 없는 존재로 만들었지만 이제 그런 신성함에 균열이 가기 시작한 것이다. 테티의 후계자 페피 1세는 궁정 내의 암살 기도를 제압하지 않으면 안 되었다.[11] 그의 장남은 왕위를 빼앗기고 여섯 살 난 페피 2세가 대를 이었다. 실권을 장악한 쪽에서 허수아비로 내세운 인물임이 분명하다.

페피 2세는 94년을 통치한 것으로 되어 있다. 이집트 역사에서 가장 장수한 왕이

---

* 피라미드 텍스트 명문은 결국 관의 윗부분과 측면에 옮겨가서 관 텍스트가 되고, 관에서 다시 파피루스로 이동해 그 유명한 '사자(死者)의 서(書)'가 된다. 이 두루마리는 사후 영혼의 여정을 상세히 기록하고 있다. 그러나 이런 기록은 거의 1,000년 후 신왕국이 도래할 때까지는 완벽한 형태로 발전하지 못했다.
** 그리스인들은 이런 총독을 주지사(nomarch)라고 하고 그들의 영역을 주(nome)라고 불렀다. 시대착오적인 명칭이 전통이 된 것이다.

다. 그러나 이는 안정적인 통치를 나타내는 것이 아니다. 이 기간에 파라오는 이름만 통치자였다. 귀족, 신관, 궁정 관료들이 차츰 왕국을 찢어발겼다. 이집트 고왕국 마지막 왕인 페피 2세가 그렇게 오래도록 권좌에 있었다는 것은 그만큼 실권이 없었기 때문이다.

페피 2세의 장기 치세 후반기쯤에 이집트는 심각하게 해체되기 시작했다. 하기야 그 이전부터 이미 소왕국들로 분리되어 있었고 멤피스의 왕위가 온 나라를 다스린다는 암묵적인 합의에 따라 간신히 통일을 유지하던 터였다. 해체를 보여주는 결정적인 사건 하나를 꼭 집어 말하기는 어렵다. 하지만 제1왕조 말에 그랬던 것처럼 나일 강의 홍수위가 다시 떨어진 것은 거의 확실하다. 서부의 사막이 이집트 농경지 가장자리로 치고 들어왔던 것으로 보인다. 상당한 공포를 유발했을 사건이다.

제6왕조 말기와 관련해서 기록으로 남은 사건은 별로 없다. 가장 좋은 자료는 이집트 역대 왕 목록인데 콜린 맥이브디가 『고대 세계 지도』에서 언급한 대로 페피 2세 이후에 '극히 멍청한 왕조'가 이어진다. 제7왕조는 70일 동안 70명의 파라오가 있었다.[12] 숫자를 반복한 것은 상징적이다. 당시 7이라는 숫자는 후대 이스라엘의 신성한 문헌에서처럼 어떤 완성의 의미를 가진 것이 아니었다. 오히려 서기들이 완전 혼란 상태임을 나타내고자 10을 곱해 숫자를 늘려놓았다고 보는 것이 맞다.*

사람 목숨과 돈을 물 쓰듯이 낭비한 제4왕조 이후 왕족의 유전자는 나약해지고 파라오의 신적인 권위도 약해진 데다 가뭄까지 겹치면서 이집트 몰락에 마지막 박차가 가해졌다. 100여 년 만에 서로 다른 도시에서 우후죽순으로 새 왕조가 나타나면서 왕국은 분열되었다. 제6왕조는 이집트 고왕국의 마지막 왕조였다. 이어지는 네 왕조는 '제1중간기'라고 하는 혼란기에 속한다.

---

* 모세가 이집트에서 탈출하기 직전에 발생한 역병도 열 차례였다. 그 중 열 번째가 가장 극심했다. 이것 역시 10이라는 수를 강조어로 생각하고 있음을 보여준다. 또 다른 예는 p. 365의 주석을 보라.

연표 15	
인도	이집트
	제2왕조(B.C. 2890~2696)
인더스 강 연안을 따라 농촌 촌락이 발전하다	
	고왕국 시대(B.C. 2696~2181)
	제3왕조(B.C. 2686~2613)
	조세르
하라파 문명이 인더스 강을 따라	제4왕조(B.C. 2613~2498)
펀자브 지방까지 확산되다	스네프루
	쿠푸
	카프레
	멘카우레
	제5왕조(B.C. 2498~2345)
메소포타미아와 교역	제6왕조(B.C. 2345~2184)
하라파 문명의 성숙	
	제1중간기(B.C. 2181~2040)

최초의 야만족 침입

﴾⁂⁂⁂⁂﴿

B.C. 2278~2154년
구티인 떼거리가 아카드 땅을 침략하고
우르 제3왕조가 이들을 물리치다

아카드 제국은 이제 사르곤의 아들 마니슈투슈 치세에 들어 확장을 꾀하고 있었다. 이집트와 달리 아가데는 아직 강대한 적들이 국경 바깥에 있었다.

마니슈투슈의 명문은 그가 아버지만큼 호전적이라고 자부하고 있다. 그는 제국의 영토를 늘렸고 심지어 배로 페르시아 만을 건너 "뭉쳐서 대항하는 32명의 왕과 싸워 승리하고 그들의 도시를 강타했다"고 허풍을 떤다.[1] 이 글에는 진짜 불보다는 연기가 더 많을 것이다. 정복을 자랑하기는 했지만 그에게 공물을 바쳤다는 지역들은 친동생 리무쉬가 이미 진압한 지역들로 보인다. 승리를 노래한 한 명문은 "거짓말은 하나도 없다!"며 이렇게 끝을 맺는다. "이것은 절대적으로 참말이다!"[2] 이는 찬탈자의 입에서 나온 '정당한 왕'이라는 칭호와 마찬가지로 사실은 정반대임을 말하는 것일 수 있다.

마니슈투슈 치세 14년이 흥미로운 것은 나람-신 대왕의 아버지가 되었기 때문이다. 나람-신은 사르곤 대왕의 손자이자 아카드의 왕으로 제국의 범위를 최대로 넓히게 된다. 할아버지와 마찬가지로 나람-신은 줄곧 전쟁을 했다. 그가 남긴 비석 가운데 하나는 단 1년 만에 아홉 차례나 승리를 거두었다고 밝히고 있다. 밋밋하게 '승리의 비'라고 이름 붙인 또 다른 비석은 서부 엘람인들의 땅에서 한 부족을 무찔렀음을 보여준다. 아카드 제국의 국경은 야금야금 북상하더니 엘람인의 쌍둥이 수도 가운데 하나인 수사까지 집어삼켰다. 그러나 아완은 통제 밖이었다. 엘람인들은 이곳을 거점으로 서쪽에서 다가오는 위협에 저항했다.

엘람 왕의 존재를 무시하고 나람-신은 '세상 사방의 왕'이자 '우주의 왕'을 자처했다. 고대 메소포타미아판 과장광고인 셈이다. 쐐기문자로 쓴 그의 이름은 신성을 나타내는 기호 옆에 적혀 있다.[3] 그리고 승리의 비에서 그는 전투중인 군사들 위에 거대한 상으로 우뚝 솟아 있다. 초기 조각에서 신들이 취했던 자세다. 나람-신은 전투의 승리를 축복해줄 신이 전혀 필요하지 않았다. 모든 것을 혼자 힘으로 할 수 있었다. 우리가 아는 한 나람-신은 살아생전에 신과 같은 지위를 확보한 메소포타미아 최초의 왕이다. 이런저런 행태는 왕권이 성숙했음을 보여준다.

나람-신 재위 시 아카드인들은 하나의 민족으로 어느 정도 성숙 단계에 도달했다. 사르곤은 서로 전쟁을 일삼는 메소포타미아 도시들을 단일 제국으로 통합했다. 그러나 아카드 문화 자체는 아카드의 정치적 지형과 완전히 일치하지 않았다. 아카드 제국에 살고 아카드 왕의 명령에 따르면서도 수메르인일 수 있었다. 사르곤의 아들과 손자들은 자신들의 승리를 쐐기문자로(피정복민을 위한 것이다) 기록하는 한편 아카드어로도(자신들을 위한 것이다) 기록했다. 관료와 상비군이 수메르의 여러 도시에 파견되었다. 그러나 자신들을 수메르인들과는 분리된 문화의 일부로 여겼다.

이런 **문화적** 정체성의 확산은 제국이 가장 큰 위기에 처했을 때 극명하게 드러난다. 티그리스 동쪽 바위가 많은 고지대인 자그로스 산맥에서 구티인들이 밀고 내려와 나람-신 왕국의 변경 지역을 들이쳤다.

왕국의 안정을 위협하는 혼란은 새삼스러운 것은 아니었다. 중국의 기록을 보아도 통치자들은 전통적으로 억압과 착취에 대한 반작용으로 나타나는 내부의 혼란과 맞서 싸운다. 이집트인들은 형제간의 다툼으로 왕국이 나일 강을 따라 소왕국으로 찢어지는 과정을 이야기한다. 길가메시는 야생의 거인 괴물과 싸우지만 이 적은 또 다른 자아일 수도 있다.

그러나 나람-신이 직면한 사태는 전혀 새로운 종류였다. **야만인**의 침입이었다. 그들은 밖에서 치고 들어와 모든 것을 파괴하고 말살하려고 했다. 아카드가 수메르를 점령한 것은 폭력적이고 강제적인 조치였지만 사르곤의 사람들은 나람의 언어와 문자를 가지고 있었다. 나람-신 재위 시에 아카드 제국은 더더욱 국가의 면모를 갖추었고 여기저기 휩쓸고 다니다가 배고프면 주저앉아 밥을 먹는 군대와는 거리가 멀었다. 아카드 제국은 나람의 역사가 있고, 건국의 아버지가 있었다. 그래서 전혀 다른 종류의 사람들, 즉 '야만인'을 조롱할 줄도 아는 수준이 되었다.

"스스로를 야만인이라고 하는 사람은 없다"고 역사가 데이빗 맥컬러는 말한 바 있다. "그것은 당신의 적이 당신을 부르는 이름이다."[4] 아카드인들의 문화는 여기저기 흩어져 사는 구티인들의 세계와는 정반대였다. 구티인들은 공통의 언어는 있었지만 명문을 남기지도 전승을 남기지도 역사를 남기지도 않았다. 아카드어로 된 명문 중에서 '야만인'이라는 단어를 사용한 것은 하나도 없다. 야만인(barbarian)이라는 말은 훨씬 후대에 그리스인들이 사용한 것이다. 그러나 아카드인들은 구티인 떼거리를 그저 파괴만을 일삼는 외부세력으로 보았다. 파괴 이후에 나람의 또 다른 문화를 세울 생각이 없다는 것이다. 아시리아학자 레오 오펜하임은 구티인의 침략을 기록한 아카드 연대기에서 볼 수 있는 순수한 증오는 고대 세계에서는 새로운 것이라고 지적한 바 있다. 그것은 "이집트인들의 힉소스에 대한 증오와 비교할 만하다"고 그는 말한다.[5] 힉소스는 200년 후에 나타났는데 이때 처음으로 이집트는 파괴적인 외부 유랑민족의 침입을 받은 것이다. 수메르인들은 구티인을 뱀이나 전갈처럼 생각하고 인간을 우스꽝스럽게 변형시킨 존재라고 했다.

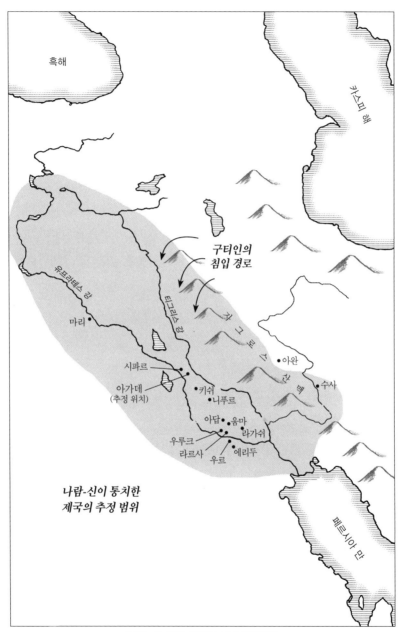

흑해

카스피 해

구티인의
침입 경로

유프라테스 강

티그리스 강

자그로스

마리 •

시파르 —

아가데
(추정 위치)

• 키쉬
• 니푸르

아완 •

산맥

• 수사

아답 • 움마
라가쉬

우루크
라르사 우르

• 에리두

페르시아 만

나람-신이 통치한
제국의 추정 범위

나람-신 대왕 치세의 메소포타미아

저들은 이 땅의 일부가 아니다.

구티인들은 통제가 안 된다.

정신은 인간이되 심성은 개 같고,

외모는 원숭이 같다.

자그만 새들처럼 떼를 지어 땅을 휩쓴다. ……

아무것도 놈들의 마수를 벗어나지 못했고,

누구도 그 손아귀에서 헤어나지 못했다.[6]

나람-신의 군사는 구티 떼거리를 물리칠 수 없었다. 그들은 끊임없이 밀려들어와 차례로 도시를 점거했다. 구티인이 아카드의 도시들을 점령하면서 정의로운 질서가 파괴되었다.

전령은 더는 큰길을 다닐 수 없다.

특사의 배도 이제 강에 띄울 수 없다. ……

죄수들이 경비대원이 되었고,

도적들이 도로를 장악했다. ……

그들은 도시 안에 자기들을 위한 정원을 만들었으니,

보통과는 달리 바깥 들판에 꾸민 것이 아니다.

들판에는 오곡이 나지 않았고, 강물에는 물고기가 없으며,

과수원에서는 단 과일도 포도도 나지 않았다.

구름은 비를 뿌리지 않았고 ……

정직한 사람들이 배신자로 오인되었다.

영웅은 죽어 널브러져 산더미처럼 쌓이고,

배신자의 피가 정직한 자의 피를 타고 흘렀다.[7]

야만인들에 의해 기존 질서가 뒤집어짐으로써 극심한 혼란이 왔다. 얼마 후 그런 파괴적인 양상을 설명하는 긴 이야기가 쓰였다. 신들은 분노했다. 야만족의 침입이 그런 이야기식 해명을 유발한 것은 처음이었지만 유사한 경우는 이후에도 없지 않다.

'아가데의 저주'에서 나람-신은 수도에 있는 엔릴 대신전을 파괴하고 그 안에 있던 금, 은, 구리를 훔친다. 나라를 파멸로 이끄는 신성모독 행위였다. 그는 보물을 배에 싣고 멀리 떠나보낸다. "배가 항구에서 멀어지자 도시는 예지를 잃었다."

제정신을 잃었다. 즉 문명화된 인간으로서의 독특한 성격이 사라졌다는 이야기다. 엔릴은 이어 작심하고 구티인 떼거리를 풀어 대신 복수를 하게 하고 아가데를 친다. 마치 "온 나라를 휩쓰는 성난 폭풍우요, 대적할 수 없는 대홍수의 물결" 같았다. 인간 같지 않은 떼거리가 신의 분노를 표출하는 도구가 된 것이다. "그리하여 그리된 것이다"라고 이야기는 끝을 맺는다. "운하 양안 배를 끄는 길에는 풀이 무성했고, 큰길에는 애도하는 풀이 자라났다." 문명의 공간이 사라지기 시작했다는 이야기다.

역대 왕 목록에서 우리는 구티인 전사들이 길가메시의 고향 우루크를 장악했음을 알 수 있다. 그들이 고생고생하면서 서쪽으로 그렇게 멀리 진출한 이후 수메르 남부 아카드 제국의 거점을 깨버렸음은 거의 확실하다.

나람-신이 B.C. 2218년에 사망할 무렵 구티인 떼거리는 어찌어찌하여 나람-신의 왕국을 예전 크기의 절반으로 축소시켰다. 나람-신은 이 혼란의 도가니를 아들 샤르칼리샤리에게 넘겨주었다. 샤르칼리샤리는 야만족들을 다시 몰아내야 하는 과제를 안았다. 그는 성공하지 못했다. 라가쉬도 구티인에게 함락되고 샤르칼리샤리 치세 말에는 수메르 남부가 영영 떨어져 나가고 말았다. 구티인들은 일부 남부 도시로 진격했다. 그러나 엘람에 있는 도시들을 포함해서 몇몇 도시들은 샤르칼리샤리가 구티인들에게 온 신경을 쓰고 있는 틈을 타서 한동안 명목상으로나마 유지되었던 아카드 왕에 대한 종속관계를 깨고 떨어져 나갔다.

아카드 땅에 찾아온 것은 분명 무정부 상태였을 것이다. B.C. 2190년경 샤르칼리 샤리가 죽고 나서도 왕국의 중심은 간신히 유지되었다. 그러나 수메르 역대 왕 목록은 이렇게 묻고 있다. "왕이 누구였던가? 왕 아닌 사람은 또 누구였던가?" 이는 실질적으로 어지간한 기간 동안 권력을 유지한 사람이 아무도 없었음을 의미한다.[8] 마침내 사르곤의 후손이 아닌 전사가 왕위를 차지하고 21년 동안 권력을 유지하다가 아들에게 넘겨주었다.

그러나 우리가 아는 것이 전혀 없는 이 비(非)사르곤계 왕조의 운명은 불행했다. 명문들은 B.C. 2150년경 구티인 침입자들이 성벽을 무너뜨리자 아가데의 몰락을 눈물로 한탄한다. 그 폐허가 발견되지 않았기 때문에 우리는 아가데가 약탈당하고 불탔는지 아닌지를 알지 못한다. 아마도 그런 유적이 없다는 자체가 완전히 파괴되었음을 시사하는 것일 수 있겠다. 그리고 이 도시는 일체의 흔적을 남기지 않았기 때문에 후일 다른 세력이 재점령하지도 않은 것 같다. 고대 근동의 도시는 대부분 사람이 주거했던 흔적이 지층에 겹겹이 이어진다. 그러나 저주를 받았다는 한 도시는 수 세기 동안 아무도 살지 않은 채 버려졌다.*

거의 한 세기 동안 구티 '야만인들'은 메소포타미아 평원을 온통 휩쓸고 다녔다. 그들은 나름의 문화를 발전시켰음을 시사하는 그 어떤 것도 남기지 않았다. 문자도 명문도 조각상이나 신을 모시는 건물도 없다. 구티인의 침략은 기존 문명을 종식시켰지만 그렇다고 그것을 대체할 만한 다른 문명을 세운 것은 아니었다.

---

* 팔레스타인 지역에서 이와 같은 예가 아마도 예리코일 것이다. 예리코는 이스라엘의 공격으로 몰락했고 이스라엘의 지도자 여호수아는 그 위에 저주를 퍼부었다.(「여호수아」, 6장 26절) 저주받은 도시라는 명성 탓인지 세상에서 가장 오래된 도시 중 하나인 예리코는 수 세기 동안 버려졌다가 나중에야 사람이 다시 살게 된다. 성서의 기사는 예리코의 사악한 왕 아합 치세에 이루어진 예리코의 재건을 타락한 시대의 또 다른 징표로 다루고 있다. 이 성을 재건한 사람은 저주받은 땅에 세운 성벽이 온전하도록 인신 희생을 바친 것으로 보인다.(「열왕기 상」, 16장 34절)

역대 왕 목록은 아카드인의 치세와 구티 '왕들'의 치세를 분명히 구분한다. 구티 왕들은 왕위 승계를 어떻게 해야 하는지도 몰랐던 것이 분명하다. 마니슈투슈는 15년을 통치했고, 나람-신은 56년을 다스렸다. 끊임없이 휘젓고 다니는 야만인 떼거리에 맞서 아버지가 남긴 왕국의 유산을 수호해야 하는 난제를 떠맡은 나람-신의 아들조차 25년이라는 꽤 긴 치세를 누린 것으로 되어 있다. 그러나 아가데와 인근 도시들을 장악한 구티인들은 시도 때도 없이 거점을 옮기는 불안정한 집단이었다. 이름 없는 한 왕에 이어 21명의 왕이 등장하지만 그 중에서 단 한 명만이 7년 이상 권력을 유지한다. 대부분은 한두 해가 고작이다. 그리고 마지막 왕의 재위 기간은 40일이다.

유서 깊고 강력한 수메르의 도시들도 이제는 수메르인, 아카드인, 구티인이 뒤섞여 살게 되었지만 야만족의 지배를 그리 오래 용인하지는 않았다.

부활은 라가쉬에서 시작되었다. 엘람인들이 사는 지역에 가장 가까운 도시였다. 전사였던 라가쉬의 구데아는 이 도시에서 구티인들을 제거하고 왕위를 거머쥐었다. 이어 아카드인이나 구티인 들이 파괴했음이 분명한 수메르의 사원들을 정화하고 재건하기 시작했다.

구데아는 수메르 역대 왕 목록에는 나오지 않는다. 그의 지배력이 라가쉬 너머까지 뻗치지 않았기 때문일 가능성이 높다. 그러나 그는 자신이 이룩한 승리에 도취되어 백성의 '참된 목자'를 자처했다. 그는 또 기념용으로 만든 점토판에서 산악 지역의 엘람인들과 인도, 심지어 메소포타미아 북부 지역과도 교역을 재개했다고 주장한다. 엘람인은 구리를 보냈고, 인도에서는 '붉은 돌들'을 구매했다는 것이다. 그의 주장에 따르면 그는

삼나무 산 속으로 길을 냈고 …… 거대한 도끼로 삼나무를 베었다. …… 거대한 뱀들처럼 삼나무는 삼나무 산에서, 소나무는 소나무 산에서 강물을 타고 흘러내려갔다.[9]

구데아 상 라가쉬의 왕 구데아를 신들을 겸허하게 모시는 자로 묘사했다. 파리 루브르박물관 소장. ⓒ 1990. 사진 Scala, Florence

이것이 사실이라면 구티인들이 강을 장악할 능력이 없었고 교역로는 여전히 열려 있었다는 이야기다.

구데아는 또 마간(현재 아라비아 반도의 오만)에서 석재를 가져와 자신의 조각상을 만들었다. 이 상들은 왕을 신들을 섬기는 자로 묘사하고 있다. 무장은 하지 않고 예복을 입은 상태로 두 손은 무엇인가를 기원하듯이 공손히 모으고 있다. 나람-신이 다리를 쩍 벌리고 신성을 과시하듯이 오만하게 우뚝 서 있는 자세와는 너무도 대조적이다. 구데아는 전임자의 전철을 밟음으로써 신들의 분노를 사고 싶지 않았던 것이다.

라가쉬가 잠시 해방의 기쁨을 누린 데 이어 길가메시의 고향 우루크도 해방되었다. 우루크의 우투헤갈 왕은 단순히 자기 도시를 해방시키는 것 이상의 원대한 계획을 가지고 있었다. 그는 우루크에서 구티인들을 몰아냈다. 이어 그의 군사들—그의 표현에 따르면 '한 몸처럼' 그를 따랐다고 하니 충성도를 알 만하다—은 파문이 동심원으로 퍼져나가듯이 여러 도시로 진군했다. 우르와 우르 남쪽 에리두를 거쳐 아마도 북쪽으로 고대의 신성한 도시 니푸르까지 갔을 것이다.

구티인들로부터 니푸르를 해방시켰다는 것은 메소포타미아 평원이 구티인 떼거리로부터 마침내 해방되었음을 상징한다. 우투헤갈은 구티인 치하에서 혼란을 겪던 도시들에 군대를 주둔시키고 명문에 사방의 왕으로 자처했다. 사르곤의 후예가 제국을 물려받아 다스린 이후 한동안 누구도 감히 자처하지 못한 칭호였다. 그는 승리를 기록한 기사에 따르면 "누구도 훼손할 수 없는 명을 내리는 왕"이다.[10] 그는 가장 강력한 구티의 괴수를 사로잡아 수갑을 채워 궁정으로 끌어낸 뒤 "놈의 목을 짓밟았다."[11] 이런 장면은 메소포타미아에서 이 다음에 등장하는 위대한 제국의 부조에 많이 나타난다. 구티의 괴수는 '산악의 뱀'으로 묘사되어 있다.

우투헤갈은 침입자들의 지배를 종식시키기는 했지만 오래 살지는 못했다. 풀밭에 숨은 진짜 뱀은 오른팔 우르-남무였던 것 같다. 그는 우투헤갈의 딸과 결혼까지 한 인물이었다.

우투헤갈은 우르에서 구티인들을 몰아낸 다음 우르의 통치를 우르-남무에게 맡겼다. 군대까지 넘겨주었다. 그 직후 우르-남무는 자기가 모시는 왕에게 군사를 보냈다. 역대 왕 목록은 우투헤갈이 나라를 해방시키고 나서 새로 통치를 한 기간이 7년 6개월 하고 15일이었다고 기록하고 있다. 한 임금의 치세를 단순히 몇 년으로 하지 않고 이토록 상세하게 기록한 것은 이 경우가 유일하다. 이렇게 자세히 기록했다는 것은 우투헤갈의 치세가 갑작스럽고도 충격적으로 막을 내렸음을 말해준다. 아마도 그는 전투중에 사위 손에 죽었을 것이다.

우르-남무는 이처럼 유혈극을 통해 집권했지만 일단 우르와 우루크를 장악한 이후에는 군벌 스타일이라기보다는 정상적인 왕의 행태를 보였다. 그는 왕왕 얼쩡거리는 구티인들을 정벌했다. 그러나 협정이나 맹약을 한 것으로 보아 우르-남무의 제국은 주로 협상을 통해 확장된 것으로 보인다. 물론 이런 성공은 웃음 짓는 외교 뒤에 강력한 군사력이 있었기에 가능했겠지만 말이다. 우르-남무는 정복이 아닌 곳에서는 동맹을 만들었다. 그는 마리의 공주와 결혼을 했다. 이런 정략결혼 작전에 대해 살해당한 우투헤갈의 딸인 첫 번째 아내가 어떤 반응을 보였는지 알려주는 기록은 없다.

그는 평원 위아래에 걸쳐 도시마다 사원을 세웠다. 위대한 주신 엔릴을 모시는 신전도 새로 지었다. 수사도 그의 대군주권을 인정했다. 그러나 아완은 여전히 냉담했다.

우르-남무 치세에 수메르인들은 마지막 르네상스를 구가했다. 그의 신(新) 수메르 제국과 후계 왕들은 '우르 제3왕조'로 알려져 있다. 우르-남무는 평원의 정복자였을 뿐 아니라 문명의 재건자였다. 그는 도로와 성벽을 재건하고, 운하를 파서 소금기 있는 물이 들어찬 도시에 다시 신선한 물을 공급했다. "나의 도시는 물고기로 가득찼도다"라고 그는 주장했다. "공중에는 새들이 가득하도다. 나의 도시에는 꿀이 나는 식물들을 심었도다."[12]

우르-남무를 찬양하는 시들은 그의 재건 프로젝트뿐 아니라 법과 질서를 회복한 공적을 과시하고 있다.

나는야 우르-남무,

나는 나의 도시를 수호하노라.

나는 중범죄자들을 쳐서 벌벌 떨게 하고 ……

나의 판결은 수메르와 아카드를 차별하지 않았도다.

나의 발은 도둑과 범죄자들의 목을 짓밟고,

나는 사악한 짓 하는 자들을 탄압한다. ……

나는 정의를 확실히 하고, 사악함을 물리치며 ……

황무지에는 축제에 쓸 도로를 만들었으니,

나로 인하여 사람들이 그 길을 다닐 수 있게 되었도다. ……

나는야 선한 목자, 양들을 번성케 했노라.[13]

혼란은 일시적으로 물러났다. 법과 질서에 의한 지배가 확립되었다. 상당 기간 수메르 평원의 모든 도시는 안전을 누렸다.

연표 16

이집트	메소포타미아
	초기 왕조 시대 II기(B.C. 2800~2600)
고왕국 시대(B.C. 2696~2181)	
제3왕조(B.C. 2686~2613)	길가메시
조세르	
제4왕조(B.C. 2613~2498)	초기 왕조 시대 III기(B.C. 2600~2350)
스네프루	
쿠푸	루굴안네문두(대략 B.C. 2500)
카프레	메실림
멘카우레	
제5왕조(B.C. 2498~2345)	루갈작게시(움마) 우루카기나(라가쉬)
제6왕조(B.C. 2345~2184)	아카드 시대(B.C. 2334~2100)
	사르곤
	리무쉬
	구티인들의 침입
제1중간기(B.C. 2181~2040)	
	아가데의 몰락(대략 B.C. 2150)
	우르 제3왕조(B.C. 2112~2004)
	우르-남무

최초로 유일신을 믿은 인간

아브라함이 B.C. 2166년 이후 어느 시점에 우르를 떠나
서(西)셈족이 사는 땅으로 가는 사이
신 수메르 제국은 차츰 강성해지다

구티인과 수메르인 들이 싸우는 동안 우르의 시민인 데라는 종들과 가축과 아내들과 아들들을 비롯한 가솔을 이끌고 서쪽으로 떠났다. 가솔 중에는 아들 아브람과 아브람의 아내 사래가 있었다. 사래는 불행하게도 아직 아이가 없었다.*

데라는 수메르인이 아니었다. 아마도 아카드인이거나 관련 부족의 일원이었을 것이다. 그의 선조는 성서에 나오는 셈족의 조상 셈으로 거슬러 올라간다.[1] 나람-신 재위 시에 태어난 데라는 아마 우르에서 사는 동안 내내 구티인들의 위협에서 자유

---

* 아브라함의 생애는 전통적으로 B.C. 2166~1991년으로 본다. 이는 구약 마소라 사본을 곧이곧대로 읽은 것에 기초한 것이다. 물론 이 설에 관한 합의는 없다. 텍스트 자체는 다른 식의 독법도 가능하다. 「창세기」는 신학적인 역사이지 정치 연대기가 아니다. 따라서 정확한 연대기를 제공해주지 않는다. 아브라함의 존재를 확실히 입증하는 고고학적 증거는 없다. 학자들은 「창세기」 14장에 나오는 세계와 고대 메소포타미아의 상황을 비교한 결과 아브라함의 출생 연대를 B.C. 2166년에서 1500년 사이로 잡거나 그가 전혀 실존인물이 아니라고 주장하기도 했다. 나는 이 문제에 대해 전통적인 연대 추정을 따랐다. 그러나 여기에 너무 얽매일 필요는 없겠다. 그러나 어쨌든 아브라함의 모험은 B.C. 2100년대의 세계에 아주 잘 들어맞는다. 이러한 사실은 이 장을 읽어보면 분명해질 것이다.

롭지 못했을 것이다. 그가 어렸을 때 우르는 이미 아카드 왕들의 세력이 약해진 틈을 타 아카드 제국의 지배에서 벗어났다. 그가 세 아들의 아버지가 되었을 즈음에 아카드의 마지막 왕은 왕위를 지키려고 마지막 힘을 쏟고 있었다. 아이들이 자라는 동안 구티인들은 아가데를 쑥대밭으로 만들고 북부 평원을 마음껏 휩쓸고 다녔다.

우투헤갈이 우르로 진군하고 있을 무렵 데라와 데라 일가는 좀 더 유복해지려면 이 도시를 벗어나야 한다고 판단했다. 당시 사정을 생각하면 충분히 이해가 가는 일이다. 우투헤갈은 우르를 점령했다가 다시 사위에게 빼앗긴다. 데라 일가는 「창세기」에 따르면 '가나안'으로 떠났다. 야만족인 구티인들과 복수심에 불타는 엘람인, 야심적인 수메르인 들로부터 벗어나 서쪽 지중해 연안으로 향한 것이다.

이 여행에 대한 신학적 설명은 「창세기」 12장에 보면 아브람이 신의 목소리를 들었기 때문으로 되어 있다. 이 신은 수메르의 신이나 아카드의 신이 아니라 절대적인 신이었다. 이 신은 자기 이름을 스스로 YHWH라고 했다. 수수께끼 같은 이 이름은 '존재하다'라는 동사의 한 형태일 가능성이 높다.*

이는 아브람에게는 새로운 관념이었던 것으로 보인다. 데라와 그 아들들은 달의 신(神)인 신과 그의 딸 이난나를 숭배했을 가능성이 높다. 둘 다 도시국가 우르의 수호신으로 우르의 원주민이라면 누구나 적어도 말로는 달의 신을 칭송했기 때문이다.

---

* 우리에게 친숙한 '여호와'는 원래 그 이름이 아니다. 신이 아브라함에게 이야기할 때 스스로를 지칭한 이름은 YHWH이다.(예컨대 「창세기」 15장 7절을 보라.) 이 이름은 후일 그리스어로는 '신성 4문자(Tetragrammaton)'로 알려졌고 일부 언어학자는 존재를 표현하는 히브리어 동사와 관련이 있다고 생각하고 있다.(예를 들어 Jack M. Sasson, *Hebrew Origins: Historiography, History, Faith of Ancient Israel*, p. 81을 보라.) 이 이름은 단순히 네 개의 자음(히브리 문자로 י(요드), ה(헤), ו(와우), ה(헤), 즉 יהוה —옮긴이)으로 구성되어 있다. 「창세기」 마소라 사본은 모음이 전혀 없다. 독자가 읽으면서 모음을 끼워 넣도록 되어 있는 것이다. 모음이 히브리어 텍스트에 첨가된 것은 훨씬 후대에 의미를 분명히 하려는 의도에서였다. 이렇게 해서 YHWH가 YAHWEH(야훼)가 된 것이다. 원래 신의 이름을 불경스럽게 사용하는 것을 피하고자 많은 독자들은 YHWH라는 대목이 나오면 또 다른 신의 이름인 ELOHIM을 사용하거나 Adonai('나의 주님'이라는 뜻)로 읽었다. 대략 1100년부터 히브리어를 잘 모르는 서기들이 빈번히 YHWH라는 자음에 엘로힘이나 아도나이에 들어 있는 모음들을 끼워 넣기 시작했다. 그렇게 해서 아무 의미 없는 YEHOWIH가 나왔고, 이것이 결국은 라틴어를 거쳐 영어의 JEHOVAH(여호와)로 정착된 것이다.

그래서 일반적으로 그러했겠지만 데라 일가의 이름도 아카드/수메르계의 여러 신에 대한 존경심을 표현하고 있다. 데라만 해도 달의 신 신과의 혈족관계를 나타낸다. 아브람의 아내 사래는 이복누이이기도 했다. 데라가 다른 아내한테서 얻은 딸인 것이다. 그녀의 이름은 신 신(神)의 아내인 여신 닌갈의 아카드어 버전이다. 데라의 손녀 밀가는 신의 딸 말카투에서 따온 이름이 분명하다.[2] 아브람 자신의 이름은 '고귀한 아버지'를 뜻하는 것으로 정확한 의미는 불분명하다. 그러나 우리는 아브람과 사래의 이름이 달 숭배와 관련이 있다고 가정할 수 있다. 데라 일가의 이주 이야기 뒷부분에 가서 YHWH가 계약의 일부로써 두 사람의 이름을 다시 지어주는 것을 보면 그런 추측이 가능하다. 새 이름 아브라함과 사라는 둘 다 **아**(ah)라는 새 음절이 들어가 있다. 계약자의 이름인 YHWH의 첫 음절로 두 사람에 대한 소유권을 우르의 신에서 창세기의 하느님으로 이전시키는 이름인 것이다.

　이 신으로부터 아브람은 약속과 명령을 동시에 받게 된다. 약속이란 아브람이 큰 민족이 되고 축복을 받을 것이라는 것이다. 명령이란 살던 나라와 사람들을 떠나 '내가 장차 보여줄 땅으로' 가라는 것이다. 거의 정서(正西) 방향에 있는 가나안 땅으로 가라는 것이다.*

　신의 후예인 한 특정 인간을 선조라고 주장하는 종족은 많지만 이런 경우는 문자로 기록된 역사에서는 처음이다. 혈통상 아브람은 주변의 셈족들과 전혀 다르지 않았고 이제 가려는 땅에 거주하는 사람들과도 그다지 다르지 않았다. 그러나 신의 명령에 따라 그는 나머지 부류와 구분되면서 새로운 시작이 되었다. 다른 동족 중에서

---

*「창세기」에 나오는 연대기는 모호하다. 아브람이 우르에서 하느님의 부르심을 듣고 아버지를 설득해서 가나안으로 향하다 잠시 하란으로 빗나갔는지, 아니면 데라가 다른 이유로 가나안으로 가다가 잠시 옆길로 하란에 들어섰는데 여기서 나중에 아브람이 하느님의 명령을 듣고 급작스레 다시 원래 방향으로 틀었는지가 불분명하다. 텍스트 자체는 어느 쪽으로도 읽을 수 있다. 성경도 안 읽느냐고 비난하는 편지를 (더는) 받고 싶지 않아 이 점을 간단히 밝혀둔다.

단 한 명의 셈족이 생겨난 것이고 여러 신이 경합하는 혼란 속에서 단 하나의 신이 떠오른 것이다. 그는 최초로 유일신을 믿은 인간이었다.

곧장 서쪽으로 간다면 사막을 가로질러가야 했으므로 일가는 좀 더 쉬운 유프라테스 강 루트를 따라 북서쪽으로 이동했다. 이렇게 가면 결국 지중해 북단에 도착했을 것이다. 그러나 그들은 북쪽 멀리 빌리크 강 있는 데까지 갔다. 이 강은 유프라테스 강으로 흘러드는데 가나안으로 가려면 바로 그 지점에서 왼쪽으로 방향을 틀어야 했을 것이다. 그러나 동쪽으로 방향을 틀어 작은 강을 따라 하란이라는 소도시로 가서 거기에 정착했다. 하란은 통행이 많은 교역로 상에 위치한 도시였다. 우르와 마찬가지로 달의 신 숭배의 중심지였다. 그래서 아마 친숙했을 것이다. 데라는 나이가 들었고 하란은 비교적 평화로웠다.

저 아래 남쪽에서는 우르-남무가 장인의 왕위를 빼앗아 지배력을 신 수메르 제국으로까지 확장시켰다. 그러나 그의 영향력은 북쪽 하란까지는 미치지 않았다. B.C. 2094년경 우르-남무가 죽었다. 등극한 지 18년 만이었다. 장례식을 묘사한 시는 그를 현명하고 신뢰할 만한 백성의 목자로 찬양하고 있다. 수메르의 영광을 회복한 왕이며 내세에서 길가메시와 왕위를 함께할 만한 인물이라는 것이다.[3]

우르-남무의 아들 슐기가 뒤를 이었다. 오래지 않아―아마 4, 5년 안쪽일 것이다―아브람은 하란을 떠나 하느님이 약속한 땅으로 가는 여행을 재개했다. 그는 남서쪽으로 가다가 마침내 세겜에 도착했다. 요르단 강 서안 지금의 갈릴리 호수와 사해 중간에 있는 도시였다.

여기서 그는 이 땅이 자기 것이 될 것이라는 하느님의 재확인이 필요했다. 사방을 둘러보아도 가나안 사람들로 꽉 차 있었기 때문이다.

'가나안' 은 특정한 시기에 나오는 명칭이 아니다. 이 일대는 B.C. 1000년대에는 이스라엘로, 로마인들에게는 팔레스타인으로, 십자군에게는 '레반트'로 알려지게 된다. '가나안 사람'이라는 말이 처음 나오는 것은 짐리-림의 성곽도시 마리에서 발견된 점토판에서다. 시기는 B.C. 1775년쯤 된다. 요르단 강 주변에서 얼쩡거리는 산적들을 폄하해서 일컫는 말로 보인다.[4] B.C. 2090년에는 하느님이 아브람에게 약속한 이 땅을 가리키는 명칭이 없었다. 왜냐하면 거기에는 종족적인 동질체나 정치적 실체가 없었기 때문이다.

지중해 동부 연안 일대에 흩어져 사는 족속은 '서셈족(Western Semites)'이었다.[*] 우리는 1장에서 수메르 도시가 들어선 초기 시대에 셈족이 수메르인과 섞였을 때 그들의 가까운 동족을 만나본 바 있다. 서셈족은 메소포타미아 평원에 정착하지 않고 계속 이동했다. 그들의 동족이 수메르인들에게 농사짓는 법을 가르치는 동안 서셈족은 연안을 따라 위아래로 퍼져나가면서 자신들의 도시를 건설했다.

아브람은 이 지역에서 역사의 표면으로 갑자기 튀어나온 최초의 인물이다. 서셈족은 통일적인 문화도 없었고 연대기를 쓰지도 않았다. 우리가 그들에 대해 알고 있는 것은 그들이 남긴 도시 유적에서 나온 것이다. B.C. 7000년 길들인 염소와 양을 기르는 농민들이 그 일대에 읍락을 형성해 살고 있었다. 훨씬 북쪽에 있는 차탈회유크나 훨씬 남쪽 사해 가까이에 있는 예리코 같은 곳은 세계에서 가장 오래된 도시라는 자부심을 갖고 있다. 예리코는 나중에 아브람의 후손들이 자기 땅이라고 주장하는 지역에서도 아주 탁월한 곳이다. 그렇게 오래전에 서셈족이 거주하던 지역에는 별다른 방어시설이 없는 마을이 대부분이었다. 그러나 B.C. 6800년 무렵이 되면 이미 예리코 사람들은 놀랄 만큼 거대한 석벽을 건설한 상태였다. 벽 모퉁이에는 원형 탑이

---

[*] 이 이름은 종교학자 스미스(Mark Smith)가 처음 사용했다. 그는 이 표현이 이 지역 초기 거주민을 일컫는 다른 이름들만큼 심히 시대착오적이지는 않다고 생각해서 이런 명칭을 제안했다. 그가 쓴 *The Early History of God: Yahweh and the Other Deities in Ancient Israel*, p. 19를 보라.

10.6미터 높이로 솟아 있어서 파수꾼이 주변 일대의 땅을 늘 감시할 수 있었다.

예리코 사람들이 누가 쳐들어올 것이라고 예상하고 있었는지는 불분명하다. 예리코가 신선한 물이 끊이지 않던 지역에 있었음은 분명하다.[5] 요르단 강이 그다지 멀리 떨어져 있지 않았던 것이다. 그런데 서셈족 가운데에서 유독 예리코 사람들이 외부의 위협에 대항하는 거대한 방어시설을 짓고 기습을 당하지 않도록 지속적으로 감시 활동을 하고 있었다.

아브람이 도착했을 때* 서셈족들은 이미 나름의 무역로를 꾸려놓았다. 특히 이집트와의 교역이 활발했다. 지중해 동부 연안 중간 지점에 있는 비블로스(아카드인은 구블라, 셈족은 게발이라고 했다)는 경제 전체를 삼나무를 배에 실어서 아래쪽 이집트로 운송하고 대신 이집트산 아마와 귀금속으로 바꿔오는 데 의존하고 있었다. 북부 도시 에블라는 대상을 파견한 도시들한테서 세금을 거두어들였다.[6] 메기도라는 도시는 요르단 강 연안과 샤론 평원 사이에 건설된 도시로 최소 B.C. 3500년 이후에는 규모가 커지고 있었다. 세겜은 아브람이 처음 하느님에게 약속을 확인해달라고 한 곳으로 적어도 그만큼 오래된 도시였고 아마도 거의 마르지 않는 샘이 있었기 때문에 많이들 정착했을 것이다. 최초의 서셈족 정착민은 나중에 북쪽과 남쪽에서 흘러들어온 다양한 이주자들과 섞이게 된다. 그 중 가장 유명한 족속이 아모리인이다. 이들은 독특한 셈어를 구사하는 유목민족으로 아라비아 반도에서 온 것으로 추정된다.

아브람이 이런 잡동사니 땅이 어떻게 내 땅이 된다는 것인가 하고 의문을 품었다고 해서 비난할 수는 없다. 그러나 한동안은 그런 의심을 할 겨를도 없었다. 왜냐하면 약속한 땅에 도착한 지 5년도 채 안 되어서 다시 떠나야 했기 때문이다.

그는 혼자가 아니었다. 고고학적 기록에 따르면 점점 도시화의 경향을 보이던

---

* '가나안'에서는 선사시대 이후 시기가 토기의 양식을 토대로 초기 청동기 I기(B.C. 3300~2850년), 초기 청동기 II/III기(B.C. 2850~2400년), 초기 청동기 IV기(B.C. 2400~2000년)로 구분된다.

서셈족 문화는 B.C. 2400년에서 2000년 사이 어느 시점에 다시 덜 조직화되고 유목에 더 가까운 생활양식으로 되돌아간다. 많은 주민들이 일시적으로 도시를 버리고 떠났다.* 과다 경작에 가뭄까지 겹쳐 하천과 경작지가 줄어들었다. 대규모 정착촌은 물이 많이 필요했기 때문에 생존을 위해서는 흩어지는 수밖에 없었다.[7] 여기에 남쪽 이집트 고왕국의 붕괴까지 덧붙이면 서셈족은 농토만 잃은 것이 아니라 가장 부유하고 든든했던 무역 파트너까지 잃은 셈이다. 이집트는 한때 물품 교역을 하면서 비블로스와 10여 개의 다른 도시들에 돈을 흥청망청 뿌렸다. 고왕국의 혼란은 북쪽에 파급력을 미쳤다. 이에 따라 아브람은 남쪽으로 내려갔다.

「창세기」 12장 10절은 이렇게 적고 있다. "그 땅에 기근이 들었다. 기근이 너무 심해서 아브람은 이집트에서 얼마 동안 몸 붙이고 살려고 그리로 내려갔다." 이집트에는 물이 더 많았다. 그리고 일시적으로 사회질서도 더 안정되었다. '멍청한' 제7왕조에 이어 제8왕조가 등장하면서 더욱 안정되었지만 대단할 것은 없었다. 146년 동안 27명의 왕이 이어졌지만 이름이 남은 파라오는 단 한 명도 없었다.

B.C. 2160년경 헤라클레오폴리스 출신으로 아크토이라고 하는 강력한 귀족이 개인적 능력에 합종연횡하는 노회한 전략과 무력까지 갖추어 전 이집트를 다시 발아래 두었다. 마네토는 아크토이를 "전임자들보다 훨씬 끔찍하다"고 말하고 있다. 아마도 잠정적인 재통일 과정에서 그만큼 유혈사태가 많았음을 뜻하는 말일 것이다.[8] 다음 100여 년 동안 아크토이의 후계자들—마네토가 말하는 제9왕조와 제10왕조를 포함해 17명의 임금이다—이 예전의 위대함은 거의 다 사라진 이집트를 통치했다. 이 시기에 이집트는 내부 소요에 시달린 것은 물론이고 변경 지역을 서셈족 침입자들로부터 제대로 지키지도 못했다. 서셈족 유목민은 소규모로 떼거리를 지어 지속적

---

* 아모리인들이 무력 공격을 해서 그처럼 엄청난 생활양식의 변화가 생겼다고 설명하는 이론이 있었다. 그러나 해당 지역의 문화에 어떠한 변화도 없는 것처럼 보임에 따라 그런 이론은 이제 설득력이 없게 되었다.

오리엔트의 세계

자그로스 산맥

엘람

티그리스 강

니네베

아수르

우루크

우르

유프라테스 강

마리

하란

에블라

카탈회위크

지중해

갈릴리 호수

요르단 강

예리코

사해

브엘세바

비블로스

메기도

세겜

헤브론

그발

베가십

페르시아 만

아 라 비 아

메카

홍해

나일 강

하이집트

헬리오폴리스

멤피스

기자

오아시스

상이집트

헤라클레오폴리스

테베

룩소르

하이에라콘폴리스

제1폭포

제2폭포

300마일

300킬로미터

0

0

으로 나일 강 삼각주를 공격했다.

　　전통적인 시대 구분에 따르면 아브람이 아내, 종복, 가축을 데리고 이집트에 도착한 것은 B.C. 2085년경이다. 이는 제10왕조 아크토이 3세 시기에서 그다지 멀지 않다. 아크토이 3세는 서셈족 침입자들에 대해 이렇게 썼다.

　　저 사악한 아시아 떨거지들! 놈들이 있는 곳은 위태로우니, 물도 없고 덤불투성이로다. …… 놈들은 절대 한곳에 정착해 살지 않으며 필요할 때마다 떠돌아다니면서 여기저기 발을 들여놓는다. …… 아시아인은 강둑의 악어다. 놈은 호젓한 길에서 사람을 덮친다.[9]

　　아브람이 이집트로 내려가서 사래가 아내가 아니라 여동생이라고 한 것은 바로 이러한 적대감 때문일 것이다. 「창세기」에 따르면 아브람은 이집트로 내려가는 도중에 사래를 보면서 '예쁘니까 이집트의 파라오가 이 여자를 취하려고 나를 죽일지 모른다'고 속으로 생각했다. 물론 이런 추측은 셈족도 똑같이 이집트인들을 폄하했음을 시사한다.

　　아브람의 두려움은 사실로 드러났다. 파라오(이름도 없고 얼굴도 없고 평범하기 이를 데 없는 제10왕조의 임금 가운데 한 명이다)는 사래를 마음대로 취하고 아브람에게는 예쁜 누이를 이집트로 데려와줘서 고맙다며 선물을 주었다. 아브람은 결국 양과 소와 당나귀와 낙타와 종 들을 받았다. 한편 파라오와 그 일족은 일이 잘 안 풀렸다. 「창세기」 12장은 우리에게 사래가 파라오의 하렘에 들어간 것이 결국은 하느님의 저주로 연결되었음을 알려준다. 파라오와 일족 모두가 **네-가**라는 병에 걸렸다. 영어 번역은 이를 점잖게 '역병'이라고 하고 있다. 아마도 고름이 질질 흐르는 상처가 돋았기 때문일 것이다. 이 때문에 파라오는 하렘에서 어떤 첩이 찾아와도 전혀 관심이 없었다. 사래도 마찬가지였다.

이 이상한 이야기는 「창세기」의 나머지 이야기를 배제하면 더욱 의미가 분명해진다. 이집트에서 탈출한 아브람은 가나안으로 돌아와서 헤브론 근처에 정착했다. 세겜에서 꽤 남쪽으로 떨어진 지역이다. 파라오가 아브람을 죽이지 않은 것은 신의 보복이 추가로 이어질지 모른다는 두려움 때문이었을 것이다. 아브람이 새 민족의 아버지가 될 것이라는 약속은 실현될 것 같지 않았다. 아브람과 사래 부부는 여전히 아이가 없었다. 사래는 이제 너무 늙어서 임신을 기대하기는 어려웠다.

하느님으로부터 처음 메시지를 받고 나서 20년쯤 후에 아브람은 그 약속을 실현시키기 위해 나름대로 돕겠다고 나섰다. 사래의 여종 하갈을 비공식 두 번째 아내로 맞은 것이다. 그러면서 사래에게는 하갈이 아이를 낳으면 공식적으로는 그녀의 소생으로 하겠다고 약속했다.

수메르의 도시들에서는 왕왕 있는 풍습이었다. '누지 점토판'이라는 수메르의 법전에도 규정되어 있다. 그러나 아브람에게는 소용이 없었다. 새로운 민족의 선조로 만들겠다는 하느님의 약속은 아브람에게만 해당되는 것이 아니라 아브람과 사래 두 사람에게 공히 해당되는 것이었다. 아브람은 새 민족의 아버지가 되겠지만 이제 도저히 임신은 불가능할 것 같은 할머니 사래도 그 민족의 어머니가 되는 것이었다. 유일신 자신과 마찬가지로 새로운 민족도 전에 있었던 존재와 닮았지만 전혀 다른 존재가 될 것이었다. 「창세기」에 나오는 신은 자연과 인접한 다신적 속성도 있지만 자연을 넘어서서 자연의 통제를 받지 않는 존재이기도 하다. 새로운 민족도 유일신의 약속으로 만들어지기 때문에 주변 민족들과 다르게 되는 것이었다. 그 약속은 아브람과 사래에게 한 것이지 아브람 한 사람한테만 한 것은 아니었다. 제10왕조의 파라오가 되었든 이집트 여종—하갈은 이집트식 이름으로 '이주민'이라는 의미다. 이 여자는 역병으로 시달린 파라오가 아브람에게 준 여종 가운데 하나였다—이 되었든 그런 도움은 기꺼운 일이 아니었다. 유일신이 엔릴이나 이슈타르가 잠깐 들러서 도와주는 것을 환영하지 않을 것이나 마찬가지였다. 하느님이 자신의 약속을 아브람에게 다시 이야기하고 그에게 아브라함이라는 새 이름을 지어준 것은 하갈과의 에피소드가 있고 나서다. 이는 아브람과 그의 자손들에 대한 소유권이 하느님에게 있음을 보여주는 것이다.

오래지 않아 아브라함은 다시 여자를 밝히는 왕을 만났다. 이 시기에 왕은 그랄을 통치하고 있었다. 헤브론 남쪽 도시로 가나안과 이집트 사이 네게브라는 지역에 있었다. 아브라함은 자칫 죽게 될까 두려워 사라를 여동생이라고 주장했다. 다시 사라는 왕궁의 하렘으로 붙들려 갔다.

결과적으로 하렘에 있는 모든 여자가 불임이 되고 나서야 사라는 돌아왔다. 아비멜렉 왕은 "그 여인을 건드리지 못했다." 이는 일시적으로 자연적인 기능을 빼앗긴 것이 하렘에 있는 여자들만이 아니었음을 시사하는 것으로 보인다. 이 이야기는 다시 한 번 신이 만들어내겠다고 약속한 민족의 종족적 정체성을 논하고 있다.

「창세기」는 어떤 식으로 계산을 해봐도 거기에 묘사된 사건이 일어난 이후에 쓴 것이다. 그것도 고의적으로 시대가 맞지 않는 이야기 방식을 택했다. 성서에 나오는 기사들이 역사적인 과거 당시에 사용된 이름이 아니라 당대의 독자들에게 친숙한 이름들을 사용하는 것은 전형적인 특징이다. '갈데아 우르'는 그런 사례다. 페르시아만 맨 위쪽에 있는 이 땅은 아무리 일러도 아시리아의 아슈르나시르팔 2세 통치 때까지는 '갈데아인들'의 땅으로 알려지지 않았다.* 아브람은 '아모리인들'과 거래를 한다. 그랄 왕 아비멜렉은 블레셋 사람으로 일컬어진다. 이런 이름들은 서셈족 부족들이 영토권을 주장하면서 전쟁을 하는 과정에서 후대에 발전하는 정치적 실체이다.

그러나 텍스트에 나온 이름들은 일부러 시대착오적으로 표기했다 해도 이야기 자체에 들어 있는 사건들은 아브라함의 혈통과 이집트 혈통뿐 아니라 아브라함 종족

---

* '갈데아인'이 아시리아와 바빌로니아 역사에 등장하는 부분에 대해서는 2권 48장을 보라.

과 아비멜렉 종족 사이의 차이를 분명히 이해할 수 있게 해준다. 이제 처음으로 서셈족을 다른 종족이라고 말할 수 있게 된 것이다.

수메르에서는 초기부터 주민의 기본 정체성이 '수메르인'은 아니었다. 그들은 우르의 시민, 라가쉬의 시민, 우루크의 시민이었다. 각각은 서로 다른 신을 섬겼고 그러면서도 다른 신들의 존재를 인정했다. 수메르인과 아카드인 사이에 분명한 차이가 있었지만 사르곤의 아카드 제국의 부상은 모종의 변화를 야기했다. 두 민족이 하나의 정치적 테두리 안에 공존하게 된 것이다. '사르곤의 백성'이라는 공통의 정체성이 있었다. 그러나 역시 근본적인 차이가 완전히 사라지지는 않았다. 이런 복합적인 양상을 선명하게 보여준 사건이 바로 구티인의 침입이었다. 다른 두 민족이 한데 힘을 합쳐 제삼자와 싸우면서 **문명화된 존재**로서의 정체성을 공유하고 있음을 보여준 것이다.

이제 아브라함은 서쪽으로 유랑했다. 사용하는 언어도 서셈과 거의 같아서 의사소통을 하는 데 큰 어려움은 없었다. 그러면서도 좀 더 복잡한 방식으로 그들로부터 분리되었다. 그는 또 다른 서셈족인 아비멜렉과도 달랐다. **선택**을 받았기 때문이다.

하느님의 약속이 마침내 실현되어 이삭이 태어나자 새로운 종족이 창조되고 신체적 특징이 주어졌다. 하느님은 아브라함에게 아들들과 그 자신과 가족들에게 할례를 하라고 명한다. 다른 셈족과는 분리된다는 징표였다. 아마 이런 표시는 그들로 하여금 중대한 시기에 다른 종족과 피를 섞으면 안 된다는 점을 일깨워주었을 것이다. 나중에 아들에게 아내를 찾아주고자 할 때도 아브라함은 이삭이 주변의 서셈족 사람과 결혼하는 것을 허용하지 않는다. 그 대신 종을 메소포타미아 북서쪽으로 보내 친척 하나를 데려오게 한다. 먼 조카뻘 되는 리브가로 하란에 남아 있던 친척 중 한 명이었다.

오래된 종족에서 새로운 종족이 태어난 것이다.

하갈의 아들도 달랐다.

사래는 아브람의 허락을 받아 임신한 하갈을 멀리 쫓아냈다. 하갈은 길을 떠나 헤브론에서 브엘세바(베에르셰바)를 거쳐 남쪽 이집트로 향했다. 고향으로 돌아가는 것이었다.

그러나 아브람의 아들이 다시 제1중간기 이집트의 혼란에 휩쓸려서는 안 될 일이었다. 하갈은 「창세기」 16장에 따르면 도중에 하느님의 천사를 만나 역시 약속을 받는다. 사래에게 한 약속과 흡사하게 하갈의 아이들도 셀 수 없을 만큼 많은 수의 민족이 되게 해주겠다는 것이었다.

그래서 하갈은 아브람네 집안으로 돌아왔다. 태어난 아기는 이름을 이스마엘(아랍어로는 이스마일)이라 했고 아버지의 집에서 자랐다. 아랍 민족은 전통적으로 이스마엘을 선조로 여긴다. 묘사된 사건들로 보아 「창세기」보다 훨씬 후대에 쓴 『코란』에 따르면 아브람(아랍어로는 이브라힘)은 별들이나 달 또는 태양이 아니라 알라(유일신)를 경배한 최초의 인간이었다. 어른이 되자 이스마일은 이브라힘과 함께 아라비아로 내려가서 반도 남서쪽 모퉁이에 있는 메카에 정착했다. 그리고 부자가 함께 알라를 경배하는 최초의 신전인 카바를 건설했다. 『코란』은 알라를 따르는 모든 사람들— '성서의 백성들'(People of the Book: 무슬림과 기독교도, 유대교도가 신의 계시를 담은 모세 5경 등을 공히 성서로 여긴다고 보고 통칭하는 말—옮긴이)이라고 한다—에게 이 신전을 향해 예배하라고 명한다. "어디에 있든 그쪽으로 고개를 향할지니 …… 그대가 어디로 여행을 하든 그 신성한 사원 쪽으로 고개를 돌리라. 어디에 있거나 고개를 그쪽으로 돌리라." [10]

데라의 가족이 탈출했을 당시 신 수메르 제국은 초기의 소요를 정리하고 안정을 찾았다.

슐기는 야심적인 아버지 우르-남무의 뒤를 이어 우르의 왕위를 차지했다. 치세 초기는 상황을 점검하는 데 보냈다. 재위 20년(전체 치세로 보면 절반이 채 지나지 않은 시점이다) 이후 슐기는 영토를 재조직하기 시작했다.[11] 이러한 조직화는 어느 정도 정벌을 포함하는 것이었다. 슐기는 북쪽으로 멀리 아수르와 니네베 같은 작은 도시들을 공략하고 다시 티그리스 강을 넘어 엘람인들이 사는 땅으로 쳐들어가 수사를 되찾았다. 그러나 결코 북쪽 산악 엘람인 지역까지 밀고 들어가지는 않았다. 이곳에서는 엘람 왕들이 시마쉬라고 하는 엘람 왕조를 오래 지속하며 주권을 누리고 있었다. 전투가 끝나는 곳에서는 협상이 시작되었다. 슐기는 작은 나라 수십 개국의 왕자 및 장군들과 협정과 계약을 맺고, 세 딸을 엘람인들의 영토를 다스리는 지배자들에게 시집보냈다. 그는 늘어나는 영토를 여러 지방으로 나누어 지역마다 총독을 두었다. 총독은 왕에게 직보를 하는 체제였다. 이는 법률과 조약이 지배하는 하나의 제국으로 각종 규정의 제약을 받았고 인민들은 그 규정을 지켜야만 했다. 그들이 복종한 것은 슐기가 자신의 의지를 강요할 수 있는 군대를 보유했기 때문만은 아니었다. 신들이 선택한 자, 신의 특별한 가호를 받는 자였기 때문이다.

어머니 닌투는 그대를 길러주었고,
엔릴은 그대의 머리를 보살펴주었도다.
닌릴은 그대를 사랑하였으니 ……
슐기, 우르의 왕이로다.

그는 특히 여신 이난나의 사랑을 받았다. 이난나가 그를 사랑한 것은 부분적으로는 성적 매력이 대단했기 때문이다.

그는 내 아랫도리 털을 곤두서게 했고 ……
잠자리에서는 달콤한 말을 속삭였으니 ……

나는 그에게 좋은 운명을 예비하겠노라.[12]

그는 달의 신 난나에게도 사랑을 받았다. 자신의 수호신에게 감사하는 표시로 슐기는 우르에서 가장 큰 지구라트를 건설했다. 이는 신 수메르 제국판 대 피라미드였다. 신을 경배하는 엄청난 규모의 구조물로 수메르어로 '기초를 두려움으로 입힌 집'이라고 했다.[13] 슐기는 또 신들이 요구하는 대로 올바르게 통치하고자 새로운 법전을 확립했다. 이 법전은 단편만 남아 있지만 역사상 최초로 문자로 쓴 법전이라는 명예를 누려 마땅하다. 특정한 위반 행위에 대해 특정한 벌칙을 정해놓은 것이 특징이다.[14]

슐기가 우르를 통치하는 동안 아브라함은 가족의 안전을 지키느라 고군분투했다. 가나안에 머물 때는 어려운 시기였다. 이 기간에는 예리코의 성벽만 해도 손상되었다 복구한 것이 17회나 되었다.[15]

아브라함은 한 민족이 아니라 두 민족의 아버지가 되었다. 두 아들은 계약의 표시를 몸에 지녔다. 지중해 연안과 요르단 강 사이 거친 땅을 놓고 싸운 다른 셈족과 신체적으로 구분하기 위해 의식에 따라 성기 끝의 표피를 제거한 것이다.* 그러나 이런 차이는 영토 싸움에서는 아무 도움이 안 되었다. 사라는 이삭을 낳고 거의 30년 후에 죽었을 때 아브라함 일족은 여전히 땅이라곤 거의 없어서 아브라함은 아내를 묻기 위해 근처에 사는 서셈족 지주한테서 동굴을 구입해야만 했다.

---

* 무슬림들은 아직도 남성 할례를 한다. 이를 키탄이라고 하는데 전통의 연원은 아브라함으로 거슬러 올라간다. 전승에 따르면 예언자 모하메트는 할례를 한 상태로 태어났다고 한다. 그러나 무슬림 학자들은 이 기적의 의미에 대해 이견이 분분하다. 『코란』은 특별히 할례를 명하고 있지 않기 때문에 이슬람교에서 이 관습은 유대교보다 덜 강제적이다. 학자들은 할례가 의무에 해당하는 와지브인지 관습에 해당하는 순나인지에 대해서도 의견이 분분하다. 키스터(M. J. Kister)가 Oriens 34 (1994), pp. 10~30 마호메트의 언행을 수록한 책 『하디트』에 나타난 할례에 관한 주석에서 "…… 그리고 그는 할례한 상태로 태어났다"고 한 부분을 보라.

연표 17	
이집트	메소포타미아
제4왕조(B.C. 2613~2498)	초기 왕조 시대 III기(B.C. 2600~2350)
스네프루	
쿠푸	루굴안네문두(대략 B.C. 2500)
카프레	메실림
멘카우레	
제5왕조(B.C. 2498~2345)	루갈작게시(움마) 우루카기나(라가쉬)
제6왕조(B.C. 2345~2184)	아카드 시대(B.C. 2334~2100)
	사르곤
	리무쉬
	구티인들의 침입
제1중간기(B.C. 2181~2040)	
제7, 8왕조(B.C. 2181~2160)	
제9, 10왕조(B.C. 2160~2040)	아가데의 몰락(대략 B.C. 2150)
	우르 제3왕조(B.C. 2112~2004)
	우르-남무
	슐기 아브라함 가나안으로 가다

최초의 환경 재앙

(※)

B.C. 2037년에서 2004년 사이 수메르에서
우르 제3왕조가
외부 침입과 반란과 기근으로 무너지다

우르 제3왕조가 통치한 신 수메르 제국에서 법과 질서의 지배는 인상적이었지만 단명했다.

슐기는 47년이라는 엄청 긴 기간을 재위하면서 번영을 누리다가 왕위를 아들에게 물려주었다. 그러나 아들도 이미 그때 꽤나 나이를 먹은 상태였다. 그는 8년이라는 짧은 기간 동안 재위하고 슐기의 손자인 슈-신이 왕위를 계승했다. 우르 제3왕조 네 번째 대에 가서 제국은 쪼개지기 시작했다.

슈-신의 통치는 점차 심해지는 위협에 직면했다. 이제 서셈족 유목민인 아모리인들이 가나안과 신 수메르 제국 영토 국경 사이 서부 변경을 넘나들었다. 수메르인들은 그들을 '마르투' 또는 '아무루'라고 불렀는데 점차 공급이 줄어드는 어떤 자원을 둘러싼 각축전에서 격돌할 운명이었다. 그것은 비옥한 땅이었다.

수백 년(어쩌면 수천 년) 동안 메소포타미아 평원의 도시들은 관개시설을 통해 늘어나는 인구를 지탱하는 데 충분한 양의 밀을 재배해왔다. 강둑에서 저수지를 잇는 수로를 파서 물이 불면 저수지로 흘려보내 가두고 여기서 다시 수로를 파 건기에는 들판으로 내보냈다.

그러나 티그리스와 유프라테스 강의 물은 생명을 유지하게 할 만큼 신선했지만 약간 짰다. 이 미소하나마 염분 섞인 물이 저수지에 있을 때는 광물질이 풍부한 토양에서 소금기를 더 뽑아냈다. 그리고 나서 들판으로 나아가 햇빛에 노출되었다. 대부분의 물은 땅속으로 스며들었다. 그러나 일부는 증발하면서 전보다 많은 소금기를 대지에 남겼다.

이런 과정은 **염류화**(鹽類化)라고 하는 것으로 결국은 토양에 염분이 쌓이면서 곡식이 자라지 못하기 시작했다.* 밀은 토양 내 염분에 특히 민감했다. 수메르 도시에서 나온 기록들을 보면 B.C. 2000년 이전에 재배 곡물을 밀에서 소금기에 잘 견디는 보리로 차츰 바꾼 것으로 나타난다. 그러나 시간이 가면서 보리도 소금기 많은 토양에서는 자라지를 못했다. 곡물은 차츰 희귀해졌다. 고기도 마찬가지였다. 사람 먹을 곡물이 줄어드는 만큼 가축도 마찬가지였다. 그래서 더 멀리 들판으로 끌고 나가 풀을 찾도록 해야 했다.

슈-신이 다스릴 무렵 수메르의 한 서기는 일부 경작지의 흙이 "하얗게 변했다"고 기록하고 있다.[1] 어떤 속담은 농부들이 염분이 쌓이는 문제에 신경을 쓰고 있음을 보여준다. 같은 시대에 나온 모음집에서 한 속담은 "거지들은 보리씨 뿌릴 줄도 모르는데 어떻게 밀씨를 뿌릴까?"라고 묻고 있다. 또 다른 속담은 "남성적인" 범람(특별히 강

---

* 기술적으로 보면 염류화는 염분의 집적뿐 아니라 토양의 광물질 성분을 변화시키는 화학적 반응을 포함한다. 말하자면 "수용성 화학 염류가 토양에 누적되어 토양의 화학적 구성을 변화시키는 과정"(D. Bruce Dickson, "Circumscription by Anthropogenic Environmental Destruction", in *American Antiquity* 52:4 〔1987〕, p. 711)이다. 딕슨은 티그리스와 유프라테스의 강물이 칼슘, 마그네슘, 나트륨 함량도 높다고 지적한다. 이는 토양에서 염분을 뽑아 응결시키는 작용을 촉진하는 원소들이다.

력한 범람을 말하는 듯하다)만이 땅의 "소금을 쓸어간다"고 말하고 있다.²

수메르의 농부들은 문제를 이해하지 못할 만큼 농법에 무식하지 않았다. 유일한 해결책은 격년으로 경작을 피하는 것이었다. '잡초 휴경'이라고 하는 관행이었다. 잡초가 깊이 뿌리를 내리도록 함으로써 지하수면을 낮추어 소금기가 표토 아래로 쓸려 나가도록 하는 것이다.³ 그러면 수메르 도시 사람들은 무엇을 먹었을까? 그리고 점차 극심해지는 세금 부담은 어떻게 감당했을까? 슐기가 고도로 조직화하고 후임자들이 그대로 유지한 대규모 관료제는 세금이 많이 들었다.

잡초 휴경제를 하지 않으면 경작지는 독성이 심해져서 경작을 완전히 포기해야 할 수도 있다. 어쩌면 토양의 힘을 회복하는 데는 50년이 걸릴지도 몰랐다. 따라서 아모리인이 수메르의 비옥한 농토에 침입하는 것은 두통거리 정도가 아니라 죽고 사는 문제였다. 메소포타미아 평원은 경작지가 무제한으로 있는 지역이 아니었다. 인류학자들은 '제한적인 규모의 경작지'라는 용어를 쓰는데 주변이 산악과 사막으로 둘러싸여 있음을 강조하는 표현이다.*

곡물이 점차 귀해지면서 수메르 사람들은 전반적으로 더욱 굶주리고 건강은 나빠지고 기질은 신경질적이 되고 방어능력은 떨어졌다. 우르 제3왕조 궁정은 곡물세가 안 걷히는 바람에 군인들에게 급료를 주지 못했다. 그리하여 국경을 넘보는 아모리인들을 쉽게 내쫓지 못하게 된 것이다.

치세 첫 3년 동안 슈-신은 차츰 변경 지역을 잃었다. 4년째 되던 해에는 고육지책으로 지금까지 사용한 적이 없는 전혀 새로운 전략을 시도했다. 길이 274킬로미터짜리 거대한 장벽을 티그리스 강과 유프라테스 강 사이 평원에 세운 것이다. 아모리인들이 접근하지 못하게 하려는 필사적인 시도였다.

---

* 후일 북미 대륙을 차지한 유랑 집단들과 비교해보라. 이들은 거의 무제한적인 비옥한 농토를 따라 옮겨 다녔다. R. L. Carneiro, "A Theory of the Origin of the State", *Science* 169 (1970), pp. 734~735.

장벽은 결국 쓸모가 없었다. 슈-신의 아들 입비-신은 심지어 장벽 뒤에 있는 경작지를 수호하려는 시늉조차 금세 포기하고 말았다. 가난과 무질서와 침략으로 말미암아 제국은 한 조각 한 조각 떨어져 나갔다. 영토는 약탈을 일삼는 아모리인들에게만 넘어가는 것이 아니라 굶주리고 불만으로 가득한 백성들에게 넘어가기도 했다. 입비-신 재위 2년 만에, 남은 제국의 최북단에 있는 에슈눈나가 반란을 일으키고 공물 납부를 거부했다. 입비-신은 이 도시를 제국의 일원으로 복귀시키는 데 필요한 군사가 없었다. 그 다음 해 안샨의 엘람 왕이 반세기나 된 조약을 파기하고 다시 수메르인들을 수사에서 내쫓았다. 안샨은 작은 도시로 형식적으로는 수메르의 지배에서 자유로웠지만 50년 전 슐기와 결혼동맹을 맺은 바 있다. 다시 2년 후에는 움마가 떨어져 나갔다. 3년 후 입비-신 재위 8년째 되던 해에 신성한 도시 니푸르가 그의 대군주권 인정을 거부하고 나섰다.

더 나쁜 일이 기다리고 있었다. 입비-신은 권력이 오그라들면서 군 사령관들에게 점점 더 많은 자율권을 주게 되었다. 재위 10년째인 해에 사령관 중 하나인 이슈비-에라라는 이름의 셈계 인물이 나름의 권력게임을 벌였다.

우르는 기근으로 고통받고 있었다. 염분 많은 경작지 탓에 곡물과 고기가 부족했다. 입비-신은 신뢰하는 사령관 이슈비-에라를 북쪽 도시 이신과 카잘루로 보내 식량을 구해 오도록 했다. 점토판에 남아 있는 일련의 편지들은 이슈비-에라의 전략이 무엇이었는지 여실히 보여준다. 먼저 이슈비-에라는 입비-신 왕에게 편지를 써서 상류로 더 많은 배를 보내고 더 많은 자율권을 주면 곡물을 가져갈 것이라고 해명했다. 그렇지 않으면 곡물을 가지고 이신에 그냥 남는 수밖에 없다는 이야기였다.

저는 은 20달란트를 주고 곡물을 구입했습니다. 그리고 이곳 이신에서 곡물을 보관하고 있습니다. 방금 마르투가 저희 사이에 있는 땅 한가운데를 침략했다는 소식을 들었습니다. 그러나 배 600척을 보내고 이신과 니푸르를 제가 책임지도록 해주지 않으면

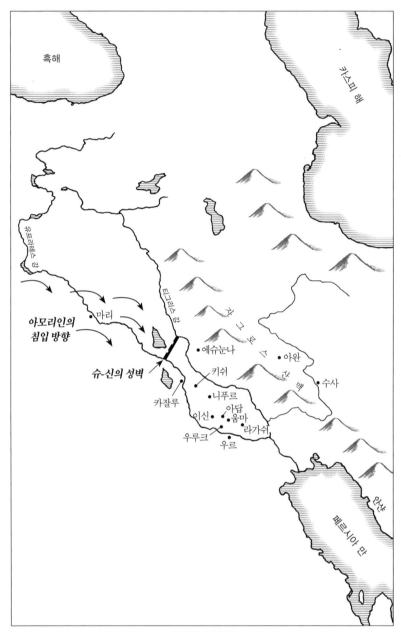

흑해

카스피 해

유프라테스 강

아모리인의
침입 방향

마리

티그리스 강

슈-신의 성벽

자그로스 산맥

에슈눈나

키쉬

아완

수사

카잘루

니푸르

아딥

이신

움마

라가쉬

우루크

우르

안산

페르시아 만

수메르의 해체

이 곡물을 가지고 전하께 내려갈 수 없습니다. 그렇게만 해주시면 15년 먹을 곡식은 족히 가져갈 수 있을 것입니다.[4]

가증스러운 협박이었다. 입비-신은 이를 분명히 인식하고 있었다. 카잘루의 총독이 편지를 보내 이슈비-에라가 왕을 위해 곡물을 모은다는 핑계로 인근 두 도시를 약탈하고 몇몇 도시에 대해 지배력을 행사하며 이제는 카잘루까지 점령하겠다고 위협하고 있다는 이야기를 전해준 것이다. "전하, 이제 저는 동맹군이 없음을 아셔야 합니다." 총독은 간곡히 호소했다. "아무도 제 편에 서려 하지 않습니다."

입비-신은 이슈비-에라에 대해 아무 조치도 취할 수 없었다. 이슈비-에라는 군대도 많고 식량도 많았다. 입비-신이 카잘루 총독에게 한 답신을 보면 절망적인 조급함이 묻어난다.

짐은 그대에게 군대를 보내고 전권을 주었다. 그대는 카잘루 총독이다. 그런데 어찌 이슈비-에라가 무슨 꿍꿍이를 하고 있는지 몰랐단 말인가? 왜 …… 진격해 그를 물리치지 않았는가? 이제 이슈비-에라는 왕이라고 참칭하고 나설 것이다. 게다가 그자는 수메르인도 아니다. 수메르는 신들이 보시는 앞에서 굴욕을 당했도다. 그대가 책임진 모든 도시들이 바로 이슈비-에라 편으로 넘어갔다. 우리의 유일한 희망은 마르투가 놈을 잡는 것뿐이다.[5]

아모리인들은 이슈비-에라를 붙잡지 않았다. 그리고 입비-신이 우려했던 대로 그 타락한 사령관은 스스로 '이신 왕조'의 왕이라고 칭하면서 이신을 수도로 한때 우르에 속했던 북쪽 지역을 거느렸다. 이신 왕조는 아모리인들의 공략에 저항하면서 평원 북부 지역을 200년 동안 다스렸다. 입비-신에게는 해체되어가는 제국의 심장만 남게 되었다. 그가 통제하는 지역은 우르뿐이었다.

이 시점에 시체를 뜯어먹는 독수리들이 내려왔다. B.C. 2004년 엘람인들은 수십 년 동안 지배당한 데 대한 복수를 노리고 있었다. 그리하여 이제 킨다투라는 왕의 영도하에 수메르의 지배에서 벗어나 하나의 나라로 재통일되었다. 그들은 티그리스 강을 휩쓸고 우르의 장벽을 파괴하고 왕궁을 불태우고 신성한 신전들을 무너뜨렸다. 그리고 최종적으로 수메르 시대에 파국적인 종언을 고했다. 염분으로 황폐해지지 않은 경작지는 불태워졌고, 입비-신 자신은 포로로 안샨까지 질질 끌려갔다.

후대에 나온 시는 우르의 몰락을 일개 도시의 죽음으로서가 아니라 한 문명 전체의 죽음으로 애도하고 있다.

시체들이 도시의 높다란 성문 위에 쌓였도다.
한때 축제가 열렸던 거리에는 잘린 머리들이 널브러져 있고,
춤을 추던 곳에는 시체들이 산더미로 쌓여 있다. ……
강에는 쓰레기가 가득하고,
도시에는 물이 끊긴 지 오래,
평원은 한때 풀로 덮였건만 이젠 거북등처럼 쩍쩍 갈라졌네.[6]

우르의 붕괴는 입비-신의 취약성만을 보여준 것이 아니었다. 더 불길한 것은 달의 신 난나와 함락된 도시들을 수호하는 신들의 무능이었다. 신들은 자신들의 도시조차 수호할 수 없게 된 것이다.

아버지 난나 신이시여,
당신의 노래는 울음으로 바뀌었나이다.
당신의 도시가 당신 앞에서 울고 있나이다, 길 잃은 아이처럼.
당신의 신전에서 팔을 뻗어 그토록 호소했건만,

"어디 계십니까?"라고 그리도 절규했건만,

언제까지 당신의 도시를 외면하시렵니까?[7]

아브람과 데라는 우르와 달의 신에 대한 숭배를 버리고 떠났다. 난나 신이 보호해주지 못할까 염려했기 때문이다. 궁극적으로 그 신은 자신을 모시는 신전마저 보호하지 못했다. 늙은 자연신은 우르의 경작지와 마찬가지로 생산력을 잃었다.

수메르인들의 시대는 이제 최종적으로 막을 내린 것이다. 둘 다 셈계인 아카드인과 아모리인, 그리고 엘람인들이 평원을 지배했다. 그러나 이제 평원은 초기 왕들 시절 신선한 강물이 녹색 들판을 적시던 때처럼 그렇게 풍요로울 수는 영영 없게 되었다.*

---

* 오늘날에도 이라크 농토의 60퍼센트 정도는 경작이 불가능하다. 수 세기 동안 염분과 화학물질이 누적되었기 때문이다.

연표 18	
이집트	메소포타미아
제5왕조(B.C. 2498~2345)	루갈작게시(움마) 우루카기나(라가쉬)
제6왕조(B.C. 2345~2184)	아카드 시대(B.C. 2334~2100)
	사르곤
	리무쉬
	구티인들의 침입
제1중간기(B.C. 2181~2040)	
제7, 8왕조(B.C. 2181~2160)	
제9, 10왕조(B.C. 2160~2040)	아가데의 몰락(대략 B.C. 2150)
	우르 제3왕조(B.C. 2112~2004)
	우르-남무
	슐기 아브라함 가나안으로 가다
	우르의 몰락(B.C. 2004)

THE
HISTORY
OF
THE WHOLE
WORLD

3

끝없는 투쟁

Chapter 19

재통일을 위한 전쟁

(図図図図図)

B.C. 2181~1782년
멘투호텝 1세가 분열된 이집트를 재통일해
중왕국을 열다

한 세기 반 동안 이집트에는 파라오라는 이름에 걸맞는 왕이 없었다. 아브라함이
이 나라에 도착했을 때는 제9왕조 내지 제10왕조 통치기였다. 두 왕조는 아마 시기적
으로 겹쳤을 것이다. 마네토에 따르면 제9왕조는 아크토에스라는 이름의 왕이 세웠
다. 그는 왕조를 개창(開創)하고 남쪽 헤라클레오폴리스에서 전 이집트를 통치했다.
아크토에스는 이집트 역사상 가장 잔인한 통치자였다고 마네토는 말한다. 그는 "이
집트 전역의 인민을 괴롭혔다."[1]

이 왕은 명문에 '아크토이 1세'로 나오는데 실제로는 헤라클레오폴리스를 중심
으로 한 지방 총독이었다. 그의 잔인함은 무력으로 전 이집트를 장악하려는 시도에
서 비롯된 것으로 보인다. 아크토이가 죽자마자(마네토는 그가 미쳐서 신의 복수의 도구인
악어에게 잡아먹혔다고 전한다) 또 다른 '파라오'가 훨씬 남쪽에서 나타났다. 그 이름은
인테프로 테베에서 전 이집트를 통치한다고 주장했다.

마네토는 아크토이의 제9왕조에 이어 제10왕조가 나타났으며 그 다음에 제11왕

조가 순차적으로 들어선다고 적고 있다. 그러나 실제로는 제9왕조와 제10왕조와 제11왕조가 같은 시기에 통치했다. '통치'란 점잖은 말이고 군벌들이 난립해 이집트에 대한 명목상의 통치권을 주장하며 서로 싸우는 사이 다른 지방 총독들(또는 **주지사** nomarch라고 하며 그들이 다스리는 영토를 **주**nome라고 했다)은 제멋대로 하고 있었다. 그런 총독 가운데 한 사람이 남긴 명문은 헤라클레오폴리스와 테베에서 정통 왕실을 자처하는 싸움에 전혀 신경을 쓰지 않고 있음을 보여준다. "[나는] 신관의 감시자요, 황무지 나라의 감시자요, 용병의 감시자요, 여러 주의 최고 주인이다"라고 총독 안크티피는 자부하고 있다. "나는 인류의 시작이요 정상이다. …… 나는 선조들의 위업을 능가했으니 …… 상이집트 전체가 굶주림으로 죽어가고 사람들은 자식을 잡아먹는다. 그러나 나는 이 주에 사는 누구도 굶어죽게 버려두지 않았다. …… 나는 누구도 다른 주로 이주할 필요를 느끼지 못하게 했도다. 나는 비할 자 없는 영웅이다."[2] 적어도 안크티피의 눈에는 자신이 그 어떤 파라오에도 뒤지지 않는 존재였던 것이다.

마네토의 깔끔한 왕조 구분은 이 모든 혼란을 순차적인 왕조 승계라는 틀에 끼워 맞추려는 욕심에서 비롯된 것이다. 역사적 사실이 있고 난 지 1,500년도 더 흐른 시점인데도 마네토는 지상에서 호루스의 권위가 완전히 깨졌다는 사실을 흔쾌히 받아들이지 못한다. 이런 점에서 비슷한 사례가 또 있다. 그 시대를 살아남은 명문들은 이집트 서기들이 왕국의 붕괴라는 현실을 무시하거나(다른 역대 왕 목록들은 제9왕조와 제10왕조는 전혀 존재하지 않았고 제11왕조 도중에 잠시 출몰한 것인 양 묘사한다)[3] 온건한 어투로 윤색하려 했음을 보여준다. 이집트는 무정부 상태에 빠진 적이 없고 해묵은 남과 북의 적대감이 일시적으로 재현되었을 뿐이라는 것이다. 즉 북부와 남부의 충돌은 새로울 것이 없고 과거에도 항상 특출한 파라오가 다시 등장해 그 모든 혼란을 통일해버렸다는 식이다.

그리하여 우리는 인테프 1세가 남긴 명문에서 그가 테베에서 파라오를 자처하며 스스로를 '상이집트와 하이집트의 왕'이라고 하는 것을 보게 된다.[4] 과장치고도 너무 심했다. 그는 하이집트의 왕은커녕 상이집트의 상당 부분조차 통제하지 못했을 것이다. 그런데도 반란을 일으킨 북부를 다시 통제한 상이집트 출신 파라오의 반열에 끼어든 것이다. 인테프의 군사는 한 번 이상 헤라클레오폴리스 군사들과 싸웠다. 북부와 남부의 해묵은 싸움의 재현이다. 한편 경쟁자인 총독들은 서로 충돌하고, 서셈족은 나일 강 삼각주로 쳐들어왔다. 이집트의 위대한 과거는 상당 부분 퇴조하고 만다. "군대가 군대와 싸웠다"고 당시를 기록한 기사는 적고 있다. "이집트는 묘지에서 싸운다. 보복으로 무덤들을 파괴했다."[5]

이어 제11왕조 중간쯤에 멘투호텝 1세가 테베의 왕좌에 올랐다.

멘투호텝은 테베의 전쟁의 신에서 따온 이름으로 재위 초반 20년을 북쪽 하이집트 공격으로 보냈다. 선배인 나르메르나 카세켐위와는 사정이 달라서 북부 왕의 군사와는 물론이고 도중에 나타나는 총독들과도 싸워야 했다. 대단한 첫 승리 가운데 하나는 아비도스 총독과의 전투였다. 어찌나 치열했던지 적어도 무덤 하나에 죽은 병사 60명을 같이 묻어야 했을 정도다.[6]

그가 북쪽으로 진군해가자 헤라클레오폴리스의 제10왕조 군사들은 퇴각했다. 멘투호텝이 헤라클레오폴리스에 도달하기 직전 현지를 다스리던 제10왕조의 왕은 그곳에서 죽었다. 왕위 쟁탈전으로 도시는 무질서로 빠져들었고 멘투호텝은 손쉽게 입성했다.

이제 그는 테베와 헤라클레오폴리스를 둘 다 장악했다. 그러나 통일과는 거리가 멀었다. 군벌들은 오랫동안 지켜온 권력을 포기할 생각이 없었다. 여러 지방과의 전투가 수년간 계속되었다. 이 시기 이집트 왕실 관리들을 묘사한 초상화는 파피루스나 다른 집무 도구가 아니라 무기를 든 모습으로 나타난다. 상당 기간은 집무실로 가는 길조차 위태로웠다는 이야기다.[7]

그러나 재위 39년 만에 멘투호텝은 마침내 이름을 바꾼다. 새 호루스식 이름은 '두 나라의 통일자'였다. 놀라운 일도 아니다. 사실 그가 40년간 권력투쟁을 벌인 것은 남북의 적대감과는 거의 관계가 없었다. 내전이라는 구식 패러다임은 오히려 이집트를 다시 한 번 구한 위대한 파라오가 될 수 있는 좋은 기회였다.

그의 질주는 성공적이었다. 오래지 않아 그의 이름은 여러 명문에서 나르메르의 이름 옆에 등장하기 시작한다. 그는 제2의 나르메르로 칭송을 받았다. 상이집트와 하이집트를 하나로 통일한 전설적인 왕과 처음으로 어깨를 나란히 하게 된 것이다.

멘투호텝의 퇴위는 제1중간기의 끝이자 활력 넘치는 그 다음 중왕국 시대의 시작이었다. 마네토에 따르면 그는 40년을 통치했다.

무덤의 명문은 적어도 다섯 명의 여성을 그의 아내로 기록하고 있지만 아들을 언급하는 명문은 없다.[8] 다음 두 왕은 멘투호텝과는 물론 서로 간에도 혈연관계가 없다. 그리고 세 번째 왕은 평민 출신이었다. 아메넴헤트 1세는 멘투호텝 3세의 재상으로 있던 사람이었다. 신성한 왕가의 혈통이라는 관념은 이론적으로는 여전히 존중되었지만 실제로는 사라진 것으로 보인다.

아메넴헤트 1세는 제12왕조 초대 왕이었다. 출생으로 보면 남부 사람(명문에 따르면 어머니가 멀리 상이집트의 엘레판티네 출신이다)이었던 아메넴헤트는 나르메르가 그랬던 것처럼 즉위를 기념해 즉시 새 수도를 건설함으로써 스스로를 위대한 통일자의 반열에 올려놓았다. 그는 멤피스에서 남쪽으로 32킬로미터 떨어진 곳에 새 수도를 건설하고 '두 나라의 정복자(이티-타와이)'라고 불렀다.[9] 새 수도는 남북의 균형점 노릇을 했다. 멤피스는 여전히 이집트 신들을 모시는 중심지이자 가장 신성한 신전들의 고향이었지만 파라오가 주석(主席)하는 장소는 아니었다.

아메넴헤트는 또 서기들로 하여금 자신에 관한 '예언'을 쓰도록 했다. 이 문서는 집권 직후부터 전 이집트에 퍼지기 시작했다. 「네르페르티의 예언」이라는 이 문서는 500년 전 스네프루 왕 치세 때 나온 것이라고 주장하면서 스네프루 왕이 이집트가 동방의 아시아인 침입자들에게 함락될 것을 우려하는 것으로 시작된다. 후대의 근심을 훨씬 앞선 시대에 투영한 것이 분명하다. 스네프루가 그런 우려를 했을 가능성은 거의 전무하다. 어쨌든 다행히도 스네프루를 보필하는 현인은 낙관적인 예언을 한다.

> 한 임금이 남쪽에서 나타날지니 ……
> 그는 하얀 왕관을 차지할 것이다.
> 그는 붉은 왕관을 쓸 것이다. ……
> 아시아인들은 그의 칼 아래 떨어지고,
> 반군들은 그의 분노에, 배신자들은 그의 권세에 떨어지리라. ……
> 〔그는〕 통치자의 성벽을 세워
> 아시아인들이 이집트로 쳐들어오지 못하게 막을 것이다.[10]

아메넴헤트는 이어 이 예언을 그대로 이행하는 조치를 취했다. 아들 세누스레트의 도움을 받아 나일 강 삼각주로 침입한 '황무지 거주자들'을 쳤다.[11] 또 삼각주 동쪽에 요새를 지어 다른 침입자들을 몰아내고 요새 이름을 '통치자의 성벽'이라고 했다. 놀라운 일도 아니다.

치세 말기에 아메넴헤트는 새 수도 이티-타와이 근처에 자신의 피라미드를 지을 만큼 강력해졌다. 작은 피라미드에 불과했지만 옛날의 질서가 돌아왔음을 보여주는 기념물로 서 있다. 아메넴헤트는 나르메르와 쿠푸, 카프레 같은 위대한 선조들을 뒤따르고 있다고 느꼈을 것이다. 파라오의 권세는 다시 한 번 상승세를 탔다.

이어 아메넴헤트는 살해당했다.

세누스레트 1세는 부왕의 암살에 관한 이야기를 사건 직후 아버지의 목소리를 빌려 적었다. 죽은 아메넴헤트는 이렇게 말한다. "일어나보니 싸움이 벌어지고 있었다. 경호원의 공격이라는 사실을 알게 되었다. 재빨리 무기를 손에 들었다면 저 비열한

지중해

티그리스 강

유프라테스 강

• 키쉬

부토

하이집트

통치자의 성벽
(추정 위치)

멤피스 • • 헬리오폴리스
이티-타와이
헤라클레오폴리스 •

리 비 아

상이집트

아비도스 •
눕트 • • 테베
히에라콘폴리스 •
엘레판티네 ▦ 제1폭포

부헨
▦ 제2폭포

누 비 아

나일 강

홍해

나일강의흐름

에 티 오 피 아 고 원

중왕국

자를 물리쳤을 텐데 …… 그러나 한밤중에 강한 사람은 없다. 혼자 싸울 수 있는 자도 없다. …… 아들아, 네가 없는 동안 당하고 말았구나."**12**

좀 후대에 나온 「시누헤 이야기」에는 좀 더 상세한 내용이 담겨 있다. 이 기사에 따르면 세누스레트는 남쪽 '리비아인들의 땅'에 원정중이었다. 리비아는 나일 강 서쪽 사막으로 그곳 황무지 거주자들은 오랫동안 이집트 국경을 괴롭혔다. 아버지가 살해되었다는 소식을 듣자마자 세누스레트는 군대를 남겨놓고 매처럼 북쪽 이티-타와이로 날아갔다. 길고도 어려운 여정이었을 것이다. 왕자가 다가오자 조신(朝臣) 시누헤는 궁정을 탈출해 저 위쪽 아시아인들의 땅으로 달아났다. 범죄에 연루되었다는 의혹을 살까 두려워서였다.

가나안으로 달아난다는 것은 이집트인으로서는 절망적인 행동이었다. 시누헤의 여정은 힘겨웠다. 그는 통치자의 성벽을 살금살금 지나("덤불에 숨었다. 요새 위의 파수꾼이 …… 나를 볼까 두려웠기 때문이다.") 뜨겁고 목이 타는 사막을 건너야 했다. 마침내 그는 가나안에 도착했다. 그는 그곳을 '야'라고 불렀는데 젖과 꿀이 흐르는 땅을 찾은 것이다. "무화과가 있었다"고 그는 소리친다. "포도도 있었다. 물보다 포도주가 더 많고, 꿀이 넘치고, 기름도 풍부했다."

한참 후에 시누헤는 고향 땅으로 돌아가 세누스레트의 사면을 받고자 한다. 세누스레트는 아버지의 자리를 차지하고 이집트를 전보다 부강하게 만들어놓은 상태였다. 그러나 시누헤는 남들이 가나안 땅이 살기 좋은 곳이라고 생각하지 못하도록 자신이 점잖은 이집트 사회에 다시 합류하려면 재문명화 과정을 거쳐야 한다고 말한다. 아시아인들 사이에서 몇 년을 보냈으니 야만의 잔재를 털어내야 한다는 이야기였다. 그런 과정은 어지간히 시간이 걸렸을 것이다. 서셈족 틈에 섞여 살면서 털북숭이가 되었을 테니 온몸의 털도 깎아야 했을 것이고…….

세누스레트 자신은 문제의 경호원을 처형함으로써 아버지의 원수를 갚고 나름의 번영을 누리고 있었다. 그는 죽기 몇 년 전에 아들을 섭정으로 삼았다. 섭정을 두는 일은 제12왕조 파라오들에게는 하나의 관행이 되었다. 다음 파라오로 넘어가는 시기를 좀 더 순조롭게 관리하기 위한 조치였다. 섭정은 특권을 주는 것이기도 했다. 섭정을 두는 관행은 왕이 죽으면 아들로 다시 태어난다는 전통적인 관념 속으로 녹아들어갔음이 분명하다. 그러나 이제 파라오는 신이라기보다는 인간임이 분명했다. 이렇게 달라진 지위는 제12왕조 임금들의 상에 반영되어 있다. 제4왕조 통치자들처럼 미동도 없는 신과 같은 얼굴과는 현격히 다른 진짜 인간의 초상이다.

승계는 계속되었다. 이집트는 비교적 평화로운 단계에 접어들어 다시 예전의 번영을 누렸다. 세누스레트의 뒤를 그 아들이 잇고 아들의 뒤를 손자가 이었다. 증손자 세누스레트 3세는 거대한 체구로 기억되는 인물이다. 키가 198센티미터가 넘었음이 분명하다. 조각상도 바로 알아볼 수 있다. 얼굴은 윤곽이 뚜렷하고 눈은 큼지막하며 눈꺼풀은 두툼하다. 귀는 크고 도드라져 머리장식을 뒤로 젖힐 정도다. 그는 어느 파라오보다도 저 아래 누비아에 요새를 많이 세웠다. 그 자신의 기록에 따르면 적어도 13개는 되었다. 요새는 성채에 성루와 해자를 갖춘 중세의 성처럼 거대했다. 가장 큰 것 중 하나는 제2폭포 인근 부헨에 있는 요새로 진흙 벽돌 성벽 두께가 3.96미터였고 성탑은 다섯에 커다란 중앙 성문에는 이중문이 달렸고, 방어용 도랑 위로 도개교(跳開橋)를 달아놓았다. 요새 안은 마을과 도로와 신전을 두기에 충분할 만큼 넓었다.[13]

부헨에 사는 이집트인들은 성벽 바깥에서 자지 않았다. 누비아인들이 습격할지 몰랐기 때문이다. 세누스레트의 잔혹한 정벌 기간에 이집트인들은 누비아 남자들을 살육하고 여자와 어린이는 북쪽으로 노예로 끌고 갔다. 들판은 불태우고 우물은 파괴했다. 누비아인들은 상전을 극도로 증오하면서 그들과 나란히 살아갔다.

그러나 이집트에서 가장 말썽 많은 지역을 이처럼 야만적으로 억압함으로써 일시적으로 저항을 멈추게 할 수 있었다. 세누스레트 3세가 이집트를 아들에게 넘겨주었을 때 전 영토는 평화로웠다. 이집트는 다시 비블로스와 삼나무 거래를 시작했다.

세누스레트 3세 세누스레트 3세의 화강암 두상으로 카르나크 근처에서 출토되었다. 카이로 이집트박물관 소장. 사진 The Bridgeman Art Library

시나이의 광산은 최대로 가동되었다. 나일 강의 범람도 수년 만에 최고조에 달했다. 중왕국은 신이라기보다는 인간이 왕위에 있었지만 전성기를 누린 것이다.

연표 19	
이집트	메소포타미아
제1중간기(B.C. 2181~2040)	
제7, 8왕조(B.C. 2181~2160)	
제9, 10왕조(B.C. 2160~2040)	아가데의 몰락(대략 B.C. 2150)
중왕국 시대(B.C. 2040~1782)	
제11왕조(B.C. 2134~1991)	우르 제3왕조(B.C. 2112~2004)
인테프 1~3세	우르-남무
멘투호텝 1~3세	술기 아브라함 가나안으로 가다
	우르의 몰락(B.C. 2004)
제12왕조(B.C. 1991~1782)	
아메넴헤트 1세	

합종연횡하는 메소포타미아

B.C. 2004~1750년
라르사의 왕과 아수르의 왕이 남쪽과 북쪽에 왕국을 세우는 동안
바빌론의 함무라비 왕은 기회를 엿보다

이집트가 다시 번영의 길로 들어섰을 때 메소포타미아 평원은 여전히 뒤죽박죽이었다.* 엘람인들은 우르를 약탈하고 입비-신을 의기양양하게 수사로 끌고 간 다음 폐허가 된 우르에 성벽을 쌓고 요새화했다. 이 도시를 발판으로 영토 확장에 나설 요량이었다. 그러나 주군을 배신한 교활한 사령관 이슈비-에라가 버티고 있다는 사실을 깜빡했다. 이슈비-에라는 여전히 북쪽에서 이신을 확고히 장악하고 있었다. 이슈비-에라가 몰락한 우르 왕조처럼 위대한 새 수메르 왕조를 세우고 싶다는 구상을 실현하려면 우르가 필요했다.

경쟁자는 많지 않았다. 우르가 약탈당한 이후 한때 우르 제3왕조의 보호를 받았

---

* B.C. 2004년 우르 제3왕조가 몰락하고 나서부터 B.C. 1600년 바빌론 제1왕조가 끝날 때까지를 일반적으로 '고(古)바빌로니아 시대'라고 한다. 그러나 이 용어는 B.C. 1792년 함무라비 왕이 등극할 때까지 바빌론이 중요한 도시였던 적이 없고, 그 이후로도 30여 년간은 메소포타미아 평원 전체를 지배하지 못했다는 점에서 극히 부정확한 표현이다.

던 각지의 도시들은 대부분 힘자랑을 하며 나서지 않았다. 패권을 다툴 수 있는 세력은 셋뿐이었다. 우르 제3왕조 붕괴 이후 어느 정도 자주권을 회복한 고대 수메르계 두 도시와 엘람인이었다.

우선 에슈눈나는 멀리 북쪽으로 티그리스 강 오른편에 있었다. 입비-신이 곤경에 처하자 에슈눈나는 수도에서 멀리 떨어져 있다는 이점을 살려 반란을 일으켰다. 에슈눈나가 이슈비-에라의 권력에 위협이 된다는 것은 확실했다. 그러나 이신과는 역시 거리가 꽤 되었다. 게다가 그 사이에는 아모리인들이 가로막고 있었다. 한편 옛 수메르 소속이었던 라르사는 이슈비-에라가 호시탐탐 노리는 남부 평원에 자리하고 있었다. 라르사도 이전에 입비-신의 통치에 반기를 든 바 있다. 그러나 이제 왕권은 아모리인이 잡고 있었다.

이슈비-에라는 라르사와 싸워 전력을 약화시키기보다는 직할 도시인 이신을 요새화하면서 왕관 중에서도 보석 같은 도시 우르를 공격할 때에 대비해 군사력을 키웠다.

그는 서두르지 않았다. 그가 북쪽에서 단번에 휩쓸고 내려와 라르사를 그냥 지나친 다음 우르를 점거중인 엘람인들을 들이친 것은 치세 말기였다. 엘람인이 우르를 점령한 지 10년쯤 지난 시점일 것이다. 극히 일부만 남아 있는 시는 이슈비-에라가 엘람인을 무찌르고 우르를 탈환한 내용을 기록하고 있다.

이슈비-에라는 적에게 다가갔다.

그러자 그들은 그 힘을 이기지 못했다. 그곳 우림 평원에서.

거대한 전차에 올라

그는 승전가를 부르며 도시에 입성했다.

그는 금과 보석을 주워 담았다.

이어 이 소식이 …… 엘람의 왕에게 전해졌다.[1]

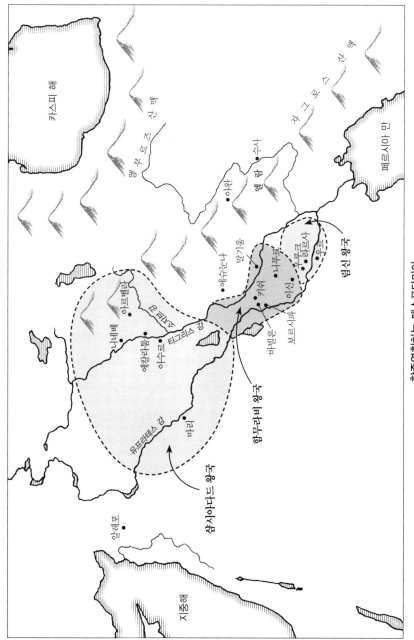

합종연횡하는 메소포타미아

카스피 해

엘부르즈 산맥

자그로스 산맥

페르시아 만

아완

엘 람 • 수사

에슈눈나

말기움

키시 • 니푸르

• 움마

이신 • 우루크

라르사

바빌론 •

람신 왕국

보르시파

티그리스 강

님루드 •

아슈르 •

에칼라툼 •

님루드 •

칼훌로우 •

함무라비 왕국

유프라테스 강

마리 •

샴시아다드 왕국

알레포 •

지중해

이슈비-에라는 왕관의 보석 같은 도시 우르로 만족하는 수밖에 없었다. 라르사나 에슈눈나를 칠 상황은 되지 못한 것이다. 얼마 지나지 않아서 그가 죽고 아들이 이신, 니푸르, 우루크, 우르 네 도시를 아우르는 왕국을 떠맡았다.

그 다음 50년 동안 이슈비-에라의 이신 왕조와 라르사의 아모리 왕들은 남부 평원에서 처절하게 싸웠다. 그러나 어느 쪽도 우세를 점하지는 못했다.[2]

위로 북쪽에서는 한때 우르 제3왕조의 감시를 받던 도시들이 다시 독립을 부르짖기 시작했다. 사르곤 대왕 때 아카드 제국에 처음 편입되었다가 나중에 슐기의 우르 왕국에 귀속되었던 아수르는 성벽을 재건하고 지중해 연안 서셈족과 무역을 시작했다. 아수르의 상인들은 심지어 소아시아 동쪽 끄트머리에 작은 무역 식민지까지 건설했다.[3] 아수르 서쪽 유프라테스 강둑에 위치한 도시 마리도 같은 움직임을 보이고 있었다. 아수르와 마리 사이, 즉 유프라테스와 티그리스 강 사이에는 아모리 족장들이 저마다 작은 농토를 차지한 채 서로 지지고 볶고 싸우고 있었다.

B.C. 1930년쯤 남부의 세력 균형이 흔들리기 시작했다. 라르사의 다섯 번째 왕인 아모리인 군구눔은 형이 죽자 왕위를 잇고 제국 건설의 야심을 키웠다. 그는 수사까지 진출해 그곳에 자신의 이름이 들어간 명문을 남겼다. 위로는 니푸르까지 진출해서 이신의 통제하에 있던 이 도시를 빼앗고 이어 이신 왕조의 자존심인 우르 정벌에 나섰다. 정벌 과정에서 이신의 왕 리피트-이슈타르(우리가 아는 한 이슈비-에라의 고손자다)와 휘하 장군 사이에 오간 숨 가쁜 편지들이 전한다. 장군은 이렇게 썼다. "군구눔 군사 600이 도착했습니다. 전하, 지원군을 보내지 않으면 놈들은 곧 벽돌 요새를 쌓을 겁니다. 지체하시면 안 됩니다, 전하!"

리피트-이슈타르의 답장에서는 아이러니하게도 80년 전 입비-신이 이슈비-에라의 공세에 몰렸을 때와 똑같이 입술이 바짝바짝 타들어가는 초조함이 느껴진다. 그는 이렇게 쓰고 있다. "다른 장수들이 너보다 훨씬 낫다! 왜 진작 자세히 보고하지 않았느냐? 나는 그대에게 급히 창수 2,000, 궁수 2,000, 부월수(도끼를 든 병사) 1,000을 보내주었다. 당장 적을 몰아내고 인근 도시들을 보호하라. 한시가 급하다!"⁴

지원군은 너무 늦게 도착했다. 아니면 수가 너무 적었는지 모른다. 라르사의 적군은 우르를 짓밟았다. 얼마 후 군구눔은 자신이 이 고대 도시의 신성한 수호자라고 선언하고 달의 신에게—자기 선조는 수메르계가 아니라 아모리인이지만—반드시 고대의 관습을 복원하겠다고 약속하는 시들을 쓰게 했다. 그 중 하나는 "군구눔 왕의 경애하는 신 난나시여"로 시작한다. "그는 당신을 위하여 당신의 도시를 복원할 것입니다. 당신을 위하여 수메르와 아카드의 흩어진 백성들을 다시 모을 것입니다. 당신의 우르 안에서, 유서 깊은 도시, 위대하고 신성한 권세의 도시, 결코 사라지지 않을 집 안에서, 군구눔이 오래오래 살게 하소서!"⁵ 타인의 유산을 복원할 권리를 주장하는 것이다. 이는 이후 정복자들이 흔히 쓰는 수법이 된다.

군구눔의 후계자는 라르사와 우르를 물려받았다. 그러고 나서 니푸르까지 합병하려고 작심했다. 이신의 왕(이 인물은 찬탈자다. 이슈비-에라의 후손들은 우르가 파국을 맞는 과정에서 이미 왕권을 상실했다)이 반기를 들면서 두 도시는 해묵은 증오의 불을 다시 지폈다. 다시 한 번 라르사와 이신은 전쟁을 시작했고 싸움은 몇 년간 계속되었다. 이번에는 불행한 니푸르를 놓고 벌이는 싸움이었다. 니푸르는 전쟁을 겪으면서 최소 여덟 번은 주인이 바뀌었다. 한편 평원의 다른 도시들—이신, 라르사, 우루크(당시는 다른 아모리인 우두머리가 통치하고 있었다), 에슈눈나, 아수르, 마리—은 여러 해 동안 공존 상태를 유지하고 있었다. 이번에도 극도의 긴장 상태에서 중무장을 한 채 중립을 유지했다.

여기에 새 도시가 합류했다. 또 다른 아모리인 우두머리가 바빌론의 강기슭 마을로 이주해 그곳을 본거지로 삼은 것이다. 그 우두머리인 수무-아붐은 촌락 주벽에 성벽을 세워 도시화하고 스스로 왕이 되었다. 아들은 후계자로 삼았다. 그가 남긴 명문은 (옛날 길가메시처럼) 그를 바빌론의 위대한 건설자로 부르면서 찬미하는 내용이었다. 명문에서 재위 2년째인 해는 '성벽을 건설한 해'로, 5년째는 '거대한 난나 사원을 건설한 해'로 서술하고 있다.[6]

수무-아붐을 제외하고 그럴 듯한 지도자가 있는 도시는 아무 데도 없었다. 고만고만한 왕이 고만고만한 왕을 이었으며 업적이랄 것도 별 게 없었다. 이신은 9대 왕 에라-이미티가 지방의 한 신탁소에서 자신에게 파국이 다가오고 있다는 이야기를 듣고 나서 갑자기 권력에 변화가 생겼다. 에라-이미티는 후대 아시리아 관습에서 흔히 볼 수 있는 희생양 의식을 치름으로써 다가오는 파국을 막아보고자 했다. 궁정 관리인 한 사람을 골라 하루살이 왕을 시킨 것이다. 예정된 마지막 날 가짜 왕은 의식에 따라 처형하도록 되어 있었다. 이런 식으로 해서 예언을 성취시키는 셈이다. 그러면 파국이 이미 왕에게 닥쳤으므로 진짜 왕은 다치지 않고 위기를 모면하는 것이다.

불행하게도 이 사건을 담고 있는 연대기는 가짜 왕이 임시로 왕관을 쓰고 있는 동안 에라-이미티가 수프를 먹으러 갔다가 그것이 목에 걸려 죽었다고 말한다.[7] 수프를 죽음의 원인이라고 보기는 어렵다. 아마도 궁정에 독살의 손길이 뻗쳤을 것이다. 왕이 죽자 궁정 관리인은 왕위를 내놓지 않고 24년을 다스렸다.

라르사와의 싸움은 내내 계속되었다. 라르사는 계속되는 전투로 약해져서 엘람인들이 일부 철수를 했을 때에는 손쉬운 먹잇감이 되었다. B.C. 1834년쯤 북서부 엘람 지역의 군벌이 군사를 모아 티그리스 강을 넘어 반격을 가했다. 그는 라르사를 손에 넣고 얼마 후에 우르와 니푸르도 함락시켰다. 라르사는 둘째 아들 림신에게 주어 대신 통치하도록 했다.

림신의 새 영토는 여러 해 동안 전쟁을 겪은 탓에 꾀죄죄하고 형편없었다. 림신은 라르사에 예전의 영광을 되찾아주겠다고 마음먹었다. 우리는 그가 치세 초기를 정확히 어떻게 보냈는지 알지 못한다. 그러나 그가 라르사의 왕위에 오른 지 18년이 지난 B.C. 1804년 세 도시가 라르사가 강성해지는 것을 우려한 나머지 서로 간의 역사적 차이는 접고 한데 뭉쳐 공동의 위협에 대응하고 나섰다. 이신의 왕인 우루크의 아모리인 지배자와 바빌론의 아모리인 우두머리는 림신에 대항해 연합군을 결성했다.

림신은 이 군대를 쓸어버리고 내친김에 북진해 우루크까지 점령했다. 보복이었다. 바빌론의 왕과 이신의 왕은 일단 퇴각해 다음 대처방안을 곰곰이 생각했다.

바로 이 시점에 에슈눈나의 왕이 남부의 혼란을 틈타 영토를 북쪽으로 넓히려고 작정했다. 그는 티그리스 강을 타고 북쪽으로 행군해 아수르의 아모리인 왕을 내쫓고 아수르의 경영을 아들에게 맡겼다. 그러나 정벌을 더 계획하기 전에 아수르의 무너진 성벽 바깥에 한 침입자가 나타났다.

이 전사의 이름은 샴시아다드로 아마도 아모리인이었을 것이다. 당시 군벌은 대개 아모리인이었다. 아시리아 역대 왕 목록(아수르의 왕위 계승을 수메르 역대 왕 목록과 같은 스타일로 기록한 것이다)은 샴시아다드가 바빌론에서 몇 년을 보낸 다음 북상해 "에칼라툼이라는 읍락을 장악했다"고 전한다. 에칼라툼은 군사 요새로 아수르 바로 북쪽 티그리스 강 건너편 연안에 있었다. 아수르로서는 전초기지 역할을 했을 것이다.[8] 여기서 그는 3년을 머물면서 정복계획을 짰던 것으로 보인다. 그러고 나서 아수르로 진격해 에슈눈나의 국왕 대리인을 쫓아내고 본인이 왕위에 올랐다.*

이어 그는 제국 건설에 착수했다. 림신 치하의 남부 쪽으로 세력을 뻗어가고 있는 라르사 왕국의 북부판인 셈이다. 샴시아다드는 큰아들 이슈메다간에게 에칼라툼과 아수르 북서부 땅을 맡기고 자신은 티그리스와 유프라테스 강 사이의 땅을 장악했다. 또 서쪽으로 멀리 마리까지 진격해 방어선을 무너뜨리고 마리의 왕을 처형했다. 샴시아다드 수하 관리 한 사람은 얼마 후 그에게 편지를 보내 처형된 왕의 장사를 지내는 데 얼마나 신경을 써야 하는지를 묻고 있다.

왕의 아들들도 죽였다. 단 한 사람 젊은 왕자 짐리-림은 탈출했다. 짐리-림은 서

---

* 샴시아다드의 치세는 전통적으로 B.C. 1813년에 시작된 것으로 잡는다. 꼭 맞는다고 할 수는 없지만 고대사의 중요한 기점 중 하나다.

쪽 서셈족의 도시 알레포로 달아났다. 가나안 북쪽에 있는 곳이다. 얼마 전 그는 알레포 왕의 딸과 결혼을 했다. 그래서 샴시아다드의 침입에 직면하자 장인에게 몸을 의탁한 것이다. 샴시아다드는 둘째 아들 야스마아다드를 마리의 왕으로 앉혔다. 자신의 감독하에 총독 겸 왕으로 일하게 한 것이다.

샴시아다드는 으레 그렇듯 자신의 승리를 기록한 명문을 새기게 했을 뿐 아니라 두 아들과 숱하게 연락을 주고받았다. 마리의 유적에서 발견된 이 편지들은 샴시아다드가·서부 평원뿐 아니라 티그리스 강 동쪽 땅 일부도 장악했음을 말해준다. 멀리 자그로스 산맥 일부 지역까지 진출해 엘람인의 거점을 치고 들어간 것이다. 그리고 북쪽으로는 아르벨라와 니네베도 정복했다. 샴시아다드 치하에서 처음으로 아수르, 아르벨라, 니네베를 꼭짓점으로 하는 티그리스 강 상류와 소(小)자브 강(江) 사이 삼각형 땅이 '아시리아'가 되었다. 이곳이 아시리아 제국의 중심이었다.

이는 당시 왕국의 영토로서는 이집트를 제외하면 가장 넓은 것이었다. 샴시아다드도 자신이 참으로 대단하며 모든 신의 가호를 받고 있다고 수시로 떠들어댔다. 신들에게는 정교한 사원을 세워 잘 보이려고 했다. 새로 지은 사원에 새긴 봉헌사 가운데 하나는 "나는 샴시아다드, 우주의 왕이다. 아수르 사원의 건설자로 티그리스와 유프라테스 사이의 땅에 온 힘을 쏟는다. …… 나는 사원의 지붕을 삼나무로 꾸미고 삼나무 문짝을 달고 금과 은으로 덮었다. 사원 벽은 금, 은, 청금석, 돌로 만든 기초 위에 세웠다. 벽에는 삼나무 기름과 꿀과 버터를 발랐다."[9]

샴시아다드의 제국은 관료와 피정복민에 대한 철저한 통제가 특징이었다. 그는 자신의 왕국에 대해 "나는 총독을 곳곳에 배치했다. 그리고 곳곳에 요새를 설치했다"고 기록하고 있다.[10] 그는 신민들의 반란 이상의 것을 걱정하지 않을 수 없었다. 그의 제국 역시 엘람인들의 위협을 받고 있었던 것이다. 엘람인은 제국의 동쪽에서 군대를 집결시키고 있었다. 샴시아다드의 동쪽 영토를 지키는 관리는 그에게 몇 번이나 엘람의 왕이 1만 2,000 군사를 동원해 공격 준비를 하고 있다고 편지를 보냈다.[11] 그러나 샴시아다드는 요새를 지킬 만한 방어군을 충분히 동원할 수 있었고 엘람인의 공격은 약간 연기되었다.

다시 저 아래 남쪽에서는 결국 림신이 이신을 정복한다. 이신은 남부에서는 거의 200년 동안 라르사의 라이벌이었다. 이신 왕조가 끝나자 림신은 북부의 샴시아다드와 마찬가지로 남부의 절대적인 지배자가 되었다. B.C. 1794년 두 사람은 전 메소포타미아를 양분했다.

B.C. 1792년 바빌론의 아모리인 우두머리가 죽고 그 아들 함무라비가 그 자리를 이었다.

함무라비는 바빌론 역대 왕 목록에 따르면 바빌론 주변에 처음 성벽을 건설한 수무-아붐의 5대손이었다. 함무라비는 어쩌면 샴시아다드의 아주 먼 친척이었을지도 모른다. 바빌론 왕 목록에 따르면 바빌론을 통치한 맨 처음 선조 12명은 샴시아다드 역대 왕 목록에 나오는 '장막에 사는 왕들'과 이름이 같다. 이 중 둘은 선조가 똑같은 아모리인 유목민이다.[12]

림신과 샴시아다드의 왕국은 함무라비의 바빌론 양쪽에서 버티고 있었다. 새총을 든 소년이 앞뒤로 거인과 마주한 형국이다. 그러나 바빌론이 중간에 있다는 사실은 이점이기도 했다. 이 도시는 아수르에서 남쪽으로 멀리 떨어져 있었기 때문에 샴시아다드를 불안하게 하지 않았고 라르사에서도 북쪽으로 멀리 떨어져 림신을 위협하지 않았다. 함무라비는 조심스럽게 중부 메소포타미아 주변 도시들을 장악해 들어갔다. 등극한 지 별로 오래되지 않은 시점에 그는 고대 수메르 도시 키쉬와 남쪽에 있는 보르시파를 차지하게 된다.[13]

영토를 더 늘리려면 북쪽이나 남쪽으로 눈을 돌려야 했다. 함무라비가 택한 것은 후자였다. 이신은 림신이 정복하는 과정에서 방어력이 약해졌다. 바빌론 왕이 된 지 5년이 지난 B.C. 1787년 함무라비는 이신을 공격해 라르사의 수비군을 물리치고

빼앗았다. 또 티그리스 강을 건너 엘람인 영토 서쪽 끝자락에 있는 말기움 시를 장악했다.[14]

그러나 림신 왕국의 핵심을 차지하려는 시도는 아직 하지 않고 있었다. 더구나 북쪽을 칠 계획도 없었다. 재위 9년이 되던 해 그는 샴시아다드와 형식적인 동맹을 맺었다. 바빌론에서 나온 한 점토판은 두 사람의 맹약을 기록하고 있다. 두 사람이 똑같이 이 맹약에 구속되기는 하지만 어감으로는 함무라비가 샴시아다드를 우월한 존재로 인정한 것으로 보인다. 조급하게 아수르의 왕 자리를 빼앗을 만큼 강하다고는 아직 생각하지 않은 것이 분명하다. 후일을 기약할 요량이었을 것이다. 2년 후 샴시아다드가 죽었다. 부모의 내력과 마찬가지로 그의 출생 연도는 알기 어렵지만 아마 노환 때문이었으리라.

그렇다고 해도 함무라비는 즉각 아시리아 영토로 쳐들어가지는 않았다. 때를 기다리면서 운하와 사원을 건설하고 휘하 도시들을 굳건히 하면서 군사력을 길렀다. 심지어 마리에서 왕 노릇 하고 있는 샴시아다드의 아들 야스마아다드나 바빌론 북쪽 에슈눈나의 왕과도 어지간히 우호적인 관계를 맺었다. 두 왕과는 서로 대사(와 첩자)를 파견할 정도로 좋은 관계를 유지했다. 양쪽 카드를 다 쓰면서 함무라비는 알레포에 대해서도 사절단을 영접하는 등 우호적인 제스처를 취했다. 알레포에는 축출당한 마리의 정통 후계자가 망명중이었다.[15]

남쪽의 림신은 메소포타미아 중앙에서 위협이 커지는 것을 충분히 의식하고 있었다. 함무라비는 은인자중하고 있지만 위험한 존재였다. 림신은 이미 여러 곳과 동맹을 맺고 있었다. 그는 엘람인과 바빌론 동쪽 말기움의 왕에게 메시지를 보냈다. 바빌론 북쪽 에슈눈나의 왕과 엘람 북쪽에 사는 구티인들에게도 전령을 보냈다. 함무라비를 북쪽과 남쪽에서 협공할 생각이었던 것이다.

한편 함무라비는 왕국의 중앙에 앉아 조용히 힘을 기르면서 한바탕 폭풍우가 몰아칠 것에 대비하고 있었다.

연표 20	
이집트	메소포타미아
제1중간기(B.C. 2181~2040)	
제7, 8왕조(B.C. 2181~2160)	
제9, 10왕조(B.C. 2160~2040)	아가데의 몰락(대략 B.C. 2150)
중왕국 시대(B.C. 2040~1782)	
제11왕조(B.C. 2134~1991)	우르 제3왕조(B.C. 2112~2004)
인테프 1~3세	우르-남무
멘투호텝 1~3세	슐기 아브라함 가나안으로 가다
	우르의 몰락(B.C. 2004)
제12왕조(B.C. 1991~1782)	이신 왕조, 라르사의 아모리인 왕
아메넴헤트 1세	(라르사) 군구눔(대략 B.C. 1930)
	(라르사) 림신(B.C. 1822~1763)
	(아수르) 샴시아다드(B.C. 1813~1781)
	(바빌론) 함무라비(B.C. 1792~1750)

하 왕조의 멸망

(MMMMM)

황허 연안에서
하 왕조가 부패해
B.C. 1766년 상 왕조에 망하다

한편 중국의 왕들은 여전히 신화의 언저리에서 노닐고 있었다.* 위대한 역사가 사마천에 따르면 우 임금이 세운 하 왕조는 400여 년 동안 유지되었다. B.C. 2205년부터 1766년까지 17명의 군주가 통치했다. 그러나 고고학자들이 하나라 왕궁과 수도 유적을 발견했지만 그로부터 1,500년 후에 사마천이 기록하고 있는 인물들이 존재했다는 직접적인 증거는 없다.

사마천의 기록을 희미하나마 통치자의 승계 내역을 반영하는 구비전승으로 이해한다면 하 왕조의 건국과 몰락 이야기는 중국의 권력투쟁이 메소포타미아 평원의

---

* '중국'이라는 명칭을 사용하는 것은 엘람의 영토에 대해 '이란'이라는 명칭을 사용하는 것만큼이나 시대착오적이다. 나는 가급적 그런 일을 피하려고 했다. B.C. 1000년대에 아시아 대륙 동부에 자리한 국가들은 지배 가문의 이름을 국명으로 삼았다. 그러나 이 지역에 대해 '중국'이라는 명칭을 사용하는 것은 엘람의 영토에 대해 '이란'이라는 명칭을 사용하는 것보다는 낫다. 중국은 지금까지 고대 하나라가 오래 차지했던 땅을 거의 그대로 차지하고 있기 때문이다. 반면 이란은 20세기에 국경선을 긋는 바람에 다른 여러 고대 국가의 영토가 일부 포함되어 중국과는 사정이 다르다.

격돌과는 양상이 사뭇 다르다는 것을 보여준다. 중국에는 아직 문명인들을 침략하는 야만인이 없었다. 한 나라와 다른 나라 사이의 투쟁도 없었다. 괄목할 만한 싸움은 임금의 덕망과 사악함 사이에서 벌어졌다. 왕권에 대한 첫 도전은 혈통 승계 자체에서 비롯되었다.

하 왕조 직전에 있었던 현인 왕 세 사람은 아들을 후계자로 삼지 않고 능력 있고 겸손한 사람을 후계자로 맞았다. 세 왕 중 세 번째인 우는 오로지 능력만으로 그 자리를 얻었다. 사마천은 그가 가신이었으나 직전 현인 왕 순 임금이 황허의 범람 문제를 해결할 요량으로 발탁했다고 기록했다. 황허의 범람은 어찌나 극심했던지 "하늘로 솟아올라 온 세상에 번져서 산을 삼키고 언덕을 덮었다"고 한다.[1] 우는 13년을 일하면서 도랑과 운하를 계획하고 제방과 저수지를 건설해서 황허의 홍수를 관개용으로 돌려 홍수의 위협에 노출된 정착촌을 구함으로써 "근면하고 지칠 줄 모르는" 인물임을 입증했다.[2] 그의 노력 끝에 "세상은 크게 질서가 잡혔다."[3] 우는 인민을 외부세력으로부터 보호한 것이 아니라 자기 땅 안에 있는 위협으로부터 보호한 것이다.

우가 다스린 땅은 왕조 이전 시대 중국의 룽산 문화가 점거하고 있던 지역과 겹쳤을 것이다.* 룽산 문화는 황허 남쪽 만곡부 연안에 성벽을 갖춘 촌락을 건설한 사람들이다. 이들 촌락은 족장이 지배했을 가능성이 높다. 이들은 강력한 씨족의 우두머리로 결혼을 통해 다른 촌락 족장과 연맹을 맺고 때로는 정복을 통해 세력을 확장시켰다. 초기 하 왕조에 관한 기사들은 임금을 보필하거나 괴롭히는 '봉건 영주' 또는 '제후'라는 표현을 쓰고 있으나 이는 룽산 문화의 족장들에게는 시대착오적인 직함이다.[4]

---

* 메소포타미아 역사시대 구분과 비교해보면 중국사에 대한 고고학적 구분은 전통적으로 아주 간단하다. 양사오 문화(B.C. 5000~3000년) 다음에 룽산 문화(B.C. 3000~2200년), 청동기시대(B.C. 2200~500년), 그리고 철기시대로 이어졌다.

우리는 강물과 싸운 우 임금의 수도가 어디에 있었는지 알지 못한다. 그러나 B.C. 2200~1766년 사이 어느 시점에 하나라의 수도는 황허 남쪽 만곡부 바로 아래에 건설된 것으로 보인다. 발굴 결과 궁전으로 보이는 광대한 건물들이 드러났다.*

얼리투는 황허 만곡부 바로 아래 남쪽에서 황허로 흘러드는 낙수(洛水) 가의 저지대에 자리 잡고 있다. 주변 땅은 개흙이 쌓여 유기질이 풍부하기 때문에 매우 비옥하다. 또 삼면을 산악이 에워싸고 있어 방어가 쉽기 때문에 성벽도 필요 없을 정도다.[5]

얼리투에 궁전이 있기는 했지만 황허를 따라 들어선 성벽이 있는 정착촌(里)의 우두머리들은 다른 마을과 직접 교역을 하고 소규모 군대를 유지하는 등 나름대로 상당한 독립을 누렸을 것으로 보인다.[6] 그러나 전승에 따르면 적어도 연안을 따라서 어느 정도 왕의 권력이 행사되었다고 한다. 우 임금이 파괴적인 황허의 홍수와 싸웠다는 것은 고대에 홍수의 양상에 모종의 변화가 있었음을 의미한다. 즉 홍수가 극심해졌다는 이야기다. 그렇다면 더욱 더 열악해진 환경에서 그만큼 살아남기가 어려워졌기 때문에 촌락들은 전체를 통일해서 보호하는 단일 지도자의 권력을 받아들이게 되었을 가능성이 높다.

이런 권력을 자식이 물려받는 것은 우 임금에서부터 시작되었다. 그는 이전 현인 왕들의 전범을 따르려고 노력했다. 그들과 마찬가지로 혈통 승계를 거부하고 능력 있는 사람을 뽑아 후계자로 삼고 아들은 젖혔다. 그러나 불행하게도 강력한 족장들이 그런 선택에 이의를 제기하면서 우의 아들 계(啟)를 지지했다. 세습 왕조를 갖겠다는 것이 그들의 뜻이었다. 이러한 반역적인 행동은 황허 유역 정착촌을 현인 왕 시대에서 혈통 승계 시대로 변화시켰다.

---

* 1950년대 말에 이루어진 이 발굴이 있을 때까지 역사가들은 일반적으로 하 왕조를 전적으로 전설에 속한다고 생각했다. 고고학은 전통적으로 하 왕조의 기년에 해당하는 시기에 실제로 황허 왕국이 존재했음을 입증했다. 서구 역사학자와 고고학자들은 얼리투(二里頭) 유적과 하 왕조의 연관성에 대해 근본적으로 의문을 제기했지만 이 문제는 여전히 논쟁거리다. Li Liu and Xingcan Chen, *State Formation in Early China*, pp. 26~27을 보라.

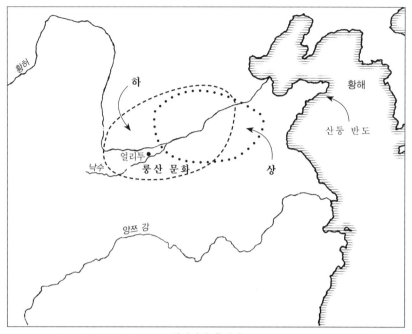

하나라와 은나라

이러한 혁신에 아무런 도전이 없었던 것은 아니다. 유호(有扈)씨가 이끄는 한 촌락이 왕위를 한 가문이 독점하는 것에 이의를 제기했다. 유호씨 부족은 계의 즉위식을 보이콧했다. 계는 군대를 보내 반란자들을 완전 소탕하고 촌락을 파괴한 다음 "하늘이 내린 징벌을 수행했다"고 선언한다.[7] 무력이 덕치를 능가한 것이다.

혈통 승계는 처음 시행할 당시 순탄하지 않았다. 계가 죽고 그의 다섯 아들이 왕위를 다투었다. 하나라의 왕위를 한 세대에서 다음 세대로 평화롭게 넘겨주는 기본 규칙도 없었다. 어찌어찌하여 이기게 된 아들은 유호씨가 우려했던 왕위 세습의 위험성을 그대로 보여주었다. 그는 권력을 장악한 즉시 통치보다는 흥청망청하면서 여색에 탐닉했다. 이렇게 되자 한 강력한 족장이 궁전을 공격해 왕위를 빼앗았다. 이어 그도 신하에게 살해당하고 이 신하가 왕위를 장악했다.

전임자가 후계자를 현명하게 선택하는 전통이 사라지자 혼란이 난무했다. 혈통 승계가 제대로만 되어도 이보다는 나았을 것이다. 결국 정통 왕가의 혈족이 찬탈자에게 도전할 정도의 지지를 확보했다. 그가 소강(少康)으로 계의 조카의 손자뻘 되는 사람이었다.

소강은 수도의 유혈사태를 피해 작은 마을에 숨었다. 이후 추종자를 거느리면서 다시 얼리투로 진군해 왕위에 있던 신하를 쫓아내고 통치권을 장악했다. 하 왕조는 시작한 지 얼마 되지도 않아서 구원이 필요한 지경이 된 것이다.

이처럼 불안한 출발 이후 하 왕조의 승계는 수 세기 동안 덜커덕거렸다. 그러나 중국 역사가들은 자질이 아니라 우연적인 출생에 근거한 통치권은 바로 그런 권력을 보유한 자들을 서서히 타락시켰다는 사실을 우리에게 말해준다. 하 왕조의 임금들은 중국 역사 전체를 통틀어 끊임없이 반복되는 순환에 빠져들었다. 한 왕조를 일으킨 초대 왕들은 지혜와 덕망으로 통치권을 획득한다. 그들은 통치권을 아들에게 넘겨준다. 그러나 시간이 흐르면서 아들들은 게을러진다. 게으름은 타락이 되고 타락은 파멸이 된다. 이어 타락은 왕조의 몰락으로 이어진다. 현명하고 강력한 새 인물이 왕위를 차지하고 새 왕조가 부상한다. 그리고 이런 패턴이 반복된다. 각 순환 주기의 마지막에는 폭군이 몰락하고 덕망을 갖춘 인물이 원래의 근본으로 돌아간다. 그러나 그런 원칙은 오래 유지되지 않는다. 신뢰는 불신으로 타락하고, 경건함은 미신으로, 세련됨은 자만과 공허한 과시욕으로 전락한다. 사마천은 "그런 방식은 하나의 순환이기 때문에 끝이 나면 다시 새롭게 시작된다"고 쓰고 있다.

B.C. 2세기에 아버지에 이어 역사 기록을 담당하는 태사령(太史令) 자리를 물려받은 사마천은 세상에 대해 약간 비뚤어진 시각을 가지고 있었을지 모른다. 황제의 아버지에 대해 나긋나긋하지 않은 말을 내뱉어 황제를 노하게 함으로써 처형과 궁형 가운데 택일을 해야 하는 처지가 된 것을 보면 그렇다. 그는 후자를 택했다. 『사기』를

완성하기 위해서였다. 저술에 대한 헌신과 열정에 있어서 역사학에서 유례가 없는 사례일 것이다. 그러나 그의 순환사관은 오랜 전통과 장기간의 관찰을 토대로 한 것이었다. 중국에서 왕권의 이상은 지혜에 의한 다스림이었다. 그러나 왕이 황허 연안 촌락들에 대한 지배권을 장악하자마자 불가피하게도 타락, 억압, 무력투쟁 등이 이어졌다.

하 왕조에서 투쟁이 정점에 달한 것은 걸(桀) 임금 때였다. 그는 왕궁을 짓기 위해 국고를 탕진함으로써 신하들로부터 서서히 멀어졌다. 미인이지만 인기 없는 여자를 왕비로 맞아들여 백성들로부터도 소외되었다. 잔학하고 사악했으며 허구한 날 주색잡기로 보내면서 정사는 돌보지 않았다. 또 자신에게 도전할 것 같은 족장들은 체포해서 투옥시키거나 죽여버림으로써 족장들로부터도 외면당했다. 사마천은 걸 임금이 "덕치에 힘쓰지 않고 군사력에 의존했다"고 요약한다.[8]

별 이유 없이 투옥된 족장들 가운데 한 사람이 탕(湯)이었다. 그는 상(商) 씨족의 일원으로 얼리투 동쪽 땅에 대한 지배력을 행사하면서 위협적인 존재로 떠오르고 있었다. 그러나 얼마 후 걸은―술과 광란의 밤 탓에 머리가 혼란스러워져서 그랬는지―탕이 당초 반기를 들었다는 사실을 잊은 것 같다. 그는 탕을 풀어주었다. 탕은 즉시 명목상 하 왕조 치하에 있던 다른 도시 지도자들 사이에서 자신의 지위를 강화하기 시작했다. 걸에 대한 원성이 높아지는 동안 대조적으로 탕은 단연 올바른 삶을 살았다. 사마천은 그가 "덕을 닦았다"(그리고 외교력도 상당히 발휘했을 것이다)고 말한다. 그는 심지어 부하들을 보내 인근 백성을 괴롭히는 다른 제후를 정벌하기도 했다.

결국 탕은 악에 대해 복수를 하는 하늘의 권리를 주장했다. 그리고 추종자들을 이끌고 황제에 대항했다.[9] 걸은 수도에서 쫓겨나고 탕은 B.C. 1766년(전통적으로 탕 임금이 즉위한 해로 본다) 상나라 최초의 황제가 되었다.

걸은 망명 도중에 죽었다. 그가 남긴 마지막 말은 "기회가 있을 때 탕을 죽였어야 했다"라고 한다.[10]

상의 정벌은 전혀 새로운 통치를 세우는 것이 아니라 기존 권력을 얼리투의 약한 궁전으로 확장시키는 것이었다. 수십 년 동안 상 왕조는 하나라 수도 동쪽으로 권력을 확장했다. 선사시대 룽산 문화가 양사오 문화 위로 확장되고 하나라가 룽산 문화 위에서 자라난 것과 똑같이 상나라는 하나라 위에 자리 잡았다. 탕이 하나라를 넘겨받은 것(그는 성탕成湯이라는 칭호를 받는데 이는 '완성자 탕'이라는 뜻이다)은 내부 문제였다. 하 왕국은 스스로와 싸운 것이다. 하 왕조가 망했을 때 그 나라는 원래 백성들에게 돌아갔다.

순환은 다시 시작되었다. 탕의 통치는 정의의 모델이었다. 그는 제후들이 '인민을 위해 선행을 하지' 않으면 징벌을 내렸다. 위대한 선조 우 임금과 마찬가지로 그도 홍수 문제를 해결하려고 무진 애를 썼다. 사마천은 그가 말썽 많은 네 지류를 '고르게' 함으로써 새로운 농토와 새로운 터전을 마련했다고 전한다. 상 왕조는 열심히 일하고 덕을 보여주는 것으로 시작되었다. 하나의 순환이 다시 시작된 것이다.

연표 21	
메소포타미아	중국

메소포타미아	중국
	하 왕조(B.C. 2205~1766)
아가데의 몰락(대략 B.C. 2150)	우, 계
우르 제3왕조(B.C. 2112~2004)	
우르-남무	소강
아브라함 가나안으로 가다　슐기	
우르의 몰락(B.C. 2004)	
이신 왕조, 라르사의 아모리인 왕	
(라르사) 군구눔(대략 B.C. 1930)	
(라르사) 립신(B.C. 1822~1763)	
(아수르) 샴시아다드(B.C. 1813~1781)	
(바빌론) 함무라비(B.C. 1792~1750)	걸
	상 왕조(B.C. 1766~1122)
	탕

함무라비의 제국

꧁꧂

B.C. 1781~1712년
바빌론의 함무라비 왕은 아수르의 왕과 그 동맹국들을 무너뜨리고
제국을 통치하는 법전을 만들다

몇 년을 기다리던 함무라비는 북쪽 제국의 균열을 포착했다.

샴시아다드가 노환으로 B.C. 1781년에 죽자 아수르의 왕위는 이슈메다간에게 넘어갔다. 그는 섭정으로서 이미 에칼라툼과 북쪽 영토를 다스리고 있었다. 이슈메다간은 이제 동생 야스마아다드가 대리 통치하는 마리를 포함해서 제국 전체를 지배하게 되었다.

이슈메다간과 야스마아다드는 평생 사이가 나빴다. 형은 샴시아다드의 자랑이었던 반면 동생은 마리 총독을 맡을 때부터 아버지의 업신여김을 받았다. 편지를 보낼 때마다 샴시아다드는 형과 아우를 비교했다. 야스마아다드는 늘 욕을 먹었다. 샴시아다드가 작은아들에게 보낸 한 편지는 "네 형은 동쪽에서 대승을 거두었다"며 이렇게 적고 있다.

〔그런데〕 너는 거기 죽치고 앉아 여자들 치마폭에 싸여 있다니. 좀 남자답게 행동할

수 없나? 네 형은 제힘으로 이름을 날렸다. 너는 네 땅에서라도 그렇게 해야 할 것이야.[1]

야스마아다드가 아버지를 기쁘게 한 적은 거의 없었다. 샴시아다드의 편지들은 궁정 일을 돌볼 집사를 뽑지 않은 것("왜 아직 그 자리에 사람을 앉히지 않았느냐?")에서부터 부탁한 관리를 신속히 보내지 않은 일에 이르기까지 사사건건 비난하고 있다. 이런 비판이 계속되자 야스마아다드는 자신감을 완전히 잃었다. 그는 다른 사소한 관리를 재임명하는 문제에 대해 어쩔 줄 모르면서 아버지에게 답장을 보낸다. 야스마아다드는 "신이디남을 보내 아버지를 도우라고 하셨지요? 그래서 말씀대로 하겠습니다"라고 시작한다. "그러나 그렇게 하면 여기는 누가 남아 다스리겠습니까? 존경하는 아버님, 기쁜 마음으로 그 사람을 아버님께 보냅니다. 하지만 여기 오셔서 '그렇게 되면 그 자리가 빈다는 이야기를 왜 하지 않았느냐? 왜 내게 미리 알리지 않았느냐?' 고 하시면 전 어떻게 합니까? 그래서 이렇게 알려드리는 것이니 제가 어떻게 해야 할지 결정을 내려주십시오."[2]

한편 이슈메다간은 동생에게 전쟁에서 이겼다고 떠벌린다.

여드레 만에 나는 키르하다트의 주인이 되고 주변의 모든 읍락을 차지했다. 기뻐하라!
나는 하트카로 진군해서 하루 만에 짓밟고 주인이 되었다. 기뻐하라!
나는 요새를 공격하는 탑에 올라 후라라를 들이쳐서 이레 만에 빼앗았다. 기뻐하라![3]

이러니 야스마아다드가 형을 미워하는 것은 당연했다.

샴시아다드 사후 이슈메다간은 동생에게 편지를 보냈다. 표면상으로는 관계를 개선하려는 노력으로 보인다. 그러나 불행하게도 형은 아버지의 훈계하는 말투를 그대로 닮았다.

나는 아버지의 집에서 왕위에 올랐다. 그래서 극도로 바빴다. 아니면 진작 네게 소식을 보냈을 게다. 그래서 하는 말인데 난 형제라곤 너밖에 없지 않니. …… 불안해 할 필요 없다. 내가 살아 있는 한 년 왕위를 지킬 것이다. 서로 형제로서 신의를 맹세하자. 아, 그리고 완벽한 보고서를 빨리 보내라.[4]

이러한 우정의 제스처가 얼마나 신실한 것이었는지는 알기 어렵다. 우유부단한 야스마아다드는 얼마 후 포위에 직면하게 된다. 샴시아다드의 공격으로 서쪽으로 달아났던 마리의 왕자 짐리-림이 권토중래를 꿈꾸고 있었던 것이다. 그는 장인인 알레포 왕이 준 군사로 힘을 키웠다. 샴시아다드가 죽은 지 6년 만에 짐리-림은 야스마아다드에게 대항할 채비를 갖추었다.

아수르에서 지원군은 오지 않았다. 야스마아다드는 혼자서 공격자들과 맞서야 했다. 그리고 그 와중에 사망했다.

이제 짐리-림이 다시 마리의 왕이 되었다. 동쪽으로 탐욕스러운 3대 왕국이 걸터앉은 마당이어서(한가운데 이슈메다간의 아수르가 있고 이어 그 아래 바빌론의 함무라비 왕국, 남쪽으로 림신 왕국이 있었다) 짐리-림은 마리가 살아남으려면 그 중에서 가장 강한 왕국과 동맹을 맺을 필요가 있다는 사실을 잘 알고 있었다.

그러나 누가 가장 강한지가 극히 불투명했다. 짐리-림은 이 시기에 쓴 편지에서 이렇게 적고 있다.

혼자서 가장 강한 왕은 없다. 열 명 내지 열다섯 명의 왕이 바빌론의 함무라비를 따르고 있고, 똑같은 수가 라르사의 림신을 추종하고 있다. 또 같은 수의 왕들이 에슈눈나 왕을 따르고 있다. ……[5]

영토를 순회하고 나서 그는 마침내 함무라비 편에 서는 것으로 낙착을 보았다.

함무라비는 동맹을 받아들였다. 자신에 대항해서 여러 세력이 합종연횡하는 것을 예의주시하고 있었을 터였다. 이슈메다간은 티그리스 강 동안 독립 도시 에슈눈나의 왕 및 엘람 측과 이중으로 협상을 하고 있었다. 이렇게 해서 도저히 무시할 수 없는 세력이 형성되었다. 우르 몰락 이후 엘람은 그럭저럭 통일 왕국을 이루고 있었다. 남쪽 영토는 여러 차례 이런저런 메소포타미아의 왕 지배하에 들어갔지만 북쪽은 늘 엘람인의 거점으로 남아 있었다. 이제 새로 에파르티 왕조가 전 지역을 장악했으며 바빌론과의 싸움에 합류할 채비를 하고 있었다.*

아래로 남쪽에서는 림신이 아수르, 에슈눈나, 엘람의 반 함무라비 연맹에 참여하는 문제를 다시 생각한 것으로 보인다. 아마 이제 함무라비를 물리칠 수 없다고 생각했을 것이다. 멀리 북쪽에 있는 적과 싸우는 데 합류하기에는 너무 지치고 늙었다. 어느덧 왕위에 있은 지가 근 60년이었다. 메소포타미아의 그 어떤 왕보다 오래 치세를 누린 것이다.

이슈메다간과 에슈눈나 및 엘람의 왕은 림신 없이 행동에 나섰다. B.C. 1764년 짐리-림이 마리의 왕위를 탈환한 지 9년이 지난 시점에 연합군은 함무라비에 대한 공격을 개시했다.

함무라비는 짐리-림 군대의 지원을 받아 상대를 대파했다. 아수르를 장악해서 바빌론의 일부로 만들고, 에슈눈나도 영토로 편입시켰다. 그리고 동쪽으로 엘람인이 사는 고원 지역까지 쳐들어가지는 못했지만 수사를 유린했다. 또 엘람인의 여러 여신상을 약탈해 그곳 신관들과 함께 바빌론으로 끌고 왔다. 이는 적의 아내들을 끌고 와 능욕했다는 이야기를 점잖게 종교적으로 표현한 것이다.

---

* 이전 왕조는 시마쉬였다. 에파르티 왕조는 초대 임금의 이름 에파르티에서 따온 것이다. 수칼마, 즉 '대(大)섭정'이라고도 했다. 왕조 이름을 이렇게 부른 것은 엘람 왕이 임금에 버금가는 권력을 지닌 총독(대섭정)의 도움을 받아 나라를 다스렸기 때문인 것 같다. 대섭정의 승계 방식은 극도로 복잡했다.

이듬해에는 림신을 공격했다. 중립을 지켰다고는 하지만 함무라비에게는 아무 도움이 되지 않았기 때문이다. 함무라비는 그가 중립을 유지한 것을 공격의 빌미로 삼았다. 북부의 공격자들이 들이닥쳤을 때 당신은 왜 우리 편에 합류하지 않았는가? 림신이 이 질문에 만족할 만한 답변을 하지 못하자 함무라비는 림신 왕국에서 인구가 가장 밀집된 지역으로 물길을 돌렸다. 림신은 별로 싸워보지도 못하고 굴복한 것 같다. 그는 함무라비의 신하가 되기로 맹세했다.(그 자신의 기록에 따르면 물길을 다른 곳으로 옮겨 수재민들을 시급히 재정착시켰다.)

그리고 나서 함무라비는 동맹에게 화살을 돌렸다.

짐리-림은 강력하기 이를 데 없는 전사인 데다 성격도 아주 강해서 함무라비로서는 완전히 마음을 놓을 수 없었던 것 같다. 그는 한때 파트너였던 짐리-림을 공격하지는 않았다. 대신 짐리-림이 다른 강국들과 교신하는 내용을 모두 검사할(그리고 통제할) 권리를 요구했다. 다른 나라의 외교관계를 통제하는 이런 특수한 방식의 지배는 후대에 많이 사용된다. 이렇게 되면 실질적인 독립은 종말을 고하는 것이다. 짐리-림은 이 점을 잘 알고 있었다. 그는 격분한 나머지 함무라비의 요구를 거부했다. 함무라비는 보복을 각오하라고 협박했다. 짐리-림은 말을 듣지 않았다. 함무라비는 마리로 진군해서 성벽 밖에서 포로들을 처형하기 시작했다. 성문이 잠겨 있는 동안 함무라비는 도시를 포위하고 성벽을 무너뜨린 다음 포로들을 노예로 끌어가고 불을 질렀다.[6]

짐리-림의 운명은 기록에 남아 있지 않다. 왕비였던 쉽투나 딸들의 운명도 기록된 것이 없다. 어린 아들이 둘 있었는데 마리나 바빌론의 연대기에 누구도 다시 등장하지 않는다.

그 다음 해에 함무라비는 다시 라르사로 눈길을 돌렸다. 림신이 신하가 되겠다고 한 서약을 깨고 저항한 것으로 추정된다. 6개월간의 포위공격 끝에 라르사는 함락되

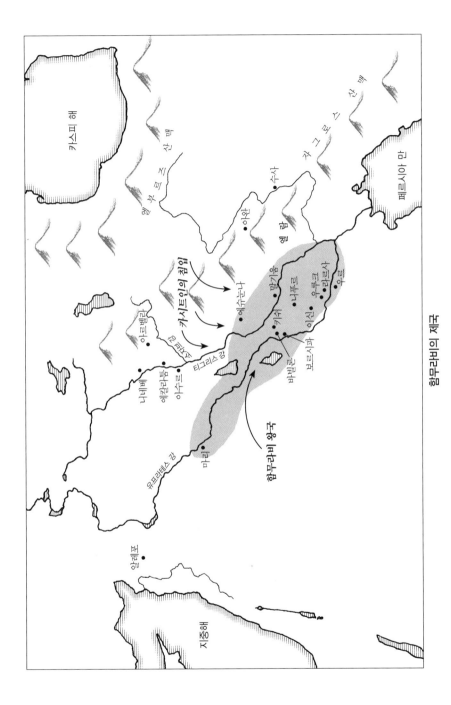

함무라비의 제국

카스피 해

엘부르즈 산맥

자그로스 산맥

페르시아 만

수사

한

엘람

에슈눈나

압기움

카시트인의 침입

우루크
나푸르
라르사
이신
우르
키쉬
바빌론
보르시파

티그리스 강

유프라테스 강

유수르
에리두
아카벨룸

베베나

마리

함무라비 왕국

알레포

지중해

었다.

이번에는 림신을 포로로 잡고 왕위를 빼앗았다. 그의 치세는 60년으로 끝이 났다. 이제 고대 수메르의 서부와 북부는 말할 것도 없고 수메르계 도시는 모두 바빌론을 중심으로 하는 제국의 일부가 되었다. "모든 인간은 내게 고개 숙여 경의를 표하라"고 함무라비의 서기들은 썼다. "그들은 당신의 위대한 영광을 축하할 것입니다. 당신의 절대적인 권위에 복종할 것입니다."[7]

이것은 저마다 따로 노는 제국이 결코 아니었다. 법률이 다스리는 제국이었다. 함무라비는 정복을 확대하면서도 전 영토에 동일한 법률을 강제하는 방식을 취했다. 유일하게 남아 있는 이 법전 사본은 한참 후에 수사에서 검은 석비에 새겨진 채로 발견되었다. 법률들은 신성한 정의의 법전을 구현하려는 의도였던 것이 분명하다. 비석 맨 위에는 정의의 신이 함무라비에게 권위를 부여하는 장면이 나온다. 그러나 이런 비석을 정복한 도시에 둠으로써 피정복민을 통제하려는 의도를 보여주는 것이기도 하다. 비문에 따르면 법전은 니푸르, 에리두, 우르, 라르사, 이신, 키쉬, 마리 및 기타 도시에서도 충실히 준수되었다.

함무라비는 법률을 만든 최초의 인물은 아니다. 우르-남무가 이런 점에서는 훨씬 선배다. 그러나 함무라비 법전은 고대에서 가장 완벽한 형태로 전해진 것이다. 그리고 다루는 분야도 놀라울 정도로 광범위하다. 절도에 대한 처벌은 사형, 노예 탈출을 도와준 자는 사형, 납치에는 사형, 집이 무너져 사람이 죽으면 그 집을 설계한 자는 사형, 왕의 명령을 제대로 이행하지 못한 자는 사형이었다. 또 결혼에 관한 규정(결혼을 하려면 계약을 해야 하고 남편은 재판관에게 이혼을 청구하되 남편이 아내의 이름을 더럽히면 아내도 이혼을 청구할 수 있다), 상해(다른 자유민의 눈을 뽑은 자는 제 눈을 잃게 된다. 그러나 노예의 눈을 뽑은 자는 은화로 벌금만 물면 된다), 상속(과부는 토지를 물려받을 수 있지만 남한테 팔 수는 없다. 나중에 아들들한테 물려줄 때까지 갖고 있어야 한다), 소방(이웃집에 난 불을 끄러 갔다가 연기에 가려진 틈을 타서 그 집 물건을 훔친 자는 "불 속에 던진다")에 관한 규정도 있다.[8] 제국의 수도에서 내려 보낸 함무라비 법전의 모든 조항은 피정복민들로 하여금 바빌론 왕국의 통치가 정의롭고 공정한 것임을 납득시키려는 의도였다. 그러나 신민들을 철저히 통제하려는 목적도 있었다.[9]

철저한 통제는 함무라비식 통치의 특징이었다. 광범위한 정복 덕분에 그는 상류에서 하류까지 선박 통행로도 모두 장악했다. 삼나무와 청금석, 각종 석재 및 은, 금속, 청동 등은 그가 설치한 검문소를 지나야 했고 왕국 통행증을 받은 배만 통항이 허용되었다.[10] 이렇게 함으로써 세금을 온전히 징수하고 말썽 많은 남쪽으로 내려가는 물품을 낱낱이 감시할 수 있었다. 함무라비의 제국에서는 그 어떤 도시도 은밀히 무장할 수 없었다. 함무라비는 즐겨 백성의 목자를 자처했다. 그러나 외부에서 늑대가 쳐들어오는 것보다는 양들이 늑대의 이빨이 되어 우리를 깨고 나가지 않을까 노심초사했던 것으로 보인다.

그는 자신이 철저히 통제하는 모습을 보여주어야만 제국이 온전히 유지된다는 것을 아주 잘 알고 있었다. 휘하 장군에게 보낸 편지에 보면 그는 엘람인의 여신상들을 원래 있던 곳으로 돌려보내고 싶어 한다. 전투에서 불운의 연속을 겪은 나머지 그렇게 해야만 그 여신들이 앞날에 축복을 해줄 것으로 믿었기 때문이다. 그러나 이 문제를 어떻게 처리해야 할지 몰라 고민한다. 그는 이제 전쟁을 계속하고 싶지 않다. 그런데 신상을 적에게 그냥 넘겨주면 엘람인들이 약점으로 볼 터이니 그게 고민인 것이다.[11]

특히 북쪽과 동쪽에서 함무라비의 통치는 거의 전적으로 강압에 의존했다. 에슈눈나를 차지한 지 10년도 안 돼 그는 이 도시를 다시 정벌해야 했다. 2년을 꼬박 포위한 다음에야 바빌론의 병사들이 도시를 약탈하고 불태워 함락시켰다. 동쪽 국경에서는 니네베 근처까지 올라가 싸웠다. 이곳에는 제국에서 떨어져 나가려는 반군이 더 많았다. 그는 어렵사리 이룩한 제국을 거의 평생을 싸우면서 통치했다. B.C. 1740년대 말 그는 노인이었다. 여러 해 동안 험하게 돌아다닌 탓에 병을 얻었고 전투에서 생긴 상처가 잘 낫지 않아 내내 고통을 겪었다. 그는 에슈눈나를 파괴하고 나서 5년 만에 죽었다. 그리고 그 엄청난 혼란을 아들 삼수일루나에게 물려주었다.

몇 해 동안 소규모 유목민 무리인 카시트인들이 자그로스 산맥을 넘고 티그리스강을 건너 메소포타미아 한가운데까지 쳐들어왔다. 바빌론의 기록은 종종 그들을 떠돌이 일꾼, 값싼 이주민 노동력으로 고용된 존재로 언급하고 있다.

삼수일루나 재위 9년째인 해는 '카시트인 군대가 온' 해로 알려져 있다. 그 노동자들이 무장을 하고 북동쪽 국경 지역을 공격한 것이다. 에슈눈나는 침입자들의 방패 노릇을 했다. 이 도시가 함락되자 그들은 제국의 변경 지역으로 물밀듯이 밀려들었다.

동시에 삼수일루나는 평생 골치를 앓아온 반란에 직면해 있었다. 우루크, 이신, 라르사, 우르가 차례로 반란을 일으켰다. 군사를 내려 보내 바빌론의 울타리 안으로 끌어들여야 했다. 이런 과정에서 우르는 철저히 파괴되어 이후 수 세기 동안 아무도 살지 못했다. 얼마 후 니푸르도 똑같은 운명이 되었다.[12]

산지사방에서 전투가 벌어진 마당에 동쪽에서 새로운 위협이 나타났다. 엘람인들은 쿠티르-나훈테 1세라는 호전적인 새 왕을 맞았다. 카시트인이 공격을 시작한 지 10년 만에 쿠티르-나훈테가 군사를 이끌고 티그리스 강을 건넜다. 바빌론의 보잘것없는 군대는 엘람인의 영토에서 퇴각해 한참 후방으로 물러섰다. 이어 마침내 바빌론으로 철수했다. 바빌론 군대의 이 패배가 얼마나 참담했던지 바빌론의 적 아시리아는 1,000년 후에도 이 사건을 가지고 상대를 조롱할 정도였다.

삼수일루나는 이런저런 위협을 근근이 물리치기는 했지만 아버지처럼 제국에 대한 통제력을 유지할 수는 없었다. B.C. 1712년 치세 마지막 해에는 남부의 영토를 다 잃었다. 지칠 줄 모르고 정벌하는 전사가 사라진 함무라비 법전은 영토의 끝자락까지 지키는 데는 소용이 없었던 것이다.

연표 22	
메소포타미아	중국
우르 제3왕조(B.C. 2112~2004)	
우르-남무	소강
아브라함 가나안으로 가다　슐기	
우르의 몰락(B.C. 2004)	
이신 왕조, 라르사의 아모리인 왕	
(라르사) 군구눔(대략 B.C. 1930)	
(라르사) 림신(B.C. 1822~1763)	
(아수르) 샴시아다드(B.C. 1813~1781)	
(바빌론) 함무라비(B.C. 1792~1750)	
	걸
함무라비가 아수르와	상 왕조(B.C. 1766~1122)
에슈눈나를 장악함(B.C. 1764)	
	탕
삼수일루나(B.C. 1749~1712)	

Chapter 23

힉소스가 이집트를 장악하다

〔〱〰〰〰〰〱〕

B.C. 1782년에서 1630년까지
서셈족이 이집트 왕권을 장악하고
중왕국이 종언을 고하다

중왕국의 번영은 비교적 단기간 지속되었다. 세누스레트 3세의 아들 아메넴헤트 3세의 치세가 정점이었다. 그가 죽자 외부의 침략으로부터 나라를 안전하게 지키고 내부적으로 통일을 유지하는 파라오의 권력은 시들기 시작했다.

다시 한 번 나일 강이 파라오의 발치에서 찰랑거렸다. 아메넴헤트 3세 때 정점에 도달한 이후 홍수위는 매년 낮아지기 시작했다.[1] 늘 그렇듯이 이집트에서는 나일 강 수위의 하락과 왕권의 쇠퇴가 짝을 이루었다.

승계의 문제는 아마도 몰락의 기운과 관계가 있었을 것이다. 아메넴헤트 3세는 45년을 다스렸다. 그가 죽을 때쯤 후계자는 꽤 나이가 들었는데도 아이가 없었다. 평생 등극을 기다려온 아메넴헤트 4세는 왕좌에 오르자마자 죽었고 아내인 소베크네프루가 자리를 물려받았다. 이 여왕의 치세에 관해서는 자세한 내용이 전하지 않는다. 그러나 고대 이집트에서 여성이 왕위에 오른다는 것은 심각한 궁중 분규가 있다는 표시였다.

마네토는 소베크네프루 여왕 이후를 새 왕조로 친다. 승계를 기다리는 남성 후계자가 없었기 때문이다. 결국 왕위에 올라 제13왕조를 시작하는 왕은 실체가 없는 그림자 같은 인물로 그 이후 훨씬 흐릿한 인물들이 뒤를 잇는다.

저 아래 누비아에서는 남부 지역을 관장하며 왕관을 노리던 총독들이 점점 더 독립의 목소리를 높이기 시작했다. 제12왕조 기간에 세누스레트 3세가 그토록 혹독하게 짓밟았던 누비아 땅은 왕권의 통제에서 벗어나고 있었다. 북쪽에서도 말썽이 일었다. 유적은 삼각주와 '아시아인들의 땅' 사이 동쪽 국경 요새들이 무너지고 있었음을 보여준다. 국경은 한때 방비가 튼튼해서 시누헤가 이집트를 **빠져나가는** 데 그토록 애를 먹을 정도였다. 이제는 '아시아인들' 즉 저 떠돌아다니는 서셈족 유목민들이 삼각주로 침입해 수가 점점 늘어났다. 그 중 일부는 정착해서 이집트인들과 나란히 살아갔다. 또 일부는 덜 순치된 족속이었다. 제13왕조가 어리바리하게 통치를 시작한 지 60년쯤 지난 B.C. 1720년경 유달리 공격적인 유목민 무리가 쳐들어와 유서 깊은 옛 수도 멤피스의 상당 부분을 불태웠다. 이집트인과 달리 그들은 말과 전차를 타고 싸움을 했다. 수적 열세를 상쇄해주는 전술이었다.

이런 모욕을 당하면서도 제13왕조는 그럭저럭 국가에 대한 통제를 일시적으로는 유지했다. 그러나 마침내 이집트에 대한 장악력은 심히 흔들려서 역사가들은 전통적으로 제13왕조를 중왕국 시대의 끝이자 제2중간기의 시작으로 간주한다. 제13왕조가 끝날 무렵 파라오의 권력은 극도로 쇠퇴해서 또 다른 왕가가 나타났다. 우리는 '제14왕조'에 대해 제13왕조와 몇 년간 함께 갔다는 것을 제외하고는 아는 게 거의 없다. 제13왕조가 중왕국의 수도 이티-타와이에서 쓸모 있는 일은 하나도 하지 않고 꾸물거리는 동안 이른바 제14왕조가 나일 강 삼각주 동쪽 지역에 대한 통치권을 주장했다.

그러나 30~40년 후 또 다른 왕조가 나타나 기울어가는 제13, 14왕조와 함께했다. 제15왕조는 본거지를 아바리스에 두었다. 이 도시는 삼각주 바로 동쪽 황무지에 위치했다. 제15왕조 첫 왕은 세쉬로 추종자들을 군대로 조직해 서쪽과 남쪽으로 지배력을 넓혀갔다. 20년 후 B.C. 1663년경 제15왕조는 어찌어찌하여 제13, 14왕조를 무너뜨리고 대권을 잡았다.

마네토에 따르면 세쉬는 이방인이었다. 그와 그 추종자들은 '황무지의 왕자들' 또는 **히카우-코스웨트**(Hikau-khoswet)라는 종족이었다. 이들이 바로 '힉소스'였다.[2] 마네토는 힉소스가 야만적이고 폭력적인 방식으로 느닷없이 이집트인들을 제압했다고 묘사하고 있다.[*]

무슨 이유에서인지 나는 모른다. 신들의 돌풍이 우리에게 몰아쳤다. 그리고 예기치 못하게 동방에서 내력을 알 수 없는 종족이 쳐들어와 우리나라를 짓밟고 승리를 구가했다. 그들은 주력군으로 이 나라의 통치자들을 간단히 제압했다. 이어 우리 도시들을 가차 없이 불태우고 신전들을 철저히 파괴했다. 그러고는 모든 주민을 학대하고 일부는 학살하고 또 아내와 아이들은 노예로 삼고, 그 무리 중 하나를 왕으로 옹립했다.[3]

이집트인이었던 마네토는 위대한 선조들이 어이없이 무너진 데 대해 공격이 워낙 느닷없었기 때문이라고 믿음으로써 최소한의 위안을 얻고자 했는지 모른다. 그러나 제15왕조 통치자들이 남긴 흔적은 힉소스 민족의 대부분이 실제로 이집트에서 상당 기간 살고 있었음을 시사한다. B.C. 1663년 힉소스의 점령이 일어나기 훨씬 전부터 셈계 이름들이 중왕국 명문과 목록에 나타난다. 많은 서셈족들이 아바리스('황무지의 대저택'이라는 정도의 의미다) 읍락에 정착했고 시간이 가면서 아바리스는 거의 완전히 셈계가 지배하게 된다. 제13, 14왕조가 이미 약해진 이집트의 지배권을 양분하

---

[*] 마네토의 원래 설명은 없어졌지만 유대의 역사가 요세푸스(Josephus)가 저서 『아피온 반론(反論)』에 일부를 원문 그대로 베껴 보존한 것이 남아 있다.

지중해

부토

통치자의 성벽(추정 위치)

아바리스

멤피스

이티-타와이

리 비 아

아비도스

테베

히에라콘폴리스

엘레판티네

제1폭포

나일 강

홍 해

제2폭포

누 비 아

동시에 존재한 세 왕조

고 있을 때 그 틈을 타 아바리스의 주민들이 어부지리를 챙긴 것이다. 이방인이 이집트를 침략한 것은 사실이지만 기본적으로는 내부로부터의 침략이었다.

마네토의 과장을 논외로 친다면 힉소스 민족은 결국 이집트에서 적어도 한두 세대는 살아왔고, 그렇게 많은 도시를 파괴하지도 않았다. 이름이 셈계이기는 해도 이미 이집트 복식과 이집트 관습을 따르고 있었다. 이집트어는 계속 명문과 기록에 공식 언어로 쓰였다. 이집트인들은 힉소스 민족의 관료로, 신관으로 봉사했다.

제13, 14왕조가 무너졌지만 힉소스는 결코 나라를 독점하지 않았다. 일부 왕들은 가신처럼 힉소스의 허락을 받아 북서부에서 통치했던 것 같다. 이름이 남은 왕은 거의 없지만 마네토는 이들을 제16왕조라고 부르고 있다. 더욱 심각한 문제는 저 아래 남쪽 테베의 이집트인 총독들이 힉소스의 지배에 굴복하지 않을 것이며 진정한 이집트의 권위는 이제 테베에 있다고 선언한 것이었다. 이들이 마네토가 말하는 '제 17왕조'다. 제15, 16, 17왕조는 모두 거의 같은 시기에 병존했던 것이다.

힉소스 왕들은 스스로의 한계를 인식해 작심하고 남쪽으로 밀고 내려가지는 않았던 것 같다. 테베의 이집트 지배자들은 아비도스까지만 통치했다. 이 남부 왕국에서는 이방인의 영향에서 벗어나 중왕국의 전통이 지속되었다. 그러나 둘 사이에 평화는 없었다. 마네토는 "테베의 왕들과 이집트의 다른 지역들이 이방인 왕자*에 대항해 반기를 들었고, 끔찍하고도 기나긴 전쟁이 둘 사이에 있었다"고 적고 있다.[4]

두 왕조 사이에 존재하는 장기간의 적대감은 힉소스 5대 왕 아페피 1세의 결정적인 시도에서 드러난다. B.C. 1630년경 통치했을 아페피 1세는 테베의 왕에게 싸움을 걸었다. 대영박물관에 있는 한 파피루스는 아페피 1세가 저 아래 테베로 당시 현지를 다스리고 있던 제17왕조의 세쿠에네레에게 보낸 편지의 일부를 담고 있다. 이 편지는 "테베에서 하마들을 다 제거하라"고 명령조로 요구하고 있다. "그놈들이 밤새 꽥꽥 울어대는 바람에 여기 아바리스까지 그 소리가 들려 내가 잠을 이룰 수 없노라."[5]

804킬로미터 떨어진 곳에 있던 세쿠에네레는 이 편지를 도전으로 받아들였다. 현재 카이로 박물관에 안장되어 있는 그의 시신은 그가 군사를 모아 북쪽으로 진군했음을 시사한다. 그는 힉소스 국경에서 초병들과 마주치자 군사를 풀어 전투에 나섰다. 전투 도중 세쿠에네레는 쓰러졌고 머리통은 철퇴에 맞아 깨졌다. 땅에 누워서도 칼에 찔리고 단도와 창과 도끼로 난도질을 당했다. 시신은 급히 미라로 만들어졌

---

* 요세푸스는 마네토가 사용한 단어를 '목자들'로 번역하고 있다. 그는 '힉소스(Hyksos)'라는 말이 이집트어 히크(hyk) 즉 '포로'에서 온 것이므로 힉소스는 이집트에 있는 이스라엘 포로들과 관련이 있다고 잘못 추론한다. 그러나 그 말은 침입한 종족이 아니라 이집트에 대한 지배권을 주장하며 들고 일어난 군벌들을 지칭하는 것이다. '우두머리' 또는 '구릉지의 왕자'가 단어의 원뜻에 가깝다.

다. 이미 부패가 상당히 진행된 후였다. 테베의 파라오의 시신은 며칠간 전쟁터에 누워 있다가 힉소스가 퇴각하고 나서 남부 병사들이 겨우 수습한 것으로 보인다.[6]

이 소규모 접전은 전면전으로 번지지는 않았다. 힉소스와 테베의 군사는 각자 근거지로 물러난 것으로 보인다. 세쿠에네레의 장남 카모세는 테베에서 왕위를 잇고 아버지의 죽음에 대해 복수할 계획을 세우기 시작했다.

연표 23	
메소포타미아	이집트
	중왕국 시대(B.C. 2040~1782)
우르 제3왕조(B.C. 2112~2004)	제11왕조(B.C. 2134~1991)
우르-남무	인테프 1~3세
아브라함 가나안으로 가다 숤기	멘투호텝 1~3세
우르의 몰락(B.C. 2004)	
	제12왕조(B.C. 1991~1782)
이신 왕조, 라르사의 아모리인 왕	아메넴헤트 1세
(라르사) 군구눔(대략 B.C. 1930)	
	아메넴헤트 3세
(라르사) 립신(B.C. 1822~1763)	아메넴헤트 4세
(아수르) 샴시아다드(B.C. 1813~1781)	소베크네프루 여왕
(바빌론) 함무라비(B.C. 1792~1750)	
	제2중간기(B.C. 1782~1570)
함무라비가 아수르, 에슈눈나를 장악함(B.C. 1764)	제13왕조(B.C. 1782~1640)
삼수일루나(B.C. 1749~1712)	
	제14왕조(B.C. 1700~1640)
	힉소스의 점령(B.C. 1663)
	제15, 16, 17왕조

Chapter 24

크레타의 미노스 왕

B.C. 1720~1628년 크레타 섬에서
미노아인들이 바다의 신에게 사람을 희생물로 바치다

나일 강 삼각주 북쪽 너머 멀리 지중해 한가운데에 산이 많은 기다란 섬이 있었다. 그 북서쪽으로는 삐죽삐죽하고 이름 없는 반도가 유럽 본토에서 튀어나와 있었다. 섬 주민들은 오래 전 소아시아에서 건너왔을 것이다. 힉소스 왕조 시대에 이들도 왕이 있는 나라 대열에 합류했고 지금 우리는 그 이름을 모르지만 자신들의 왕을 위해 궁전을 지었다.

왕궁은 크노소스 한가운데 서 있었다. 크노소스는 북부 해안 중간 지점에서 내륙으로 좀 들어와 있는 정착지로 섬의 동서 끝을 감시할 수 있는 전략적 요충지였다. 왕궁이 건설된 지 그리 오래지 않아 약간 작은 또 다른 궁전들이 주요 지점에 세워졌다. 북부 해안 크노소스 동쪽에 있는 말리아, 남부 해안에서 안쪽으로 조금 들어온 파이스토스가 그런 곳이었다.[1]

이들 초기 주민은 문자를 남기지 않았기 때문에 궁전에 누가 살았는지는 정확히 알 수 없다. 그러나 궁전은 사방으로 도로와 가옥이 뻗어나가는 한가운데에 자리하고 있었다. 그런 도시에 사는 사람들은 바다 건너 여러 문명과 교역을 했다. 밝은 채색의 항아리들(아마 교역용 포도주나 기름을 담았던 용기였으리라)이 주변 섬은 물론이고 나일 강 연안과 서셈족이 살던 지중해 연안에서 출토되었다.

그들은 사람을 희생물로 바치는 풍습도 있었다. 산이 많은 섬에는 지진이 정기적으로 들이닥쳤다. 한번은 지진으로 오늘날 유크타스 산으로 일컬어지는 북쪽 바다에 면한 산에 있는 신전이 무너져 그 안에 있던 사람들이 다 압사하고 말았다. 해골들은 나중에 고고학자들이 현장을 발굴할 때까지 거의 3,000년 동안 원래 모습 그대로 보존되었다. 한 젊은이는 손이 묶인 채 돌과 점토로 만든 제단 위에 모로 누워 있었고 청동 칼날이 몸 위에 떨어져 있었다. 제단 앞에 있는 40대 남자는 인장 달린 의식용 반지를 끼고 있었다. 한 여자는 남서쪽 모퉁이에서 얼굴을 바닥에 대고 엎어진 상태였다.[2]

인간을 제물로 바치는 일이 그리 자주 벌어지지는 않았다. 이외에 인신 희생의 흔적이 발견된 곳은 단 한 곳뿐이다. 크노소스 서쪽에 있는 한 가옥 유적의 경우 두 어린이를 희생시킨 정도가 아니라 아예 몸을 잘게 잘라 의식용 잔치 같은 데에서 달팽이와 함께 요리했던 것으로 보인다.[3] 유적은 이 희생이 무슨 의미인지, 또는 크노소스의 신관들이 어떤 피치 못할 사정이 있었기에 그런 극단적인 행동을 했는지는 말해주지 않는다.

그러나 그런대로 추측해볼 수는 있다.

B.C. 1720년경 지진이 크노소스의 초기 궁전을 강타했다. 그 자리에 새 궁전을 지으면서 부분적으로 옛 궁전의 잔해가 일부 새 건물에 들어갔다. 두 번째 궁전은 훨씬 정교하게 지은 것이었다. 그만큼 크노소스 사람들은 좀 더 왕다운 왕을 필요로 하는 단계까지 발전한 것이다.

이 섬을 크레타라고 불렀던 그리스인들은 이 '제2궁전' 시대에 미노스라는 이름의 강력한 왕이 크노소스에 살았다고 믿었다.* 그리스 신화에 따르면 미노스 왕은 크레타 귀족의 의붓아들이었다. 그는 나라 전체를 통치하고 싶은 나머지 크레타 사람들에게 자신이 신들이 왕을 시키려고 선택한 존재임을 입증할 수 있다고 말했다. 자기가 기도만 하면 신들께서 무엇이든 들어준다는 것이었다. 사람들은 그런 허풍을 증명해보라고 했다. 그러자 미노스는 바다의 신 포세이돈에게 희생용 황소를 한 마리 보내달라고 요청했다. 즉시 거대한 황소가 바다에서 걸어 나와 크레타 해안으로 들어섰다. 너무나 거대했기 때문에 미노스로서는 손수 잡아서 희생으로 바칠 수가 없었다. 그래서 그 황소는 우리에 넣고 대신 작은 황소를 희생으로 바쳤다.

크레타인들은 미노스를 왕으로 환호해 맞았다. 그러나 포세이돈은 미노스의 탐욕에 기분이 상해 그의 아내 파시파에로 하여금 그 황소에게 욕정을 느끼도록 저주를 내렸다. 전설적인 건축가 다이달로스의 도움으로 파시파에와 황소는 이상한 짝짓기를 하게 되었다. 나무로 그럴 듯하게 바퀴까지 달아 가짜 암소를 만든 다음 파시파에가 그 안에 들어가고 황소가 진짜 암소로 착각하여 일을 벌이도록 한 것이다. 파시파에는 이어 흉측한 기형아를 낳았다. 몸은 사람이지만 얼굴은 황소였다. 미노스는 이 아이—어머니는 아스테리우스라는 이름을 붙였지만 일반적으로 미노타우로스로 알려져 있다—를 보고는 크노소스 궁전 아래 지하 감옥에 처넣었다. 감옥은 파시파에를 도와준 데 대한 벌로 다이달로스로 하여금 설계하도록 한 것으로 꼬불꼬불한 미로가 너무 많아서 도저히 빠져나올 수 없었다. 미궁(迷宮)이라고 하는 이 감옥에서 미노타우로스는 성인이 되었다. 미노스 왕은 미노타우로스에게 사람 고기를 먹였다. 그는 그리스 본토와 전쟁을 하고 나서 그 주민들에게 매년 미노타우로스가 먹을 젊

---

* 고대 크레타의 역사는 관행적으로 궁전 건립이 시작되기 전인 궁전 이전 시대(B.C. 3200~2000년), 원 궁전 또는 제1궁전 시대(B.C. 2000~1720년), 신 궁전 또는 제2궁전 시대(B.C. 1720~1550년)로 구분된다. 테라 섬 화산 폭발을 1628년이 아니라 1520년으로 잡는다면(p. 267 참조) 제2궁전 시대는 1450년까지가 된다. 그리고 마지막 궁전 시대(B.C. 1550(1450)~1350년)가 이어진다.

은 남녀 일곱 명씩을 보내라고 명했다.[4]

이 이야기는 B.C. 2세기 당시 이야기들을 모은 아폴로도로스의 『신화집』에 나온다.* 신화의 안개 뒤편으로 우리는 아무런 이야기도 남기지 않은 한 문명의 모습을 엿볼 수 있다.

미노스는 한 전설적인 통치자의 이름이 아니라 크노소스를 다스리면서 그 이름을 크레타 고대 문명에 남긴 여러 왕들을 표현한 것일 가능성이 높다. 미노타우로스 이야기는 도시들 간의 교역과 더불어 미노아 사람들이 활발한 국제 해상 무역을 했음을 반영한다. 크레타 인근 고대 세계에서 발견된 제2궁전 시대의 각종 유물도 마찬가지다. 크노소스에서 발굴된 설화석고(雪花石膏)로 만든 항아리 뚜껑에는 이집트 힉소스 왕조 세 번째 왕의 이름이 새겨져 있다. 그리고 아바리스에 있는 힉소스 궁전 벽에는 미노아 양식의 프레스코 벽화가 남아 있다. 지중해 동부 연안 지역과의 접촉은 정기적인 것이었다. 아마도 미노아인들은 저 멀리 메소포타미아와도 교역했을 것이다. 길가메시가 하늘의 황소와 싸운 이야기를 표현한 그림들(가장 유명한 것은 인장에 새긴 것이다)은 레슬링 벨트 같은 것을 착용한, 반은 인간이고 반은 황소인 동물과 길가메시가 싸우는 모습을 보여준다. 이 이야기는 점토판에서는 B.C. 1800년에서 1500년 사이에 나타나기 시작하는데 이때는 미노아 문명이 정점에 이른 시기다. 문제의 괴물은 몸은 황소이고 머리는 인간이다. 미노타우로스와는 정반대다. 그러나 두 괴물 사이에 닮은 점이 있다는 것은 미노아와 메소포타미아 선원들이 항구에서 그런 이야기를 서로 나누었음을 시사한다.[5]

미노스 왕이 조직화된 그리스 문명에 매년 그런 식의 공물을 강요했다는 것은 이론적으로는 시대착오다. 그렇게 오래 전 그리스 반도에는 고작 정착촌이 간간이 흩

---

* 『신화집』(원제는 도서관을 뜻하는 *Bibliotheka*. 영어로는 *Library*라고 함—옮긴이)은 B.C. 140년경 아테네에 살던 그리스 역사가 아폴로도로스가 쓴 것으로 알려져 있다. 그러나 그가 쓰지 않았을 가능성이 높다.

어져 있는 정도였다. 그러나 미노스가 외국에 돈을 내라고 요구할 수 있는 능력이 있었다는 것은 제2궁전 시대 크레타의 군사력을 반영한다. 『신화집』은 미노스가 "처음으로 바다의 지배권을 장악한 인물로 지배권을 거의 모든 섬에까지 뻗쳤다"고 말하고 있다. 미노아의 읍락은 멜로스, 케아, 작고 불안정한 테라 등 근처 섬 여러 곳에서 발굴되었다. 이런 촌락은 무역 거점일 뿐 아니라 해군 기지 역할도 했다. 그리스 역사가 투키디데스는 미노스가 고대 최초로 해군을 보유한 왕이었다고 쓰고 있다. "그는 지금은·헬라스 해(海)라고 부르는 해역의 지배자가 되었다"고 투키디데스는 말한다. "그리고 키클라데스 제도〔북쪽 에게 해의 여러 섬들〕를 지배하고 그 대부분에 최초로 식민집단을 파견해 카리아인〔소아시아 남서부 출신 정착민〕을 몰아내고 아들들을 총독으로 앉혔다. 그는 이런 식으로 용의주도하게 해적들을 진압했다. 수입을 확보하는 데 필요한 조치였다."[6] 헤로도토스에 따르면 카리아인은 여러 섬에 남아 있다가 미노스의 신민이 되었다. 이들은 경험 많은 수병으로 "명령에 따라 미노스 왕을 위해 뱃사람 노릇을 했다."[7] 미노아 제국은 이처럼 바다 위에 건설된 것이다.

B.C. 1680년 무렵 미노아 제국의 세력은 최대치에 도달했다. 해적은 늘 지중해의 골칫거리였지만—투키디데스는 크노소스가 원래는 "해적의 창궐을 우려해" 바다에서 멀리 떨어진 내륙에 건설되었다고 설명한다—미노스의 해군은 적어도 크레타 주변 해역에서는 해적을 근절했다. 이 새로운 평화는 섬과 연안 지방 사람들이 "부의 획득에 좀 더 전념할 수 있게 되고 생활도 안정되었다"는 것을 의미했다.[8] 무역이 번성하고 새로운 건물들이 올라가고 그림과 조각이 한층 세련된 수준으로 발전했다.

그러나 미노스 왕 이야기에는 좀체 가시지 않는 걱정거리가 남아 있다. 궁전 지하에 있는 황소 괴물이다. 이 사악한 존재는 당장은 눈에 띄지 않지만 포세이돈 신의 악의의 표시였다. 놈은 미노스 왕에게 공물을 바치는 족속이 아니라 미노스 자신을 위협한다. 놈은 길들여지지 않는 굶주린 세력으로 글자 그대로 미노스의 궁전의 기초를 무너뜨리고 계속 희생을 요구한다.

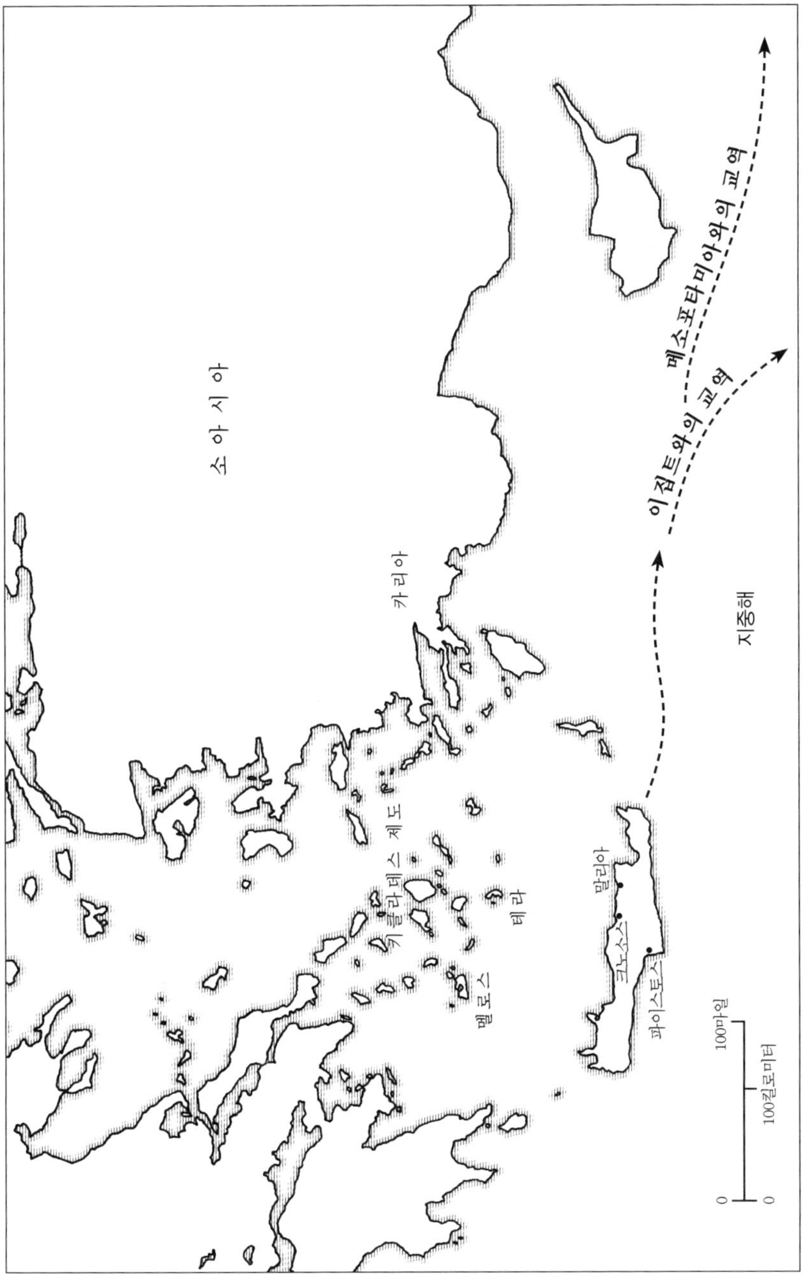
소아시아
카리아
키클라데스 제도
멜로스
테라
말리아
크노소스
파이스토스
지중해
이집트와의 교역
메소포타미아와의 교역
0
100마일
0
100킬로미터

미노아 문명

황소 뛰어넘기 선수 미노아의 청동상으로 황소를 뛰어넘는 곡예사의 모습을 조각했다. 런던 대영박물관 소장. 사진 Heritage-Images

크노소스 궁전은 프레스코화로 장식되어 있었다. 밝은 채색의 벽화는 탄소, 황토, 철광석 및 기타 광물질을 축축한 회반죽 표면에 바른 것이다. 이런 프레스코화에 보면 신을 경배하는 사람들이 뿔 위로 뛰어오르면 신성한 황소들은 겁을 먹고 뿔을 낮추는 모습이 그려져 있다. 사람은 소 등 쪽으로 몸을 날린 뒤 풀쩍 뛰어 착지한다. 크노소스에서 출토된 가장 유명한 청동상은 이와 같은 황소 뛰어넘기를 묘사하고 있다. 가장 위험한 순간을 포착한 것이다.

이런 의식에 참여하는 경배자들은 젊고 강인할 뿐 아니라 죽을 각오가 되어 있었을 것이다. 미노타우로스 이야기는 봉헌한 희생물을 제단에 올리는 것이 아니라 돌진해오는 황소 앞에 내던지는 식으로 이루어지는 인신 희생의 아주 오래된 형태를 보전하고 있는 것일 가능성이 높다. 이른바 '황소 궁정'이라고 하는 크노소스 한가운데 궁정 발굴지에서 황소 뛰어넘기가 이루어졌던 것 같다. 문이란 문은 다 계단 및 복도와 함께 주변 건물로부터 이 궁정 쪽으로 연결되어 있다. 그야말로 미로다.[9] 미노타우로스 이야기와 크레타의 종교적 관습 사이에는 또 다른 연결점이 있다. 14명의 희생물을 미노타우로스가 잡아먹는다. 크노소스에서 발굴된 희생 의식 현장 유적은 죽은 사람의 고기를 먹는 의식이 행해졌음을 시사한다.

도대체 어떤 신적인 분노가 이런 희생을 요구했을까?

미노타우로스 이야기의 후대 그리스 버전에서는 바다의 신 포세이돈이 지구를 뒤흔드는 자로도 일컬어진다. 그리고 황소는 그를 상징하는 신성한 동물이다. 크레타 섬과 그 주변 바다는 지진과 그에 따르는 파괴적인 해일로 끊임없이 요동쳤다. 지구를 뒤흔드는 신에게 줄기차게 호소함으로써만 바다에서 닥쳐오는 위협을 면할 수 있었다.

B.C. 1628년경 테라 근처에서 지진이 점점 빈번해졌다.* 테라 섬은 활화산이었다. 이미 화산 폭발이 1회 이상 있었다. 그러나 한동안 잠잠한 덕분에 테라 섬에서 유일하게 큰 정착촌 아크로티리는 점차 강성해졌다.[10]

지진이 처음으로 심해졌을 때 아크로티리 주민들은 지진으로 무너진 성벽을 다시 쌓았다. 진동이 점차 심해지자 주민들은 달아나기 시작했다. 유적 발굴 결과 해골은 전혀 나타나지 않았다. 보석과 은 같은 귀중품은 다 가지고 떠난 것으로 보인다.[11]

---

* 테라의 화산 폭발 시기는 여전히 논란거리다. 화산재를 방사성 탄소 연대측정법으로 조사한 결과는 B.C. 1628년경으로 추정된다. 주변 북반구 여러 지역의 나무 나이테에서 나온 증거도 1628년경 나무의 생장이 중단되었음을 시사한다. 이는 테라에서 발생한 것과 같은 거대한 화산 폭발의 결과일 가능성이 높다. 그러나 테라 화산 폭발과 바로 연결시킬 수 있는 결정적인 증거는 없다. 고고학자들은 1628년에는 폭발이 일어났을 수 없다고 주장한다. 화산 폭발이 있었던 (도기의 양식에 입각한) 고고학적 시대는 폭발이 있고 나서 약 30년 후에 종료되었기 때문이다. 테라가 1628년에 폭발했다면 이 시대(LM Ⅰ A)는 대략 1600년에 끝났을 것이다. 그러나 LM Ⅰ A(후기 미노아 Ⅰ기 A형의 약자—옮긴이)의 도기와 크레타와 교역을 했던 다른 문화권들의 도기의 유사성은 LM Ⅰ A가 B.C. 1500년경까지 지속되었음을 시사한다. 이런 설명은 1628년 폭발설 주창자와 1530년 폭발설 주창자들 사이의 논쟁을 J. Lesley Fitton이 간결하게 정리한 내용을 요약한 것이다. 전체 개관은 Fitton의 *Minoans*, pp. 25~36을 보라. 여러 이론을 우리의 필요 이상으로 상세하게 설명한 글은 Paul Rehak and John G. Younger, "Review of Aegean Prehistory VII: Neopalatial, Final Palatial, and Postpalatial Crete", in *American Journal of Archaeology* 102:1 (1998), pp. 91~173을 보라.

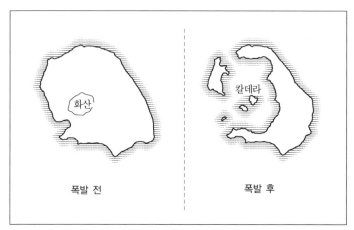

테라 화산 폭발 전과 후

　　그 직후 섬 중앙의 화산이 속돌(용암이 갑자기 식어서 생긴, 구멍이 숭숭 뚫린 가벼운 돌—옮긴이)을 내뿜기 시작했다. 유적을 덮고 있는 속돌은 겉에서 각질처럼 굳은 것으로 보인다. 이는 속돌이 (최종 폭발로 화산재에 뒤덮이기 전에) 한동안 공기에 노출되어 있었음을 의미한다. 한 두 달에서 최대 2년 정도 그랬을 것이다. 테라 화산이 우르르르 하는 소리가 장기간 계속되었고 인근 섬에서도 전율을 느끼며 그 소리를 들었다. 2년이면 다가오는 재앙에 대비하기에는 충분한 시간이다. 재앙이 멀어지기를 기원하며 희생물을 바치기에도 충분한 시간이었다.

　　그런 다음 화산은 글자 그대로 섬을 뒤집어놓았다. 도시 위에 4.57미터 두께로 화산재를 뿜어냈다. 거대한 바위가 화산 속에서 날아올라 재와 함께 거대한 우박처럼 쏟아져 내렸다.[12] 섬 한쪽이 갈라져 화산 폭발로 생긴 분화구로 바닷물이 쏟아져 들어왔다. 화산이 폭발을 마쳤을 때 한가운데 화산이 있는 둥근 섬은 존재하지 않았다. 가운데는 거대한 칼데라가 있는 내해가 되고 주변으로 섬이 고리처럼 일부 남은 형태가 되었다.

　　이것이 미노아 문명 아크로티리의 종말이었다. 아크로티리는 1960년대에 발굴이 시작될 때까지 화산재 밑에 고스란히 남아 있게 된다. 이 거대한 화산 폭발이 크레타의 미노아인들에게 얼마나 심대한 타격을 주었는지는 그다지 분명하지 않다. 화산 폭발이 있고 나서 한동안 미노아 문명은 전과 다름없이 지속되었다. 그러나 결국 인구가 줄기 시작했다. 집들은 초라해지고 교역은 줄다가 결국에는 중단되었다.

연표 24	
이집트	크레타
중왕국 시대(B.C. 2040~1782) *제11왕조*(B.C. 2134~1991) 인테프 1~3세 멘투호텝 1~3세	
	원 궁전 시대(B.C. 2000~1720)
제12왕조(B.C. 1991~1782) 아메넴헤트 1세	
아메넴헤트 3세 아메넴헤트 4세 소베크네프루 여왕	
제2중간기(B.C. 1782~1570) *제13왕조*(B.C. 1782~1640)	
	신 궁전 시대(B.C. 1720~1550) 미노스 왕
제14왕조(B.C. 1700~1640)	
힉소스의 점령(B.C. 1663) *제15, 16, 17왕조*	
	테라 화산 폭발(대략 B.C. 1628년)
	마지막 궁전 시대(B.C. 1550~1350)

몰락은 화산 폭발과 연관이 있을 가능성이 높다.* 테라 자체에 나타난 징표로 보면 화산은 가을걷이 이전인 6월 말이나 7월 초에 폭발한 것으로 추정된다.[13] 화산재가 바람에 날려 떨어지면서 크레타 섬 서쪽 끝은 무사했지만 동쪽 절반에는 영향을 미쳤음이 분명하다. 아마도 가을에 거둬들일 곡식 농사를 몽땅 망쳤을 것이다. 테라 주변 해안의 화산재 흔적은 폭발로 말미암아 지진해일(쓰나미)이 일어나는 바람에 인근 섬이 모두 수몰되었음을 시사한다. 그리고 아마 크레타 섬 해안에도 폭발 25분 만에 높이 9미터가 넘는 해일이 덮쳤을 것이다.[14] 거대한 먹구름은 얼마간 햇빛을 가렸을 것이다. 극심한 천둥번개를 동반한 폭풍우가 몰아치고 기온은 떨어졌다. 몇 달 동안 낙조는 짙은 핏빛이었을 것이다.

화산이 미노아 문명 몰락의 직접적인 원인은 아니었다 해도 이 기괴한 재난은 이집트에서 나일 강의 홍수위가 떨어지는 것과 똑같은 영향을 미쳤을 가능성이 크다. 그런 흉조는 포세이돈이 화가 났음을 보여주었다. 왕가는 이제 신들을 기쁘게 할 수 없게 된 것이다. 이런 파국은 저 멀리 수평선에서 다가오는 극단적인 신의 불만의 전조였을 가능성이 높다. 지구를 흔드는 신은 만만히 대할 존재가 아니었다. 그는 늘 저 깊은 바다 속에 숨어서 인간의 번영을 한순간에 물거품으로 만들 기회를 호시탐탐 엿보고 있었던 것이다. 그런 분노는 가급적 빨리 멀리 달아나는 것이 상책이었다.**

---

* 이 이상 똑 부러지는 주장을 하기는 어렵다. 테라 화산 폭발 연도에 대해 적어도 4가지나 되는 추정치가 나와 있는 데다 고고학자들도 미노아 문명 몰락 시기에 대해 이견이 분분하기 때문이다. 게다가 다른 분야 전문가들까지 뛰어들어 양상은 더더욱 복잡해지고 있다. 역사학자, 고고학자, 화산학자, 해양학자 등이 나름의 방법론을 동원해 논전을 벌이고 있다.

** 테라 화산 폭발과 섬 중심부의 수몰 이야기가 플라톤이 묘사한 사라진 섬 아틀란티스의 토대가 되었을 가능성에 대해서는 많은 책이 나와 있다. 어떤 것은 진지하게 접근했고 어떤 것은 그다지 진지하지 않다. 어쨌든 아틀란티스 섬도 극심한 지진과 홍수로 침몰한 것으로 되어 있다. 플라톤은 아틀란티스를 그 일대에서 가장 강력한 해양세력이라고 불렀다. 이는 미노아 문명과 연결될 가능성을 말해준다. 이런 종류의 추론은 매우 그럴싸하다. 그러나 이 책에서는 그런 문명이 진짜 있었는지는 고사하고 상상의 내용에 대해서조차 언급할 겨를이 없는 것이 유감이다.

Chapter 25

하라파 문명의 해체

B.C. 1750~1575년 인도에서
하라파 문명의 도시들이 붕괴되고
그 폐허 위에 북쪽 유목민들이 내려와 정착하다

지중해에서 멀리 동쪽에 위치한 인도에서는 강박관념에 사로잡힌 듯한 통일성을 고집했던 하라파의 도시들이 자체 붕괴되었다.

B.C. 1750년에서 1700년 사이 어느 시기에 모헨조다로 시민들은 집을 버리고 떠나기 시작했다. 모두가 탈출한 것은 아니었다. 발굴 결과 해골들이 길거리에 쓰러져 있는가 하면 일가족 전체가 집 안에 갇혀 몰살당하기도 했다. 그 시신들은 누군가가 매장을 해준 상태가 아니었다. 여기저기에 불이 나 무너진 집들도 있었다. 주민들은 한시라도 빨리 달아날 생각에 귀중품(가재도구나 보석, 은 등등)도 내버렸다.[1] 북쪽 하라파에서는 그런 장면이 훨씬 많이 벌어졌다. 규모가 작은 하라파 도시들에서 나온 증거로 볼 때 하라파 문명이 생존을 멈춘 것은 의심의 여지가 없다.

하라파 문명은 외적의 침입으로 몰락한 것이 아니다. 유적을 보면 무기를 떨어뜨렸거나 갑옷을 입은 시신이 없고 건물을 조직적으로 파괴했다든가 성채(전시에 쓸 목적으로 만든 것인데도) 주변에서 전투를 한 흔적도 없다.[2]

다양한 건물이 붕괴되고 불(화덕이 넘어지는 바람에 났을 수도 있다)까지 났다는 것은 지진이나 홍수가 닥쳤기 때문일 수도 있다. 홍수 때문이라면 갑자기 강력하게 들이닥쳤을 것이다. 개흙층을 살펴보면 인더스 강은 고대의 주요 문명을 관통하는 다른 강들과 마찬가지로 정기적으로 범람해서 예측 가능한 패턴으로 비옥한 땅을 퇴적시켰다.[3] 진흙 벽돌로 지은 성채는 유독 수위가 높아졌을 때 보호막이 되었을 것이다. 수위가 성벽만큼 높아야 하라파 도시들에 나타난 정도의 파괴를 야기할 수 있었을 테니까 말이다.

수리(水理)학자 R. L. 레이크스는 상류 하라파 쪽에 형성된 천연 개흙 제방이 일정 기간 범람을 막다가(이렇게 되면 경작지의 비옥도가 떨어져 도시는 어느 정도 기근에 처했을 가능성이 있다) 가둔 물의 무게로 말미암아 터지는 바람에 엄청난 홍수가 도시를 덮쳤다고 추정한다. 실제로 B.C. 1818년 그런 일이 일어났다. 천연 개흙층이 거의 2년 동안 인더스 강의 범람을 막고 길이 80.4킬로미터, 높이 15.2미터짜리 제방을 형성한 것이다.[4] 그러나 하라파 문명의 두 대도시에 남은 개흙 유적은 이런 식으로든 저런 식으로든 홍수가 있었음을 입증해주지는 않는다. 어쨌든 홍수가 도시를 몽땅 파괴했다고 친다면 왜 재건하지 않았을까?

우리는 이미 내부적으로 부패에 시달리고 있는 한 문명에 모종의 자연재앙이 덮쳤다고 가정하지 않을 수 없다. 유적에서 발굴된 많은 유골은 주민들이 병에 걸려 있었음을 보여준다. 가장 흔한 것이 극심한 빈혈이었다. 영양실조 때문이었을 것이다.[5] 인더스의 강둑은 염류화 조짐은 없었다. 그러나 과다 경작에서 자유로운 경작지는 없다. 인구가 증가하면 당연히 곡물이 더 많이 필요하다. 벽돌 건물은 화덕에 쓸 땔감용 잡목이 많이 필요했다. 도시가 성장하면서 건축가들은 점점 더 넓은 지역의 숲을 베어내야 했을 것이다. 홍수는 이처럼 이미 과다하게 확장된 문명에 가해진 마지막 일격에 불과했을 것이다. 일단 도시들이 해체되기 시작하자 하라파 문명 체제의 몰락은 돌이킬 수 없었다. 아마도 꽉 짜인 통일성 탓에 유연성이 없어지는 바람에 규격

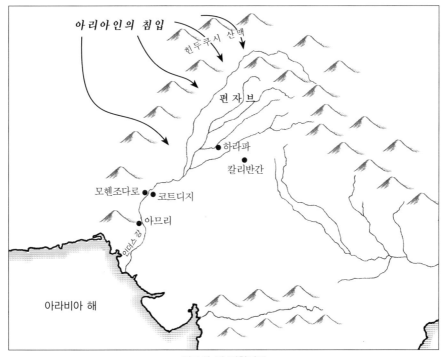

아리아인의 침입

힌두쿠시 산맥

펀자브

하라파

칼리반간

모헨조다로 ● ● 코트디지

● 아므리

인더스 강

아라비아 해

인도의 새 정착자들

화된 벽돌과 익숙한 도구가 있는 말끔한 도시에서 내쫓기자 그런 상황을 박차고 재건할 엄두가 안 났을 가능성이 높다.

사람들이 도시를 완전히 떠난 것은 아니었다. 일부는 남고 돌아오기도 했다. 시골에서 올라오기도 했다. 하라파 유적층 위에 듬성듬성 거주한 흔적을 보면 토기는 거칠고 조직화는 안 되어 있고 완벽한 하수 시스템을 재건하거나 활용할 생각도 없었던 것으로 보인다. 한마디로 하라파 문명보다 세련미가 훨씬 덜하다. 고고학자들은 이 시기를 후기 하라파 또는 '주카르 문화'라고 한다.[6] 이 명칭은 거친 토기를 처음 만든 마을 이름에서 따온 것이다. 주카르 문화는 정확히 말하면 하라파 문명이 망한 뒤 그 자리에 들어와 살았던 사람들이다.

침입자들이 인도로 내려온 것은 북쪽에서였다. 그러나 B.C. 1575~1500년에는 아직 도착하지 않았다. 그들은 유목민으로 엘람 동부와 인도 서부 끝자락에 있는 산맥 (지금은 힌두쿠시 산맥이라고 한다) 이북에서 유랑하고 있었다. 그들은 마침내 산길을 통과해 인더스 강 위쪽 지류에 형성된 저지대로 내려왔다. 그들의 문학—1,000년이 지난 뒤에야 문자로 정착된다—은 인도 지역에서 맨 처음 정착한 고향을 '일곱 개 강이 흐르는 땅'이라고 한다. 아마도 처음에 펀자브 지역에 살았음을 뜻하는 것 같다. 인더스 강 상류는 지류가 여섯 개다. 이 지류들이 합쳐져 하나의 원류가 된다.(이후 수천 년이 흐르면서 그 중 하나인 사라스바티 강은 완전히 말라버렸다.)[7]

그들의 문명은 처음에는 문명이라고 할 만한 수준이 못 되었다. 그들은 유랑하는 무리로 군벌의 지휘를 받으며 사는 데 익숙해 있었다. 그래서 건물을 짓지도, 문자를 쓰지도 않고, 우리가 아는 한 예술에 대한 인식도 없었다. '쟁기질'이나 '곡식을 도리깨질하는 마당' 같은 농사 관련 단어도 없었다.

그들이 할 수 있는 일이라곤 싸우는 것뿐이었다. 가장 특출한 것은 무기였다. 말을 탄 것은 물론이고 바퀴살 달린 전차에 청동 도끼, 하라파 문명 사람들이 사용했던 것과는 사정거리가 비교도 안 되게 긴 큰 활을 사용했다.[8] 황무지에서 이집트로 들어온 힉소스 민족과 마찬가지로 전투 능력의 혁신은 적을 헤치고 나아가는 데 큰 도움이 되었다.

그러나 이들이 즉시 인더스 강 유역 정복에 나선 것은 아니었다. 적어도 한 세기 동안은 일곱 개 강 사이에 살다가 남쪽과 동쪽으로 이동했다. 그들이 여러 도시로 내려갔을 때 하라파 문명은 이미 비틀거리다 무너진 다음이었다. 왕왕 현지 정착민을 내쫓았을지는 모르지만 정복이란 고작 그런 정도였다. 주민들이 버리고 떠난 건물에 뒤늦게 들어와 정착한 것이다. '회반죽' 같은 단어가 없었던 것을 보면 나름의 건축도 없었다. 세련되고 고도로 조직화된 하라파 문명을 문화 수준이 낮고 기술력도 떨어지고 도시를 운영해본 경험이라고는 없는 떠돌이 종족이 대체한 것이다. 그러나 낯선 환경에 적응하는 경험만은 훨씬 풍부했다.

후일 이 침입자들의 후손은 스스로를 **아리아**라고 불렀다. 이 형용사에 대한 영어 번역어는 '고귀하다'를 비롯해 최소 일곱 가지가 있다. 그 중 불길한 느낌을 주는 것이 '순수하다'다.*⁹ 아리안 문명이 시작될 무렵은 순수와는 거리가 멀었다. 하라파와 모헨조다로의 주민들이 하라파 **국가**를 유지해온 관료제를 잃기는 했지만 북부 인도에서 주민들이 한꺼번에 외계인에게 납치되듯이 대거 사라졌다고 보기는 어렵다. 그들은 흩어졌지만 살아남았다. 그들은 새로 들어온 아리아인과 섞여서 '쟁기질'이니 '곡식을 도리깨질하는 마당'이니 '회반죽' 같은 단어를 전하고 유목민 출신 민족에게 문명화된 도구를 사용하는 법도 가르쳐주었을 것이다. 아리안 문화는 사라진 하라파인들의 세계에서 얻어온 날줄과 교직되면서 인도 북부 전반으로 퍼져나갔다.

---

* 아리아인이 휩쓸고 들어와 순전히 무력으로 하라파의 도시들을 점령했다는 20세기 초의 이론은 증거를 토대로 하기보다는 정치와 관계가 있었던 것 같다. 서구 학자들은 유럽에 뿌리를 둔 아리아인이 모든 면에서 인도 아대륙(亞大陸) 원주민보다 우월하다고 보고 싶었던 것이다. 이런 심정은 아리아라는 단어를 영어로 이해하는 데에도 상당한 영향을 미쳤다. 아리아는 특정한 인간 집단을 일컫기는 하지만 원래 '순수하다'는 의미를 가졌던 것 같지는 않다. 역사학자 피곳(Stuart Piggott)의 지적대로 '노예계급'과 반대되는 '고귀한'이라는 의미를 함축한 단어일 가능성이 매우 높다. 정복자로서 등장한 아리아인들은 정착하는 지역마다 지배계급이 되었다.

연표 25	
크레타	인도
원 궁전 시대(B.C. 2000~1720)	
	하라파 문명 도시 황폐화 시작(B.C. 1750)
신 궁전 시대(B.C. 1720~1550) **미노스 왕**	
테라 화산 폭발(대략 B.C. 1628)	
마지막 궁전 시대(B.C. 1550~1350)	아리아인 정착 시작

Chapter 26

히타이트의 부상

B.C. 1790~1560년
히타이트인이 소아시아에 제국을 건설하는 동안
카시트인이 바빌론을 접수하다

B.C. 1712년경 삼수일루나가 죽자 그의 아버지가 이룩한 바빌론 제국('고古바빌로니아')은 남부와 동부의 거점 대부분을 잃었다. 엘람이 반란을 일으켰다. 수메르의 고대 중심지들은 대부분 파괴되고 주민이 거의 다 떠난 상태였다. 황폐한 불모의 땅이 되었다. 갑자기 등장한 바빌론 제2왕조의 계보에 대해서는 우리가 아는 바가 전혀 없지만 이 황무지를 다스렸다고 한다. 바빌론에 주석한 왕은 여전히 북쪽과 서쪽으로 힘을 뻗칠 수 있었다. 그러나 최대 범위는 마리 정도였다. 마리 너머에는 알레포의 왕이 독립을 유지하고 있었다.

삼수일루나 이후 별 볼 일 없는 왕들이 계속 나타나 바빌론 왕을 자처했다. 이들에 대해 알려진 바는 거의 없다. 삼수일루나가 죽은 지 100여 년 후에 바빌론 궁정에서 나온 가장 자세한 기록은 금성이 뜨고 지는 정확한 양태에 관한 내용이다.

하나의 권력이 쇠퇴하는 동안 다른 권력이 강해지고 있었다. 셈족이 아래로는 메소포타미아로, 위로는 가나안으로 이동하고 있던 시절 다른 종류의 언어를 사용하는 또 다른 민족이 훨씬 더 북쪽으로 카스피 해와 흑해 사이에 살고 있었다. 이들 북부 민족의 일부가 동진해서 나중에 저 아래 인도까지 진출하는 아리아인의 선조가 되었다. 그러나 다른 일파는 서진해서 소아시아로 들어가 지중해 연안에 정착했다.

B.C. 2300년경 인도유럽어를 사용하는 이 특수한 종족이 소아시아 반도 서쪽 할리스 강을 따라 퍼져갔다.* 그들은 서쪽의 여러 섬들과 왕성하게 무역을 계속했고 동쪽의 종족들, 특히 아수르와도 그러했다. 이런 이유로 해서 아수르 상인들이 할리스 강 연안에 무역 기지를 건설하기도 했다.

함무라비가 메소포타미아를 휩쓸며 무력으로 통일을 하는 동안 소아시아의 인도유럽계 마을들은 여러 군벌 휘하의 작은 왕국들로 통폐합되고 있었다. 우리는 이들이 누구인지 모른다. 그래서 그 통합 과정을 좀 더 생생하게 알 수 없다. 우리가 아는 것이라곤 이집트인들이 이런 왕국들에 대해 들어본 적이 있으며 그들을 하나의 민족으로 알고 있었다는 점이다. 이집트인들은 그들을 **흐트**라고 불렀다. 그들이 고향을 스스로 일컫는 이름 **하티**에서 온 명칭이다. 하티는 히타이트인의 영토였다.

히타이트인은 근처에 사는 아수르 상인들로부터 쓰기를 배웠다. 그들이 남긴 초기 명문과 기사들은 하나같이 고대 아시리아인이 사용한 쐐기문자로 되어 있다. B.C. 1790년 히타이트인의 도시인 쿠사라의 족장은 자신의 기록을 남겼다. 히타이트인이 역사의 단계로 들어선 것이다.[1]

이 족장은 아니타스 왕으로 아주 작은 두 도시로 구성된 왕국을 아버지로부터 물려받았다. 아버지는 어찌어찌하여 마음 놓고 있던 인근 도시 네사에 무시무시한 공

---

* 이 종족 집단을 종종 '인도유럽계'라고 한다. 셈계나 엘람계 또는 이집트계가 아니라는 의미인데 썩 도움이 되는 개념 규정은 아니다. '인도유럽계'라는 것은 기본적으로 언어학적 용어이며 유럽 전역과 인도에서 사용하는 언어들이 셈어, 이집트어, 엘람어와는 다른 공통점이 있음을 나타내는 표현이다. 우연찮게도 미노아인들은 이 4대 구분 방식에서 예외다. 그들은 소아시아에서 크레타로 이주해온 인도유럽계인 것 같기는 한데 제5의 다른 종족이라고 볼 수 있다. 극동 아시아의 언어들은 전혀 다른 범주에 속한다.

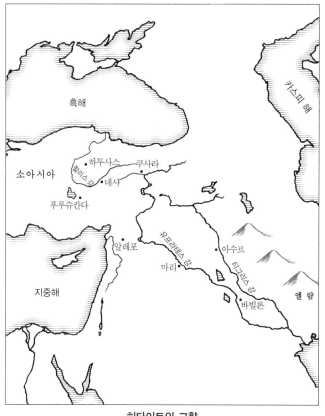

히타이트의 고향

격을 가해 그 왕을 납치하고 정복했다. 아버지 시절 아니타스는 '감시탑의 주인'으로 활동했다. 왕국 변경에 설치한 감시탑에 배치된 파수꾼들이 보내온 정보를 총괄하는 자리였다.[2] 아버지가 죽자 아니타스는―당시에는 그냥 '쿠사라의 왕자'라고 자칭했다―정복전쟁을 시작했다. 근처의 강력한 도시 하투사스를 공략했고 저항이 계속되자 철저히 파괴해버렸다.[3] 또 이 도시를 저주하여 아가데에 닥친 것과 같은 운명이 되게 했다. 그는 이렇게 선언했다. "그 자리에 나는 잡초를 뿌렸다. 폭풍의 신이시여, 본인 이후에 왕이 되어 하투사(하투사스)에 다시 머무는 자를 때려눕히소서!"[4] 이어 그는 푸루슈칸다로 방향을 돌렸다. 푸루슈칸다는 히타이트인들에게 니푸르가 수메르에서 누리던 것과 같은 위치를 점하고 있었다. 히타이트인들의 마음의 수도였으며 이 도시를 지배하는 자는 다른 도시들에 대해서도 도덕적 권위 같은 것을 주장할 수 있었다. 푸루슈칸다의 왕은 아마도 멀리 하투사스에서 솟아오르는 연기를 보고 넋을 잃은 나머지 싸움 한 번 해보지 않고 항복한 것 같다.

동시대 사람인 함무라비가 티그리스와 유프라테스 강 사이의 땅으로 진격하는 동안 아니타스는 하나의 국가를 건설했다. "나는 해가 뜨는 모든 땅을 정복했노라." 아니타스는 다소 거창하게 선언했다. 그리고 '왕자'가 아니라 '위대한 왕'을 자처했다.[5] 그는 꼬박 40년을 통치했다. 고대의 임금으로서는 상당히 긴 기간이다. 그는 함무라비가 죽고 나서 1년 안에 사망했다. 두 사람이 그러자고 의견 교환을 했다는 증거는 전혀 없지만.

아니타스가 건설한 왕국은 두 세대가 흐른 뒤까지도 그의 고향인 쿠사라를 중심으로 하고 있었다. 이때 한 후대의 왕이 그의 저주를 무시하고 하투사스를 재건하기로 결정했다. 근처에는 일곱 개의 샘이 있고 그 주위의 땅은 기름지고 궁전을 쉽게 방어할 수 있는 절벽도 있었다. 버려두기에는 너무 아까운 곳이었다.

수도를 쿠사라에서 하투사스로 옮기자마자 이 왕은 하투실리스 1세로 알려졌다. '하투사 사람'이라는 뜻이다.[6] 그는 소아시아를 벗어나 지중해 북동부 연안 서셈족 왕국으로까지 원정을 가서 몸소 일부 소도시를 점령했다. 아니타스는 히타이트 국가를 건설했으나 하투실리스 1세는 두 민족 이상을 통치하는 제국으로 발전시켰다. 그는 위대한 전사였다. 당시 세계에서 가장 위대한 전사였을 것이다. 하라파 문명의 도시들은 몰락하고 있었고, 함무라비는 죽었고, 이집트에서는 테베의 왕과 아바리스의 왕이 전쟁중이었고, 미노스 왕의 통치는 끝난 지 오래였다.

이처럼 승승장구했건만 하투실리스의 말로는 아주 불행했다. 죽음도 하투사스가 아니라 고향인 쿠사라에서 맞았다. 그는 예전에 쿠사라에서 죽음을 맞게 해달라고 당부한 바 있다. 「유언」이라는 히타이트 기록은 손자인 무르실리스에게 남기는 유언을 담고 있다. 여기서 하투실리스는 아들과 딸을 맹렬히 비난했다. 자식들이 불만을 품은 귀족의 말에 솔깃해 자신에 대해 악감정을 품었다는 것이다. "그들이 너희에게 말했다. 아버지에게 반기를 들어라." 하투실리스는 이렇게 불평한다. "그리하여 그들은 역심을 품고 음모를 꾸미기 시작했다."[7]

그는 이미 성인이 된 두 자식의 상속권을 박탈하고 대신 조카를 후계자로 지명한 바 있다. 그러나 마지막 순간에 조카도 거부했다. 「유언」에 따르면 조카는 "측은지심 같은 것이 없고 …… 냉철하고 무자비했으며 …… 왕의 말씀에 귀 기울이지 않았다." 조카의 성격은 부분적으로는 어머니의 결함을 물려받은 것으로 보인다. 하투실리스는 이어 조카의 어머니인 여동생에게 화살을 돌리면서 극도로 복잡한 은유를 사용해 풀밭에 숨어 소처럼 울부짖는 독사라고 부른다.[8] 늙은 왕은 무르실리스라고 하는 또다른 조카를 대신 후계자로 삼고 나서 죽는다. 평생 군사적 승리를 구가했지만 가족에 대한 환멸로 점철된 종말이었다.

무르실리스는 열서너 살에 불과했으며 그를 지도하게 되어 있는 섭정들은 물론이고 상속권을 박탈당해 열 받은 사촌과 삼촌, 숙모 들에게 둘러싸여 있었다. 이렇게 시작은 난감했지만 젊은 무르실리스는 용케 즉위(당시로서는 보통 일이 아니었다)할 나이가 되었다. 그는 섭정들을 잘 만난 것으로 보인다. 그 중 한 사람이 히타이트 왕자 핌피라로 특히 그가 단순한 왕이 아니라 공정하고 자비로운 왕이 되도록 신경을 썼다. 한 히타이트 연대기는 핌피라가 "배고픈 자에게 빵을 주시오"라고 명한 것으로 기록하고 있다. "벌거벗은 자에게는 입을 것을 주고, 추위에 떠는 자는 따뜻하게 해 주시오."[9]

그러나 일단 왕위에 오르자 무르실리스는 기존 제국을 자비롭게 다스리기보다는 새 땅을 정복하는 데 관심을 쏟았다. 후대에 알레포와 히타이트 간에 체결한 협정을 보면 두 협정 당사자 사이의 예전 관계를 검토하면서 다음 조치를 상세히 규정하고 있다. "하투실리스 이후 위대한 왕 하투실리스의 손자인 위대한 왕 무르실리스는 알레포의 왕위를 빼앗고 알레포 자체를 파괴했다."[10]

알레포에서의 성공을 발판으로 무르실리스는 바빌론으로 진군했다. 도중에 여러 카시트 군벌을 만났지만 정복해버리거나 동맹을 맺었다. B.C. 1595년 그는 바빌론의 성벽 앞에 도착했다. 이어 벌어진 사태는 괄목할 정도였다. 함무라비의 고손자 치하에 있던 바빌론은 제대로 저항 한 번 해보지 못했다. 무르실리스 자신의 기록에 따르면 그는 이 도시를 쳐부수고 주민들을 포로로 잡고 왕을 사슬로 묶었다.[11] 함무라비의 마지막 후예의 최종 운명은 알려져 있지 않다.

무르실리스는 바빌론을 제국에 포함시키지 않기로 했다. 할아버지와 마찬가지로 세상에서 가장 강력한 정복자라는 것만 과시한 것이다. 바빌론은 안전하게 다스리기에는 하투사스에서 너무나 멀었다. 그래서 이 도시를 황폐화시킨 상태로 버려두고 의기양양하게 수도로 돌아갔다. 그가 충분히 멀어졌을 무렵 인근 카시트인 족장들이 들어와 그 폐허를 점령했다. 아모리인의 바빌론 지배가 끝난 것이다.*

무르실리스는 수많은 포로와 보물을 가지고 개선가를 부르며 하투사스로 돌아왔다. 그러나 군중들의 환호 뒤에서 암살 계획이 서서히 무르익고 있었다.

범인은 술잔을 드리는 시종장 한틸리였다. 그는 신뢰하는 관료이자 매부였다. 무르실리스가 없는 틈을 타 왕 대신 통치하는 재미가 생겼는데 이제 갑자기 자신의 권위가 삭감되게 생겼으니 달가웠을 리 없다. 무르실리스가 바빌론에서 돌아온 지 얼마 안 된 시점에 한틸리와 다른 궁정 관료가 왕을 살해했다. 그리고 한틸리가 왕위를 차지했다. "그들은 사악한 짓을 저질렀다"고 히타이트의 연대기들은 전한다. "그들이 무르실리스를 죽였다. 피를 뿌린 것이다."[12]

---

* 표준 메소포타미아 연대기는 고바빌로니아 시대(B.C. 1800~1600년 함무라비 왕조의 지배) 이후를 카시트 시대(B.C. 1600~1150년)로 본다.

한틸리는 어찌어찌하여 거의 30년 동안 왕위를 유지했고, 이 기간에 히타이트는 세계사에서 주연배우 노릇을 톡톡히 했다. 그러나 그는 불행한 선례를 만들었다. 한틸리가 죽자마자 신하가 그의 아들과 손자를 모두 죽이고 왕좌를 차지했다. 그러나 그도 자기 아들 손에 죽었고, 이 아들도 나중에 제3의 찬탈자에게 살해당했고, 이 찬탈자 역시 암살되고 말았다.

히타이트의 왕위 계승은 시해 게임으로 변질되었다. 이 기간에 하투사스의 왕궁은 주변에 두께 7.6미터짜리 성벽을 세웠다.[13] 히타이트 지배자들에게는 왕국 안의 삶이 밖으로 원정을 나가는 것보다 훨씬 위험했다.

연표 26	
인도	소아시아/메소포타미아
	아니타스(대략 B.C. 1790)
하라파 문명 도시 황폐화 시작(B.C. 1750)	삼수일루나 사망(B.C. 1712)
	하투실리스 1세(B.C. 1650~1620)
	무르실리스 1세(B.C. 1620~1590)
	히타이트의 바빌론 정복(B.C. 1595)
	한틸리(B.C. 1590~1560)
아리아인 정착 시작	

Chapter 27

아모세가 힉소스를 몰아내다

B.C. 1570~1546년 이집트에서
테베의 파라오가 힉소스를 물리치다

　　테베의 세쿠에네레가 힉소스와의 전투에서 전사한 이후 장남 카모세가 왕위를 이었다.* 힉소스 왕 가운데 가장 장수한 아페피 1세는 아직 왕위에 있었고 카모세는 아버지의 죽음에 복수를 할 필요가 있었다.

　　그러나 불쾌한 현실을 고려하지 않을 수 없었다. 그가 다스리는 테베 왕국은 북쪽의 적대세력 및 이 세력과 동맹한 남쪽 세력 사이에 끼어 있었다. 힉소스의 점령 직전 혼란기에 이집트의 누비아 총독들은 독자노선을 걸었다. 누비아는 원주민이 공직에 많이 올랐고 여러 해 동안 독립국가 행세를 하고 있었다. 제15왕조의 힉소스 왕들은 그들을 진압하기보다는 협정을 맺었다. 누비아인들은 테베를 중심으로 한 이집트

---

* 카모세의 항렬은 분명하지 않다. 카모세와 아모세의 나이 차가 상당했던 것으로 보이는 점을 고려하면 세쿠에네레의 동생이었을지 모른다. 아모세는 그 다음 왕이다. Aidan Dodson and Dyan Hilton, *The Complete Royal Families of Ancient Egypt*, p. 126.

에 대항하는 북부 세력(힉소스)을 돕기로 합의했다. 따라서 테베로서는 이중으로 전선을 감당해야 했다.

테베의 카모세는 이 점을 잘 알고 있었다. 그는 군사를 나일 강을 따라 북으로 이동시키면서 남쪽 일대에 스파이도 풀었다. 누비아의 무력을 빌리려는 힉소스의 시도를 중간에서 간파하기 위해서였다. 카모세 자신에 따르면 이 전략은 놀라울 정도로 성공적이었다. 힉소스인들이 아주 좋아하는 태양신 아문에게 바친 한 명문에서 카모세는 아바리스까지 쳐들어 올라갔다고 주장한다. 아바리스의 힉소스인들은 그가 다가오는 것을 두려워해 "새끼 도마뱀처럼 벽에 구멍을 뚫고 내다보았다." 한편 그의 부하들은 누비아로 가는 힉소스 전령을 귀신같이 알고 덮쳤다. 전령이 갖고 있던 편지가 카모세의 기록에 보존되어 있다. "카모세는 두 땅, 즉 우리 땅과 당신네 땅을 멸망시킬 작정이다." 힉소스의 왕은 누비아의 상대편에게 이렇게 말했다. "북쪽으로 오라. 그리고 두려워 말라. 그는 벌써 이곳 내 영토 안에 들어와 있으니 …… 나는 당신이 도착할 때까지 그를 괴롭히고 있겠다. 그런 다음 당신과 내가 이집트의 도시들을 나누어 갖자."[1]

편지를 중간에 가로챈 것은 이집트 측으로서는 아주 자랑할 만한 일이었다. "나는 이 편지를 아페피에게 되돌려 보냈다." 카모세는 의기양양하게 말한다. "나의 승리가 그의 심장을 파고들어 사지를 마비시킬 것이다."[2] 이어 그는 다시 테베로 돌아오는 길에도 계속 승리를 구가했으며 도착 시기를 나일 강의 범람에 맞추었다.

이처럼 모든 사람에게 자신이 강물의 범람까지도 책임지는 온 이집트의 정당한 왕임을 일깨우려는 시도는 곧 카모세의 승리가 그의 주장대로 그렇게 경천동지할 만한 것은 아니었음을 시사한다. 정말 무력으로 힉소스인들을 떨게 했다면 왜 진군을 계속해서 북부 지역을 탈환하지 않았는지 이해하기 어렵다. 최소한 힉소스 제2의 권력 중심인 멤피스 점령은 시도할 수 있었다. 힉소스는 이곳에서 남쪽 영토의 동태를 예의주시했던 것으로 보인다. 아바리스는 북쪽으로 너무 멀리 떨어져 있어서 전 국

힉소스와 싸우는 아모세

토를 다스리기에는 효율적이지 않았다.

그런데 어느 쪽도 감행하지 않았다는 것은 아바리스 공격이 성공적인 기습 이상의 것이 아니었음을 시사한다. 카모세는 계속 밀어붙일 시간이 별로 없었다. 그는 딱 3년을 통치하고 죽었다. 아마도 원정 도중 부상으로 한동안 머뭇거리다가 상처가 악화되어 숨졌을 것이다. 그는 아들이 없었기 때문에 동생인 아모세가 왕위를 이었다. 아모세는 아직 어려서 어머니 아호텝이 섭정을 맡았다.

이 무렵 장수하던 아페피 1세가 마침내 아바리스에서 숨졌다. 힉소스의 왕위는 훨씬 덜 뛰는 인물이 물려받았다. 동시대의 기록은 그에 관해 많은 이야기를 하지 않고 있다. 서기들은 심지어 그 이름에 대해서도 견해가 분분하다. 아호텝 여왕은 북부의 이런 약점을 틈타 직접 원정을 계속했던 것 같다. 명문에 그녀는 "군사를 돌본 인물로 …… 상이집트를 평화롭게 하고 반란자들을 추방했다"고 되어 있다.[3] 그녀의 관에는 의식용 도끼 및 세 개의 훈장이 함께 묻혔다. 무공훈장에 해당하는 것이었다.

이처럼 순조로운 출발 덕분에 아모세가 친정에 나서면서부터는 성공적인 전투를 계속해 아바리스까지 치고 올라가게 되었다. 재위 20년 되던 해에는 헬리오폴리스(아바리스 바로 남쪽이다)와 동쪽 국경 지역 요새 티아루를 점령했다. 남쪽과 동쪽의 거점들을 통제하에 두면서 그는 병력의 양 날개로 아바리스를 궁지에 몰아넣었다.

요세푸스가 인용한 바에 따르면 마네토는 전쟁의 다음 단계를 이렇게 묘사했다.

〔힉소스는 아바리스〕 주변에 온통 성벽을 건설했다. 크고 강한 성벽으로 모든 소유물을 힘을 모아 한 곳에서 지키기 위함이었다. 그러나 〔아모세는〕 포위공격으로 그것들을 차지하려고 시도했다. 주변에 병력을 8,000 하고도 400명이나 배치했다. 점령할 생각을 접는 순간 그들이 다가와 협정을 맺게 되었다. 이집트를 떠나겠으니 일절 해를 끼치지 말고 가고 싶은 대로 놓아달라는 것이었다. 이 협정을 맺은 후 그들은 가족들과 함께 재산을 가지고 떠났다. 그 수는 4,000 하고도 200명이나 되었다. 그들은 이집트를 떠나 황무지를 건넜다.[4]

이 기사는 전후 사정을 좀 감안해서 읽어야 한다. 이집트 쪽 기사에는 유혈사태가 훨씬 많이 묘사되어 있기 때문이다. 아모세 휘하 장군(공교롭게도 이름이 아모세로 똑같아 헷갈린다)의 묘지명은 아바리스에서 적어도 세 차례의 처절한 격전이 있었다고 묘사하고 있다. "나는 거기서 싸웠고 손 하나를 들고 돌아왔다"고 그는 자랑스럽게 말한다. 이집트 서기들은 손을 잘라 그 수효로 적군 전사자 수를 헤아리곤 했다. "이런 사실을 왕실 전령에게 보고했고 무공훈장을 받았다."[5] 이 사건을 기념해서 만든 이집트 부조들은 전함과 전투, 포로로 잡힌 힉소스의 무리를 묘사하고 있다. 유적은 아바리스가 약탈당했음을 보여준다. 힉소스의 궁전은 완전히 파괴되고 파라오 아모세가 주문한 새 건물이 그 위에 건설되었다.[6] 힉소스가 점령했던 다른 흔적들은 철저히 말소되어서 그들이 하이집트를 어떻게 지배했는지 상세히 재구성하기는 매우 어렵다.

그러나 아바리스 유적에서 오랜 포위 작전의 마지막 단계인 학살이 벌어졌다는 증거는 찾을 수 없다. 이후 50년 동안 종 명단에 셈계 이름이 그리 많지도 않다. 따라서 많은 힉소스인이 노예가 되었을 것 같지는 않다. 이집트를 지배했던 힉소스의 마지막은 특히 비전투원들의 대량 탈출로 장식되었을 가능성이 높다.

아바리스가 항복하고 나서 파라오 아모세가 계속 북쪽 가나안으로 진군하여 진짜로 가자 근처 샤루헨에서 멈추었는지는 알 수 없다. 여기에서 아모세 장군은 또 다른 포위공격 작전을 이끌어 성공했다. 이는 아바리스에서 힉소스를 축출하는 작전의 연장이었을 가능성이 있다. 잠시 달아나다가 또 다른 요새에 몸을 숨겼다면 아모세로서는 힉소스가 이집트 근처 어디에서 다시 힘을 결집하도록 내버려두지 않았을 것이다.[7] 샤루헨은 어떤 형태로든 이집트에는 위험이었다. 샤루헨 유적지 발굴 결과 서셈족 왕국의 중심지였음이 드러났다. 가나안 남쪽에서는 가장 강력한 군사 거점이었던 것이다.[8] 샤루헨 정복은 이집트를 단순히 재침입으로부터 좀 더 안전하게 만드는 것 이상의 의미를 지녔다. 즉 가나안 남부를 이집트의 한 지방으로 편입시킨 것이다.

아모세 장군 무덤 비명에 따르면 샤루헨 공략은 6년이 걸렸다.[9] 이것이 사실이라면 아마도 파라오 아모세는 이 장군에게 책임을 맡기고 고향에 돌아가 멤피스에서 정사를 돌보았을 것이다. 아바리스 점령 후 오래지 않아 죽었다는 사실은 이런 점을 뒷받침해준다.

아모세가 하이집트를 되찾는 데는 20년이 걸렸다. 마네토와 요세푸스는 그의 치세를 25년으로 잡고 있다. 그는 통일 이집트의 왕 지위를 오래 누리지는 못했다. 그러나 이집트를 재통일하고 이집트 원주민의 지배권을 탈환했다는 점에서 마네토는 그를 제18왕조의 개조로 부르고 있다. 재통일을 통해 이집트는 건설과 평화, 번영과 예술과 문학의 새 시대로 접어든다. 신왕국 시대가 시작된 것이다.

연표 27	
소아시아/메소포타미아	이집트
아니타스(대략 B.C. 1790)	제2중간기(B.C. 1782~1570)
	제13왕조(B.C. 1782~1640)
삼수일루나 사망(B.C. 1712)	
	제14왕조(B.C. 1700~1640)
	힉소스의 점령(B.C. 1663)
하투실리스 1세(B.C. 1650~1620)	제15, 16, 17왕조
무르실리스 1세(B.C. 1620~1590)	
	카모세
히타이트의 바빌론 정복(B.C. 1595)	
한틸리(B.C. 1590~1560)	신왕국 시대(B.C. 1570~1070)
	제18왕조(B.C. 1570~1293)
	아모세 1세(B.C. 1570~1546)

Chapter 28

찬탈과 복수

〰〰〰〰〰

B.C. 1546~1446년 이집트의 투트모시스 3세가
백모 하트셉수트에게 왕위를 빼앗겼다가 되찾고
서셈족의 땅을 정복하다

아모세가 죽고 아들 아멘호텝 1세가 권력을 장악했다. 그는 누비아인들을 철저히
짓밟아 이집트 권역 안으로 다시 확고하게 편입시키고 아버지의 승리를 굳건히 했
다. 그러나 가계는 거기서 끝났다. 아멘호텝은 자식이 없었을 뿐 아니라 거의 평생 독
신으로 지냈다. 첫 아내(이자 여동생)가 요절한 뒤로 다른 왕비를 두지 않았다.[1]

파라오들이 수십 명의 처첩을 자랑하던 시대에 아멘호텝은 여자에 별로 관심이
없었던 것 같다. 그렇다 해도 재혼조차 하지 않은 것은 특이하다. 고대 통치자들은 대
부분 동성이 시중드는 것을 선호했어도 왕조의 안정에 필요한 후계자는 생산했다.
아멘호텝 1세는 독신으로 지내면서 깊은 고독을 느꼈고 신뢰하는 장군을 다음 왕으
로 지명했다.

이 장군이 투트모시스로 아멘호텝의 매부이기도 했다. 투트모시스는 이렇게 해
서 왕가의 일원이 되었다. 그러나 그의 즉위는 정상적인 부자 승계의 단절을 의미했
다. 아모세, 투트모시스 1세, 그리고 투트모시스 1세의 두 후손(아들 투트모시스 2세와

이집트 왕의 미라들 아모세 1세(맨 왼쪽)는 서로 닮은 투트모시스 1, 2, 3세 일가와 외모에서 공통점이 없다. 사진 G. Elliot Smith, 카이로 이집트박물관 발행 고대 이집트인 카탈로그에서.

증손자 투트모시스 4세)의 미라는 아주 잘 보존되어 외모가 선명하게 살아 있다. 투트모시스 일가의 외모는 놀라울 정도로 닮았다. 아모세 1세의 얼굴과는 확연히 다르다.*

투트모시스 1세는 왕이 되었을 때 나이가 꽤 된 상태였으며 겨우 6년간 왕위를 지켰다. 왕위에 오른 지 얼마 안 된 시점에 그는 자신의 무덤을 계획하기 시작했다. 시간이 흐르면서 경외심을 불러일으켰던 피라미드는 이제 평범한 이집트 사람에게 별로 신성한 대상이 아니었다. 도굴꾼들은 이집트에 있는 거의 모든 피라미드를 파고 들어갔다. 피라미드는 금으로 가득한 묘실을 비롯해 엄청난 보물이 묻혀 있다는 표시였다. 부장품을 도둑맞지 않기 위해 투트모시스 1세는 매장 장소를 은밀한 곳에 새로 만들었다. 여느 피라미드 내부와 마찬가지로 벽에 화려한 채색을 한 굴을 두되 입구는 숨겨놓았다. 굴이 있는 계곡은 후일 '왕들의 계곡'으로 알려진다.**

전임자와 달리 투트모시스 1세는 적어도 두 번 결혼했다. 가장 충실한 아내는 아

---

* 이 네 구의 미라는 다른 52구와 함께 형태가 아주 잘 보존되어 있다. B.C. 1000년경 이집트 신관들이 이 미라들을 수거한 뒤 두 부류로 나누어 감춰두었기 때문이다. 신관들은 미라를 도굴꾼들의 위협으로부터 보호하고자 했던 것이다. 한 부류는 1881년에, 다른 한 부류는 1898년에 발견되었다.
** 투트모시스 1세는 왕들의 계곡을 사용한 최초의 파라오였던 것 같다. 그러나 그의 미라가 확인되지 않았기 때문에 일부 학자들은 그가 다른 곳에 묻혔을 것으로 믿고 있다.

멘호텝의 동생이었다. 그녀는 위대한 아모세 파라오의 딸이자 두 아들과 두 딸의 어머니였다. 그러나 투트모시스는 두 번째 부인과 결혼해 아들 하나를 더 낳았다.

투트모시스가 파라오가 되었을 때 장남을 우선 후계자로, 차남을 그 다음 후계자로 지명했다. 그런데 둘 다 아버지보다 앞서 갔다. 그는 왕관을 신뢰하는 친구에게 넘겨줄 생각이 전혀 없었다. 살아 있는 남성 후계자는 둘째 부인이 낳은 아들이었다. 그리하여 이 아들의 지위를 강화하고자 후계자로 지명했을 뿐 아니라 첫째 부인이 낳은 딸 중 하나와 결혼시켰다. 하트셉수트 공주가 바로 그 딸이었다. 투트모시스가 재위 6년 만에 죽자 이 아들이 투트모시스 2세가 되었다. 하트셉수트는 왕비가 되었다.

투트모시스 2세는 평생 건강이 나빴다. 게다가 아내가 그의 모든 직무를 떠맡는 바람에 신체적인 약점 문제가 더더욱 복잡해졌다. 하트셉수트는 남편이 임금 노릇을 시작하는 순간부터 투트모시스 2세와 함께 공동 통치자로 일컬어졌다. 이는 분명 두 사람의 결혼 생활에는 아무 도움이 되지 않았다. 하트셉수트는 이복 남매인 남편과 사이에 딸 하나만을 두었다. 투트모시스 2세는 이 대담한 제스처 이후 하트셉수트와 사이에 더는 아이가 없었다. 그나마 눈을 질끈 감고 이집트만을 생각해서 한 행동이었을 것이다. 그는 이세트라는 여성이 시중드는 것을 좋아했다. 그러나 그녀와 결혼은 하지 않았다. 이세트가 아들을 낳자 투트모시스 2세는 즉각 이 사생아를 후계자로 지명했다. 아내의 얼굴에 따귀를 날린 셈이다.

투트모시스 2세가 서른다섯이 채 못 되어 죽었을 때 외아들(이제 투트모시스 3세가 된다)은 아직 아기였다. 일단 하트셉수트가 권리를 주장했다. 큰어머니이자 계모로서 섭정을 맡겠다는 것이었다.

섭정을 맡고 3, 4년 동안 그녀는 어린 투트모시스 3세 뒤에 서 있는 모습으로 각종 조각에 등장한다. 적당한 후원자인 것처럼 보인다. 그러나 B.C. 1500년경 하트셉수트는 거대한 사원을 건립하기 시작했다. 한때 피라미드에서 밖으로 나가는 인도 끝에 서 있던 장제전으로 이제는 종종 기본 매장 기념물 역할을 했다. 이 사원은 이론적으로는 태양신 아문을 기려 건립한 것으로 동쪽에서 나일 강 바로 건너편 카르나크에 있는 아문의 또 다른 거대한 신전을 마주하게 되어 있었다.[2] 하트셉수트는 한쪽 벽 전체에 부조를 새기게 했는데 아문이 하트셉수트의 어머니를 찾아온 장면이 매우 인상적이다. 조각의 숨은 뜻은 하트셉수트가 신에 의해 잉태되었다는 것이었다.

부계 카드도 사용해 지상의 아버지인 투트모시스 1세가 죽기 전에 이집트의 진정한 통치자로 자신을 선택해 왕관을 씌우라고 명했음을 알리는 조각을 만들도록 명했다. 즉위식은 새해 첫날 만조백관 앞에서 이루어졌다. 하트셉수트가 호루스식 이름을 가지고 상이집트와 하이집트의 왕으로서 통치할 권리를 갖고 있음을 과시하는 것이었다.

이런 이야기는 날조이기 때문에 조정에 나온 사람 중에서 누군가 항의를 할 수도 있었을 것이다. 그러나 항의가 있었다는 기록은 없다. 이는 하트셉수트가 어떤 식으로든 세력 있는 궁정 관료들에게 이제 즉위할 나이가 되어가는 투트모시스 3세보다 훌륭한 통치자가 될 것이라는 확신을 심어주었음을 시사한다. 그녀는 이집트에서 가장 세력 있는 남자 중 하나를 강력하게 후원했다. 아문 신의 집사장 세넨무트였다. 그녀는 불과 몇 해 사이에 현란할 정도의 직함을 여럿 하사했다. 세넨무트는 건축가 장(長), 왕실 선박의 집사장, 아문 곡물창고 감독, 아문 들판 감독, 아문 소·아문 정원·아문 직공 들의 감독이었다.

이런 칭호 덕에 그의 권력은 막강해졌지만 인기는 없었다. 세넨무트가 하트셉수트와 자문관 이상의 관계를 맺고 있다는 소문이 번졌다. 하트셉수트 장제전 근처 한 동굴 벽에서 발견된 낙서는 꼬마 세넨무트가 성기를 바짝 세운 채 거대하고 남성적인 하트셉수트 뒤로 조심조심 다가가는 모습을 그리고 있다. 강력한 여성 파라오와 야심적인 집사장의 관계를 조잡하게 풍자한 것이다.[3]

하트셉수트는 어린 투트모시스 3세를 퇴위시키지는 않았다. 다만 자신을 두 공동 통치자 가운데 선임자로 자부했다. 한두 조각상에는 그녀가 왕의 두건을 쓰고 심지어 왕관에 의전용 직사각형 수염까지 붙인 모습으로 나온다. 장제전에는 헤브-세드 왕위 갱신제를 하는 모습까지 새겨놓았다. 투트모시스 3세는 이런 부조에서도 여왕과 나란히 참여하는 모습으로 등장한다. 그러나 나일 강의 범람을 불러오는 파라오의 능력을 보여주는 헤브-세드 축제의 핵심인 달리기 의식은 하트셉수트가 하는 것으로 묘사되어 있다.[4]

투트모시스 3세의 명문은 그가 치세의 대부분을 어디서 보냈는지 말해준다. 큰어머니의 명에 따라 멤피스에서 멀리 떨어진 곳으로 가서 이런저런 원정에 나섰던 것이다. 그 대부분은 새로 영토로 편입된 북부 지방으로 서셈족 신민들이 늘 반란을 기도하는 곳이었다.

그녀는 아마도 그가 전투중에 사망하기를 기대했을 것이다. 그런데도 부상이나 암살을 당하지 않았다는 것은 그가 얼마나 조심했는지를 말해준다. 또한 군이 투트모시스와 후방에 있는 백성들보다 하트셉수트에게 덜 충성했을 가능성을 시사한다. 하트셉수트가 거의 모든 에너지를 국내 프로젝트, 특히 건축에 쏟아 부은 것이 분명하다. 고대 세계에서 왕이 세운 건물의 수는 그의 치적을 바로 보여주는 지표로 간주되었다. 그리고 하트셉수트는 자신의 위대성에 대한 일체의 의문을 용납하지 않았다. 반면 군은 20년 가까이 한 번도 대승을 거두지 못했다.[5]

남편이 죽은 후 21년이 지나 의붓아들인 공동 통치자가 바야흐로 20대에 접어들고 수년간의 원정을 통해 강건해졌을 때 하트셉수트가 죽었다. 그녀의 집사장이자 일꾼이었던 세넨무트도 그 직후에 사망했다.

투트모시스 3세가 두 사람의 죽음에 관련되어 있다는 직접적인 증거는 없다. 그러나 두 사람이 죽고 나자 투트모시스 3세는 전방에서 돌아와 계모의 이름을 철저히 말살하기 시작했다. 모든 기념물에서 그녀의 칭호를 깎아냈다. 그녀의 신성한 즉위식을 보여주는 부조는 다 산산조각 났다. 그녀의 조각상들은 근처 채석장에 내버렸다. 하트셉수트는 아문 신을 기려 태양을 가리키는 오벨리스크들을 세웠는데 이것들은 파괴하지 않았다. 아마도 신의 분노를 두려워했기 때문일 것이다. 그러나 그 주변에 벽을 쌓아 보이지 않게 했다.[6] 그는 또 세넨무트의 무덤을 파괴하라고 명했다. 이때가 30살로 집무를 시작한 지 한참이 지난 마당이었다.

형식적으로 보면 투트모시스 3세는 이미 왕좌에 오른 지 22년이나 되었다. 그 무기력한 세월 동안 그는 속으로 엄청난 야심을 키웠다. 그 다음 수년 동안의 원정은 강도 면에서 나폴레옹에 견줄 만한 것이었다.* 그는 하트셉수트에게 적대감을 불태운 나머지 그녀가 소홀히 한 분야에 전력투구했다.

투트모시스 3세는 군대를 따라다니면서 자신의 원정 내역을 기록하는 서기를 임명했다. 그 기사는 사라진 지 오래되었지만 그 중 일부가 다른 기록에 남아 이 파라오의 첫 조치가 무엇이었는지를 보여준다. 하트셉수트가 죽은 해에 투트모시스 3세는 가나안을 통과했다. 지중해 연안 중간 지점을 조금 지난 곳에 있는 카데쉬의 왕은 동맹을 규합해 침략자에 대항했다. 투트모시스는 메기도에서 그들과 조우했다. 메기도는 산악 지대만 넘으면 어느 곳으로든 뻗어나갈 수 있는 지점에 있는 도시로 이집트와 메소포타미아를 가르는 요충이었다.**

전투는 참패였다. 얼마 후 카데쉬 왕이 이끄는 동맹군은 다시 재빨리 성 안으로 퇴각했다. 얼마나 급했던지 병사들은 서로 먼저 성벽을 넘으려고 전우의 바지 끄덩이를 잡아 끌어내릴 정도였다. 이집트인들은 성 밖에 쳐놓은 캠프에 대한 약탈을 중단했다. 그러자 카데쉬군도 메기도 성문을 꼭꼭 걸어 잠갔다.

아시리아인과 달리 이집트인들은 공성전(攻城戰) 경험이 많지 않았다. 요새 공격

---

* 역사가 브레스티드(James Henry Breasted)가 처음으로 투트모시스 3세를 '고대 이집트의 나폴레옹'이라고 불렀고 이 별명이 아직도 회자되고 있다.
** 이때가 메기도라는 도시가 처음 등장하는 대목이다. 메기도는 아브라함 시대 이후로(p. 193을 볼 것) 전략적으로 중요한 교차로였다. 이런 지정학적 중요성 때문에 이후 중요한 전투의 현장이 되고 20세기에 마지막 전투가 벌어진다. 「요한계시록」 16장 16절에는 세상이 파멸하기 직전 메기도에서 온갖 군대가 집결하는 것으로 되어 있다. 메기도는 그리스어 텍스트에서는 '아마겟돈'이라고 한다.

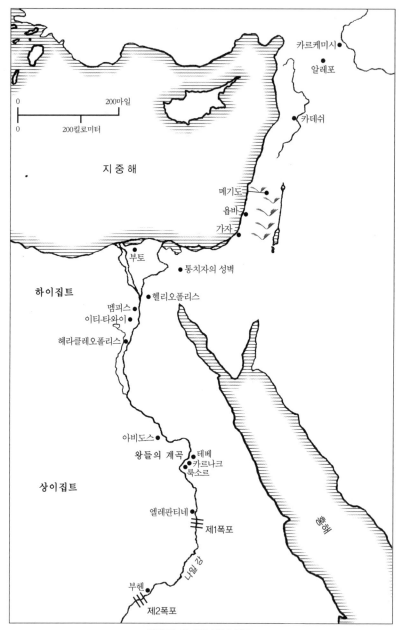

카르케미시

알레포

카데쉬

지중해

200마일

200킬로미터

메기도

욥바

가자

부토

통치자의 성벽

하이집트

헬리오폴리스

멤피스

이티-타와이

헤라클레오폴리스

아비도스

테베

왕들의 계곡

카르나크

룩소르

상이집트

엘레판티네

제1폭포

홍해

나일 강

부헨

제2폭포

이집트 최대의 북부 판도

용 탑이나 성벽에 대고 기어오르는 사다리도 없었다.[7] 그저 적이 굶어죽을 때까지 진을 치고 기다리는 수밖에 없었다. 비참한 일곱 달이 지난 뒤 카데쉬 왕은 항복했고 동맹군도 뒤를 따랐다. 이집트군은 개선가를 부르면서 보물과 노획한 무기, 전차, 가축, 포로, 곡물 등을 싣고 고향으로 돌아왔다. 하트셉수트 사후에 면모를 일신한 군대가 처음 가져온 전리품이었다. 투트모시스 3세의 암살에 가담하지 않은 사람들은 이제 그동안 고통을 당한 데 대한 보상을 받았다.

이 원정은 경향 각지를 놀라게 했던 것 같다. 인근 셈족 군벌들은 투트모시스 3세에게 선물을 보내는 등 남쪽의 성난 젊은 파라오와 평화를 유지하기 위해 안간힘을 썼다. 저항하는 도시들은 공격을 받고 약탈당했다. 원정은 이후 몇 년 동안 계속되었다. 해안에 가까운 욥바는 무조건 항복 대신 협상을 하려고 노력했다. 후대의 이야기에 따르면 이집트군 사령관을 방문해 평화 조건을 의논하기로 한 욥바의 왕은 연회 대접을 받고 나서 갑자기 구타당해 의식을 잃고 뒷방에 처박혔다. 이집트 사령관은 밖에 나가서 왕의 전차를 모는 자에게 이집트가 욥바에게 항복하기로 했으니 빨리 돌아가서 왕비에게 왕이 포로를 잡아서 돌아가는 중이라고 말하라고 했다. 포로로 잡힌 이집트인 행렬이 곧 지평선 위에 나타났다. 이집트 캠프에서 약탈한 물건들을 광주리에 바리바리 쌓은 상태였다. 그러나 광주리마다에는 무장 병사가 하나씩 숨어 있었다. 욥바의 왕비가 성문을 활짝 열자 전사들이 광주리에서 쏟아져 나와 도시를 함락시켰다.[8]

아르다타 시를 정복하고 약탈한 방식은 좀 더 전통적이다. 이집트 군사가 성벽으로 몰려가 성문을 깨부수고 들어가 보니 정말 기쁘게도 지하창고는 포도주로 가득했다. 그들은 투트모시스 3세가 그만하라고 할 때까지 매일 취하도록 마셔댔다. 그는 병사들에게 들판과 과일나무를 불태우게 한 뒤 다음 목표로 향했다.[9]

투트모시스 3세는 거의 20년을 북부 변경 지역 원정으로 보냈다. 그는 천신만고 끝에 카데쉬까지 치고 들어가 항복을 받아내고야 말았다. 그는 알레포를 자기 땅이

라고 선언했다. 심지어 카르케미시(성경에는 갈그미스로 나옴―옮긴이)까지 장악하고 소
아시아 끝자락까지 들어섰다. 재위 마지막 몇 년 동안 투트모시스는 변방에 쫓겨 가
있던 시절 추락한 명예를 완전히 회복했다. 그가 다스리는 이집트는 거의 유프라테
스 강까지 영토를 뻗쳤다. 이후로 북쪽 국경이 여기까지 올라간 적은 다시 없었다.

연표 28	
소아시아/메소포타미아	이집트
아니타스(대략 B.C. 1790)	제2중간기(B.C. 1782~1570) *제13왕조*(B.C. 1782~1640)
삼수일루나 사망(B.C. 1712)	*제14왕조*(B.C. 1700~1640)
하투실리스 1세(B.C. 1650~1620)	힉소스의 점령(B.C. 1663) *제15, 16, 17왕조*
무르실리스 1세(B.C. 1620~1590)	카모세
히타이트의 바빌론 정복(B.C. 1595) 한틸리(B.C. 1590~1560)	신왕국 시대(B.C. 1570~1070) *제18왕조*(B.C. 1570~1293) 아모세 1세(B.C. 1570~1546)
	하트셉수트-투트모시스 3세(대략 B.C. 1504~1483) 투트모시스 3세(단독 통치)(대략 B.C. 1483~1450)

미탄니 · 히타이트 · 이집트의 3파전

B.C. 1525~1400년 북쪽 미탄니가
서쪽 히타이트의 땅을 빼앗고
남쪽 이집트와는 협정을 맺다

이집트 북단은 현재의 유프라테스 강에 가까웠는데 전혀 안전하지 않았다. 멤피스에서는 너무 멀고 히타이트에는 너무 가까웠다. 또 다른 적과도 너무 가까웠다.

수 세기 전인 B.C. 2000년경 자그로스 산맥 경사면에 거주하던 산악 부족이 서쪽으로 이동하기 시작했다. 후르리인으로 알려진 이 부족은 티그리스 강을 건너 메소포타미아 중심부로 들어와 도시 주변에 작은 무리를 지어 정착했다. B.C. 1700년경 소수의 독립적인 소규모 후르리 왕국들이 아수르와 니네베 위로 메소포타미아 북쪽 변경에 자리 잡았다. 그리고 일부 후르리인은 여기서 훨씬 서쪽으로 이동했다. 후르리식 이름은 훨씬 북쪽으로 히타이트 영토에 있는 아시리아 무역 거점에서 출토된 상인들의 기록에 나타난다.[1]

후르리인은 전혀 조직화된 민족이 아니었다. 아마도 여기저기 마을과 성곽도시에 흩어진 상태로 지냈을 것이며 그들을 조직화할 만한 새로운 영웅도 나타나지 않았다. 후일 인도까지 치고 내려간 아리아인들이 남진하기 전 어느 시기에 한 분파가

미탄니 왕국

아리아인 본류에서 떨어져 나와 서쪽 메소포타미아로 이동했다. 이들은 현지 후르리
인들의 환영을 받았지만 정착을 하거나 그들과 통혼하지 않고 목에 힘을 주며 **마리
안누**라고 하는 후르리인의 지배계급이 되었다. 마리안누와 후르리인은 주변 세력들
이 '미탄니' 라고 부르는 왕국의 상층과 하층을 이루었다.

후르리인은 쓰기에는 별로 소질이 없었다. 따라서 B.C. 1700~1500년에 그 지역
에서 무슨 일이 있었는지 정확히 추적하기는 어렵다. 그러나 투트모시스 3세가 북방

원정을 시작할 때 미탄니 왕국은 와슈카니에 자체 수도를 두고 있었다. 유프라테스 강 최북단에서 약간 동쪽이었다. 최초로 등장하는 마리안누 왕의 이름은 파라타르나로 하트셉수트가 통치하던 시기인 B.C. 1500년경 왕위에 올랐다. 후르인 부대는 그의 영도하에 저 아래 메소포타미아의 아수르까지 진군했다. 아수르는 함무라비의 바빌론 왕국에 휩쓸려 들어갔다가 삼수일루나가 상실한 도시다. 그 이후 군벌들이 공략하면서 지배자가 수시로 바뀌었는데 이제는 미탄니 왕국의 한 지방이 된 것이다. 아수르의 왕은 미탄니 왕을 보필하는 가신(家臣)이었다.[2]

미탄니는 아직 이집트를 거스를 만큼 강하지 못했다. 투트모시스 3세의 정력적인 공세에 직면해 미탄니는 뒤로 물러섰다. 투트모시스 3세의 승전 기념물 가운데 하나가 유프라테스 강 동안에 서 있는데 미탄니 영토에서 한참 안쪽으로 들어간 지점이다. 이집트 원정대는 이 지역을 습격했지만 포로는 거의 잡지 못했다. 미탄니 왕과 그의 군대는 손실을 우려해 전략적으로 후퇴한 것이다.[3]

투트모시스 3세는 이집트로 돌아와 죽었다. 같은 해 사우스타타르라는 이름의 왕이 와슈카니에서 미탄니의 왕좌에 올랐다.* 그는 나름대로 제국 건설을 시작했다. 그의 군대는 동쪽으로 멀리 티그리스 강의 외진 강둑까지 진출했고, 서쪽으로는 소아시아 반도의 타르수스까지, 남쪽으로는 카데쉬까지 진출했다.

동쪽으로의 진출은 딴지를 걸 만큼 강력한 세력이 없어서 별 문제가 없었던 것으로 보인다. 그러나 서쪽으로 진출하는 과정에서 사우스타타르는 히타이트와 분쟁을 빚었다. 서셈족 영토를 통과해 남쪽으로 진출하는 과정에서는 투트모시스 3세의 후계자들과 정면으로 충돌했다.

---

* 미탄니는 문서 기록이 발견되지 않았다. 역대 왕 목록도 없고 따져볼 서신도 없기 때문에 정확한 역대 왕 명단을 재구성할 방법이 없다는 이야기다. 그래서 미탄니 왕위 계승에 관한 모든 서술은 논란의 여지가 크다.

히타이트인들은 좋은 시절 다 보내고 이제는 공격적인 미탄니 왕이 이끄는 조직적인 군대와 부딪히게 되었다.

여러 해 동안 암살과 궁정 변란이 계속되었다는 것은 왕위에 오르는 히타이트 통치자마다 처음부터 다시 시작할 수밖에 없었다는 것을 의미한다. 그들은 관료의 지지를 확보하고 하투사스의 백성들에게 자신의 통치가 정당하다는 것을 설득해야 했다. 시간을 많이 잡아먹는 일이었다. 그만큼 제국의 변경을 방어하는 데 쓸 시간과 에너지는 줄었다. 변경 도시들이 떨어져 나가기 시작했다.[4]

사우스타타르가 히타이트 국경을 향해 서진하기 75년 전 텔레피누스라는 히타이트인이 이 문제를 해결하려고 애썼다. 텔레피누스는 정확히 왕가에 속한 인물은 아니었다. 왕권을 주장할 권리가 없었으므로 처남과 함께 자객을 고용해 왕실 사람들을 철저히 숙청했다. 이러한 살육전으로 왕위 계승 서열에 들어 있는 왕자들은 물론이고 서열에 든 자가 없을 경우 왕권을 주장할 수 있는 다른 가문 후계자들도 모두 쓸어버렸다. 텔레피누스는 처남이 왕위에 오르려는 것을 보면서 그가 자기도 제거할 계획이라는 이야기를 듣고는 위협을 느낀 나머지 선수를 쳐서 처남을 몰아내고 스스로 왕임을 선언했다.[5]

이런 해석은 텔레피누스를 최대한 좋게 보아준 이야기일 것이다. 이 기사 자체가 그 자신의 기록에서 나온 것이라는 점에서 그렇다. 그러나 적어도 이 기사를 통해 히타이트 제국이 왜 망해가고 있었는지 이해할 수 있다. 왕위 계승을 놓고 내부 투쟁을 벌이느라 통치자들이 정사는 외면했던 것이다. 즉위 초부터 그는 이런 폐단을 바로잡겠다고 다짐했다. 「텔레피누스 칙령」으로 알려진 문서에서 그는 왕위를 다음 세대로 정상적으로 넘겨주기 위한 상세한 규칙을 장황하게 규정해놓았다. 그는 서문에서 히타이트는 이 규칙을 잘 준수해야만 살아남을 수 있다고 설명한다. "적자인 왕자〔즉 정비 소생 왕자〕가 왕이 되어야 한다"고 그는 썼다. "정비 소생 왕자가 없으면 작은 부인 소생 왕자가 왕위를 계승할 수 있다. 왕자가 아예 없으면 왕의 정비 소생 딸

(공주)의 남편이 계승한다."[6]

이 칙령은 주술행위에서 살인에 이르기까지 여러 가지 범죄에 대한 벌칙도 규정해놓았다. 200여 년 전 함무라비가 했던 것과 비슷하다고 할 수 있다. 텔레피누스는 시작은 곡절이 많았지만 거의 군사국가로 운영되어온 왕국에 법의 지배를 관철시키고자 노력했다. 히타이트는 처음으로 진짜 왕국다운 면모를 갖추는 듯했다.

하트셉수트가 이집트 왕위를 차지하기 직전인 B.C. 1500년 텔레피누스가 죽었을 때 제국은 예전의 난장판에서 다소 벗어난 상태였다. 그러나 불행하게도 텔레피누스 칙령은 함무라비 법전과 마찬가지로 별로 힘을 발휘하지 못했다. 그것을 뒷받침해주는 탁월한 인물의 통솔력이 사라졌기 때문이다. 텔레피누스의 장남은 아버지보다 먼저 갔다. 그래서 텔레피누스는 (규정대로) 왕위를 장녀의 남편인 사위에게 넘겼다. 그러나 사위는 곧 암살당해 왕위를 빼앗기고 말았다. 그리하여 이후 100여 년동안 히타이트 제국은 또 내홍을 겪었고 이 기간에는 일관된 기록도 거의 되지 않았다. 이름도 알 수 없는 여섯 왕이 왕위를 빼앗고 빼앗겼다. 그 사이 제국의 변방은 다시 떨어져 나가기 시작했다. 히타이트군은 분열과 해체를 겪으면서 투트모시스 3세에 저항할 기력을 잃었다. 투트모시스 3세의 군대가 카르케미시에 들이닥치자 히타이트인들은 후퇴를 거듭하다 나라를 포기했다.

사우스타타르의 히타이트 침입은 그 직후에 개시되었다. 히타이트군은 미탄니에도 저항하지 못했다. 사우스타타르는 별 어려움 없이 서쪽으로 타르수스까지 밀고들어갔다. 알레포도 그에게 조공을 바쳤다. 히타이트 도시인 알랄라크와 우가리트도마찬가지였다.

이 와중을 틈타 아수르 사람들이 미탄니의 지배에 반기를 들었다. 사우스타타르는 당장 격분해 군대를 내려 보내 아수르가 어디 소속인지를 확실히 일깨워주었다. 그는 상징적이면서도 실질적인 조치로써 금으로 장식한 아수르의 성문을 다시 수도인 와슈카니로 가져왔다.[7]

투트모시스 3세가 죽었다는 소식이 이집트인이 점령하고 있던 북쪽 땅에 퍼지자마자 서셈족 도시들이 반란을 일으켰다. 사우스타타르는 이집트에 대한 항거를 부추기려고 할 수 있는 모든 일을 다 했다. 군대를 카데쉬의 반군을 돕도록 파견하기도 했다. 당시 막 즉위한 투트모시스 3세의 아들 아멘호텝 2세는 곧바로 군대를 북쪽으로 보냈다. 재위 2년에는 북쪽으로 미탄니 국경 근처까지 진군했다.

그러나 화끈한 전투는 벌어지지 않았다. 사우스타타르 치하에서 미탄니 왕국은 아멘호텝 2세에게 심각한 위협이 될 만큼 강성해졌기 때문이다. 그는 대놓고 한판 붙는 위험을 감수하기보다는 협정을 맺었다.

아멘호텝 2세는 조국에 돌아가 이런 사태를 승리로 분칠하느라 무진 애를 썼다. 카르나크에서 나온 한 명문은 미탄니가 두 손 두 발을 땅에 짚고 기어와 평화를 애걸했다고 주장하고 있다.

미탄니의 우두머리들이 등에는 공물을 지고 그분께 다가와 전하께서 평화를 내려달라고 호소했다. …… 고대 이래 참으로 금시초문인 희한한 사건이었다. 이집트도 모르는 나라가 전하께 용서를 구하고 있었다![8]

그러나 이는 순전히 체면치레용이었다. 아멘호텝 2세는 감히 공격하지 못한 것이다. 협정문은 남아 있지 않지만 두 나라 사이의 전통적인 국경선은 수 세기 후에도 여전히 지켜졌다. 오론테스 강을 경계로 하는 선이었다.[9]

이후 12년 안에 아멘호텝 2세와 사우스타타르는 각각 왕위를 아들에게 물려주었다. 이집트에서는 투트모시스 4세가 즉위했다. 미탄니의 수도 와슈카니에서는 아르타다마가 집권했다. B.C. 1425년경 두 왕은 아버지들이 서약한 평화협정을 갱신했다. 형식적인 협정이 발효되었다. 그런데 더욱 중요한 것은 투트모시스 4세가 아르타다마의 딸 가운데 하나와 결혼하기로 합의한 것이다.

수십 년 후 아르타다마의 손자가 쓴 편지는 투트모시스 4세가 아르타다마에게 보낸 편지의 내용을 설명하고 있다. "우리 할아버지한테 딸을 달라고 청했다. …… 그는 대여섯 번이나 편지를 보냈다. 그러나 할아버지는 딸을 주지 않았다. 이어 일곱 번째로 편지를 보내자〔우리 할아버지는〕동의했다."[10] 평화협정을 맺고 싶은 마음에 미탄니가 비굴하게 굴었다는 아멘호텝의 주장과 마찬가지로 개연성이 떨어지는 이야기다. 이집트의 파라오들은 이방인 공주를 달라고 구걸하지 않았다. 그러나 이집트와의 협정은 미탄니에게 새로운 자부심을 갖게 했다. 멤피스 궁과 마찬가지로 미탄니 왕가는 스스로를 독립적이고 강력하다고 생각하고 다른 나라 왕들이 뭔가를 호소하면 너그럽게 호의를 베풀곤 했다.

투트모시스 4세가 동맹을 구걸하지는 않았더라도 동맹은 이집트로서는 아주 좋은 것이었다. 이후 이집트는 인근 나라들의 협력을 토대로 가나안의 거점들을 지배했다. 그 어떤 서셈족 도시도 남쪽의 거대한 제국과, 똑같이 거대한 북쪽의 제국을 바라보면서 감히 반기를 들 엄두를 내지 못했다. 그리하여 두려움에 토대를 둔 평화가 지속되었다.

소아시아/메소포타미아	이집트
	연표 29

소아시아/메소포타미아	이집트
아니타스(대략 B.C. 1790)	제2중간기(B.C. 1782~1570)
	제13왕조(B.C. 1782~1640)
삼수일루나 사망(B.C. 1712)	
	제14왕조(B.C. 1700~1640)
하투실리스 1세(B.C. 1650~1620)	힉소스의 점령(B.C. 1663)
무르실리스 1세(B.C. 1620~1590)	*제15, 16, 17왕조*
	카모세
히타이트의 바빌론 정복(B.C. 1595)	
한틸리(B.C. 1590~1560)	신왕국 시대(B.C. 1570~1070)
	제18왕조(B.C. 1570~1293)
	아모세 1세(B.C. 1570~1546)
텔레피누스(B.C. 1525~1500)	
	하트셉수트-투트모시스 3세(대략 B.C. 1504~1483)
파라타르나(미탄니)	투트모시스 3세(단독 통치)(대략 B.C. 1483~1450)
사우스타타르(미탄니)	
아르타다마(미탄니)	투트모시스 4세(B.C. 1419~1386)

상나라의 천도

*B.C. 1753년부터 1400년까지
상나라는 수도를 다섯 번이나 옮긴 끝에
마침내 은에 도읍하다*

동방의 상 왕조는 한때 하나라가 차지했던 영토를 덕치로 잘 다스리고 있었다.

상 왕조 초기 상황에 대해서는 상세한 내용이 거의 남아 있지 않다. 그러나 상나라 도시들의 유적은 왕조 전반기―전통적으로 B.C. 1766~1400년으로 본다―에 단일 수도가 없었음을 말해준다. 전승에 따르면 수도는 왕조 전반기 350여 년 동안 다섯 차례나 옮겼다. 수도로 추정되는 유적지가 분명히 확인되는 것은 아니지만 고고학자들은 하 왕조 수도 동쪽 황허를 중심으로 일정한 거리의 원 안에 있었을 것으로 믿고 있다. 이 지역은 탕의 선조의 고향이었을 가능성이 높다.

이처럼 여러 차례 천도를 했다는 것은 상 왕조가 혈통 승계는 그럭저럭 유지했지만 완벽한 권위를 가지고 통치하지는 못했음을 말해준다. 탕의 후예들이 통치하는 동안 하 왕조 말년의 특징이었던 혼란의 물결이 서서히 스며들었다.

상 왕조의 신하로 가장 강력한 관료는 이윤(伊尹)이었다. 그가 권력을 장악한 것은 수도 박(毫) 땅 외곽에서 농사를 지으며 지혜로 명성을 얻었기 때문이다. 탕이 그를 간곡히 초빙해서 조정에서 일하도록 했다는 것이다. 또 다른 설은 그가 탕의 요리사였으며 맛좋은 요리로 총애를 받아 권력을 쥐게 되었다고 한다. 사마천은 두 이야기를 모두 기록하고 있다.[1]

출신이 어떠하든 간에 이윤은 유능한 행정가였다. 그러나 탕의 조정에서는 예측 불허의 인물이었다. 후대의 한 이야기는 그가 한때 적인 하 왕조에 붙었다가 다시 탕 임금 쪽으로 돌아왔음을 시사한다.[2] 더욱 불길한 것은 상나라의 후계자들이 잇달아 죽어가는 기간에 조정을 좌지우지했다는 사실이다.

탕 임금이 30년이라는 비교적 긴 치세를 누리고 죽었을 때 이윤은 여전히 재상이었다. 탕은 장남을 후계자로 지명했다. 그러나 이 청년은 "즉위하기 전에 죽었다." 둘째 아들(아마 더 어리고 유순했을 것이다)이 대신 왕위를 이었지만 2년 만에 죽었다. 이어 셋째인 막내아들이 왕이 되었는데 4년 후에 역시 세상을 떠났다. 혈우병이나 병적인 자살 충동이 아니라면 이렇게 세 형제가 잇달아 죽는다는 것은 좀 이상한 정도가 아

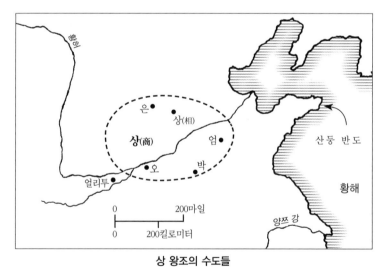

상 왕조의 수도들

니다.

사마천은 이 이야기를 하면서 이윤에게는 일말의 의구심도 보내지 않는다. 실제로 이윤은 막내아들 사망 후 왕권을 장악하려고 나서지는 않았다. 대신 탕의 손자인 태갑(太甲)의 즉위를 주관했다. 태갑은 6년 전에 죽은 장남의 아들이다. 그러나 이런 행동에서 충성심보다는 교활함이 엿보인다. 이윤은 귀족들이 요리사(또는 농부) 출신의 즉위를 받아들이지 않으리라는 것을 잘 알고 있었다. 그는 고군분투해서 왕권에 다가갔지만 왕이라는 칭호만은 사양했다. 탕의 아들이 하나같이 요절하는 바람에 왕위는 이제 아이 차지가 되었다. 그리고 아이는 이윤의 훈도를 받게 된다.

사마천에 따르면 이윤은 태갑이 즉위한 첫해를 어린 왕이 지켜야 할 규범을 집필하는 데 보냈다. 어린 왕은 이 규범을 지키지 않았음이 분명하다. 즉위 3년 후 "왕은 멍청하고 독재적이 되었다. 탕의 유훈을 따르지 않고 탕의 명성을 불신했다."[3] 아직 아주 어린 소년이 얼마나 독재적일 수 있는지 알기는 어렵다. 아마도 시시콜콜한 간섭을 참지 못해 마리오네트(인형의 마디마디를 실로 묶어 조정하는 인형—옮긴이)를 놀리듯 하는 자의 끈을 획 잡아챈 정도였을 것이다. 그러자 이윤은 즉각 왕의 덕이 위험에 처했다고 선언하고 어린 왕을 40킬로미터 떨어진 동궁(桐宮)에 가두어버렸다. 이후 3년 동안 "이윤이 황제를 대신해 정사를 맡아 제후들의 신망을 얻었다."

사마천은 이 이야기를 해피엔딩으로 끝내고 있다. 망명 시절 3년을 보내고 나서 젊은 황제는 "과오를 뉘우치고 돌아와 개과천선했다." 아마도 이윤의 훈도를 받을 준비가 되었다는 의미일 것이다. 이윤은 복귀를 환영하고 왕국을 그에게 넘겨주었다. "이윤은 그가 탁월하다고 생각했다"고 사마천은 결론짓는다.

그러나 다른 출처에 전하는 변형 버전이 오히려 진실에 가까울 것 같다. 태갑이 감시망을 뚫고 궁을 빠져나와 수도로 돌아와서 킹메이커를 암살했다는 것이다.

이후 상나라 임금 14명의 치세에 대해서는 상세한 내용이 전하지 않는다. 그러나 우리는 10대 임금 중정(中丁) 치세에 상 왕조가 모종의 불안에 휩싸였다는 사실을 알고 있다. 중정은 수도를 오(隞)로 옮겼다. 오로 추정되는 유적지 발굴 결과 두께 2.7미터, 높이 9.1미터로 흙을 다져 만든 성벽이 둘러싼 도시가 나타났다. 이런 장벽을 완성하려면 1만 명이 18년은 꼬박 작업해야 했을 것이다.[4] 중정은 이집트의 파라오 같은 권위로 통치하지는 못했겠지만 그만한 노동력을 징발할 정도의 권력은 가지고 있었다.

그런 성벽에 엄청난 자원을 쏟아 부었지만 두 세대도 지나지 않아 12대 임금이 수도를 또 옮겼다. 이번에는 상(相)이었다. 후계자인 13대 임금 조을(祖乙)은 짐을 꾸려 네 번째 수도 형(邢)으로 갔다. 형이 홍수로 파괴되자 조을은 상의 본거지를 엄(奄)이라는 도시로 옮겼다. 이렇게 해서 조을은 재임중 수도가 세 곳이었던 유일한 왕이 되었다.

상 왕조가 이처럼 서울을 계속 옮긴 것은 의아스럽다. 그 어떤 고대 왕국도 (우리가 아는 한) 특정 도시를 수도로 유지하고자 애썼다. 다만 외부의 침입이나 자연재해가 있을 경우에만 기존 수도를 버렸다. 황허의 홍수가 상 왕조의 천도와 어떤 관계가 있었을지 모른다. 그러나 상나라는 오래 전 이집트가 그랬던 것보다 훨씬 더 외부로부터 고립된 나라였다. 다른 나라들과 물길을 통해 교역을 하지도 않았고 외부로 통하는 육로도 없었다.

인근 촌락 족장들의 적대감이 외부의 침입과 유사한 정도의 위험이었을지 모른다. 사마천은 권력의 부침이 여러 해 동안 계속되었다고 말한다. 일부 임금 치세에는 제후들이 '와서 조공을 바쳤지만' 또 어떤 때는 제후들이 멀리하면서 서울로 와 조공을 바치기를 거부했다.[5] 상 왕조의 왕권은 탄탄한 것과는 전혀 거리가 멀었다. 어쩌면 흙을 다진 성벽은 제 백성의 위협으로부터 안전을 확보하기 위한 것이었는지 모른다.

B.C. 1400년경 19대 임금 반경(盤庚)은 수도를 황허 건너편으로 옮길 결심을 했

다. 신하들은 반대했고 그 정도가 반란에 이를 지경이었다. 고대의 서로 다른 세 텍스트는 옛 수도를 버릴 때가 되었다고 선언하자 신하들이 망설이는 데 대해 반경이 어떤 반응을 보였는지를 기록하고 있다.

> 나는 [신탁에] 물어서 "여기는 우리가 있을 곳이 아니다"라는 응답을 얻었다. 열성조(列聖朝)는 중요한 문제가 있을 때면 하늘의 명을 겸손히 받들었다. 특히 이런 경우에는 계속 안일하게 지내고픈 욕심을 접었다. 그분들은 절대 계속 남아 있겠다고 고집하지 않았다. 지금까지 수도는 모두 다섯 곳에 있었다. …… [우리는] 저 옛날의 사례를 따라야 한다. 선조들의 공적을 따라서.[6]

이 이야기에서 반경은 수도를 계속 옮기는 것―이는 분명 뭔가 약점을 드러내는 일이다―을 시대적 요청에 따라 신의 승인을 득한 신성한 전통이라고 주장하고 있다. 선조들은 주변의 혼란을 통제할 수 없어서 통치의 중심을 옮긴 것이 아니라 '지속적인 안일'에 빠지기를 거부해서 천도를 했다는 것이다. 과거의 어려웠던 상황을 이제 혁신의 증거로 재조명하고 있는 셈이다.

이런 전략은 먹혀들었다. 그래서 은(殷)이 새롭고 강력한 조정의 중심이 되었다. "은의 통치는 다시 번영했다"고 사마천은 적고 있다. "제후들도 모두 조정에 나와 예를 표했다. [반경이] 탕 임금의 덕치를 따랐기 때문이다."[7] 반경 자신은 추종자들에게 원치 않는 이주를 강요했지만 백성들의 사랑을 받는 몸이 되었다. 동생이 그의 자리를 이었는데 이때 예전에 "옮겨가고 싶지 않았지만 분을 참았던" 바로 그 제후들이 "반경을 그리워했다."

히타이트의 왕들은 권력의 자리를 놓고 싸우느라 왕국을 갈기갈기 찢어놓았다. 반면에 상 왕조는 저항하는 대신 몸을 굽혔다. 반대세력에 대해 무기를 드는 대신 동네를 옮기고 바꾸었다. 그리하여 수 세기 동안 왕권을 유지했다.

연표 30	
이집트	중국
	상 왕조(B.C. 1766~1122)
	탕
제14왕조(B.C. 1700~1640)	태갑
힉소스의 점령(B.C. 1663)	
제15, 16, 17왕조	
	중정(오)
카모세	하단갑(상)
신왕국 시대(B.C. 1570~1070)	
제18왕조(B.C. 1570~1293)	조을(형, 엄)
아모세 1세(B.C. 1570~1546)	
하트셉수트-투트모시스 3세(대략 B.C. 1504~1483)	
투트모시스 3세(단독 통치)(대략 B.C. 1483~1450)	
투트모시스 4세(B.C. 1419~1386)	반경(은)(대략 B.C. 1400)

그리스의 미케네인

B.C. 1600~1400년 그리스 반도에서
미케네 도시들이 이웃과 싸우면서
해상무역에 나서다

크레타의 미노아인들이 퇴락을 거듭하는 사이 섬 북쪽 그리스 반도의 도시들은 점점 커지고 있었다.

B.C. 1600년 미케네 사람들은 통치자를 금은보화를 가득 담은 무덤에 묻기 시작했다. 무덤은 미케네 한가운데 산에 있었다. 이런 왕들이 누구이건 간에 죽었을 때 신민들의 명예로운 대우를 받을 만한 권력은 충분히 갖고 있었다. 그러나 그들의 권위는 미케네의 성벽을 멀리 넘어서지 못했다. 미케네의 궁전은 북동쪽 테바이 시를 지배했던 궁전과 쌍벽을 이루었다. 제3의 궁전은 남서부 해안의 필로스에 있었고 네 번째는 연륙교처럼 좁은 땅 건너편의 아테네에 건설되었다.[1] 그리스 반도의 도시들은 산등성이를 사이에 두고 서로 떨어져 있었으며 초기부터 자치를 했다.*

이런 독립성에도 불구하고 그리스 반도의 도시들은 무역과 언어와 문화를 공유했다. 이들의 공통적인 문화를 일컫는 미케네 문명이라는 이름은 그리스 반도에서 가장 큰 도시 미케네에서 나온 것이다. 역사가의 관점에서 보면 테바이, 아테네, 필로스에 거주하는 사람들은 모두가 미케네인이었다.

그리스 역사가들 중에서도 특히 플루타르코스가 남긴 전승에 따르면 미노아인과 미케네인은 일찍부터 사이가 나빴다. 미노스 왕의 아들 가운데 하나는 알 수 없는 이유로 북쪽 반도에서 떠돌다가 미케네인들에게 살해당했다. 아들의 피값으로 미노스 왕은 미케네의 도시들에게 크노소스 궁전 지하 감옥에 있는 반우반인(半牛半人) 미노타우로스를 부양하는 데 필요한 선남선녀를 보내라는 부담을 지웠다.

플루타르코스에 따르면 이러한 부담은 반도 남동부 연안에 있는 아테네가 졌다. 2년 동안 아테네 사람들은 아들딸을 미노타우로스에게 보냈다. 그러나 3년째 되던 해에 아테네의 부모들은 아이게우스 왕이 미노스 왕의 강요에 아무런 대처도 못하자 불만의 소리를 높였다. 백성의 분노가 높아가자 아이게우스의 장남인 왕자 테세우스가 나섰다. 공물을 싣고 가는 세 번째 배편에 일곱 번째 젊은이로 타고 가서 미노타우로스를 때려잡겠다는 것이었다.

아이게우스는 아들이 살아 돌아올 것이라는 희망은 별로 없었지만 검은 돛을 단 조공선에 추가로 흰 돛을 주었다. 테세우스는 미노타우로스를 물리치고 무사히 돌아오면 흰 돛을 올리겠노라고 약속했다. 다른 사람들과 마찬가지로 미노타우로스의 먹잇감이 된다면 배가 항구에 도착하기 전에 소식을 알 수 있도록 조타수가 검은 돛을 올리기로 했다.

크레타 섬에 도착한 테세우스와 선남선녀들은 미궁으로 보내졌다. 미로를 헤매다가 미노타우로스에게 잡아먹히든지 아니면 탈출구를 찾지 못해 기진맥진하다가

---

* '그리스'라는 용어는 시대착오적이다. '그리스' 고전 문명은 훨씬 후대에 등장한다. 그러나 '그리스'는 (그리스) 반도를 일컫는 명칭으로 '중국'과 마찬가지로 반도 일대의 여러 도시를 망라하는 지리적 개념으로는 효과적이다. 더구나 고전 그리스 문화와 미케네 문명 사이에는 연관관계도 있다. 물론 이런 연관성은 그렇게 뚜렷하지는 않고 상당 부분 신화적 차원이다. 미케네인은 호메로스가 아카이아인이라고 부른 바로 그 사람들일 가능성이 매우 높다. 호메로스는 아카이아인 외에 다나안 또는 아르고스인이라는 표현도 썼는데 이들은 초기 '그리스' 영웅들이다. 그리스의 어원에 관한 상세한 논의와 미케네 문화 연표는 William Taylour, *The Mycenaeans*를 보라.

죽든지 할 운명이었다. 그러나 테세우스는 미노스 왕의 딸인 아리아드네의 주목을 끌었다. 그녀는 은밀히 실타래를 건네주었다. 그는 미로에 들어서자 실타래를 미궁 입구 바닥에 놓고 저 아래 중앙으로 굴러 내려가는 대로 따라갔다. 괴물의 은신처에 도착하자 그는 미노타우로스를 죽이고 나서 실을 따라 다시 원래 들어왔던 곳으로 나왔다. 이런 사태를 예견하고 실 끝을 출입문 기둥에 묶어놓았던 것이다.

이어 다른 죄수들까지 그러모아 고향으로 달아났다. 이에 앞서 "크레타의 배 바닥에 구멍을 뚫어 쫓아오지 못하도록 했다."[2] 그러나 승리에 감격한 나머지 테세우스는 깜빡 잊고 돛을 바꾸지 않았다. 아테네 근처 해안 절벽에서 이제나 저제나 하며 저 멀리 수평선을 바라보던 아이게우스는 불길한 검은 삼각돛대가 나타나자 바다로 몸을 던졌다. 테세우스가 도착했을 때 온 도시는 울음바다였다. 이후 절벽 아래 에메랄드 빛 바다는 아버지를 기려 에게 해(아이게우스의 바다)라는 이름이 붙었다.

이러한 신화의 면면에는 역사의 단편이 반짝인다. 적의 배 바닥에 구멍을 뚫고 고향으로 배를 몰아갔다는 테세우스 이야기에는 미케네의 항해 기술이 나타나 있다. 8세기 정도 후에 문자로 정착된 『일리아드』에서는 미케네가 그리스 연합군 함대에 배 100척을 보낸 것으로 되어 있다. 엄청난 양의 배 덕분에 미케네의 왕은 트로이 원정대에서 가장 강력한 지도자의 한 사람이 된다. 그러나 호메로스 시절에 미케네는 힘없고 추레한 작은 읍락에 불과했다.[3] 『일리아드』에 열거된 배들은 미케네 해군이 훨씬 강성했을 적의 훨씬 옛날 이야기를 담고 있는 것이다.*

미케네의 배들은 희생으로 바칠 사람이 아니라 상품을 싣고 있었을 가능성이 높

---

* 호메로스의 서사시(『일리아드』와 『오디세이』)와 그리스 반도 초기 문화의 관계가 정확히 어떠한지는 분명하지 않다. 게다가 고고학자, 역사학자, 문학가들마다 나름의 이론을 가지고 있고 전거도 다 다르기 때문에 그런 관계가 앞으로 더욱 명확해질 것 같지도 않다. 그러나 호메로스의 서사시는 길가메시 서사시나 중국의 역사물과 마찬가지로 여러 세대 동안 구전으로 전해온 것으로서 미약하나마 훨씬 이전 시대의 모습을 반영하고 있다.

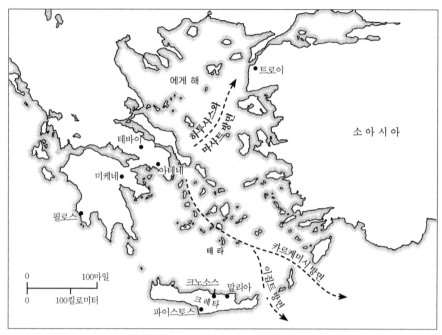

미케네 문명

다. 미케네의 도기는 동쪽으로 멀리 카르케미시와 북동쪽으로 멀리 마사트, 북쪽으로 하투사스에서까지 인기를 끌었다. 미케네의 배들은 남쪽으로 이집트까지 항해했다. 투트모시스 3세의 관료 무덤에서는 미케네산 잔이 출토되었는데 그런 도기를 부장하는 것이 당시에는 유행이었다.[4]

그러나 미케네의 무역은 주로 크레타의 미노아인들과 계속되었다. 이른바 미케네 왕실묘역의 왕릉들은 미노아산 도기, 미노아 양식 그림, 미노아 복식을 한 미케네인 초상 등으로 가득 차 있다. 크노소스의 병사들이 쓰던 무두질한 쇠가죽으로 만든 방패에는 동물 가죽을 모방한 반점을 그려놓았다. 미케네인의 방패에도 같은 문양이 그려져 있다.[5] 미케네인이 쓰기를 배운 것도 미노아인들로부터였다. 미노아인들은 나름의 독특한 문자를 발전시켰는데 수천 년 전에 나온 옛 문자 꼴을 변형시킨 것이었다. 물건에 찍힌 인장에서부터 그림문자로, 그림문자에서 직선형 상형문자로 발전했다. 이 문자의 초기 형태는 크레타 전역에 흩어져 있는 점토판과 돌에 남아 있으며 일반적으로 '선형(線形)문자 A'라고 해서 좀 더 후대에 나온 세련된 '선형문자 B'와 구분된다. B형은 북쪽으로 미케네인들에게까지 퍼져갔다.[6]

일부 문화를 공유했지만 두 민족 사이에는 아주 초기부터 전쟁이 있었다. 테세우스의 승리—재치의 승리이자 잔인하고 조야한 족속에 대한 문명의 승리였다—는 다른 문명을 멸시하는 후대 그리스인들의 모종의 증오가 반영된 것이다. 헤로도토스 자신은 이런 시각을 노골적으로 드러낸다. 그리스 통치자 폴리크라테스가 해군을 배치하고 제해권을 장악한 최초의 인물이라는 설명에는 그런 멸시가 들어 있다. "나는 크노소스의 미노스나 미노스 이전에 누가 제해권을 장악했다는 이야기를 별로 믿지 않는다"라고 헤로도토스는 지나가는 투로 말한다. "사실은 폴리크라테스야말로 우리가 **인간**이라고 인정하는 족속 가운데 그렇게 한 최초의 인물이다."[7]

이런 혐오는 두 종족 사이의 경쟁으로 심화되었다. 양쪽 원주민들은 지중해를 돌아다녔고 두 함대가 완전히 평화로운 관계로 공존했을 가능성은 별로 없다. 금과 상아가 넘치는 이집트와의 교역도 내주기에는 너무 소중한 것이었다. 어느 쪽 왕이든 독점의 이득을 충분히 알고 있었을 것이다. 그런데 크레타는 남쪽으로 가면 바로 이집트로 통했기 때문에 전략적 위치 면에서는 단연 우세했다.

미케네 무덤에서 발견된 미노아 물품들은 일시적으로 크레타가 우세했음을 반영한다. 그러나 테라 화산 폭발 이후 크레타와 그리스 사이에 문화적 영향을 주고받는 관계가 역전되었다. 미케네 특유의 도기와 잔이 미노아의 가옥에서 출토되는 빈도가 높아졌다. 그리하여 B.C. 1500년 정도가 되면 크레타의 무덤들은 미케네 특유의 디자인을 보이기 시작한다. 전에 없던 일이다.[8] 아테네가 크노소스로 공물을 바치던 것이 역전되었다. 승리한 테세우스처럼 미케네의 도시들이 남쪽의 크레타 섬에 대해 우위를 확보하게 된 것이다.

B.C. 1450년쯤 크노소스는 약탈당했다. 그나마 왕궁은 그 자리에 남았다. 말리아와 파이스토스의 궁전도 쑥대밭이 되었다. 크레타 전역의 작은 마을에서 사람들이 떠나갔다. 일부 마을은 갑자기 쇠락했다. 청년들이 싸우다 죽었거나 달아난 것 같다.

새로운 문화의 흔적은 나타나지 않는다. 다만 미케네와 미노아의 관계가 훨씬 나빠졌다고 짐작할 따름이다. 가시 돋친 싸움에서 처절한 전쟁으로 번진 것이다. 크노소스 궁이 살아남았다는 것은 침략자 중에서 누군가가 자신이 쓸 목적으로 미노아의 행정중심을 그대로 필요로 했다는 것을 의미한다. 침략을 이끈 미케네 왕이 누구든 간에 크노소스를 본부로 사용했을 것이다.[9]

그러나 침략 이후 크레타의 삶이 특별히 달라진 것 같지는 않다. 무덤의 양식은 크게 달라지지 않았고, 선형문자 B도 계속 사용되었다. 미노아 도기도 스타일이 갑자기 바뀌지는 않았다.[10] 크레타를 점령했을 당시 미케네 침입자들은 미노아인과 상당히 비슷했다. 그들의 도래는 형제가 형제를 접수한 것 이상이었다. 이미 여러 세기 동안 호흡을 함께 해온 두 나라 사이에 통치권이 형식적으로 변한 수준이었다. 미노아인들은 내부로부터 침투당하고 변화당한 것이나 마찬가지였다. 미궁은 이제 깨졌다.

연표 31	
중국	그리스 반도
상 왕조(B.C. 1766~1122) 탕 태갑	
중정(오)	
하단갑(상)	
	미케네의 왕실묘역(대략 B.C. 1600)
조을(형, 엄)	
	미케네의 크레타 침입(대략 B.C. 1450)
반경(은)(대략 B.C. 1400)	

신들의 투쟁

⁂

*B.C. 1386~1340년 한 파라오는 전략적 동맹을 맺고
다음 파라오는 이집트의 종교를 바꾸고
포로로 잡혔던 히브리인들은 광야로 사라지다*

미탄니 왕자와 이집트 파라오 투트모시스 4세의 동맹은 외견상 성공작이었다. 두 나라는 평화협정을 맺었다. 양측의 아들인 아멘호텝 3세가 다음 파라오가 되었다.*

재위 기간으로 볼 때 아멘호텝 3세가 B.C. 1386년경 왕위에 올랐을 때는 아직 10대였을 것이다. 그가 다스렸던 기간은 평화가 신장되고 이집트 도시들의 부가 증대되는 시기였다. 아멘호텝 3세의 명문들은 전쟁을 기록하고 있지 않다. 많은 여가 시간에 어떠한 공적을 쌓았는지 묘사하고 있다. 한 명문에 따르면 그는 재위 첫 10년 동안 사자 102마리를 죽였다. 사자 사냥은 이집트 왕들이 즐기는 스포츠였다.[1] 또 다른 명문은 들소 사냥을 나갔다가 단 하루 만에 수컷 56마리를 잡았다고 기록하고 있다.

---

* 이에 관해서는 여전히 논란이 많다. 아멘호텝 3세의 어머니 무템와이는 미탄니 왕 아르타다마의 딸과 동일인물이라고 확언할 수 없다. 그러나 그렇다는 견해가 지배적이다. 어떤 경우는 그녀가 투트모시스 4세의 정처가 아니었다고 주장한다.

분명히 왕이 사냥을 쉽게 할 수 있도록 사전에 들소를 정해진 테두리 안으로 몰아넣었을 것이다.[2]

이집트의 무역은 번성했다. 미케네에서 발견된 물품 가운데는 아멘호텝 3세의 이름이 새겨진 것이 몇 가지 있다. 그리고 저 아래 누비아로 순행을 가서 또 다른 반란을 진압하기는 했지만 전투는 규모가 작았다. 이 원정에 대한 궁정 기사는 아멘호텝이

> ······ 라의 후계자, 라의 아들, 라의 총애받는 자 ······ 전하께서 승리로 이끄셨다. 첫 원정을 승리로 완수했다.[3]

고 말하고 있다. 아멘호텝 재위 기간에 전쟁은 이 단 한 건의 원정이 전부였다. 그는 '아시아인들을 깨부수는 자'라는 칭호를 사용했지만 순전히 홍보용이었다. 그는 한 번도 아시아인을 깨부순 적이 없었다. 실제로 아버지와 할아버지가 왕국을 건설할 때와 달리 그럴 필요도 없었다.

대신 그는 건설을 했다. 왕비가 편안하게 뱃놀이를 할 수 있도록 1.6킬로미터 길이의 호수를 팠다. 왕실 배의 이름은 태양신의 이름을 따서 **번쩍이는 아텐**이라고 했다. 자신이 쓸 거대한 새 궁전도 지었다. 카르나크에 아문 신의 신전을 더하고 인근 도시 룩소르에 태양신에게 바치는 처녀 신전을 건설했다. 또 자신을 위해 거대한 장제전을 건축했다. 입구 양옆에는 자신을 묘사한 거대한 좌상을 두 개 세웠다. 고대에 이 조각을 본 사람들의 증언에 따르면 오른쪽 좌상은 동틀 녘과 황혼 녘에 큰 신음소리를 냈다고 한다. "햇살이 상을 비추면 사람 목소리 같은 소리를 낸다"고 로마의 역사가 타키투스는 기록했다.[4] 돌이 빨리 더워졌다가 식는 탓에 생기는 현상이었겠지만 지역 주민들은 공포로 떨었을 것이다. 그는 채석장과 광산을 새로 열고 자신을 위해 멤피스에 거주지를 건설했으며 나일 강을 따라 훨씬 남쪽으로 내려간 지점 여러

곳에 영묘(靈廟)를 세웠다.[5] 그리고 닥치는 대로 많은 공주들과 결혼을 했다. 적어도 메소포타미아와 서셈족의 땅에 있는 군소국 공주 일곱 명이 신부로 아멘호텝 3세의 궁전에 들어왔다.

정략적인 방편이었지만 본인의 취향에도 맞았던 것이 분명하다. 파라오를 대신해 서셈족 영토 최남단을 관할하는 가자 총독에게 보낸 한 점토판에는 이렇게 적혀 있다. "〔궁정 관료를〕 그대에게 보내는 것은 …… '예쁜 여자를 뽑아 오라는 것임을 …… 알려준다. 전체는 40명이고 한 명당 은화 40냥이다. 아주 예쁜 여자들을 보내라. 특히 목소리가 쨍쨍거리는 여자가 있어서는 안 된다. 잘하면 너의 주인인 왕이 '수고했도다' 라고 말할 것이다."[6]

아버지와 마찬가지로 아멘호텝 3세는 미탄니 왕국에 대해 평화의 제스처를 보였다. 여전히 강한 나라라 북쪽에서 영 찜찜한 위협이 되었기 때문이다. 아멘호텝의 외할아버지인 미탄니 왕 아르타다마는 왕위를 아들인 수다르나 2세에게 넘겼고, 수다르나는 당시 미탄니 제국을 통치한 지 10~12년이 된 시점이었다.

아멘호텝 3세는 외삼촌에게 사람을 보내 신부를 보내달라고 청했고 공주(아마도 외사촌일 것이다)를 받았다. 그녀는 시종 317명을 데리고 왔다.[7] 자기 나라에서 얼마나 중요한 인물인지를 보여주는 것이다. 그녀는 파라오의 작은 부인들 중 하나가 되었다. 얼마 후 수다르나 2세의 아들 투시라타(아멘호텝이 데려간 공주의 형제)가 왕위를 잇자 아멘호텝은 다시 사람을 보내 또 혼인을 하자고 제안했다. 투시라타는 동맹에 동의했다. 미탄니와 이집트 왕가를 이중의 끈으로 묶는 일이었기 때문이다. 그리하여 자기 딸을 남쪽으로 보냈다. 투시라타의 누이와 딸이 둘 다 이집트의 하렘으로 간 것이다.[8] 그러니 투시라타 자신은 아멘호텝의 장인인 동시에 처남이자 외사촌이었다.

그러나 아멘호텝 3세는 사촌에 장인에 처남인 투시라타와 그의 제국에 대해 이중 플레이를 서슴지 않은 것으로 보인다. 그는 미탄니 휘하에 있다시피 한 아수르에서 보낸 사절도 은밀히 만나고 있었다. 미탄니의 가신으로 아수르의 왕 노릇을 하는

아수르-나딘-아헤 2세는 은밀히 도시를 요새화하고 있었다. 반란을 위한 준비였다.[9]

아멘호텝 3세가 아수르의 외교관을 환영하는 것은 안 될 일이었다. 미탄니의 가신이 독립국처럼 외국과 협상을 할 수는 없는 노릇이었기 때문이다. 그러나 파라오는 사절단을 환영했을 뿐 아니라 요새화에 쓸 돈까지 쥐어 보냈다. 북쪽에서 미탄니가 공격해올 경우에 대비해 아수르의 환심을 사서 동맹을 확보하려는 작전이었다.

동시에 아멘호텝 3세는 미탄니와는 불구대천의 원수인 히타이트의 새 임금과도 비밀협정 체결 협상을 했다. 이 왕이 수필룰리우마로 젊고 혈기 왕성했다. 별 볼 일 없는 임금들이 이어지다가 마침내 나타난 영걸이었다. 그도 미탄니의 파괴력에 대해서는 다소 우려하고 있었다. 아멘호텝 3세가 동맹을 제안하자(그는 "우리끼리 최대한 친밀한 관계를 유지하자"고 제안했다) 히타이트 왕은 동의했다.[10]

아멘호텝의 이중 플레이는 이것이 끝도 아니었다. 그는 자기보다 훨씬 나이가 많은 바빌론의 카시트인 왕의 딸과도 결혼했다. 이 왕의 아들이 뒤를 잇자 사람을 보내 그의 딸한테도 혼인을 제안했다.

미탄니 왕가에 대해 써온 수법과 똑같은 것이었다. 그러나 바빌론의 왕은 예기치 않게 파라오의 의지를 거스르는 태도를 보였다. 그는 편지에서 누이에 대해 몇 년 동안 아무 소식도 못 들었다며 문제를 제기한다.

이제 내 딸과 결혼을 하자고 하시는데 ……. 하지만 우리 아버지가 당신한테 보낸 내 누이가 벌써 거기 있소. 그런데 누이를 보았다는 사람이 아무도 없소이다. 살았는지 죽었는지도 모르고.[11]

아멘호텝 3세는 이렇게 반박했다.

도대체 그 여자를 아는, 그 여자랑 이야기해보면 그 여자인지 알아볼 만한 사람을 대사로 보낸 적이 있나? 그저 멍텅구리들만 보냈지. 당나귀 키우는 자를 전령이랍시고 보냈으니![12]

이어 그는 바빌론의 왕은 금만 주면 누구한테나 딸을 막 주는 것으로 명성이 높다고 신랄하게 비꼬았다.

신부 값을 많이 받아내려는 작전이라는 이야기였다. 그러나 바빌론 왕은 이런 야유를 무시했고 이집트 쪽에서 정중한 반응을 보여주기를 기대하지도 않은 것 같다. 답장에서 바빌론 왕은 그러면 대신 이집트 공주를 아내로 달라고 제안했다. 그러나 아멘호텝의 호응을 얻지는 못했다. 아멘호텝은 "자고로 이집트 공주는 남에게 준 적이 없다"고 딱 잘랐다.[13] 아멘호텝은 동맹을 만들기 위해 협상도 하고 음모도 꾸미고 결혼도 했다. 그러나 마음속으로 동맹국을 얕잡아보는 의식은 확고했다.

재위 30년이 다가오자 아멘호텝 3세는 이를 기념하는 헤브-세드 왕위 갱신 축제를 준비했다.

이 특별한 해에는 나일 강이 또 하나의 신성한 실체에 가려 주목을 끌지 못했다. 그것은 태양이었다. 태양신 라는 이집트에서 가장 오래된 신 가운데 하나였다. 그래서 즉위 이후 아멘호텝 3세는 라에 대해 특별히 헌신하겠다고 선언했다. 그는 '라는 진리의 주인이다'를 자기 칭호의 하나로 삼았다. 또 명문에서는 자신을 '라의 후계자', '라가 선택한 자', '두 나라에 각인된 라의 이미지' 등 다양한 호칭으로 언급하고 있다.[14]

아멘호텝의 결혼과 마찬가지로 이런 헌신은 개인적 취향과 정치적 교활함의 절묘한 결합이었다. 제5왕조 부상 이후* 라의 신관들은 이집트의 여러 신 가운데 '제1원인'이자 고대의 아버지 신인 아문을 모시는 신관들에게 다소 밀렸다. 아문은 줄곧 일정한 형태가 없는 신이었다. 사실 그의 현현은 겉으로 드러나 보이지 않는 현존이었다. 그의 별명은 '감춰진 자'였다. 그래서 여러 신성을 쉽게 빌릴 수 있고 일시적으로는 다른 신의 힘을 빌려 자신의 신비한 본질을 가릴 수도 있었다.[15] 이 때문에 신관들은 상당한 유연성을 발휘했다. 하트셉수트의 재상이 가지고 있던 직함이 보여주듯이 아문의 신관이라는 것은 실질적으로 이집트의 부에 대한 소유권을 확보할 수 있는 자리였다.**

라를 자신을 돌보는 신으로 숭배함으로써 아멘호텝 3세는 아문을 섬기는 신관들의 권위로부터 벗어났다. 또한 더 많은 토지나 재물을 아문의 신전에 보시하지 않을 수 있게 되었다. 태양신 라는 아멘호텝 3세를 환영함으로써 고마움을 표시했을 것이다. 축제 시기에 나온 부조를 보면 아멘호텝의 아들이 아버지를 경배하는 뜻으로 절을 하고 있고, 그는 태양의 자리에 높이 서 있다.[16]

이것은 좀 흔하지 않은 풍경이다. 아들 아멘호텝 4세는 아버지가 세운 기념물에는 거의 나오지 않기 때문이다. 아멘호텝 3세는 아들을 미래의 신민들에게 보여주지 않으려고 작정한 듯하다. 그는 진작 젊은 아들을 누비아 남단(상누비아라고도 한다. 쿠쉬의 상누비아 왕국은 제3폭포 주변이 중심이었다. 반면에 북부 누비아는 '하누비아'라고 해서 와와로 알려져 있다) 쿠쉬 왕국의 총독으로 임명했다. 후계자를 그렇게 멀리 갖다놓은 것은 아멘호텝 3세가 다음 왕권을 승계할 권리를 가진 자를 본바닥에서 가급적 멀리 떨어뜨리고 싶어 했다는 것을 시사한다.

그러나 불가피한 승계를 영원히 지연시킬 수는 없었다. 재위 37년 되던 해에 아멘호텝 3세는 병에 걸려 시름시름하다가 죽는다. 미라에 보존된 치아를 보면 농양이 심하다. 줄곧 통증에 시달렸을 것이다. 아마도 이 마지막 질병은 전염병이었을 것이다.[17] 미탄니에 있는 사촌이자 장인이자 처남인 투시라타는 도움을 주려고 수십 년

---

* 15장 pp. 171~172를 보라.
** 28장 p. 293을 보라.

상이집트

아비도스
눕트 • 테베
히에라콘폴리스
엘레판티네
제1폭포

부헨
제2폭포
와 와
(하누비아)

누비아

제3폭포
쿠쉬
(상누비아)

홍해

나일 강

0   100마일
0   100킬로미터

누비아

전 아수르에서 가져온 여신 이슈타르 상을 보냈다. 아멘호텝의 감사의 말이 남아 있지만 메소포타미아의 여신은 이집트에서는 맥을 못 춘 것 같다. 이슈타르 상이 이집트에 온 지 얼마 안 되어 아멘호텝 3세는 숨을 거두었다.

유달리 긴 치세 동안 이집트는 전에 없던 평화와 번영을 누렸다. 누비아에서 아버지의 왕궁으로 돌아온 아멘호텝 4세는 무언가를 보여주어야 했다. 그는 종교적 헌신 면에서 아버지를 능가하기로 작심했다. 아멘호텝 3세는 태양신 라를 숭배했다. 그런데 아멘호텝 4세는 전혀 새로운 종교를 시작했으니 태양 자체에 대한 숭배였다.

원반 모양의 태양 자체를 '아텐(또는 아톤)'이라고 했는데 과거에는 제대로 인식되지 않고 그저 태양신 라의 한 측면에 불과했다. 그러나 이제 아멘호텝 4세의 손에서 원반형 태양은 새로운 존재가 되었다. 원반형 태양은 오시리스나 호루스, 라처럼 죽을 수밖에 없는 인간의 형상을 한 신이 아니라 신적인 것 그 자체를 추상적으로 표현하는 것이었다. 즉 유일한 힘의 현현이었다. 그 번쩍임 속에서 다른 여러 신들은 사라졌다. 태양은 단순히 주요한 힘이 아니라 유일한 힘이었다. 이집트의 여러 신은 아내나 짝이 있었다. 그러나 아텐은 혼자이고 자족적이었다. 이집트의 여러 신은 인간의 형상으로 나타났다. 그러나 아텐은 형상이 없었다. 이집트의 여러 신은 이야기가 있었다. 그러나 아텐은 이야기도 전혀 없었다.

아멘호텝 4세는 유일신 숭배자의 길을 가고 있었다.

재위 5년이 되던 해에 아멘호텝 4세는 신관과 신하들에게 신의 말을 들었다고 선언했다. 아텐이 자신을 기려 전에 한 번도 건물을 짓지 않은 곳에 새로 도시를 세우라고 했다는 것이다.

그곳은 나일 강 동쪽 비가 적고 모래가 많은 황무지 평원이었다. 위로 절벽이 병풍을 반원 모양으로 둘러친 것처럼 솟아 있고 근처에 비옥한 땅이라곤 거의 없었다. 돌 벽이 햇볕을 흡수하고 절벽이 미풍조차 막아서 펄펄 끓는 구멍과도 같았다. 그러나 그런 곳에 아멘호텝 4세는 아케타텐이라는 도시를 건설하고자 했다. 건축이 시작되면서 그는 이름도 바꾸었다. 재위 9년부터는 거의 모든 명문에 **아케나텐**, 즉 태양을 경배하는 자로 등장한다.[18]

이제 이집트의 통치자는 단순히 '라의 가호를 받는 자'가 아니었다. 그는 아텐의 아이이자 태양의 아들이었다. 아텐은 그 이전에 어떤 다른 신이 없었다. 그러나 파라오는 여전히 지상에서 아텐 신의 유일한 구현체였으며 이 신을 대신하는 자였다. 아케나텐 자신의 권세는 바로 이 유일신을 안다는 데서 나오는 것이었다. 그는 그러한 지식을 기다란 신앙고백으로 설명하고자 애썼다. 그는 직접 이렇게 썼다.

당신은 하늘 맞닿은 지평선 위로 솟아오릅니다. 오, 살아 있는 아텐이시여, 생명을 시작한 분이시여 …… 당신이 지평선에 내려앉으면 지상은 어둠 속에 잠기고 마치 죽음 속에 있는 듯합니다. …… 지상이 밝아지는 것은 당신이 지평선 위로 떠오를 때 …… 더할 나위 없는 유일한 신성이시여 …… 당신은 내 가슴에 있지만 당신의 아들 아케나텐을 제외하고는 당신을 아는 이가 없습니다. 당신은 당신의 계획과 권세로 그를 현명하게 만드시었습니다.[19]

일단 새 도시에 정착하자 아케나텐은 아문의 이름을 명문에서 다 말소해버리라고 명했다. 일꾼들은 아문의 이름 위에 회반죽을 발라 가리고 거기다 아텐의 이름을 다시 새겼다.[20] 아문은 진정한 신이 아니었다. 진짜 신의 왜곡되고 타락한 형태였다. 힘 있는 신관들도 이제 좋은 시절 다 지났다. 파괴가 어찌나 철저했던지 아문의 이름은 거의 단 하나도 남아나질 못했다.

다른 신들의 말로도 더 나을 게 없었다. 아케나텐은 아텐을 기리는 새 신전들을 세웠는데 그 한가운데에는 해가 떨어질 수 있는 공간을 두었다. 다른 신전들은 문을 닫았고, 신관들은 쫓겨나고 제사는 금지되었다. 그들을 대신해 다른 신관을 두지도 않았다. 아텐은 신관이 필요하지 않았다. 파라오의 의지를 거스를 만한 종교적 관료제는 필요하지 않았다. 신도 지상의 신의 대변자도 권력을 공유하는 것은 용인하지 않았던 것이다.

이름은 바꾸었지만 아케나텐은 스타일이 역시 아버지를 꼭 빼닮았다.

아케나텐 치세에서 100년이 지나지 않은 어느 시점에 또 하나의 종교적·정치적 격변이 일어났다. 아브라함의 후예들이 이집트를 탈출한 것이다.

구약성서의 '모세 5경(經)'에 따르면 아브라함의 후예들은 번성하여 히브리인이라는 하나의 민족이 되었다. 이들은 서셈족 땅에서 양치기나 유목민으로 살다가 기근이 닥쳐 멸족 위기에 처하자 가솔과 가축을 데리고 저 아래 물이 많은 이집트로 이주했다. 이집트 북부 어딘가에 정착해서 번성했다.

성서의 이야기는 이집트인들이 이 활기 넘치는 민족에 대해 못마땅하게 생각했다고 묘사하고 있다. 사실은 숫자가 너무 늘어나는 바람에 원래 살던 정착촌을 벗어나 이집트 내부로 쏟아져 들어올 조짐을 보였기 때문일 것이다. 이집트인들은 북쪽에 사는 종족을 늘 '구역질나는 아시아인들'이라고 멸시했다. 그리고 서셈족 땅에서 간간이 쳐들어오는 것이 늘 위협이었다. 그뿐만이 아니었다. 이집트는 얼마 전까지만 해도 서셈족인 힉소스에게 점령당한 기억이 있었다. 힉소스는 (히브리인과 마찬가지로) 이집트에 수십 년 동안 살다가 말썽을 일으켰다. 그러니 또 다른 이주 민족이 번창하는 데 대해 신경을 곤두세운 것은 놀라운 일이 아니다.

「출애굽기」는 이집트의 파라오가 히브리인들을 징발해 건축 현장에서 강제노동을 시켰고 (그래도 히브리인 과잉 인구가 줄지 않자) 모든 히브리 남자 아이를 강물에 던져버리라고 명했다고 전한다. 그런 운명에 처한 한 어머니가 아기를 석 달 동안 숨기고 있었다. 앵앵 시끄럽게 울어대는 바람에 더는 숨길 수 없게 되자 갈대 바구니를 만들어서 겉에 역청을 바르고 아이를 안에 넣은 다음 나일 강변 갈대 무성한 곳에 놓아두었다. 이집트 공주가 목욕하러 내려오곤 하는 지점에 아주 가까운 곳이었다. 공주가 시종 무리를 거느리고 도착한 뒤 아기를 발견했다. 히브리인의 아이임을 알았지만 어쨌든 입양을 하기로 했다. 아기는 모세라는 이름으로 궁에서 자랐다.

얼핏 보기에는 공주가 히브리인의 아기를 입양한 행위는 위에서 말한 이집트인들의 적대감과는 잘 맞지 않는 것처럼 보인다. 그러나 우리는 투트모시스 4세 이후로 파라오들이 동방의 공주들과 왕왕 결혼을 한다는 사실을 알고 있다. 이 공주도 서셈족이었을 가능성이 높다는 이야기다. 그녀는 아기 때 유프라테스 강을 따라 떠내려온 사르곤의 이야기를 잘 알고 있었을 것이다.

어머니는 나를 은밀히 잉태하여 몰래 낳았다.
어머니는 나를 골풀 바구니에 담아,
뚜껑을 역청으로 바르고,
강물에 띄웠으나 강물은 나를 덮치지 아니하였다.

사르곤의 출생 이야기는 선택받았다는 표시였다. 신성함의 증거인 것이다. 히브리 아기의 어머니는 이를 알고서 이용했음이 분명하다. 아이를 신에 의해 선택된 자의 반열에 올려놓으려는 간절한 시도였고 그 시도는 성공했다.

그녀의 작전은 주효했다. 다 자란 모세는 이집트를 떠났다가 아브라함의 신의 부르심을 들었다. 이집트로 돌아가서 모든 히브리인을 노예 상태에서 벗어나게 한 다음 하느님이 아브라함의 후손들에게 약속한 땅으로 다시 이끌고 올라가라는 것이었다. 그가 궁정에 도착했을 때 파라오(궁에서 자란 이 히브리인 입양아를 알아봤음에 틀림없다. 두 사람은 나이도 거의 비슷했을 것이다)는 히브리인을 풀어달라는 청에 격분해서 거절했다. 한 번 거절할 때마다 신의 보복이 뒤따랐다. 열 차례 역병이 번졌는데 갈수록 심해져서 마침내 굴복하고 파라오는 히브리인을 떠나보내기로 했다.

출애굽(出埃及, 이집트를 탈출함)은 히브리 민족의 역사에서 핵심적인 사건이 되었다. 유대 민족 이야기 전체를 구성하는 핵심적인 계기인 것이다. 그러나 출애굽 사건은 이집트 연대기에서는 아무 데서도 나타나지 않는다.

놀라운 일도 아니다. 히브리인의 대량 탈출은 파라오의 권세에 대한 조롱이 아니라 이집트의 신들에 대한 조롱이었기 때문이다. 전염병은 이집트 신들의 무능을 강조하기 위한 조치였다. 오시리스의 혈류(血流)이자 이집트의 젖줄인 나일 강이 피로 변해 썩는 바람에 독이 되었다. 오시리스에게는 신성한 동물인 개구리가 창궐해 골칫거리로 변했다. 태양은 어둠에 가렸다. 라 신도 아텐 신도 맥을 추지 못했다는 이야기다. 이런 사건들은 파라오를 기념해 새긴 명문에는 일절 나오지 않는다.

출애굽 시기를 가장 보수적으로 잡은 시점은 B.C. 1446년이다. 아케나텐의 증조부인 아멘호텝 2세 말기에 가깝다고 볼 수 있다.* 다른 평가들을 보면 출애굽을 200년 후인 B.C. 1200년대 중반, 즉 아케나텐으로부터 한 세기가 더 지난 시점으로 잡는다. 출애굽 시점은 대략 이 정도로 가능성이 모아지지만 일부 역사학자들은 출애굽이 이집트에서 점진적으로 빠져나와 서셈족 땅에 정착하는 과정을 말한다고 하고, 또 극소수 역사학자들은 출애굽이라는 사건 자체가 아예 없었다고 주장한다.

이 책의 서술을 위해서는 히브리인들이 광야로 사라져서 수 세기 동안 국제무대에 등장하지 않는다는 점만을 기록하는 것으로 족하다. 그 기간은 역사적으로는 눈에 띄지 않지만 신학적으로는 핵심적이다. 히브리인의 성서가 탄생한 곳은 바로 그 황무지였다. 성서에서 히브리인의 신은 버금갈 존재가 없는 유일한 힘, 신성한 제1원인, 하나뿐인 신으로 등장하며 그 자신의 이름으로 생명을 창조한다.

이런 묘사에도 불구하고 히브리어로 '나는 스스로 존재하는 자이다'를 의미하는 야훼와 이집트의 아텐은 자족성을 제외하고는 공통점이 거의 없다. 히브리의 하느님은 인간과 유사한 형상을 가진 것은 아니지만 분명히 하나의 인격이다. 반면 아텐은 하나의 힘이다. 아텐은 태양이지만 히브리의 신은 결코 창조된 세계와 동일시되지 않는다. 따라서 태양이나 달과도 **결코** 동일시할 수 없다. 그는 원반 모양의 태양을 훨씬 넘어서는 존재이기 때문에 원반이 그를 상징할 수도 없다. 유일신을 숭배하는 두 흐름은 시기적으로는 가깝지만 양식에 있어서는 전혀 달랐다.**

---

* B.C. 1446년은 구약 「열왕기 상」 6장 1절을 곧이곧대로 읽은 것에 근거한다. 이 구절은 히브리인이 이집트를 탈출한 시점부터 솔로몬의 성전 건축이 시작된 해(대략 B.C. 966년) 사이에 480년의 시차가 있다고 주장한다. 출애굽 당시 파라오가 람세스 2세(34장)라는 주장도 있다. 그가 벌인 대규모 건축 사업이 노예 상태에서 건설 노동을 하던 이스라엘인들의 정황과 딱 맞아떨어지는 데다 후계자인 메르넵타(38장)가 처음으로 이스라엘 민족이라는 표현을 사용했기 때문이다. B.C. 1207년에 세운 메르넵타의 전승비는 "이스라엘은 황폐해지고 그 씨가 말랐다. 팔레스타인은 이집트에게 과부가 되었도다"(Peter Clayton, *Chronicle of the Pharaohs*, p. 157에서 인용)라고 적고 있다. 이 인용문은 일찍부터 이스라엘인이 하나의 민족으로서 알려져 있었음을 입증해주기는 하지만 이스라엘인이 이집트에서 대량 탈출한 것과 어떻게 짝이 맞는지 알기 어렵다.

** 아케나텐이 모세에게 유일신 신앙을 훈련시킨 다음 그를 광야에 풀어놓았다고 하는 설이 적어도 한 세기 동안 유행했다. 아직도 간혹 히스토리 채널이나 PBS(미국 공영방송) 특집에 이런 이야기가 나온다. 역사적인 근거가 전혀 없는 낭설이다. 출애굽의 시기에 관한 신뢰할 만한 설과도 맞지 않는다. 이런 주장은 프로이트에서 기인한 것으로 보인다. 그는 썩 편견이 없는 학자는 아니었다. 유대교의 독특함을 가급적 인정하지 않으면서 유일신교의 기원을 설명하려 했기 때문에 그런 결과가 온 것이 아닌가 싶다.

연표 32	
메소포타미아와 소아시아	이집트

메소포타미아와 소아시아			이집트
(미탄니)	(아시리아)	(히타이트)	
			신왕국 시대(B.C. 1570~1070)
			제18왕조(B.C. 1570~1293)
			아모세 1세(대략 B.C. 1570~1546)
텔레피누스			하트셉수트-투트모시스 3세(대략 B.C. 1504~1483)
파라타르나			투트모시스 3세(단독 통치)(대략 B.C. 1483~1450)
사우스타타르			
			출애굽(가장 이른 시점으로 잡을 때)
아르타다마			투트모시스 4세(B.C. 1419~1386)
수다르나 2세			
	아수르-나딘-		아멘호텝 3세(대략 B.C. 1386~1349)
	아헤 2세		
투시라타		수필룰리우마	
			아케나텐(대략 B.C. 1349~1334)

전쟁과 결혼

B.C. 1340~1321년 아시리아와 히타이트가 미탄니를 궤멸시키고
투탕카멘이 이집트의 종교개혁을 원점으로 돌려놓는 사이
히타이트의 왕은 파라오만큼 강성해지다

미탄니 땅의 투시라타 왕은 히타이트에 대한 걱정이 깊어갔다. 정력적인 새 왕 수필룰리우마는 군비를 강화하고 타우루스 산맥 건너편에 웅거한다. 투시라타가 히타이트를 저지하려면 도움이 필요했다.

논리적으로는 당연히 동맹으로 이집트를 선택해야 했다. 아케나텐은 종교적인 문제에 온 정신이 팔려 있기는 하지만 그래도 일대에서 가장 강력한 제국의 왕이었다. 더구나 공교롭게도 그는 투시라타의 조카이며 외손자였다. 미탄니 공주가 두 세대에 걸쳐 이집트 왕가와 결혼을 했기 때문이다. 투시라타는 다시 한 번 파라오와 자기 딸의 결혼을 제안했다. 아케나텐은 결혼에 동의했고, 투시라타의 딸은 남쪽으로 갔다.

그러나 미탄니 왕은 조카로부터 무례한 대접을 받자 차츰 화가 났다. 두 왕이 주고받은 편지에서 투시라타는 신부 값으로 북쪽에 보낸 금이 만족할 만한 수준이 아니라고 불만을 늘어놓는다. 한 편지는 이렇게 말한다. "금 같지가 않아. 백성들 말로

는 당신네 나라에서 금은 진흙보다 흔하다는데 아마 나를 너무 좋아한 나머지 그렇게 흔한 것은 보내고 싶지 않아서 대신 흙을 보낸 모양이지."[1]

이런 신랄한 언급 후에 투시라타가 새 사위에게 보내는 편지는 차츰 분노의 강도가 더해간다. 그는 아케나텐에게 그의 아버지 아멘호텝 4세가 투시라타와의 우정을 소중하게 여겼음을 일깨워준다. 그러나 아케나텐이 아버지의 그림자에서 벗어나려고 무진 애를 썼다는 점을 고려하면 현명한 처사였을 것 같지는 않다. 그는 자기가 보낸 사절이 이집트 궁전 주변에서 거의 4년간 얼쩡거리면서 파라오가 불러주기만을 기다리고 있다고 불평한다. 또 전령을 통해 이집트에 보낸 질문에 대한 답변을 기다린 지 벌써 6년이라고 지적한다.[2]

혼인으로 유대를 강화했지만 아케나텐은 미탄니와의 동맹에서 한 발짝 물러나 있었다. 그는 북풍이 어느 쪽으로 불지 예감할 만큼 머리가 잘 돌아갔다. 히타이트는 무장을 강화하고 있고 강력했으며 왕 수필률리우마는 노련한 전략가였다. 히타이트의 왕은 이미 아케나텐이 즉위하자마자 선물을 보냈다. 새 왕으로 하여금 이집트와 하투사스 사이에 체결된 비밀협정이 여전히 살아 있음을 인식시키려는 호의의 제스처였다. 수필률리우마는 오래지 않아 이런 편지를 보냈다. "당신의 아버님과 내가 평화를 열망했던 것처럼, 이제 당신과 나도 서로 친구가 되어야 하오. …… 서로 도움이 됩시다."[3] 두 나라에서 택일을 해야 할 처지가 된 아케나텐은 히타이트를 선택했다.

투시라타는 비밀협정에 대해서는 몰랐던 것 같다. 그러나 그 결과는 금세 알 수 있었다. 수필률리우마는 이집트가 미탄니 방어에 나서지 않을 것으로 확신하고 미탄니 왕국의 수도인 와슈카니를 향해 동쪽으로 진군했다. 투시라타가 남쪽으로 도움의 손길을 요청한다 해도 허사였다. 아케나텐의 궁정은 폼만 잡으면서 침묵을 유지했다.

도착한 것은 동맹이 아니라 또 다른 적이었다. 오랜 기간 미탄니에게 복속되어 있던 아수르는 이집트의 도움으로 은밀히 재무장하고 있었다. 이제 그 원조가 결실을 맺은 것이다. 아시리아 왕 아수르-우발리트는(아마 아멘호텝 3세의 원조를 처음 받았던 왕의 손자일 것이다) 군사를 이끌고 올라가 히타이트와 합류해 남쪽에서 와슈카니를 공격했다.

투시라타는 남쪽과 서쪽에서 협공을 당하자 북부 메소포타미아에서 병력을 뺐다. 아수르-우발리트는 즉각 그 지역을 아수르 영토로 선언했다. 샴시아다드 왕조가 전복된 이후 처음으로 아수르는 다시 왕국이 되었다.* 실제로 다음에 이집트에 보낸 편지에서 아수르-우발리트는 '위대한 왕'이라는 칭호를 다시 사용하고 있다.(그러면서 동시에 원조를 더 해달라고 요구한다.)** 편지는 이렇게 되어 있다. "아시리아의 위대한 왕이자 당신의 형제인 아수르-우발리트로부터. 당신네 나라의 금은 진흙처럼 흔합니다. 그냥 긁어모으면 되지요. 무얼 그리 아끼십니까? 나는 새 궁전을 짓고 있습니다. 금을 더 보내주십시오. 우리 선조인 아수르-나딘-아헤께서 당신 아버지께 편지를 보내 금 20달란트를 받았습니다. …… 내게 우정을 베풀 요량이라면 그만큼은 보내주시지요."**4**

이 편지는 투시라타가 보낸 유사한 편지와 달리 악의는 전혀 없다. 아마도 아케나텐은 아시리아인들이 그런 마음을 표현할 것이라고는 꿈에도 생각하지 않았을 것이다.

한편 투시라타는 서부 전선에서 고전하고 있었다. 히타이트는 예상보다 훨씬 빨리 와슈카니 성벽 앞까지 들이닥쳤다. 포위는 예상하지 못했던 터라 그는 소수의 신하만을 데리고 도시를 빠져나왔다. 그러나 부하를 잘못 골랐다. 달아나다가 신하 중

---

* 이때부터를 역사가들은 아시리아 '중왕국' 시대라고 한다.
** 아케나텐의 도시에서 발견된 편지들('아마르나 서한')에 나오는 인사말은 어느 왕이 어느 왕에게 보낸 것인지 분명하지 않은 경우가 많다. 이 경우에는 아수르-우발리트가 자기 이름을 밝히고 있지만 파라오에 대해서는 그냥 '이집트의 위대한 왕'이라고 부르고 있다. 이런 모호성 때문에, 또 고대 군주들의 재위 기간(상호 비교하는 수밖에 없는데 그것도 서로 이름으로 호칭할 때에만 가능하다)을 확증하는 것이 불가능하기 때문에 국가 간의 관계에 대해 조금씩 다르게 볼 수가 있다.

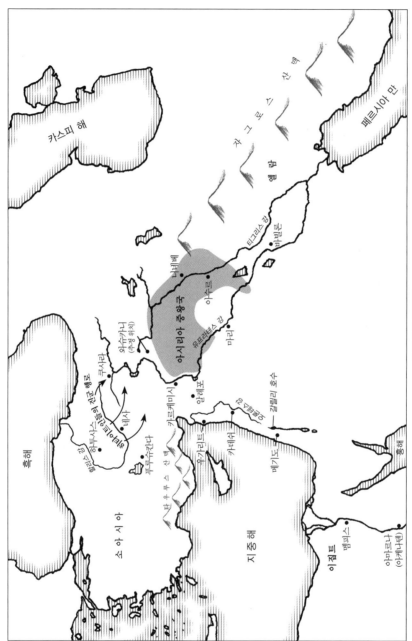

아시리아 중왕국

카스피 해

자그로스 산맥

헬 람

페르시아 만

티그리스 강

바빌론

니네베

아수르

유프라테스 강

마리

위슈카니(추정 위치)

투샤라

흑해

칼후 히타이트의 침공로

카르케미시

베샤

할레포

알레포

토로스 산맥

유프라테스 강

소 아 시 아

부구슈칸다

우가리트

카데시

오론테스 강

갈릴리 호수

메기도

지 중 해

이집트

키프로스

멤피스

타니스(아바리스)

나일 강

한 사람에게 시해를 당한 것이다.

후계자인 장남은 저항해봐야 소용없다는 것을 깨닫고 적진으로 돌아가 항복했다. 대우는 수치스럽지 않게 받았다. 그러나 왕위는 잃었다. 사실 와슈카니 함락 이후 미탄니 제국은 더는 존재하지 않았다. 후르리인은 히타이트 군대가 다가오자 유프라테스 강을 건너 퇴각했다. 이제 원래 살던 자그로스 산맥 경사면에서 어슬렁거렸다. 허약한 부족 수준의 왕국으로 전락해 강대국들에게는 당분간 관심의 대상이 되지 못했다.

한편 수필룰리우마는 지중해 연안을 따라 최대한 남쪽으로 진군했다. 그러면서도 이집트인들과 싸우지는 않았다. 그가 점령한 도시는 모두가 미탄니 왕국 소속이었다. 이집트인이 점거하고 있는 땅을 지나치기는 했지만 이집트 영토는 아니었다.[5]

아케나텐은 이런 식으로 제국이 확장되는 데 대해 이의를 제기하지 않았다. 그러나 아무런 조치를 취하지 않은 것은 우호관계 때문이라기보다는 필요에 의해서였다. 이집트군은 아멘호텝 4세 치하에서 거의 전투를 해본 적이 없었다. 그의 아들 치하에서는 더더구나 그랬다. 군인들은 이제 전쟁 경험이 없었다. 전염병이 이집트 전역으로 번지면서 지중해 연안을 따라 올라갔다. 전염병과 더불어 가난이 찾아왔다. 한 작은 서셈족 왕국의 왕은 공물로 보내는 구리가 부족하다고 사과하는 편지를 보냈다. 전염병이 노동력을 고갈시킨 것이다.

왕실 자체도 타격을 입고 있었다. 아케나텐 재위 14년 무렵 정비가 죽고 나서 오래지 않아 둘째 부인이 죽었다. 아케나텐은 딸만 셋이고 아들이 없었기 때문에 공주 셋을 모두 임신시켜서 남성 후계자를 얻어보려고 했다.

그러나 작전은 실패했다. 태어난 아기는 모두가 딸이었다. 게다가 둘째 딸은 아기를 낳다가 죽었다.

아케나텐은 장녀를 아주 먼 사촌뻘 남자와 결혼시키고 그 남자를 후계자로 지명했다. 그러나 오래지 않아 공주가 죽었다. 늙은 파라오도 시름시름 앓다가 딸의 뒤를 따랐다. 후계자는 왕좌에 올랐으나 며칠 만에 죽고 말았다. 전염병이 왕실에도 번졌음이 분명하다.

신하들은 투탕카텐(Tutankh-Aten: 아텐 신의 살아 있는 이미지라는 뜻—옮긴이)이라는 이름의 아홉 살짜리 소년을 왕으로 선택했다. 혈통이 왕실 계통이었는지는 매우 불확실하다. 궁정에서 자란 것 같기는 한데 아케나텐의 아들이 아닌 것은 분명하다. 아홉 살 때 공부하고 있는 아이를 데려와 파라오로 앉힌 것이다. 통치권의 정당성을 강화하기 위해 의례로서 아케나텐의 딸 중에서 유일하게 살아남은 공주와 결혼까지 시켰다. 그녀는 투탕카텐보다 나이가 많았고 이미 (기존 남편과 사이에 낳은) 한 공주의 어머니였다.

투탕카텐은 자문관과 조신들에 둘러싸였다. 그들은 아케나텐이 아텐에게 바치는 신전을 건설하는 동안 이집트가 북부의 거점을 잃고 전염병에 시달리는 현실을 목도했다. 투탕카텐 자신은 왕실 사람들이 하나씩 숨겨가는 것을 보았다. 왕관은 마치 사망선고처럼 느껴졌을 것이다. 이제 오래된 신들의 분노를 직접 마주해야 하는 처지가 된 것이다.

그래서 그는 북쪽에서 설쳐대는 수필룰리우마는 일단 무시하고 좀 더 화급한 문제에 집중했다. 섭정들의 입김이 강하게 작용했을 것이다. 그는 투탕카텐이라는 이름을 거부하고 투탕카멘(Tutankh-Amun: 아문 신의 살아 있는 이미지라는 뜻—옮긴이)으로 개명했다. 고대의 제1신인 아문에 대한 충성심을 보여주기 위함이었다. 그는 자문관들의 요청을 받아들여 아케나텐의 이름을 기념물에서 모두 삭제하고, 그가 새긴 명문은 부조에서 다 파내고 그의 조상은 부숴버리라고 명했다.* 아텐의 위대한 도시 아

---

* 얼마나 철저히 파괴했던지 아케나텐의 치세를 재구성하는 일은 대단히 힘들고 재구성했다 해도 매우 불확실하다. 그래서 그의 치세의 구체적인 모습은 역사학자마다 다르다.

케타텐은 이제 아마르나라는 이름으로 바뀌었다.

　이런 작업을 통해 이집트는 다시 한 번 면모를 일신하고 주변 세계와 마주하게 되었다. 미탄니는 이제 문제랄 것이 없었지만 북쪽의 히타이트는 거대하고 위협적이었다. 아수르-우발리트는 아수르에서 황제 행세를 하고 있었다. 메소포타미아 남부에서는 바빌론을 지배하는 카시트 군벌 부르나부리아쉬 1세가 반기를 들었다. 그는 젊은 투탕카멘에게 편지를 보내 아수르-우발리트를 예우해서는 안 된다고 주장했다. 미탄니가 지배권을 포기한 마당이니만큼 아수르는 당연히 바빌론 소유라고 말했다. 아수르-우발리트가 아니라 자기가 통제권을 가져야 하며 아수르-우발리트가 '위대한 왕'을 자처하는 것은 전적으로 부당하다는 이야기였다.[6] 나아가 아수르가 외교 문제를 스스로 처리할 권리가 있는 것처럼 사절을 이집트에 보내는데 받아들여서는 안 된다고 주장했다. "나는 아시리아의 가신들을 당신에게 보내지 않았습니다"라고 부르나부리아쉬는 썼다. "어떻게 자기들 멋대로 당신네 나라에 간단 말입니까? 나를 좋아하신다면 그들은 아무 일도 함부로 하지 못할 것입니다. 그자들을 그냥 내게 돌려보내십시오."[7]

　그러나 아시리아 사절이 계속 이집트 궁정에 모습을 나타낸 것을 보면 투탕카멘은 이런 주장을 무시한 것으로 보인다. 아수르-우발리트는 왕 대접을 받으며 권력을 유지하면서 군사를 키우고 있었다. 실제로 그는 30년 가까이 왕위를 지켰다.

　결국 부르나부리아쉬는 이집트가 아시리아 대신 자기편에 서도록 하는 작업을 포기하고 다른 작전을 택했다. 아수르-우발리트에게 딸을 보내 바빌론의 왕세자 카라인다쉬와 결혼시킬 것을 제안한 것이다. 아수르-우발리트는 동의했다. 결혼을 남부의 공격으로부터 제국을 보호하는 방편으로 생각한 것 같다. 결혼식은 제대로 치러졌다. 카라인다쉬는 곧 후계자를 낳았고, 아시리아와 바빌론 두 나라는 미묘한 평화 상태로 공존했다.

　평화는 부르나부리아쉬가 살아 있을 때까지만 지속되었다. 그는 죽기 직전 아들을 제치고 반은 아시리아계이고 반은 바빌론계인 손자를 후계자로 낙점했다. 불행하게도 카라인다쉬는 왕실의 종마 노릇만 한 것이다. 아마도 부르나부리아쉬는 가족관계상 이 소년이 장래에 아수르의 왕위까지 차지할 기회가 올 것으로 보았을 것이다. 그렇게 되면 바빌론과 아수르를 한 임금이 다스리게 되는 것이다.

그러나 사실은 손자를 사형에 처한 것이나 마찬가지였다. 군부의 카시트인들이 반란을 일으켰다. 그들의 입장에서 볼 때 새 왕은 혼혈이기 때문에 바빌론의 왕권을 차지할 권리가 없었다. 그들은 궁정을 공격해 반은 아시리아계인 왕을 시해한 다음 군사정권을 세웠다.[8]

일이 이렇게 되자 아수르-우발리트가 사태를 평정할 권리가 있다고 주장하고 나섰다. 단편으로 남은 편지와 명문들을 보면 그가 어떤 조치를 취했는지 분명하지는 않다. 아마도 손자를 죽인 자들을 처단했을 것이다. 새 왕을 세웠다고 선언했으나 새 왕이 누구인지 정확히 알 수는 없다. 아수르-우발리트가 새 왕을 옹립하는 과정에서 어떤 역할을 했는지도 알 수 없다. 확실히 말할 수 있는 것은 아시리아가 바빌론 통치권을 접수하지는 않았다는 것이다. 카시트인(부르나부리아쉬의 차남일 가능성이 있다)이 바빌론의 왕으로 존속했다. 카라인다쉬는 혼란의 와중에 살해된 것으로 보인다.

주변을 돌아보면 아시리아와 바빌론의 혼사만 이상한 것은 아니다.

왕위에 오른 지 10년도 안 되어 투탕카멘이 느닷없이 사망했다. 사망에 이른 정황은 알 수 없지만 화살에 맞았을 가능성이 있다. 장례식은 성대하게 치러졌다. 아마도 그의 무덤은 전임자들 못지않게 화려했겠지만 대개의 경우와 달리 1922년 11월까지는 도굴당하지 않은 채 온전히 남아 있었다.

그는 자식이 없었다. 아내 안케세나문(남편과 마찬가지로 아문 신을 기리는 이름으로 개명했다)은 두 번 임신했는데 두 번 다 조산으로 사산하고 말았다. 태아의 시신은 세심하게 미라로 만들어 아버지의 무덤에 함께 묻혔다.[9]

남편이 죽자 왕가에는 남자 친척도 없고 자식도 없었다. 안케세나문은 미래가 불안했다. 그러나 이집트 궁정에 (안케세나문이 죽을 경우) 임금 자리를 마다하지 않을 야심적인 인물이 부족한 것은 아니었다. 대표적인 인물이 안케세나문의 외할아버지 아이였다. 아이는 아케나텐의 재상이었고 투탕카멘의 고문관이었으며 여전히 궁정에 있었다. 그는 전임 파라오들의 시신이 어디에 묻혔는지 알고 있었다. 군 최고사령관인 호렘헵은 경륜은 부족하지만 역시 강력한 인물이었다. 그는 아멘호텝 3세 때 군문에 들어갔다. 그만큼 오래 복무했지만 당시 나이는 겨우 40대였다. 군 생활을 13살에 시작했기 때문이다.

안케세나문은 이 두 사람이 두려운 나머지 정신 나간 제안을 했다. 히타이트 왕 수필룰리우마에게 편지를 보내 아들 하나를 이집트로 보내달라고 한 것이다. 그렇게 해주면 그 아들과 결혼하고 그를 파라오로 삼을 것이라고 약속했다.

이 편지의 사본이 이집트에 남아 있지 않다는 것은 비밀거래였음을 시사한다. 편지는 히타이트의 수도 하투사스의 유적에서 발견되었다.

> 남편은 죽었고, 나는 아들이 없소. 하지만 당신은 아들이 많지. 그 중 하나를 내게 주면 남편으로 삼겠소. 신료들 중 하나를 골라 남편으로 삼을 수는 없소. …… 그리고 무섭기도 하고.[10]

전혀 예기치 못한 제안이었으므로 수필룰리우마는 깜짝 놀랐다. 그는 이집트와 사이가 좋았지만 **그럴 정도로** 좋은 것은 아니었다. 그 자신의 기록에 따르면 그는 안케세나문이 진심으로 하는 말인지를 알아내려고 스파이를 여럿 남쪽으로 내려 보냈다.[11] 스파이들이 돌아와 후계자가 없는 것이 사실이라고 보고하자 수필룰리우마는 제안에 동의하고 아들 하나를 남쪽으로 보낼 준비를 했다.

그러나 왕자는 제대로 도착하지 못했다. 국경에서 호렘헵이 조직한 환영단을 만난 것이다. 안케세나문은 수필룰리우마의 동의를 확보하고 나서 자신의 계획을 주변에 알렸던 것으로 보인다. 호렘헵은 수십 년간 군 생활을 하면서 우연히 일어난 것처럼 일을 처리하는 것이 정면공격보다 덜 위험하다는 것을 잘 알고 있었다. 히타이트의 왕자는 나일 강 삼각주를 지나서 결혼식장으로 가는 도중 뜻하지 않게 사망했다.

이후 이집트에서 어떤 협상이 오갔는지는 알 수 없다. 그러나 그 직후 아이가 손녀인 안케세나문과 결혼하고 왕위를 차지했다. 즉위 후 첫 번째 조치로 수필룰리우마에게 왕자의 죽음에 대해 일체 관여한 바 없다고 부인하는 편지를 보냈다. 이렇게 해서 호렘헵에게 비난의 화살을 돌린 것이다. 수필룰리우마가 이 말을 믿었을 것 같지는 않다. 그러나 아들의 죽음에 대해 복수할 처지는 못 되었다. 군대를 이끌고 남쪽으로 쳐들어가기 이전에 전염병이 히타이트군 진영을 덮쳤다. 그리하여 가장 위대한 히타이트의 왕은 죽었다.

아이도 그 직후 단순 노환으로 죽었다. 통치 기간은 4년도 채 되지 못했다. 장례식을 치르자마자 호렘헵은 자신이 파라오라고 선언했다. 안케세나문이 어떻게 되었는지는 미스터리다. 노인네와 결혼한 이후 이집트 쪽 기록에는 그녀에 대한 언급이 다시 등장하지 않는다.

연표 33

메소포타미아와 소아시아	이집트
(미탄니)　　(아시리아)　　(히타이트)	
	신왕국 시대(B.C. 1570~1070)
	제18왕조(B.C. 1570~1293)
	아모세 1세(대략 B.C. 1570~1546)
텔레피누스	하트셉수트-투트모시스 3세(대략 B.C. 1504~1483)
파라타르나	투트모시스 3세(단독 통치)(대략 B.C. 1483~1450)
사우스타타르	
	출애굽(가장 이른 시점으로 잡을 때)
아르타다마	투트모시스 4세(B.C. 1419~1386)
수다르나 2세	
아수르-나딘-	아멘호텝 3세(대략 B.C. 1386~1349)
아헤 2세	
투시라타　　　　　　수필룰리우마	
아수르-우발리트	아케나텐(대략 B.C. 1349~1334)
아시리아 중왕국	투탕카멘(대략 B.C. 1333~1325)
	아이(대략 B.C. 1325~1321)
	호렘헵(대략 B.C. 1321~1293)

Chapter 34

고대 초기 최대의 전투

(정교한 장식 문양)

*B.C. 1321~1212년 이집트 제19왕조 기간에
람세스 2세는 카데쉬에서 히타이트와 격전 끝에 비기고
아시리아는 정복의 한 세기를 열다*

이집트의 호렘헵은 그럭저럭 왕위를 28년이나 유지했다. 그는 아문 신전 복원 사업을 마쳤다. 투탕카멘이 시작한 일이었다. 나머지 아텐 신전은 다 부숴버리라고 명했다. 그리고 아문 신을 모시는 신관에 옛 군 동료들을 앉혔다. 그는 최고위 장군이었기 때문에 명령에 죽고 명령에 사는 군인 정신을 가진 자들을 신관으로 앉혀놓으면 권력을 찬탈하는 짓 따위는 하지 않을 것으로 확신했을 것이다.[1] 그러다가 80대에 들어 사망했다. 전임 다섯 명의 파라오보다도 오래 산 것이다.

그는 아들이 없었다. 그래서 또 다른 군인을 후계자로 지명했다. 이 군인이 람세스 1세로 이전의 그 어떤 왕실과도 혈연관계가 없는(실제로든 상상으로든) 최초의 파라오였다. 그는 호렘헵보다 그리 어리지 않았으며 재위 1년 만에 사망해 눈이 갈 만한 업적을 남긴 것도 없다.

그러나 제19왕조는 이렇게 시작은 밋밋했지만 위대한 왕조로 발전한다.* 람세스 1세는 왕위를 아들 세티(틈만 나면 신전을 지은 것으로 유명하다)에게 넘겼다. 세티는 다

시 아들 람세스 2세에게 왕위를 물려주었다. 람세스 2세는 재위 기간이 길고, 건축물을 많이 남기고, 전설적인 강력한 군대와 당시 세계에서 가장 큰 규모의 전쟁을 치르고 천신만고 끝에 살아남은 것으로 유명하다.

위대한 히타이트의 왕 수필룰리우마가 전염병으로 죽고 그 아들도 살해당한 이후 히타이트와 이집트의 우호관계는 깨진 것이나 다름없었다. 두 나라 접경 지역에서 무력충돌이 빈번해졌다. 람세스 2세가 왕위에 올랐을 무렵 히타이트의 왕권은 수필룰리우마의 손자인 무와탈리에게 넘어갔다. 이집트는 최북단 거점을 잃은 상태였다. 한 세기 이상 이집트가 장악하고 있던 카데쉬가 히타이트의 손에 넘어간 것이다.

새 파라오는 당시 25세로 이미 10년 이상 성인으로서의 삶을 살아왔다. 그는 15세 무렵 처음 결혼을 했고 적어도 일곱 명의 자녀를 둔 아버지였다. 이미 선친을 따라 서셈족 영토 원정에 적어도 두 차례 참전했다.[2] 그는 오래 기다리지 않고 히타이트에 싸움을 걸었다. B.C. 1275년 즉위한 지 3년 정도밖에 안 된 시점에 카데쉬 탈환 작전을 계획하기 시작했다. 이 도시는 단순한 전선 이상의 것이 되었다. 두 왕국 사이에 우열을 가리는 각축장이 된 것이다. 카데쉬는 이집트가 쉽게 통제하기에는 북쪽으로 너무 멀었고 히타이트가 쉽게 행정을 펴기에는 남쪽으로 너무 떨어져 있었다. 어느

＊ 독자들로서는 투탕카멘 이후(그의 내력이 불분명하기 때문에 그 이전일 가능성도 있다) 혈통 승계가 두 번이나 깨진 것을 고려하면 마네토가 새 왕조를 아이나 호렘헵에서 시작하지 않은 것이 의아할 수도 있겠다. 이런 의문에 대한 간단한 답변은 제18왕조 말의 전반적인 혼란 탓에 승계 자체가 엉망이 되었을 뿐 아니라 후대의 기록도 망가졌기 때문이라는 것이다. 아이는 투탕카멘이 세운 기념물의 일부를 자기 것으로 만들었고, 호렘헵도 아이의 기념물을 자기 것으로 만들었다. 그래서 가장 유명한 이집트 역대 왕 목록 두 가지는 투탕카멘과 아이를 건너뛰어 바로 호렘헵으로 기록하고 있을 정도다. 호렘헵이 제18왕조의 마지막 파라오로 등장하는 주요한 이유는 스스로 아내가 아케나텐의 정비의 여동생이라고 주장했기 때문이다. 이렇게 해서 (가까스로) 여자 쪽 혈통을 걸어 후계자의 자격을 갖추게 되는 것이다. 또 한 가지 이유는 그가 아케나텐, 투탕카멘, 아이의 흔적을 모두 말살해 그들의 치세를 자신의 치세에 포함시켰고, 왕 목록들도 그의 후원하에 작성된 것이어서 아멘호텝 3세에서 호렘헵으로 바로 건너뛰었기 때문이다. 그러나 나중에는 왕왕 제18왕조 마지막 파라오가 아니라 제19왕조 초대 파라오로 기록되었다. 물론 이런 의문을 갖지 않는 독자분도 계시겠다.

제국이 장악하든 힘의 우위를 과시할 수 있는 지점이었다.

B.C. 1275년 말 람세스 2세는 스파이들로부터 무와탈리가 카데쉬.근처에 코빼기도 보이지 않는다는 보고를 들었다. 공격하기에는 안성맞춤인 조건이었다. 그리하여 람세스 2세는 전례 없이 많은 군인을 징집해(그 자신의 기록에 따르면 2만 명을 4개 사단으로 나눠 아문, 라, 프타, 세트라는 이름을 붙였다) 북쪽으로 진군했다. 카데쉬 근처에 도착하는 데 적어도 두 달이 걸렸다. 람세스 2세는 히타이트 전초기지 경비병들을 붙잡아 신문한 결과 히타이트군이 아직도 저 위쪽 히타이트 본토에 있기 때문에 당장 카데쉬로 들이닥치지는 못할 것이라는 이야기를 듣고 확신을 굳혔다. 사단을 전투대형으로 편제했다. 신의 중요도에 따라 아문 사단이 선봉을 맡고 라 사단이 그 뒤를 따르고 프타 사단이 뒤에 서고 세트 사단은 후방을 맡았다. 카데쉬로 진격이 시작되었다.

그러나 전초기지는 속임수였다. 무와탈리는 히타이트인과 용병으로 구성된 4만 8,000 병력을 이끌고 카데쉬 바로 뒤편에 숨어 있었다. 전차에 탄 병력만 거의 3,000이었다. 전차는 몰이꾼과 궁수, 궁수가 활을 쏠 때 방패로 보호해주는 병사로 구성되었다.[3] 람세스가 한숨 돌리며 카데쉬 바로 서쪽에 1사단 군사들과 캠프를 치고 있는 와중에 무와탈리의 군대가 카데쉬 뒤쪽에서 폭풍노도처럼 들이닥쳤다. 히타이트군은 아문 사단 뒤쪽으로 돌아 2사단 라를 초토화함으로써 람세스 2세와 아문 사단 5,000을 후방의 나머지 두 사단과 격리시켰다.[4] 카데쉬 성 밖에서 7만 군사가 격돌했다.

아문 사단과 왕을 쓸어버리는 것은 비교적 쉬웠겠지만 히타이트군에게는 하나의 문제가 있었다. 아문 사단은 협소한 평원에 진을 쳤기 때문에 전차가 그리로 몰려들어가면 서로 부딪혀 엎어지게 된다는 점이었다.[5] 히타이트의 보병은 그래도 이집트군보다 수적으로 우세였다. 그러나 람세스 2세는 진격에 앞서 지원군을 준비해놓았다. 아마도 배편으로 지중해 연안 위쪽에 배치해둔 것 같다. 주력군이 지상에서 난국에 처할 경우에 대비한 것이었다.[6] 지원군은 프타 사단이 남쪽에서 치고 올라가는 시점에 북쪽에서 전장에 도착했다. 이렇게 전선이 두 개로 형성되자 히타이트군은 당황했던 것 같다. 히타이트군은 용병이 많아서 수는 적지만 조직적인 이집트군보다 기율이 떨어졌다. 무와탈리도 예비 병력이 있었지만 후방에 놓아둔 상태였다. 아마도 이집트 지원 병력이 더 늘어날 경우에 대비해 투입할 요량이었을 것이다. 전장에 황혼이 깔릴 무렵 히타이트군은 퇴각해 전열을 가다듬었다.

새벽이 되자 전투가 다시 시작되었다. 그러나 이번에는 깜짝 놀랄 만한 일이 없어서 경험 많은 이집트군이 톡톡히 앙갚음을 했다. 전투는 교착상태가 되고 무와탈리는 휴전을 제안했다.

람세스 2세는 평화 제안을 거부하다가 마침내 포로와 전리품을 챙겨 귀향하기로 동의했다. 카데쉬는 히타이트의 손에 남겨두었다. 이후 이집트로 돌아간 람세스 2세는 승리를 선언했다.

압도적인 승리가 아닌데도 그렇게 된 것은 후일 람세스 2세가 이집트 신전 벽에 적어도 아홉 차례나 전투 장면을 과장하는 기록을 새기도록 했기 때문이다. 여기에는 이집트군이 히타이트군을 살육하는 그림도 수없이 그려져 있다. 전투 기록은 학생들의 글자 쓰기용 교재로 활용되었다. 후일 로마의 카이사르가 갈리아 원정에서 거둔 승리를 습자 교재로 활용한 것과 마찬가지다.[7] 카데쉬 전투는 비긴 셈이지만 이집트의 우위를 나타내는 상징이 되었다.

이는 이집트가 예전의 위대함으로부터 얼마나 후퇴했는지를 보여준다. 이집트는 여전히 강했지만 세계의 지도자 자리는 실질적인 힘으로 뒷받침되는 만큼이나 명성에 크게 의존했다. 이집트군이 진짜로 람세스 2세의 부조에 나오는 것처럼 강력했다면 카데쉬를 히타이트의 수중에 남겨둔 채 기수를 돌려 집으로 돌아오지는 않았을 것이다. 끝까지 싸우는 대신 람세스는 우위의 상징을 강화하는 데 몰두했다. 그는 안전한 제 나라 땅 안에 이전의 그 어떤 파라오보다 많은 신전과 조각상과 기념물을 지었다. 이렇게 해서 200년 전 투트모시스 3세가 차지했던 북부 거점 일부를 상실했지

람세스 2세 좌상 아부심벨에 자신의 모습을 새긴 거대한 조각상을 세웠다. 사진 Corbis/토픽포토에이전시

만 이집트 역사에서 가장 위대한 파라오의 한 사람으로 명성을 누리게 된 것이다.

　북쪽에 있는 또 하나의 거대한 제국도 나름의 어려움에 처해 있었다. 그 무렵 히타이트는 멀리 남쪽에 있는 바빌론의 왕들과 협정을 맺은 것으로 보인다. 적어도 그렇게 추정할 수 있는 이유는 무와탈리가 바빌론으로 사람을 보내 개인적인 건강 문제를 도와줄 의사를 보내달라고 요청할 정도였기 때문이다. 무와탈리가 죽고 나서 그 동생이 쓴 편지가 남아 있다. 궁정으로 돌아오게 되어 있는 의사는 어떻게 되었느냐는 바빌론 측의 물음에 답하는 내용이다. 편지는 "그 의사는 내 친척과 결혼해서 여기 정착하기로 했소"라고 했다. "그러니 내가 그를 감옥에 가두었다고 비난하지 마시오. 의사를 가둬봐야 내게 무슨 득이 되겠소?"[8]

히타이트와 아시리아의 관계는 이보다는 덜 우호적이었다. 아수르의 새 왕 아다드-니라리는 점차 북쪽으로 치고 올라가 미탄니와의 싸움으로 조각난 지역을 자기 땅이라고 선언했다. 그 역시 남쪽 바빌론과 적어도 한 차례 국경 전쟁을 치렀다. 이 기간에 아시리아는 바빌론 북부 영토의 상당 부분을 차지했다. 여러 차례의 인상적인 정벌 끝에 아다드-니라리는 아시리아의 유서 깊은 전통에 따라 스스로를 '세상의 왕'이라고 칭했다. 한 명문은 "아다드-니라리, 탁월한 왕자시여"로 시작한다. "신들로부터 영광을 받았으니, 신들의 나라의 주인이자 총독이며, 도시의 건설자이고, 강력한 카시트인 무리를 궤멸시킨 분이시고 북쪽과 남쪽의 온갖 적의 무리를 몰살시키고 그들의 땅을 짓밟았도다. 모든 자를 포로로 잡고 국경을 넓혔으니 그 발아래 아수르 …… 모든 왕과 왕자들을 굴복시켰도다."[9]

동쪽에서 점점 커지는 아시리아의 위협에 맞서기 위한 전략을 짜는 도중 히타이트 왕 무와탈리가 사망했다. 통치 기간은 꽤 길었다. 왕위는 아들에게로 넘어갔다. 아들은 즉시 궁정에서 가장 강력한 인물인 무와탈리의 동생(자신에게는 삼촌)을 제거했다. 직책을 박탈하고 유배를 보내려 한 것이다. 동생 하투실리스는 이를 거부했다. 그는 추종자들을 그러모아 왕을 가두고 하투실리스 3세를 자처하며 왕이라고 선언했다.

하투실리스 3세 시대에 나온 가장 오래된 기록은 「변명」으로 알려져 있는데 진심 어린 주장을 담고 있다. 여기서 그는 다소 순환논법적인 주장을 편다. (1) 신들이 자신에게 통치권을 주었으며 (2) 왕위를 장악하는 데 성공한 것은 신들이 통치권을 주었음을 **입증한다**는 것이다.[10] 이런 주장이 히타이트인들에게 제대로 먹혀들지는 않았다. 하투사스에서 나온 단편적인 기록들은 왕이 대부분의 재위 기간을 내전을 치르는 데 보냈음을 보여준다.

하투실리스 3세는 일찍부터 제 백성들과 싸우는 동시에 남쪽으로는 이집트와 다투고, 남동쪽으로는 점증하는 아시리아의 위협에 맞설 수는 없다는 사실을 절감했다. 아시리아는 아다드-니라리의 뒤를 이어 샬마네세르 1세가 즉위했다. 그는 전임자보다 훨씬 공격적이어서 예전에 미탄니 영토였던 지역을 접수해나갔다. 히타이트 병사들은 아람인 부대와 합류해 샬마네세르 1세와 한 차례 전투를 했으나 세가 불리해 후퇴한 바 있다. "나는 셀 수 없이 많은 패잔병들을 죽였다"고 샬마네세르 1세는 호언했다. "나는 수많은 무리를 무력화시키고 그 중 1만 4,400명을 포로로 잡았다." 이는 적들을 포로로 잡아 눈을 멀게 만들었다는 의미다. 아시리아인들이 전쟁을 할 때 불필요한 잔인성을 발휘하는 풍습이었다. 샬마네세르는 또 180개의 도시를 함락시키고 잿더미로 만들었다고 주장했다. "히타이트와 아람인 연합군을 나는 양떼처럼 도살했다."[11]

동쪽의 아시리아는 화해할 뜻이 없었다. 그래서 하투실리스는 남쪽 국경의 안전을 확보하고자 이집트와 협상에 나서기로 했다.

이집트의 람세스 2세로서는 좀 까다로운 제안이었다. 정당한 후계자인 무와탈리

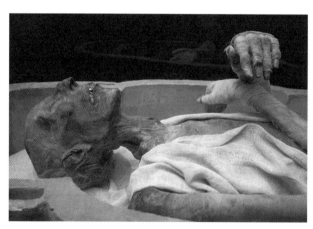

람세스 2세 미라 람세스 2세의 미라는 콧속에 말린 후추 열매를 넣어둔 덕분에 매부리코 형태를 그대로 유지하게 되었다. 카이로 이집트박물관 소장. 사진 © 1997. Scala, Florence

의 아들이 삼촌의 감옥에서 탈출해 이집트 궁정에 나타나 망명을 요청했기 때문이다.[12] 그는 아시리아 왕 샬마네세르에게도 같은 부탁을 했으나 거절당했다.

히타이트 제국을 접수할 완벽한 기회였다. 하지만 람세스 2세는 망명 요청을 거절했다. 그는 무와탈리의 아들을 쫓아내고 찬탈자인 그의 삼촌과 평화협정을 체결하기로 하고 확약하는 의미에서 하투실리스 3세의 두 딸과 결혼했다. 평화는 어쩔 수 없는 선택이었다. 람세스 2세는 한때 이집트 땅이었던 서셈족 영토 대부분을 더는 통제할 수 없었다. 유감스럽게도 지중해 연안을 따라 흩어져 있는 여러 작은 왕국의 임금들은 카데쉬 전투가 이집트의 대승이라고 주장하는 람세스의 부조를 볼 기회가 없었다. 그들은 이집트군이 퇴각하고 얻어맞는 것만을 본 이후로는 줄곧 반란을 꾀했다. 이집트군이 히타이트 땅으로 쳐 올라가자면 한 걸음씩 옮길 때마다 그런 군소국들과 싸우지 않을 수 없었다.

이집트는 어쩔 수 없이 적과 동맹을 맺은 것이다. 그러나 람세스 2세는 여전히 잔머리를 굴려 진실을 조작했다. 그는 이집트가 히타이트를 공격하지 않겠다고 약속한 협정문을 카르나크 신전 벽에 새기면서 히타이트가 먼저 와서 평화를 애걸했다는 설명을 붙였다. 그리고 딸이 많았지만 히타이트 왕자와 결혼하도록 보내달라는 부탁은 거절했다고 했다. 람세스 2세는 여자를 좋아했는지라 이 무렵 자녀가 100명이 넘었다. 그들은 신전 부조에서 '피리 부는 사나이'처럼 하고 있는 람세스 2세 뒤편으로 길게 줄 지어 선 모습으로 나타난다. 이집트 공주들은 외국으로 가지 않았다.

하투사스에서 발견된 히타이트 버전 협정문은 이집트인들이 먼저 평화를 요청했다고 적고 있다.[13]

람세스 2세는 90대에 들어 죽었다. 이집트 역사에서 재위 기간으로는 두 번째로 길었다. 그는 이집트 전역에 흔적을 남겼다. 아문 신과 다른 여러 신에게 봉헌한 신전과 자신의 기념물 및 조각상, 그를 기려 만든 도시와 명문이 도처에 널려 있다. 그의 미라를 만든 사람들은 유별나게 큰 코에 말린 후추 열매를 넣어 시신을 천으로 꽁꽁 감아도 코가 찌부러지지 않도록 배려했다. 그리하여 그의 개성은 이집트 곳곳의 건축물과 조각뿐 아니라 미라에서도 두드러지게 되었다.[14]

연표 34	
메소포타미아와 소아시아	**이집트**

메소포타미아와 소아시아:

(미탄니)　　(아시리아)　　　　(히타이트)

사우스타타르

아르타다마
수다르나 2세
　　　　아수르-나딘-
　　　　아헤 2세
투시라타　　　　　　　수필룰리우마
　　　　아수르-우발리트
　　　　아시리아 중왕국

　　　　아다드-니라리 1세
　　　　　　　　무와탈리
　　　　샬마네세르 1세　하투실리스 3세

이집트:

투트모시스 3세(단독 통치)(대략 B.C. 1483~1450)

출애굽(가장 이른 시점으로 잡을 때)
투트모시스 4세(B.C. 1419~1386)

아멘호텝 3세(대략 B.C. 1386~1349)

아케나텐(대략 B.C. 1349~1334)
투탕카멘(대략 B.C. 1333~1325)

아이(대략 B.C. 1325~1321)
호렘헵(대략 B.C. 1321~1293)
제19왕조(B.C. 1293~1185)
람세스 2세(대략 B.C. 1278~1212)

트로이 전쟁

𝕸𝕸𝕸𝕸

B.C. 1260~1230년 미케네인들이 트로이를 쳐
승리했지만 엄청난 후유증을 겪다

소아시아 반도 북서쪽 연안 한 귀퉁이에 트로이가 있었다. 히타이트 왕국이 최고로 강성했을 때조차 손길을 뻗치지 못한 곳이다.

바빌론과 아시리아, 와슈카니와 하투사스가 페르시아 만 북단에서 지중해 연안과 위쪽으로 흑해까지 영토 다툼을 하던 시절 수십 개의 산악 부족과 황무지의 군벌, 고대 도시들은 여전히 독립을 유지한 채 마수를 뻗치려는 왕국들의 통제 밖에 있었다. 트로이는 그런 도시 가운데 하나였다. 트로이에 사람이 살기 시작한 것은 이 무렵에서 거의 2,000년 전부터였다. 트로이의 왕은 작은 마을 주변에 성벽을 쌓아 외부의 탐욕스러운 침입으로부터 백성을 지켰다. 수 세기가 지나면서 트로이는 불에 타기도 하고 재건하기도 하고 초라해졌다가 혁신을 하기도 하고 축소되었다가 다시 성장에 성장을 거듭해 거주의 흔적이 여러 개의 지층으로 형성되었다.

람세스 2세와 하투실리스 3세가 평화협상을 하고 있을 무렵 번창하는 히타이트 왕국에서 서쪽으로 그리 멀리 떨어져 있지 않은 트로이는 유적 지층으로 보면 일곱 번째 시기(고고학자들은 이를 트로이 VIIa층이라고 부른다)였다.* VIIa층 시기의 트로이는 부유한 도시였다. 식량이나 물품을 수입에 의존할 필요가 별로 없었다. 평원 지역이어서 비옥한 농토가 많았다. 인근 하천에는 물고기가 많았고 풀밭에는 양떼가 뛰놀았다. 트로이는 또한 여분의 곡물을 먹여서 키우는 수많은 말떼로 유명했다.[1]

B.C. 1260년에서 1230년 사이 어느 시기에 트로이는 화재와 전쟁으로 잿더미가 되었다. 성벽은 무너지고 학살이 있었다. 유적을 보면 매장도 하지 못한 해골들이 길거리에 널브러져 있다.

이 전쟁의 발단에 관한 이야기가 500년 후 『일리아드』로 정착되었다.

신들끼리의 불화라는 표피를 벗기고 나면 이야기의 핵심은 바로 드러난다. 그리스 도시 스파르타의 왕 메넬라오스는 북쪽에 있는 아르고스의 공주와 결혼했다. 이 공주가 헬레네였는데 트로이 왕의 아들 파리스의 눈에 확 뜨였다. 파리스는 용감한 전사지만 타고난 바람둥이였다. 그렇다고 백성들 사이에서 남성적 매력을 인정받은 것은 아니었다. 트로이인들은 그런 점에서 우리 시대 사람들과는 취향이 달랐다. 형은 동생에게 이렇게 소리친다. "파리스, 이 꼬맹이야. 그저 여자 꽁무니나 쫓아다니지!"[2] 파리스는 헬레네를 꾀어서 트로이로 데려갔다. 헬레네의 남편 메넬라오스는 복수를 결심하고 형인 아가멤논을 설득해 트로이를 친다.

---

* 대부분의 고고학자들은 처음 다섯 개 지층(트로이 I ~ V층)이 형성된 시기를 B.C. 3000~1900년으로 잡는다. 같은 지점에 있는 트로이 6층은 B.C. 1900~1300년에 해당하고 지진으로 붕괴되었다. 트로이 VIIa층은 그 폐허 위에 재건된 도시로 B.C. 1240년경 (아마도 포위공격의 결과로) 불에 타 붕괴되었다. 트로이 VIIb층은 그 잿더미 위에 재건되었으나 고도로 세련된 단계에 도달하지 못하고 쇠퇴했다. B.C. 1100년 무렵 주민이 다 떠나고 이후 400년 동안 아무도 살지 않은 채 버려졌다. 바로 여기에 B.C. 700년경 그리스인들이 들어와 도시를 건설하고 일리온이라고 불렀다. 트로이 전쟁을 노래한 서사시가 나온 지 한참 후의 일이었다. 고고학자들은 일리온을 트로이 VIII층이라고 부른다. 이 그리스 도시를 로마인들이 B.C. 1세기에 점령했다. 이것이 트로이 IX층으로 마지막 주요 거주 유적이다.

아가멤논은 그리스인(호메로스는 아가멤논의 백성을 아카이아인이라고 부른다) 최고의 왕이었다. 그리하여 그리스 도시 전체를 소집해 군사력을 모은 뒤 연합 함대를 꾸려 트로이로 쳐들어간다. 동생이 당한 모욕에 대해 복수하려는 것이었다.(여기서 헬레네가 당한 모욕은 별로 고려 대상이 아니다.) 연합군은 소아시아 해변에 도착했지만 트로이 군사의 용맹함과 높은 성벽에 막혀 진퇴양난에 빠졌다. 그들은 트로이를 포위한 채 10년 세월을 앉아서 보낸다.

이 포위 상태가 『일리아드』의 중심축으로 여기서 위대한 전사 아킬레스의 활약이 두드러진다. 그는 그리스 반도 북부 산악 지역 테살리아에서 배를 타고 와 합류했다. 『일리아드』 종반부에서 우리는 아킬레스의 맹활약을 보게 되지만 그리스군은 여전히 트로이 성벽 바깥에 진을 치고 있는 상태이며, 트로이의 왕 프리아모스도 왕위를 지키고 있다. 전쟁 자체는 무대 바깥에서 벌어지고 있는 것이다. 쌍둥이 서사시인 『오디세이』 도입부에서는 포위공격이 끝나고 트로이는 약탈당하고 그리스인들은 고향으로 돌아오는 길이었다.

트로이가 그리스군에 실제로 함락되었다는 이야기는 여러 그리스 시인들의 단편에 나온다. 그러나 가장 완벽한 형태는 훨씬 후대 로마의 시인 베르길리우스의 『아이네이스』 2권에 나타난다.

전쟁에 찢기고 운명에 외면당하여
어느덧 오랜 세월이 흐른 뒤 마침내 그리스군은
언덕만 한 말을 만들고 ……
갈비뼈는 소나무 널빤지로 짜 맞추었습니다. ……
…… 제비로 전사들을 뽑아 몰래
안 보이는 쪽에 넣었으니
거대한 동굴 같은 배꼽 안에 무장 병력을 채운 것이지요.[3]

그리스군이 시끌벅적하게 고향으로 출발하자 트로이인들은 목마(木馬)를 로마의 전쟁의 여신 미네르바에게 바치는 희생물로 여겨 시내로 끌고 들어온다. 불길한 징조라는 경고가 많았지만 무시했다. 그들은 승리의 잔치를 벌이고 만취 상태로 곯아 떨어졌다. 그러자 그리스 전사들이 목마의 배꼽에서 줄을 타고 내려왔다.

그들은 술에 취해 잠에 빠진 도시로 들이닥쳤습니다.
보초를 죽이고 성문을 열어젖혀
주력군을 불러들였고, 이들은 미리 계획한 대로 공격에 합류했지요. ……
…… 도시는 화염에 휩싸이고, 그리스군이 주인이 되었습니다.[4]

베르길리우스와 호메로스는 B.C. 13세기에 일어난 전쟁을 묘사하면서 자기 시대의 언어와 관습, 갑옷과 무기, 정치적 상황과 영웅들을 등장시켰다. 그러나 역사적 사건의 핵심은 보전하고 있다. 트로이는 불에 탔고, 백성들은 학살당하거나 외부로 달아났다는 것이다.

그렇다면 실제로 트로이와 싸운 사람들은 누구였을까?

트로이는 호메로스의 활동 시기를 어떻게 잡든 간에 그가 살아 있는 동안에 함락된 것이 아님은 분명하다. 학자들은 일반적으로 그의 활동 시기를 B.C. 800년 안팎으로 잡는다. 이보다 좀 이른 시기에 살았을 수는 있지만 B.C. 1230년으로 거슬러 올라갈 만큼 그렇게 오래 전 인물은 아니다. B.C. 1230년은 고고학자들이 트로이 VIIa층에 화재가 일어난 시점의 하한선으로 잡는 연대다. 그런데 호메로스는 이보다는 옛날에 일어난 사건을 이야기하고 있다. 서사시에 나오는 세부 묘사를 보면 작가는 역사적 픽션을 창작하고 있음을 알 수 있다. 예를 들어 호메로스 번역자 E. V. 리는 호메로스 작품에 나오는 네스토르(反트로이 연합군에 배 60척을 보낸 것으로 되어 있는 필로스의 왕)가 위쪽에 비둘기 두 마리가 장식된 잔으로 음료를 마시는 장면을 지적한다. 이와 똑

같은 잔이 미케네 유적에서 발견되었다.[5]

비둘기 장식이 달린 잔이 사용되던 B.C. 1260년 무렵 미케네, 테바이, 아테네, 필로스 등 미케네의 왕들은 이미 도시를 작은 왕국으로 발전시킨 상태였다. 주위는 성벽으로 둘러싸고 전차가 다닐 수 있는 도로로 서로 연결되어 있었다. 저 아래 크레타해 건너에 있는 크노소스 섬은 한때 미케네 통치자의 지배를 받았을지 모르지만 B.C. 1350년에는 완전히 궤멸되었다.* 미케네 시의 영토가 가장 넓었다. 테바이, 필로스, 아테네도 크게 뒤지지는 않았다. 필로스의 왕은 영토를 16개 구역으로 나누어 다스릴 정도였고 각 구역마다 총독과 부총독을 두었다. 이들의 임무는 매년 중앙에 세금으로 청동을 보내는 것이었다.[6] 미케네의 도시들은 히타이트나 이집트와 적극적으로 무역을 했다. 그러나 두 나라는 그리스 반도의 도시들을 정복하려는 시도는 일절 하지 않았다. 히타이트는 바다에 숙맥이었다. 이집트인은 나일 강에 배를 띄우기는 했지만 바다는 싫어했다. 그들은 바다를 '광대한 초록'이라고 부르며 꺼렸다.[7]

미케네와 트로이의 전쟁을 촉발시킨 이유는 알려져 있지 않다. 실제로 공주가 포로로 잡혀간 사건이 동기가 되었을 수 있다. 고대의 정략결혼은 미묘한 협상 과정에 자존심 문제가 상당히 끼어들기 마련이다. 공주를 보내는 측은 힘이 달리는 쪽이고, 공주를 받는 측은 우세를 과시하는 셈이었다.

헤로도토스는 후대에 프리아모스의 아들(파리스)이 헬레네를 유괴해간 이야기를 적고 있다. 그는 『역사』에서 이 이야기를 독립적인 정보원 격인 페르시아인들한테서 들었다고 주장한다. 그들은 그리스가 과민반응을 했다고 생각한다.

---

* 피튼(J. Lesley Fitton)은 "크노소스의 최종 멸망 시기에 관해 논한 문헌은 많지만 아직 합의에 이르지는 못했다"(Minoans, p. 181)고 설명한다. 그러나 어떤 식으로 생각해도 B.C. 1450년 무렵이면 크노소스는 힘의 중심에서 멀어졌으며 이후 예전 같은 위세를 결코 회복하지 못했다.

페르시아인들은 여자를 유괴한 행위는 범죄로 보지만 그 때문에 열 받아서 복수를 하겠다고 나선 것은 어리석은 일이라고 주장한다. 무시하는 것이 상책이라고 그들은 말한다. 그 여자도 유괴에 적극 참여했음이 분명하고 그러지 않았다면 그런 일은 일어날 리 없기 때문이다.[8]

이러한 시각(여성의 역할을 높이 평가하는 것일 수도 있고 그렇지 않을 수도 있다) 때문에 그리스와 페르시아 사이에 적대감이 싹텄다고 헤로도토스는 설명한다.

그리스인들은 여자 하나 때문에 대군을 일으켰다. …… 이어 아시아를 침공해 프리아모스와 그 군대를 파괴했다. 그 이후로 페르시아인들은 그리스인을 적으로 여겼다. …… 그들은 그리스에 대한 적대감이 일리움〔트로이의 그리스식 이름〕 함락에서 시작된 것으로 본다.[9]

이는 또 하나의 시대착오다. 페르시아는 트로이 VIIa층이 약탈당하던 시대에는 존재하지 않았다. 다만 그리스 반도의 도시들과 소아시아의 여러 도시가 서로 오랜 기간 적대시해 왔다는 사실을 보여준다. 로버트 그레이브스는 납치가 사실이라 하더라도 이는 그전에 미케네가 트로이 땅을 공격한 데 대한 복수 행위라고 주장한 바 있다.[10] 헬레네를 납치한 것은 이미 존재하고 있던 적대감이라는 불꽃에 기름을 부은 격이다.

어쨌든 전쟁은 시작되었고, 미케네가 승리하고 트로이는 함락되었다. 그러나 얼마 후 미케네인들은 승리의 정점에서 기나긴 침체기에 접어들었다. 도시들은 오그라들고 추레해지고 불안에 휩싸였다.

어쩌면 포위 작전을 시작하기 전에 이미 그런 현상이 시작되었을지도 모른다. 투키디데스는 미케네의 공격자들이 보급을 제대로 확보할 만큼의 돈이 충분하지 않아서 전쟁을 너무 오래 끌었다고 말한다. 군량이 부족했기 때문에 틈틈이 곡식을 재배하고 에게 해에서 약탈 행위를 해야 했고, 그래서 전투를 줄기차게 밀어붙이지 못했다는 이야기다.[11]

트로이와의 전쟁이 바로 몰락을 부채질한 것이다. 『오디세이』에서 우리는 트로이 전쟁의 승리가 상처뿐인 영광이었다는 것을 알게 된다. 패자만큼이나 승자도 극심한 타격을 입었다. 『오디세이』는 비탄조다. 필로스의 왕 네스토르의 말을 들어보면 미케네는 승리했지만 슬픈 승리였다.

> 이것은 우리가 저 나라에서 겪었던 재난의 이야기다.
> 아카이아인의 아들인 우리는 분노를 참지 못하고,
> 우리가 겪은 모든 것 중에서 ……
> 거기서 최고의 전사들이 살해당하고 …… 그 외에도
> 우리는 또 많은 질병을 겪었으니 ……
> 그에 앞서 우리는 프리아모스의 험준한 도시를 약탈하고
> 배를 타고 고향으로 떠났다. ……
> 그 순간에도 제우스는 우리에게 파국적인 운명을 예비하고 있었다.[12]

미케네의 영웅들이 기진맥진해 고향에 돌아왔을 때 집은 폐허가 되고 후계자들은 살해당하고 귀족은 도적질을 하고 곡식은 약탈당하고 부인들은 엉뚱한 자가 차지하고 있었다. 그들의 귀환은 불안을 심화시켰다. 영웅들의 "뒤늦은 귀환은 도처에서 수많은 내분을 야기했다"고 투키디데스는 전한다.[13] 미케네의 영광은 그 정점에서 퇴보해 다시는 회복할 수 없게 된다.

연표 35	
메소포타미아와 소아시아	이집트
(아시리아)　　　(히타이트)	아멘호텝 3세(대략 B.C. 1386~1349)
아수르-우발리트 아시리아 중왕국	아케나텐(대략 B.C. 1349~1334) 투탕카멘(대략 B.C. 1333~1325)
	아이(대략 B.C. 1325~1321)
아다드-니라리 1세	호렘헵(대략 B.C. 1321~1293)
무와탈리	*제19왕조*(B.C. 1293~1185)
샬마네세르 1세　하투실리스 3세	람세스 2세(대략 B.C. 1278~1212)
미네케의 트로이 VIIa층 공격(대략 B.C. 1260)	

중국사 최초의 임금

⁂

*B.C. 1200년경 상나라에서
장인들은 의식용 청동기를 주조하고
신관들은 동물의 뼈로 점을 치고
임금은 수도 은에서 나라를 다스리다*

노회하고 유연한 반경 치하에서 상나라는 수도를 은으로 옮긴 후 한 세기가량 비교적 순탄하게 나아갔다. 다음 통치자는 특이한 인물로 22대 임금 무정(武丁)이었다. 통치 시기는 B.C. 1200년 무렵인 것 같다.

무정은 고대 역사서 『서경(書經)』(사건이 있은 지 수백 년 뒤에 쓴 것이지만 사마천 시대보다는 훨씬 이전 기록이다. 사마천은 『서경』을 사료의 하나로 활용했다)에 따르면 청년기를 '낮은 백성들' 즉 가난한 사람과 농부 들 사이에서 보냈다. 그는 통치 초기 완전히 침묵을 지켰다. "그는 3년 동안 한마디 말도 하지 않았다"고 『서경』은 전한다. "나중에도 말을 잘 하지 않았지만 일단 하면 조화로운 지혜가 넘쳤다. 그는 감히 나태와 안일에 빠지지 않고 은을 조용한 가운데 훌륭하게 이끌어 크든 작든 일절 불평의 소리가 없었다."[1]

침묵은 예상하지 못한 임금의 미덕이었다. 천도가 약점보다는 강점을 보여준다고 떠들었던 반경과는 달랐다. 이 무렵 상나라 임금은 히타이트나 바빌로니아, 아시리아, 이집트 지배자들이 행사했던 종류의 힘에 의존하지 않았음이 분명하다. 이들은 끊임없이 협박과 감언이설, 자화자찬을 늘어놓는가 하면 사절과 전령과 외교관들을 파견했다. 상나라의 권위는 그 원천이 사뭇 달랐다.

그러나 무정 임금 자신과 마찬가지로 상나라가 은에 도읍하고 나서 역사도 거의 말이 없다. 각종 서한과 점토판 대신 상나라는 가옥과 동물 뼈, 청동기 등을 일부 남겼다. 이런 것들은 상나라의 생활양식을 말해준다. 그러나 지배자들이 누구였는지에 관해서는 많은 것을 증언해주지 않는다.

상나라에서 가장 유명한 유물은 청동 주물이었다. 종류는 그릇, 무기, 아름답게 세공한 농기구, 장신구 등 다양하다. 지배자의 권위를 입증하는 물품이다. 피라미드 건

인면방정(人面方鼎)으로 이름 붙은 상나라 청동기 중국 후난(湖南) 성 닝샹(寧鄉)에서 출토되었다. 사람 얼굴 모양을 사각형 네 면에 새긴 의식용 솥이다. 사진 Lauros/Giraudon/The Bridgeman Art Library

설과 마찬가지로 청동 주물을 만드는 데는 다수의 노동력을 험하고 고된 작업에 동원할 수 있는 왕이 필요했다. 청동기 제작에 필요한 광석을 황허 북쪽 구릉 지역에 있는 광산에서 캐야 했기 때문이다.

광부와 장인은 어떤 고대 중국 연구자의 말을 빌면 "인류의 가장 예술적인 성취물 가운데 하나"를 만들어냈다.[2] 고대의 그 어떤 민족도 청동 주물을 그토록 세련된 형태로 빚어내지는 못했다.[3] 자루를 청동으로 만든 창에는 터키석을 박고 끝에는 백옥 날을 붙였다. 화려하게 장식된 청동 쬠쇠는 말굴레를 채울 때 썼다. 청동 가면은 그 가면을 쓴 사람의 모습을 으르렁거리거나 우스꽝스럽게 보이게 했다. 음식이나 술을 담는 그릇은 청동기 디자인 중에서도 가장 섬세한 것으로 용이나 소 또는 다른 동물의 형상으로 되어 있으며 정교한 무늬와 손잡이로 마감했다. 어떤 용기에는 이름을 새겼고, 또 어떤 용기에는 용도를 보여주는 기호를 새기기도 했다. 청동기에 새긴 명문은 특정한 연도를 나타내거나 축제가 있었음을 기록하기도 한다.

이런 산발적인 정보들은 비록 간단하기는 하지만 상나라 사람들의 문자 사용이 점차 확대되었음을 입증한다. 중국 문자는 메소포타미아나 크레타와 같은 유형으로 발전했다. B.C. 4000년경 소유권자를 나타내는 표시로 시작되었다가 좀 더 복잡하게 발전한 것이다. 그러나 중국 글자는 고대 다른 지역과는 완전히 별도로 독립적으로 발전한 것으로 보인다. 황허를 나타내는 초기 기호는 그림이었지만 중국 문자는 처음으로 그림을 **조합함으로써** 그림문자 단계를 넘어선다. 그림문자(표의문자라고도 한다)를 여러 개 조합해 추상적인 내용과 관념까지를 표현하는 '복합 표의문자'로 만든 것이다.[4]

상나라가 은에 도읍했을 무렵 이 '복합 표의문자'는 질문에 대한 귀신의 응답을 기록할 정도로 세련된 단계에 들어섰다. 상나라 수도의 유적에서 고고학자들은 동물 뼈에 새겨진 수백 개의 기호를 발견했다. 이는 후일 그리스 신관들이 동물 내장으로 점을 쳤듯이 궁정에서 점을 치는 방식이었다. 조언이 필요한 남자나 여자가 궁정에 가서 그곳 신관들에게 질문을 한다. 신관들은 깨끗하게 말린 소나 양의 어깨뼈(또는 거북 껍질)를 내온 다음 거기에 특정한 문양을 새기고 나서 뼈나 껍질을 달군 쇠로 지진다. 뼈에 균열이 가면 문양에 따라 균열이 생긴 길을 신관이 '읽어서' 하나의 메시지로 해독한다. 이는 선조가 살아 있는 후손에게 지혜를 가르쳐주는 방식이었다. 신관은 뼈나 거북 껍질에 질문에 대한 답변 결과를 새겼다. 칼로 새긴 기호에는 물감을 칠했다.[5]

예언을 담은 뼈는 질문자가 누구이든 관계없이 항상 임금의 이름으로 물은 것으로 되어 있다.

무정 임금은 열심히 일하고 사치에 빠지지 않았으며 국민을 만족시켰다고 『서경』의 역사가는 찬양한다. 재위 기간을 통틀어 "단 하나의 불평도 없었다." 동시에 고대의 철학서인 『역경(易經)』은 무정이 북서쪽에서 반란을 일으킨 부족에 대해 3년간 정벌을 계속했다며 좋게 기록하고 있다. 그리고 700년 후 『시경(詩經)』은 그가 상상할 수 없을 만큼 드넓은 영토를 다스렸다고 한다.

나라 안 땅만 이미 천 리이건만 ……
그분은 멀리 사해(四海)까지 국경을 열어놓았네.
사해의 사람들이 존경의 염으로 몰려오네,
끊임없이 몰려오네.[6]

백성의 평안을 염려하는 겸손하고 근면한 인간과 존경의 염을 요구하는 정복자라는 두 가지 초상은 이상한 긴장관계를 이룬다. 왕의 역할이 달라지고 있는 것으로 보인다. 그리고 연대기 작가들은 그가 과거의 미덕을 고수하는 영적인 지도자라는 것인지 아니면 나라의 미래를 책임지는 장군이라는 것인지 입장이 분명하지 않다.

우리는 상나라 임금이 은으로 천도한 이후 권력 면에서 상당한 이득을 보았다고 분명히 말할 수 있다. 수도 약간 북쪽에 있는 왕족 무덤에서 왕들은 이집트 피라미드와 반대로 땅속 무덤에 묻혔다. 무덤은 하늘로 치솟아 오르는 대신 거대한 구덩이를 파고 땅속 깊이 내려간다. 그런 구조물을 파 들어가는 데는 여러 해가 걸렸을 것이다. 이 구덩이에 인신 희생이 들어 있다. 이집트의 경우 왕이 지평선 너머 또 다른 세계로 이끌어줄 것이라는 믿음 속에 죽음에 따라나선 신하들의 시신은 온전하지만 이곳에서는 목이 잘린 상태다.* 한 무덤에는 묘실에 이르기까지 경사로를 따라 해골 73개가 줄지어 있다. 경사로 남단에는 두개골이 없는 해골 59개가 다닥다닥 붙어 있다.[7] 고고학자들은 은허(殷墟)에서 인신 희생을 집행했을 가능성이 높은 제단의 기초를 발굴했다.

이는 죽고 나서도 타인의 죽음을 강요할 수 있었다는 점에서 왕이 상당히 전제적인 권위가 있었음을 시사한다. 그러나 사마천도 신하와 지배 귀족들도 나름의 영향력이 있었다고 줄곧 언급한다. 아마도 상나라 임금이 압도적인 지배력을 행사한 지역은 상당히 작았을 것이다. 그 주변 지역은 귀족과 관료들이 임금의 이름으로 통치하기는 했지만 어느 정도는 자율권을 행사했다. 그 너머로는 평원과 연안 정착촌이 있었고 이곳 주민들은 왕의 분노를 면하려고 공물을 바치거나 아니면 왕이 있다는 사실만 아는 정도였다. 어쩌면 마을에 무장한 군인들이 들이닥쳐 왕의 이름으로 재물을 빼앗아가기 전까지는 임금이 있다는 사실조차 몰랐을지 모른다.

왕에 대한 서로 모순되는 묘사는 단순한 현실로 요약할 수 있겠다. 상나라 임금은 모든 인민의 영적인 우두머리였다. 그러나 현실적인 지상의 권력은 상당히 좁은 영역에서만 발휘되었다. 무정 자신은 남의 도움 없이 통치할 수 없었다. 사마천에 따

---

* 연구자 로버트(J. A. G. Roberts)는 순장한 사람의 수가 10의 배수로 되어 있다고 지적한다. 내 생각에는 아마도 15장에서 설명한 것처럼 10이라는 수는 강조어인 것 같다.

르면 그는 3년간 침묵을 유지하며 오른팔로 봉사할 수 있는 관료를 찾아다녔다. 마침내 원하던 조력자를 찾았는데 그 현인의 이름은 부열(傅說)이었다. 그는 은 동쪽에 있는 한 도시에서 평범한 노동자로 일하고 있었다. 그를 찾은 다음에야 비로소 무정은 침묵을 깨고 통치자로서 집무를 시작했다. 왕은 정신적으로는 덕이 있었지만 백성을 다스리는 데는 다른 사람들에 의존하지 않을 수 없었다. 꼭 현명한 조력자만이 아니라 실제로 상 왕국 내의 먼 지방들을 장악하고 있는 귀족들도 필요했다.

그러나 이는 모두 추론이다. 무정 임금에 관한 이야기는 동물 뼈와 청동기에 남은 단편들을 중심으로 구성한 것으로 그나마 사건이 일어난 지 1,000년이 지난 시점에 가서야 문자로 정착되었기 때문이다.

연표 36	
메소포타미아와 소아시아	중국
(아시리아)　　　　(히타이트) 아수르-우발리트 아시리아 중왕국	상 왕조
아다드-니라리 1세 　　　　　　무와탈리 샬마네세르 1세　하투실리스 3세	
미네케의 트로이 VIIa층 공격 (대략 B.C. 1260)	
	무정(대략 B.C. 1200)

Chapter 37

리그베다

（秋秋秋秋）

B.C. 1200년경 인도의 아리아인이
강 연안과 평원으로 퍼져나가다

중국의 상 왕조와 마찬가지로 인도의 통치자들은 역사의 표면 아래 숨어 아직 모습을 드러내지 않고 있었다. 잔물결 아래 언뜻 모습이 드러나기도 하지만 그 윤곽은 여전히 뚜렷하지 않다.

스스로를 **아리아**라고 부른 종족들은 인더스 강을 따라 정착했다. 힌두쿠시 산맥 이남이지만 거의 인도 아대륙 서부에 집중되어 있었다. 그들은 현지 원주민들과 통혼했을 가능성이 높다. 그들은 서쪽으로 진출해 짧은 기간 미탄니 왕국을 일구었던 친척들보다 훨씬 힘차게 번성하고 있었다. 인도에 도착한 지 300년 만에 부족 단위로 유목을 하며 유랑하던 생활방식 대신 사라진 하라파 문명 스타일의 생활양식을 채택했다. 유랑생활은 기억에서 희미해지기 시작했다. 성벽이 있는 정착촌을 일컫는 산스크리트어 **그라마**(grama)는 원래 수레를 중심 수단으로 해서 떠돌아다니는 씨족을 의미하는 말이었다.[1]

아리아인은 삶의 흔적을 많이 남기지는 않았지만 B.C. 1200년 무렵 나름의 신화를 가진 정착민으로 새롭게 도약하기 시작했다. 아주 초기의 인도 찬가 모음집 『리그베다』는 그들 자신의 언어로 지어졌다. 대부분의 고대 시가(詩歌)와 마찬가지로 『리그베다』는 처음에는 화톳불 주변에 둘러앉아 말로 하던 것이 한참 후에 문자로 정착된 것이다. 그러나 이를 통해 아리아인이 건설하던 세계를 엿볼 수 있다.*

한 가지, 『리그베다』는 거의 전적으로 인도 신들의 본성과 요구사항을 설명하는 데 바쳐진 것이다. 복잡한 요구를 하는 복잡한 신들을 가진 민족은 대개 전쟁 지도자는 물론이고 신관이 필요한 법이다. 신관들은 좀 더 복잡한 조직으로 발전하게 된다. 인도의 신관들은 좀 더 후대에 나온 『리그베다』 시행(詩行)들이 쓰일 무렵 단순히 신을 모시는 전문가가 아니라 세습 전문가 **계급**이었다. 신관들은 아들을 낳으면 신관으로 훈련시켰고 다른 신관의 딸과 결혼시켰다. 『리그베다』에 나오는 찬가들은 아리아인 최초의 저작이었고, 신관들은 최초의 진정한 귀족계급이었다.

인도인으로 형성되는 과정에 있는 사람들은 공통의 철학과 공통의 종교로 한데 묶였다. 정치적 조직이나 군사력으로 통합된 것이 아니다.[2] 그래서 『리그베다』는 신을 숭배하는 것에 관해 많은 것을 이야기해주지만 아리아인이 새 고향으로 삼은 땅에서 퍼져나가는 사정에 대해서는 거의 아무것도 말해주지 않는다. 이 찬가 모음집은 10권으로 되어 있는데 그 각각을 **만달라**(원圓 또는 완성이라는 뜻. 한자 음역으로는 만다라曼陀羅라고 함―옮긴이)라고 부른다.[3] 각 만달라는 신들을 찬미하는 찬가와 제물을 바치거나 다른 의식을 올리는 동안 부르는 노래들로 구성되어 있다. 인도의 신들은 자연신이다. 거친 환경과 거센 강물 주변에 사는 민족들의 신은 으레 그렇다.(이런 점

---

* 복잡한 언어학적 비교분석을 통해 대부분의 학자들은 『리그베다』가 B.C. 600년 무렵 처음 문자로 정착되었지만 B.C. 1400~1100년에 걸쳐 말로 창작하고 전수하는 과정을 거쳤을 것으로 보고 있다.(간단한 설명은 *A New History of India* 중에서 Stanley Wolpert가 쓴 장 "The Aryan Age"를 보라.) 이런 창작 연대를 고려한다면 『리그베다』에 나오는 이야기 중에서 아주 초기의 내용을 담은 것이라고 해도 힌두쿠시 산맥 너머 북쪽 중앙아시아 황무지에서 살던 시절의 생활상에 대해서는 아무것도 말해주지 않는다는 점을 염두에 두어야 한다. 이는 인더스 강 유역에 정착하는 것과 『리그베다』에 보전된 최초의 구비전승 사이에 엄청난 시간적 격차가 있다는 것을 의미한다.

에서 아브라함의 신 야훼는 특이한 예외다.) 하늘의 신 바루나, 밤의 정령 파트리, 불의 신 아그니, '나무들을 산산조각 내고' 소, 말, 인간에게 물을 쏟아 붓는 비의 신 파르자니야, 태양의 신 미트라가 있다. 또 인드라는 혼란을 진정시키는 자인 동시에 모든 신의 지배자로 "흔들리는 지상을 확고하게 하고 어지러운 산맥을 편히 쉬게 했으며 …… 말과 마을과 모든 전차들이 그의 통제를 받는다."[4] 인드라, 바루나, 미트라는 공교롭게도 미탄니 왕과 히타이트 제국의 건설자인 수필룰리우마 왕 사이에 맺은 협정의 증인으로 나온다. 이는 미탄니가 아리아계였다는 것뿐만 아니라 아리아인들이 흩어져서 서쪽과 남쪽으로 각기 다른 길을 가기 훨씬 전부터 이들 신을 숭배했음을 보여준다.

가장 오래된 찬가를 담고 있는 『리그베다』 2~7권에서는 의식이라고 하는 희미한 유리를 통해 당시의 정치적 · 군사적 구조를 엿볼 수 있다. 불의 신 아그니는 '무기로 성벽들을' 공격한 것으로 되어 있다. 이는 인도인들이 번성하고 퍼져나가면서 목책으로 벽을 쌓은 마을과 전쟁을 했고 목책을 불태웠음을 시사한다.[5] 한 찬가는 '검은 색조의' 사람들과 아리아인 사이의 전투를 언급한다. 한 세기 전에 일부 학자들이 열등한 원주민을 피부색이 밝은 '아리아인들'이 쓸어버렸다는 증거로 주목한 내용이다. 그러나 일곱 번째 만달라는 열 명의 아리아인 왕들 사이에 벌어진 전투를 묘사하고 있다. 아리아인은 연안과 그 너머 평원에 거주하는 다른 종족과 싸웠지만 자기들끼리도 많이 싸운 것으로 보인다.

『리그베다』에 나오는 첫 번째 찬가들이 만들어진 시대에는 신관 씨족뿐 아니라 전사 귀족도 형성되기 시작한 것으로 보인다. 이들은 권력을 부자 세습하는 지배계급이었다.[6] 그러나 그 이상은 알 수 없다. 그리고 지금까지 그런 신관과 군벌의 이름이 알려진 경우는 한 건도 없다.

연표 37	
메소포타미아와 소아시아	**인도와 중국**
(아시리아)　　　(히타이트) 아수르-우발리트 아시리아 중왕국	『리그베다』 창작 및 구전 시작(대략 B.C. 1400)
아다드-니라리 1세 　　　　　　무와탈리 샬마네세르 1세　하투실리스 3세 미네케의 트로이 VIIa층 공격(대략 B.C. 1260)	
	무정(대략 B.C. 1200)

Chapter 38

운명의 반전

◈◈◈◈◈◈

B.C. 1212~1190년
아시리아가 히타이트, 바빌로니아, 엘람과 싸우는 동안
이집트 제19왕조가 몰락하다

다시 서쪽으로 조금 올라가면 조각조각 이어진 히타이트 제국은 그 이음매가 서서히 떨어져 나가는 것을 넋을 잃고 바라보고 있었다.

이집트와 히타이트의 평화협정은 여전히 유효했다. 이집트는 멀리 카데쉬까지 서셈족 땅을 지배한 반면 히타이트는 훨씬 북쪽에 있는 도시들을 지배했다. 람세스 2세가 90대에 들어 죽자 장남 메르넵타가 왕위를 이었다. 그는 람세스 2세의 13번째 아들이었다. 그 정력적인 노인네는 이미 그 앞의 열두 아들을 앞세웠던 것이다.[1] 새 파라오가 등극했다는 소식을 듣자 이집트 북부 지역 일부 도시가 요행을 노리고 반란을 시도했다. 그러나 이집트 군사가 쳐들어 올라가 소리 소문 없이 짓이겨놓았다.[2]

한편 히타이트는 가뭄에 시달렸다. 농사는 엉망이 되고 가축은 죽어가고 주민들은 기아로 고통을 당했다. 히타이트 수도에서 이집트 궁정으로 보낸 한 편지는 파라오가 히타이트 공주와 결혼하기로 했으니 와서 데려가는 것이 좋겠다고 제안하고 있다. 히타이트의 마구간에는 이제 여물이 없고, 지참금으로 떼어놓은 소떼도 즉시 데

려가지 않으면 굶어죽고 말 것이라는 이야기였다.[3]

하투실리스 3세는 아들 투드할리야를 경호대장으로 삼았다. 무조건 왕실 사람을 앉히게 되어 있는 자리는 아닌 만큼 아버지의 전적인 신임을 입증하는 인사였다.[4] 하투실리스 3세가 죽자 이 아들이 투드할리야 4세가 되었다. 그는 왕위만이 아니라 극심해지고 있는 기근 문제도 떠안게 되었다.

투드할리야 4세는 이집트로 사람을 보내 식량을 요청했다. 그러자 아버지 자리를 이은 메르넵타는 동맹의 의무를 지켰다. 그 자신의 명문에 따르면 "그 나라를 살릴 만큼" 충분한 곡식을 보냈다.[5] 투드할리야 자신이 휘하 도시 가운데 하나에 보낸 편지는 이 곡식을 운반할 배를 보내라고 명하면서 한 번 선적하는 양이 450톤이라고 밝히고 있다.[6] 히타이트의 곡물창고는 텅 비어 있었던 것이다.

단지 인민을 먹여 살릴 요량으로 외국의 원조를 구걸해야 하는 임금은 좋은 처지가 아니다. 이제 히타이트는 운명의 수레바퀴 위에 엉거주춤 앉아서 내리막길을 가고 있었다. 곡식이 없는 나라는 돈이 없는 나라다. 돈이 없는 나라는 불가피하게 마지막 순간까지 군인들 봉급 지불을 늦추게 된다. 봉급을 제대로 받지 못한 군인들은 잘 먹고 만족하는 군인들보다 군율이 떨어지는 법이다. 히타이트군은 싸우면 패배하기에 딱 좋은 조건이 무르익고 있었다.

투드할리야는 유능한 사령관이었고 경험 많은 전사였다. 처음 아버지를 따라 원정에 나선 것이 12살 때였다.[7] 그러나 기근과 가난이 겹치면서 그 역시 왕위에 대한 불안을 접을 수 없었다. 그의 아버지는 어쨌든 왕좌를 찬탈한 인물이었고 왕국 안에 왕실 피를 받은 사람은 차고 넘쳤다. "수필룰리우마의 후예, 무르실리스의 후손, 무와탈리의 자손, 하투실리스의 후손이 너무 많다!"라고 그는 한 편지에서 불평하고 있다.[8]

정당한 왕으로서 자신의 힘을 입증하기 위해 투드할리야 4세는 그 어떤 히타이트 왕보다도 거창한 건축 사업을 시작했다. 새 영묘를 짓고, 그러지 않아도 거대한 왕궁을 증축하고, 수도 하투사스에 신도시를 건설하도록 했다. 신도시에는 새 사원 26 개를 짓고 넓이는 구시가의 두 배가 되도록 꾸몄다.[9] 위대한 왕이나 할 수 있는 프로젝트였다. 예컨대 막 서거한 람세스 2세를 모방하려 했는지 모른다. 그러나 새로운 건물들이 투드할리야의 영광을 드높였는지는 몰라도 국고는 탕진되었다. 왕국은 기근과 가난에 시달리는데 투드할리야 4세는 돈을 건설 사업에 쏟아 부었다. 그러자 군인들에게 지급할 은화는 더 부족해졌다.

히타이트 지배하에 복속된 종족들은 군이 해가 갈수록 약해지는 것을 똑똑히 보고 있었다. 즉위한 지 오래되지 않은 시점에 서부 변경 지역 22개 도시가 똘똘 뭉쳐 투드할리야에 대항했다. 투드할리야는 이를 알아채고 서쪽으로 진군해 동맹을 깨부쉈지만 힘없는 임금을 넘보는 무리들은 호시탐탐 기회만 노렸다.[10]

남동쪽 아래 아시리아의 새 왕은 팽창의 기회를 엿보고 있었다. 살마네세르 1세는 이미 옛 미탄니 왕국의 땅을 삼켰다. 이제 그의 아들 투쿨티-니누르타는 서쪽으로 히타이트 국경 지역에 대한 공격을 감행했다.*

투드할리야는 적진 깊숙이 들어가 방어했다. 그래서 두 나라 군대는 에르빌라 평원에서 마주쳤다. 아시리아 측 전투 기록을 믿는다면 투드할리야는 이 싸움에서 승리를 전혀 확신하지 못했다. 아시리아 왕은 동맹에게 보낸 편지에서 이런 글을 남겼다.

투드할리야가 내게 편지를 보내 말했소이다. "당신은 나에게 충성하는 상인들을 사로잡았다. 좋다, 한판 싸워보자. 각오하라."

---

* 투쿨티-니누르타의 증조부 시대부터 아시리아의 왕들은 재위 기간에 한 군사 정벌에 대해 일일이 상세한 기록을 남겼다. 이런 기록 덕분에 우리는 이 시기 아시리아의 정복에 대해 많은 내용을 알고 있다. 다른 상세한 내역은 니네베에서 발견된 편지들을 통해 알 수 있다. 이 편지는 지금 대영박물관에 소장되어 있다. 당시의 상황을 재구성할 수 있는 원 자료에 대한 상세한 검토는 Jorgen Laessoe, *People of Ancient Assyria*, pp. 94~96을 보라.

나는 군대와 전차를 준비했소. 그러나 그의 도시에 도달하기도 전에 히타이트 왕 투드 할리야가 전령을 보냈소. 전령은 적대적인 언사를 담은 점토판 두 개와 우호적인 언사를 담은 점토판 하나를 갖고 왔소. 그는 내게 먼저 적대적인 도전 의사를 담은 점토판 두 개를 보여주었소. 군사들이 이 말을 듣고 극구 싸우겠다며 출정 준비를 했소. 전령은 이런 모습을 보았지. 그러더니 세 번째 점토판을 내놓았소. 그 내용인즉 "나는 형제인 아수르의 왕을 적대하려는 것이 아니오. 왜 우리 형제들이 서로 싸워야 한단 말이오?"라는 것이었소.

그러나 나는 군사를 출정시켰소. 그는 니흐리야에 주둔하고 있었소. 그래서 전령을 보내 말했소. "나는 도시를 포위할 것이다. 진짜 당신이 나의 친구라면 즉시 도시에서 떠나라." 그러나 그는 아무 응답도 없었소.

그래서 군사를 좀 뒤로 물렸지. 그런데 히타이트의 한 탈영병이 투드할리야군에서 달아나 나에게 왔소. 그자는 "왕이 우호를 가장해 애매한 편지를 임금님께 쓰고 있을지 모르지만 군대는 전투대형을 갖추고 있습니다. 진군 준비를 마쳤습니다"라고 했소.

그래서 나는 군을 출동시켜 싸웠소. 그리하여 대승을 거두었지.**11**

투쿨티-니누르타는 후일 히타이트인 2만 8,800명을 전쟁포로로 잡았다고 떵떵거렸다. 도저히 믿기 어려운 수치다. 그러나 히타이트인 수천 명을 아시리아로 끌고 온 것은 분명하다. 피정복민을 외국에 정착시키면 한 국민으로서의 결속력은 약해진다. 끌려가 정착한 종족은 반기를 들 가능성이 줄어드는 것이다.

이 정벌이 고대 근동 지역을 얼마나 깜짝 놀라게 했던지 제일 오래된 그리스 연대기에도 등장할 정도다. 여기서 투쿨티-니누르타(그리스식 이름 니누스로 되어 있다)는 저 북쪽 소아시아 사르디스의 지배자의 먼 선조로 등장한다. 이는 투쿨티-니누르타가 히타이트 영토를 유린한 것을 왜곡된 형태로 희미하게 반영한 것이다.*

투드할리야 자신은 수도로 퇴각하고 제국의 변경을 포기했다. 히타이트군은 급

속도로 쇠퇴했을 것이다. 우가리트의 왕으로 있는 가신에게 보낸 편지에서 투드할리야는 왜 할당한 만큼 병사를 보내지 않았느냐, 반란을 일으킬 준비를 하는 것 아니냐고 질타한다. 또 다른 점토판은 카르케미시에서 보낸 모든 배의 명단을 적고 있다. 그런데 이 배들은 항해를 할 만한 상태가 아니었다.[12] 이렇게 히타이트 왕국의 변경은 하나씩 깨져나가고 있었다.

한편 고향으로 돌아온 투쿨티-니누르타는 남쪽에 새로운 문제가 있었다.

바빌론은 여러 해 동안 아시리아와 애매한 관계를 유지하고 있었다. 바빌론과 아수르는 여러 차례 상대방에 대한 권리를 주장한 바 있다. 바빌론과 아수르는 세력 면에서 균형을 이루고 있었을 뿐만 아니라 문화적으로도 쌍둥이와 같은 도시였다. 둘은 함무라비 왕 치하에서는 동일한 제국의 일부였다. 그리고 본질적으로는 전 영토에 바빌론적 색채가 강했다. 아시리아와 바빌론은 똑같은 신들을 공유했다. 이름은 경우에 따라 약간 달랐지만 그들이 섬기는 신들은 이야기도 똑같다. 그리고 아시리아인은 명문과 연대기를 기록하는 데 바빌론의 쐐기문자를 사용했다.[13]

이러한 유사성 때문에 아시리아 왕들은 그럴 기회가 있다고 해도 일반적으로 바빌론을 약탈하고 초토화하려 들지는 않았다. 그러나 투쿨티-니누르타는 그런 절제가 없었다. 그는 명문에서 자신에게 반기를 든 자의 운명이 어떻게 되는지를 똑똑히 보

---

* 이 연대기는 까다롭다. 그러나 투쿨티-니누르타는 아마도 「창세기」 10장 10절에 나오는 니므롯이라는 이름의 왕일 것이다. 「창세기」에서 니므롯은 힘센 사냥꾼이자 전사로 그의 왕국은 바벨(바빌론)과 에렉, 아갓(아카드), 니느웨(니네베)를 포함했다. 투쿨티-니누르타가 아시리아 영토라고 주장한 범위와 똑같다. 이상한 것은 아시리아의 위대한 왕의 이름에 대한 히브리어 버전이 영어에서는 얼간이("니므롯 같은 놈이야!")와 동의어가 되었다는 점이다. 필자가 찾은 어원으로는 유명한 만화영화 캐릭터인 토끼 벅스 버니가 자기를 추적하는 사냥꾼 엘머 퍼드를 "불쌍한 꼬마 니므롯"이라고 비아냥거린 대사에서 비롯된 것 같다. 대본을 쓴 작가는 성서에 밝았던 모양이다. 그런데 「창세기」 내용을 기억하는 관객이 거의 없기 때문에 이런 비아냥거림을 일반적인 모욕으로 알아듣고 퍼드처럼 엄벙덤벙하고 무능한 사람을 지칭하는 표현으로들 사용하게 된 것이다. 이렇게 투쿨티-니누르타의 무력은 왜곡을 거치면서 토끼를 통해 20세기 어휘에까지 영향을 미친 것이다.

여주고 있다. 그는 이렇게 선언한다. "나는 산의 동굴과 골짜기를 그들의 시체로 메 웠도다. 시체 무더기를 그들의 성문 옆에 곡물 더미처럼 쌓아두었도다. 내가 파괴한 도시들은 폐허의 언덕으로 변했다."[14]

투쿨티-니누르타가 저 북쪽의 히타이트에만 신경을 쓰고 있다는 것을 간파한 바 빌론 왕은 아시리아와 바빌론 접경 분쟁 지역을 차지하려고 시도했다. 우리는 이 왕 카시틸리아쉬 4세에 대해 사람 볼 줄 모르는 인물이었다는 것을 제외하고는 아는 바 가 거의 없다. 투쿨티-니누르타는 아래로 진격해 바빌론의 신전들을 약탈했다. 바빌 론의 신성한 장소는 건드리지 않는 아시리아의 오랜 전통을 깬 것이다. 그는 심지어 신상(神像)들을 빼앗아 갔다. 위험천만한 망동이었다. 아시리아의 신들까지 화나게 할 수도 있는 신성모독으로 여겨졌기 때문이다. "그는 위대한 주님 마르두크를 원래 계신 곳에서 떼어내 그 상을 아수르로 보냈다"고 원정을 기록한 아시리아의 연대기 는 전한다.[15] 이어 그는 전투에서 개인적으로 바빌론 왕과 마주쳤다. 그가 남긴 명문 은 이렇게 선언한다. "전투가 한창일 때 나의 손이 카시틸리아쉬를 붙잡았다. 나는 발로 그의 목을 승마용 발판처럼 짓밟았다. …… 수메르와 아카드를 저 먼 변경 지역 까지 내 통치 아래 두었다. 해가 뜨는 낮은 바다 위에 나라의 변경을 세웠도다."[16] 그 는 이어 스스로를 아시리아와 바빌론의 왕이라고 선언했다. 두 번째로 두 왕국의 정 체성이 합쳐서 하나로 된 것이다.

투쿨티-니누르타는 카시틸리아쉬를 발가벗긴 채 사슬에 묶어 아수르로 끌고 갔 고 바빌론은 아시리아인 총독 관할로 두었다. 이렇게 해서 아시리아 제국의 영토는 서셈족 땅의 북쪽 지방에서 저 아래 메소포타미아 남부까지로 확장되었다. 투쿨티- 니누르타는 이제 이 일대 유일의 위대한 왕으로서 위대한 왕이 으레 하는 행동을 시 작했다. 새로 신전을 짓고 아수르의 성벽을 강화하고 아수르 약간 북쪽에 자신을 위 해 따로 왕실용 소도시를 건설한 것이다. 이 도시는 자체 급수시설과 평소에는 감옥 에 가두었다가 필요 시 강제 투입할 수 있는 노동력을 갖고 있었으며 기존 수도에 보급품을 의존하지도 않았다.

투쿨티-니누르타는 아수르 신이 자신에게 '집도 절도 없는' 곳에 새 도시를 건설하기를 원했다고 주장했다. 그러나 서둘러 성벽을 쌓고 아수르 백성들로부터 멀리 떨어져 지내려고 한 것은 사정이 그만큼 좋지 않았다는 것을 시사한다. 바빌론은 신전이 약탈당했다는 사실에 충격을 받았다. 바빌론의 연대기는 이렇게 말한다. "그자는 바빌론 사람들로 하여금 칼을 들게 했다. 그자는 불경스럽게도 바빌론의 보물을 꺼내 갔고 위대한 주님 마르두크를 아시리아로 가져갔다."[17] 그런 파괴는 제 나라의 독실한 백성들에게도 결코 좋게 받아들여지지 않았다. 투쿨티-니누르타가 바빌론에 대한 승리를 기념해 짓게 한 아시리아 서사시는 누가 봐도 수세적인 어조를 띠고 있다. 투쿨티-니누르타가 진짜로 원한 것은 바빌론과의 평화였고 카시틸리아쉬와 친구가 되려고 최선을 다했다고 설명하는 데 아주 긴 분량을 할애한다. 그런데 바빌론 왕이 멋대로 아시리아 영토로 들어와 노략질하고 불을 지르고 했기 때문에 바빌론의 신들이 그 징벌로 바빌론을 떠났고 바빌론을 아시리아에 넘겨주었다는 이야기다.[18] 이 위대한 왕은 왜 바빌론을 약탈했는가에 대해서뿐 아니라 거기 있던 신상들을 왜 수도로 가져왔는지에 대해 해명하지 않을 수 없는 처지에 몰린 것이다.

설명은 잘 먹혀들지 않았다. 그리하여 신성모독 행위가 투쿨티-니누르타의 종말을 가져온다. 바빌론의 연대기는 이렇게 전한다. "투쿨티-니누르타로 말하면 바빌론에 온갖 못된 짓을 한 자로 …… 그 아들과 아시리아의 귀족들이 반란을 일으켜 왕좌에서 몰아내고〔왕궁에 유폐시킨 뒤〕이어 칼로 찔러 죽였다."[19] 겉으로 드러내지는 않았지만 만족스러움이 배어 있는 묘사다. 그는 위대한 왕으로서 37년을 통치했다.

그가 죽고 나자 아들이 왕위를 이었다. 아버지의 악행을 만회하려는 노력의 일환으로 그는 마르두크 신상을 다시 바빌론으로 내려 보냈다.[20] 그러나 성난 바빌론 사람들을 달래지는 못했다. 바빌론은 즉각 반란을 일으켰고, 아시리아인 총독은 달아났다. 그러자 또 다른 카시트인 귀족이 왕권을 장악해 아시리아로부터 독립을 선

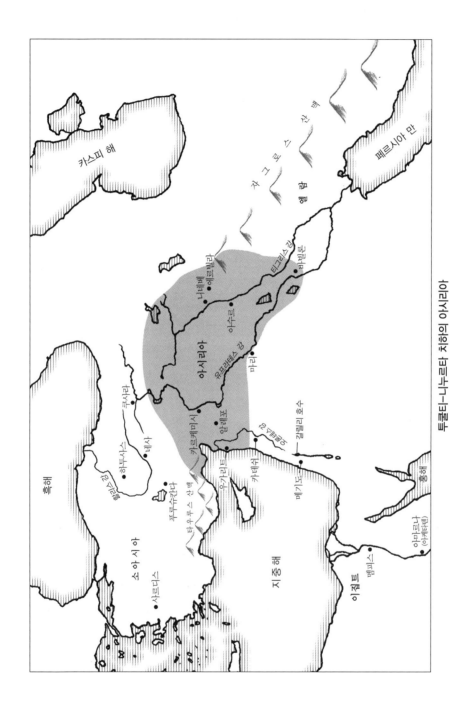

투쿨티-니누르타 치하의 아시리아

언했다.

　이처럼 아시리아가 약점을 드러내자 엘람인들(위협이 아닌 적이 없었다)이 아시리아 동쪽 국경을 찝쩍거리기 시작했다. 그들은 멀리 니푸르까지 쳐들어가서 아시리아가 임명한 니푸르의 왕을 두 차례나 퇴위시켰다.[21] 또 바빌론을 침공해 거리를 휩쓸고 신전 계단에 올라가 마르두크 신상을 (다시) 탈취해 의기양양하게 수사로 가져갔다. 함무라비 법전을 기록한 비석도 가져갔다. 이것이 2,000년 후 고고학자들이 발굴할 때까지 수사에 남아 있었다. 그들은 뒤늦게 아차 싶어 바빌론 왕도 납치해 끌고 갔다. 바빌론 왕은 마르두크 신상이나 함무라비 법전보다는 중요도가 덜해서 역사 기록에서는 바로 사라진다.

　투쿨티-니누르타의 아들 아수르-나딘-아플리는 별 볼 일 없는 아시리아 왕으로 이 모든 혼란에 직면해 어쩔 줄 모르다가 고작 3년간 자리를 지키는 데 그쳤다. 그의 죽음에 대해서는 알려진 바가 거의 없지만 자연사하지는 않은 것 같다. 후사를 아들이 아니라 조카가 이은 것을 보면 그렇다. 이 조카는 왕위를 6년 지키고 나서 다른 삼촌에게 빼앗겼다. 이 삼촌은 5년 후 역시 찬탈자에게 강제 퇴위당했다.(아마도 살해당한 것 같다.) 이 찬탈자는 투쿨티-니누르타의 방계 고조(高祖)의 먼 친척이라는 이유를 들이대며 왕권을 주장했다.

　바빌론도 사정이 낫지 않았다. 엘람인들이 주권을 빼앗은 이후 내력이 불투명한 한 가문이 이신 제2왕조라 칭하며 왕위를 차지했다. 처음 15년 동안 이렇다 할 것 없는 왕 넷이 나타났다 사라졌다. 그리고 저 위쪽 히타이트 영토에서는 투드할리야 4세가 죽었다. 노환 때문인 것 같다. 당시에는 드문 일이었다. 그의 아들과 사촌들이 히타이트 왕권과 약간 남은 초라한 제국의 마지막 끄트머리를 놓고 다투었다.

　저 아래 이집트에서도 왕권이 위기에 처했다. 람세스 2세의 장남 메르넵타의 미라는 후계가 갑자기 끊기면서 간신히 매장되었다. 메르넵타의 아들이자 섭정인 세티 2세는 일시 이복동생에게 왕위를 빼앗겼다가 3년 만에 되찾았다. 그는 그 직후 죽고 왕관은 아들에게 넘어갔다. 아들은 (그의 미라로 판단할 때) 소아마비로 일찍 죽은 것 같다. 그 무렵 이 젊은 왕의 계모인 투오스레트가 권력을 장악하려고 애썼다. 이후 왕 목록은 무정부 상태가 되고 만다. 이 혼란은 나일 강 삼각주로 내려온 유랑민족 침입자들 때문에 극심해졌다. 이집트의 방어가 약해지면 으레 벌어지는 일이었다. "이집트 땅은 외부로부터 전복되었다"고 한 파피루스는 적고 있다. "이어 누구나 권리를 주장했고 …… 이집트 땅은 와글거리는 소도시 우두머리들 수중에 떨어졌다. 이들은 서로 이웃을 살해했다."**22** 제19왕조는 이렇게 해서 시시한 종말을 맞게 된다.

운명은 기울었다. 누구도 누구를 제압하지 못했다. 수십 년 동안 모든 에너지를 전쟁에 쏟아 붓는 바람에 왕국들은 이제 진이 다 빠진 것이다.

연표 38			
메소포타미아와 소아시아			이집트
(바빌론)	(아시리아)	(히타이트)	아멘호텝 3세(대략 B.C. 1386~1349)
	아수르-우발리트		아케나텐(대략 B.C. 1349~1334)
부르나부리아쉬	아시리아 중왕국		투탕카멘(대략 B.C. 1333~1325)
			아이(대략 B.C. 1325~1321)
	아다드-니라리 1세		호렘헵(대략 B.C. 1321~1293)
		무와탈리	제19왕조(B.C. 1293~1185)
	샬마네세르 1세	하투실리스 3세	람세스 2세(대략 B.C. 1278~1212)
	투쿨티-니누르타	투드할리야 4세	
카시틸리아쉬 4세			메르넵타(B.C. 1212~1202)
	아수르-나딘-아플리		
이신 제2왕조			

이집트 신왕국의 종언

B.C. 1185~1070년
람세스 3세가 '바다 사람들' 을 물리치지만
이집트는 쇠퇴하다

제19왕조 말의 혼란기에 세트나크테라고 하는 무명의 왕이 왕위에 올라 질서를 회복했다. 그는 람세스 2세의 손자로 아마 처음에는 실제 병력을 지휘하는 고위 장교였을 것이다. 그가 누구였든지 간에 나일 강 삼각주로 압박해 들어오는 아시아 침입자들에 대한 공격을 주도해 성공을 거두었고, 그것을 계기로 왕관을 머리에 얹었을 것이다.

제19왕조 말기의 혼란에 대해 증언하고 있는 파피루스(이 문서가 만들어진 시기는 세트나크테의 손자 때다)는 이집트의 혼란을 바로잡은 공을 세트나크테에게 돌린다. 예의 '구역질나는 아시아인들' 을 몰아냈을 뿐 아니라 법과 질서를 회복함으로써 토착 귀족들이 땅 문제를 놓고 더는 서로 싸우지 않게 되었으며, 두려움이나 가난 때문에 폐쇄되었던 신전들을 다시 열고 신관들을 원래 자리에 배치했다.[1] 그는 이 모든 일을 3년 안에 해치운 다음 죽었고 왕위는 아들에게 넘어갔다.

이 아들은 이름을 람세스 3세로 했다. 100년 전에 살았던 위대한 파라오를 본뜬 것이다. 람세스 3세는 람세스 2세 것을 모방해 장제전을 지었다. 람세스 2세와 마찬가지로 그는 수많은 아문 신전을 짓고 신관들에게 토지를 하사했다. 신이 선택한 인물이라는 이름을 얻고자 함이었다. 람세스 3세가 짓고 그의 아들이 받아 적은 기도문에는 "아문 신이시여, 당신은 호루스를 오시리스의 왕좌에 앉힌 것처럼 나를 내 아버지의 왕좌에 앉히셨습니다"라고 되어 있다. "그리하여 나는 하늘로 치솟은 석탑으로 된 집을 당신께 만들어드렸습니다. 그 앞에는 벽을 세우고 보물창고에는 금과 은, 보리와 밀을 가득 채웠습니다. 그 토지와 딸린 가축은 해변의 모래와 같이 한량없습니다."[2]

그러나 아문 신에게 바친 선물이 침입자를 몰아내주지는 못했다. 람세스 2세와 마찬가지로 람세스 3세도 북쪽 침입자들과 격전을 벌여야 했다. 그나마 람세스 2세와 달리 그는 서셈족 영토 북쪽으로 들어가서 싸운 것이 아니라 이집트 국경에서 싸웠다.

람세스 3세는 일찍이 재위 5년 되는 해부터 말썽이 생길 것이라는 것을 감지하고 있었다. 평화롭게 이주해 들어오던 자들이 갑자기 수가 늘어 침입자로 변신한 것이다. 서쪽 사막 출신 아프리카 종족인 리비아인들이 이집트로 이동하고 있었다. 처음에는 한 번에 몇 명씩 물기 없는 붉은 땅에서 검은 땅으로 흘러들어왔다. 힉소스에게 된통 덴 이후로 이집트 국경 안에서 이방인들이 자치를 하는 것은 허용되지 않았다. 리비아인들이 뭉쳐서 스스로 왕을 뽑자 람세스 3세는 군대를 보내 그 무리를 모두 학살했다. 산산이 부서진 리비아인들은 다시 사막으로 달아나거나 노예가 되었다.[3]

서쪽의 위협을 처리하자마자 북동쪽에서 끔찍한 일이 터졌다. 세트나크테의 '아시아인' 추방은 일시적인 것이었다. 서셈족 영토는 트로이에서부터 동쪽 아수르와 그 아래 바빌론에 이르기까지 온통 난리였다. 지역 우두머리들은 독립을 주장하고, 히타이트는 국경이 줄어들고, 아수르와 바빌론은 반목하고, 엘람인들은 동쪽 국경을

따라 분탕질을 일삼았다. 게다가 사태
를 더욱 악화시킨 것은 에게 해와 흑해
건너편에서(앞으로는 '동유럽 본토'라고
부르기로 한다) 부족 단위로 끊임없이 이
주해 내려오는 무리였다. 고대의 방랑
자들은 조직화된 왕국과 비교해 나름
의 강점이 있었다. "외국의 땅들은 쪼
개지면서 분규에 휩싸여 흩어졌다"라
고 람세스 3세는 사원 벽에 썼다. "어떤
나라도 그들 앞에서는 견뎌낼 수가 없
다. 그들은 지상 저 끝 여러 나라를 잠
식해 들어갔다."**4**

'지상 저 끝'의 대부분은 10년간
가뭄이 계속되고 있었다. 바로 그런 기

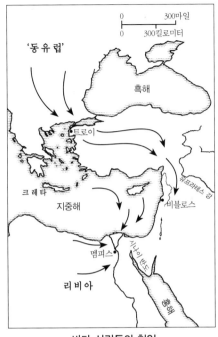

바다 사람들의 침입

근 때문에 리비아인들이 나일 강 삼각주로 몰려들었을 것이다. 목마른 방랑자들에게
늘 물이 많은 나라 이집트는 세상에서 제일가는 보석처럼 보였을 것이다. 즉위한 지
오래지 않은 시점에 침입자들이 조직적으로 동맹을 꾸려 쳐들어왔다.

나일 강 삼각주 침략은 새로운 것은 아니었다. 그러나 침략세력이 놀랄 만큼 다
양한 종족으로 구성되어 있었다는 점에서 매우 특이했다. 아프리카 부족들과 미케네
의 선원들(미케네의 도시들이 가난해지면서 그리스 반도를 떠나온 용병들일 것이다)이 동맹을
맺은 것이다. 람세스 3세가 침략자들을 지칭한 명칭과 우리가 생각하는 그 일대 종족
의 이름을 매치시키기는 좀 어렵다. 람세스 3세가 '웨스헤쉬'라고 부른 종족은 아마
도 아프리카 부족이었던 것 같다. '셰켈레쉬'는 에게 해에서 온 종족이 거의 확실하
다. '펠레세트'는 모호하기는 하지만 에게 해 쪽에서 온 선원 종족인 것 같다. 아마도

미케네가 소요를 겪는 와중에 크레타 해를 거쳐 건너왔을 것이다. 펠레세트는 군비 조달 책임을 맡고 있었던 것으로 보인다. 침입자를 묘사한 이집트 부조들을 보면 하나같이 크레타 스타일의 볏 달린 투구를 쓰고 있다.[5]

침략자들은 놀라운 힘을 과시했다. "그들의 손 앞에 아무도 당해내지 못했다"고 람세스 3세는 썼다. "…… 그리고 그들은 사전에 불을 준비해 이집트로 다가왔다."[6] 가장 놀라운 소식은 스파이들이 람세스 3세에게 전해준 이야기였을 것이다. 이집트 쪽으로 다가오는 군대가 여자와 아이들을 잔뜩 태운 우마차를 끌고 오고 있다는 것이었다. 이 부족들은 이집트를 공격하려는 것이 아니었다. 들어가 자리를 잡고 살겠다는 것이었다.[7]

이집트 군사는 북쪽으로 진군해 국경 지역에서 침입자들과 맞닥뜨렸다. 첫 번째 충돌에서는 승리했다. 람세스 3세의 장제전 벽에 새긴 부조를 보면 파라오가 엄청난 승리를 이끈 것으로 되어 있다. 조각에는 환호하는 이집트 전사들이 손 무더기에 둘러싸여 있다. 군인들은 죽은 적군의 오른손을 잘라 서기들한테 가져가고 그러면 서기는 이를 근거로 사살한 적군의 수를 기록하는 것이다.*

그러나 이집트인들이 '광대한 초록(바다)'을 싫어한 점을 고려하면 더 큰 위협은 아직 다가오지 않았다. 바다에서 침략해 들어오는 자들이 문제였다.

이 두 번째 공격은 동맹에서도 경험 많은 뱃사람들이 주도했다. 아마 에게 해를 주름잡던 자들일 것이다. 바다를 누비는 기술이 너무도 탁월해서 이집트인들은 동맹군 전체를 '바다 사람들'이라는 이름으로 알고 있었다. 이집트는 바다에 경험도 없고 전함 같은 것도 없었다.

이 전투를 묘사한 이집트 그림을 보면 배에 탄 바다 사람들은 하천용으로 만든

---

* 적 사망자를 '손으로 세는' 기법은 한두 차례 변화가 있었다. 군인들은 성기를 잘라 가져가기도 했다. 어떤 흥미로운 부조를 보면 서기가 잘린 손과 성기를 비교하여 세면서 확인하는 모습이 나온다.

메디나트 하부 신전의 부조 이집트 서기가 죽은 적군의 손을 세고 있다. 메디나트 하부 신전에 있는 람세스 3세 승리 기념 부조의 한 장면이다. 사진 Z. Radovan/www.BibleLandPictures.com

이집트 배가 노를 젓는 것과는 확연히 다르다. 그들은 범선을 바람으로 운항했으며 뱃머리가 새 머리처럼 장식되어 있었다.[8] 동일한 조건으로 배에 탄다면 저쪽 항해 전문가들을 당해낼 수 없다고 생각한 람세스 3세는 배에 군인을 가득 태웠다. 강에서 쓰는 배에 "이물에서 고물까지 용감한 전사들을 하나 가득 실은" 것이다. 그러고는 그 배들로 "강력한 성벽처럼" 삼각주로 들어오는 항구 입구를 봉쇄했다. 이어 보병들을 해안에 배치하고 들어오는 적선에 화살을 날리라고 명했다. "해변에서 금속의 성벽이 그들을 에워쌌다"고 람세스 3세는 우쭐해한다.

이 전략은 먹혀들었다. 바다의 전사들은 앞에 나타난 이집트군의 수에 압도되었다. "놈들을 질질 끌어다 쓰러뜨리고 해변에서 때려눕혔다"라고 명문들은 결론짓는다. "다 죽어서 그들이 타고 온 갤리선(노를 주로 하고 돛을 보조 추동력으로 쓰는 군용선으로 고대부터 지중해를 중심으로 사용되었음—옮긴이)에는 이물에서 고물까지 시체가 무더기로 쌓였다."⁹ 사원벽화는 포로들이 발에 쇠고랑을 차고 의기양양한 람세스 3세 앞에서 줄 지어 가는 모습을 보여준다. 카데쉬 전투 이후 최대의 위협을 격퇴한 것이다.

이집트 내부의 균열은 승리를 새긴 부조와 건축 프로젝트 등으로 일시적으로 미봉해놓았지만 언제고 금이 깊어질 수 있었다. 람세스 3세는 아버지의 쿠데타 덕분에 왕위를 차지했기 때문에 권력투쟁의 소지는 늘 있었다.

치세 말에 여러 부인들 중 한 명이 대중 봉기를 통해 왕을 시해하려는 음모를 꾸몄다. 람세스 3세 후계자 재위 시 이 일을 기록한 신관들은 그녀가 "백성을 선동해 증오를 유발하고 왕에 대항해 반란을 일으키도록" 사주했다고 말한다.¹⁰ 분명 람세스 3세뿐 아니라 그가 지명한 후계자(다른 부인이 낳은 아들)까지 제거해줄 것으로 기대했을 것이다. 그렇게 해서 제 아들을 왕으로 만들 속셈이었다.

하렘에서 파라오 시해 음모를 꾸민 것이 유례없는 일은 아니었다. 그러나 이 사건은 관련자 수가 많다는 점이 눈길을 끈다. 궁정 서기들은 왕실 기수(旗手) 두 명과 집사장, 서기장을 특별히 주목해 기록하고 있다. 일당을 총 지휘한 자는 왕의 밀랍인형을 만든 것으로 밝혀졌다. 이집트식 부두교 의식에서 저주용으로 쓸 생각이었을 것이다.¹¹ 집사장은 불만을 확산시키는 역할을 한 것으로 드러났다. 음모는 저 아래 누비아까지 끈을 대고 있었던 것으로 보인다. "누비아의 전임 궁수장(弓手長) 베넴웨세가 …… 끌려왔다. 하렘에 와 있는 여동생이 '사람들을 선동해서 증오를 부추겨!'라고 쓴 편지를 그에게 보냈기 때문이다."¹²

음모를 규탄하는 기록들은 한결같이 담담하게 "그는 자살했다" 또는 "그에게 사형이 집행되었다"로 끝난다. 예외는 세 사람뿐이었다. 둘은 코와 귀를 벴고, 한 사람은 방면되었다. 호리라는 이름의 기수였는데 어떻게 나만 살아남았을까 하며 여생을 보냈을 것이다.¹³

질질 끌던 재판이 끝이 났을 때 정작 음모꾼들이 노렸던 인물은 퇴장한 마당이었다. 람세스 3세가 노환으로 죽은 것이다.

이후 80년 동안 람세스라는 이름이 들어가는 왕이 여덟 명이나 나왔다. 대부분 행적이 불투명하고 기록도 극히 단편적으로만 남아 있다. 이집트는 누비아를 영토로 유지했지만 다른 거점들은 하나씩 차례로 떨어져 나갔다. 시나이 반도 건너편 광산들은 소식이 감감했다. 결국 누비아의 금광들에서도 일꾼들이 떠나고 말았다. B.C. 1140년대 이집트는 심지어 서셈족 영토 쪽 거점을 방어하는 일마저 중단했다. 국경 요새라고 해야 삼각주 바로 동쪽에 있었다.[14] 왕들의 계곡에 있는 무덤들은 도굴꾼한테 털렸다. 삼각주 근처의 리비아인들은 서쪽 국경을 오가는 이집트인들을 공격했다. 웬아문이라는 이름의 궁정 관료는 비블로스산(産) 삼나무를 좋은 값에 흥정하려고 연안을 따라 올라가다가 습격을 받아 돈을 털렸다. 도적들은 이집트의 보복을 전혀 두려워하지 않았다. 웬아문은 비블로스에 도착하기는 했지만 임무는 완수하지 못했다. 비블로스의 왕도 이집트의 신용을 그대로 받아주지 않았다. 저 위 북쪽 상황은 이제 매우 안 좋다는 이야기였다. 그는 웬아문에게 "나는 당신네 종이 아니오"라고 말했다. "더구나 당신을 보낸 사람의 종도 아니오. 여기 해안의 통나무들은 내줄 수 없소이다."[15]

한편 아문 신을 모시는 신관들은 차츰 부유해졌다. 투탕카멘 치하에서 아문이 다시 주신(主神)으로 등극한 이후 파라오마다 아문 신전에 보시를 많이 했다는 의미다. 람세스 3세는 토지를 얼마나 많이 하사했던지 그가 죽을 무렵 아문 신관들은 이집트 경작지 전체의 3분의 1 가까이를 장악한 상태였다. 호렘헵이 왕에게 충성하라고 군인들을 신관으로 임명했지만 결국은 역풍을 맞고 만다. 람세스 11세 재위 12년 무렵 헤리호르라는 이름의 장군이 어찌어찌하여 스스로 아문 신을 모시는 최고 신관 자리에 앉았다. 그는 이제 군대뿐 아니라 이집트에서 가장 많은 부를 차지하게 되었다. 그가 이런저런 요구를 해오자 람세스 11세는 싸움 한 번 해보지 않고 굴복한 것으로 보인다. 5년도 안 되어 헤리호르는 쿠쉬의 총독이 되었다. 이로부터 오래지 않아 그는 재상을 자처했다. 그리고 10년 후에는 그의 이름이 온 나라의 공동 통치자로 나타나기 시작했다. 그의 초상은 신전 벽 람세스 11세 초상 옆에 새겨졌다. 두 사람의 크기를 똑같이 한 것으로 보아 권력을 나누어 가졌다는 이야기다.[16]

두 사람은 5년 시차를 두고 죽었는데 어느 쪽도 아들 후계자를 남기지 못했다. 그래서 사위들 간에 내전이 시작되었다. 람세스 11세의 사위는 북쪽에서 즉위한 반면 헤리호르의 사위는 테베에서 남쪽의 통치권을 주장했다.

이번에는 위대한 통일자가 나타나지 않았다. 신왕국이 종언을 고한 것이다. 이집트는 분열되었고 곧 파국으로 빠져들었다. 혼란과 내전이 지속되었다. 제3중간기에 들어선 것이다.

연표 39			
메소포타미아와 소아시아			**이집트**
(바빌론)	(아시리아)	(히타이트)	
		무와탈리	*제19왕조*(B.C. 1293~1185)
	샬마네세르 1세	하투실리스 3세	람세스 2세(대략 B.C. 1278~1212)
	투쿨티-니누르타	투드할리야 4세	
카시틸리아쉬 4세			메르넵타(B.C. 1212~1202)
	아수르-나딘-아플리		*제20왕조*(B.C. 1185~1070)
이신 제2왕조			세트나크테(대략 B.C. 1185~1182)
			람세스 3세(대략 B.C. 1182~1151)
			'바다 사람들'의 침입
			람세스 4~11세
			헤리호르(대략 B.C. 1080~1074)
			제3중간기(B.C. 1070~664)

Chapter 40

그리스의 암흑기

B.C. 1200~1050년 그리스에
도리아인이 침입해 암흑기가 되다

트로이를 궤멸시키는 승리를 거둔 후 미케네 함대는 순풍을 받으며 천천히 그리스 본토로 돌아갔다. 그러나 도착해서 보니 집들은 가난에 찌들고 상황은 난감했다. 오디세우스는 10년을 싸운 끝에 고향에 돌아왔으나 집은 적들의 손에 황폐해진 상태였다. 아가멤논은 아내한테로 돌아왔으나 목욕을 하다가 아내와 정부(情夫)에게 살해당했다.

이 정도는 다가올 파국의 전조에 불과했다.

B.C. 1200년경 반도 전역에 화재가 빈발했다. 미케네 문명 도시 스파르타는 불에 타 잿더미가 되었다. 미케네 시 자체는 미지의 적을 물리쳤다. 요새는 손상을 입었지만 그래도 살아남았다. 그러나 성벽 외곽의 집들은 잿더미가 되고 이후 재건하지 못했다.¹ 필로스 시는 화마에 휩싸였다. 12개 도시가 또 다른 혼란으로 파괴되었다.

고고학자들은 그리스 반도 여러 도시에 새로운 민족이 다시 정착했다고 본다. 이들은 문자를 전혀 몰랐으며(유적에서 문자가 출토된 예가 없다), 돌이나 벽돌로 건물을 지을 줄도 몰랐고, 청동기 제작법도 몰랐다.[2] 새 정착민들은 반도 북부에서 내려와 남쪽으로 이동했다. 후대의 역사가들은 이들을 도리아인이라고 불렀다.

투키디데스와 헤로도토스는 둘 다 도리아인이 대거 남하해 무력으로 미케네의 도시들을 접수했다고 보고 있다. 헤로도토스는 도리아인이 아티카(아테네 근처의 땅)를 네 차례에 걸쳐 침입했다고 말한다. 첫 번째 침입은 '코드로스가 아테네의 왕이던' 시절에 일어났다.[3] 후대 그리스 작가 코논은 최초의 공격에 관한 전설을 기록해 놓았다. 도리아인 진영에서 신탁을 들었는데 아테네 왕 코드로스를 죽이지 않는다면 아테네와의 싸움에서 이길 것이라고 했다는 것이다. 그런데 코드로스가 이 이야기를 전해 듣고 평범한 아테네 시민으로 가장한 다음 아테네를 떠나 도리아인 진영으로 들어갔다. 그러고는 도리아 전사들에게 싸움을 걸었다는 것이다. 언쟁이 벌어지는 과정에서 그는 살해당했고 이런 살신성인으로 신탁의 예언을 성취시킴으로써 자기 도시를 구했다는 이야기다.[4]

도리아인 점령기의 그리스

도리아인들은 그의 고결한 헌신에 감동해 아테네에 대한 포위를 풀었다. 그러나 퇴각은 일시적인 것에 불과했다. 침입이 끝났을 때쯤 투키디데스는 도리아인들이 '펠로폰네소스(그리스 반도 남단)의 주인'이 되었다고 말한다.[5]

투키디데스와 헤로도토스는 둘 다 이방인들이 영웅들의 땅에 느닷없이 들이닥쳐 파괴를 일삼았다고 적고 있다. 힉소스의 침입을 기록한 이집트 역사가들과 마찬가지로 그들은 압도적인 군사력을 제외하고는 왜 위대한 선조들이 그토록 허망하게 무너졌는지 도저히 이해할 수 없었다. 그러나 미케네 도시들의 유적을 보면 이야기가 약간 다르다. 필로스와 미케네는 90년 간격을 두고 불에 탔다. 이는 도리아인의 유입 자체가 반도 전역에 걸쳐 한 세기 동안 서서히 이루어졌음을 의미한다. 급습이라고 하기는 어려운 것이다. 미케네의 그리스인들은 어느 정도 조직적 저항을 할 만한 충분한 시간이 있었다.

그러나 노련한 미케네 군사들이 어떤 방어 수단을 썼든지 스스로를 보호하기에는 너무 미약했다. 그렇다고 도리아인들이 세련되거나 전투로 단련된 민족도 아니었다. 아테네의 저항(미케네 도시들 가운데 아테네만이 당당하게 침입자들을 몰아냈다)에 관한 이야기는 사정이 좀 다를 수 있다. 아테네 발굴 결과는 파괴나 불에 탄 흔적이 전혀 나오지 않았다.[6]

그러나 어쨌든 아테네 주민들은 급격히 감소했다. 트로이 전쟁에서 승리한 지한 세기 반이 지난 시점인 B.C. 1100년경 아테네 아크로폴리스 북동쪽(도시 중심에서 가장 높은 바위로 안전하고 방어에 유리한 지점이다)은 이미 사람이 하나도 살지 않는 황량한 지역이었다. 도리아인들이 불태운 스파르타는 이미 텅 빈 상태였다. 그 주민들은 수년 전에 사라졌다.[7] 약해질 대로 약해져서 사실상 해체된 남쪽으로 북쪽 사람들이 쏟아져 들어온 것이다.

미케네 도시들이 서서히 몰락한 데에는 트로이와의 전쟁이 모종의 관계가 있음이 분명하다. 투키디데스 자신이 주목한 부분이 있다. "헬레네스(그리스인이 스스로를 지칭하는 말—옮긴이)가 트로이에서 너무 늦게 돌아오는 바람에" 심한 내분이 일어나 많은 미케네인들이 원래 살던 도시에서 내쫓겼다는 것이다. 2, 3년 연속 날씨가 나빠 작황이 안 좋은 데다 이집트와 소아시아에 의존하던 곡물도 양쪽 모두에서 전쟁이 일어나는 바람에 기대할 수 없게 되자 미케네의 도시들은 어쩔 수 없이 식량을 놓고 서로 다투게 되었을 것이다. 기아가 도시들 간의 전쟁을 촉발하고 거주자들을 내몰았을 수 있다. 그리고 실제로 소아시아 일대의 참나무를 비롯한 일부 수종의 나이테를 보면 B.C. 1150년대에 가뭄이 들었음을 알 수 있다.[8]

또 다른 무시무시한 적이 미케네인들을 따라왔을지도 모른다.

『일리아드』 앞 장면에 트로이의 왕자 크리세스는 아폴론 신에게 그리스 전사 아가멤논이 자기 딸을 납치해간 데 대한 보복으로 그리스군에게 질병을 내려달라고 호소한다. 아폴론은 이 기도에 응답해 그리스 함대에 전염병을 퍼붓는다. 결과는 치명적이었다.

그가 불같은 역병의 바람을

군사들에게 휘몰아쳐

장병들이 병으로 죽으니 그 우두머리가 죄악을 저지른 탓이라.[9]

미케네인들이 해변에 진을 친 상태에서 전염병이 번졌을 가능성이 농후하다. 전염병은 아마도 선(腺)페스트였을 것이다.

트로이인도 다른 고대 민족들과 마찬가지로 선페스트가 왜 번지는지를 정확히 알지는 못했다. 그러나 설치류와 관련이 있다는 것은 알고 있었다. 병을 퍼뜨리는 아폴론 신은 트로이에서 소아시아식 이름인 아폴론 스민티안으로 숭배되었다. '쥐의 주인'이라는 뜻이다.[10] 『일리아드』에서도 아폴론 스민티안의 화살이 사람만 데려간 것이 아니라 말과 개도 데려갔다고 한다. 동물한테도 이 병이 번졌다는 이야기는 고대 선페스트 관련 기록에 자주 나온다. 1,500년 후인 6세기 투르의 주교 그레고리우스는 "이 페스트는 가축뿐 아니라 야생동물 사이에서도 널리 번졌다"고 썼다.[11]

미케네의 영웅들은 고향에 돌아오면서 페스트도 함께 가져왔을 것이다. 배에 탄 사람 중에서 발병한 사람은 없었지만 깨끗한 해변에 접안할 때 화물칸에는 이미 페스트균을 지닌 쥐들이 타고 있었을지 모른다. 전염병은 기근이 든 다음에 나타나는 경향이 있었다. 곡물을 나르는 배들이 이곳에서 저곳으로 이동하면서 쥐를 이 도시에서 저 도시로 실어 나르는 바람에 놀라울 정도로 광범위한 지역에 병이 확산된 것이다.

전염병과 가뭄과 전쟁은 산이 많고 건조한 지역에서 간신히 연명하고 있는 한 문명을 뒤흔들기에 족했다. 생존이 어려워지자 몸이 성한 사람들은 밖으로 빠져나갔다. 미케네인만 그런 것이 아니라 크레타 섬 사람들과 에게 해의 여러 섬 주민들도 작은 무리를 지어 새로운 집을 찾아서 고향을 떠나 용병으로 들어갔다. 이집트와 싸운 '바다 사람들' 가운데 얼마가 용병이었는지를 알기는 불가능하다. 그러나 이집트 쪽 기록들은 바다 사람들의 침입이 있기 여러 해 전에 파라오가 에게 해 출신 군인들을 서부 사막에서 온 리비아인들과 맞서 싸우는 데 고용했다고 적고 있다. B.C. 11세기 중반이면 미케네인이 아니라 도리아인이 그리스 반도 남쪽의 주인이 된다. 미케네 출신 군인들은 값을 많이 쳐주는 쪽이면 어디든 들어갔다.

도리아인 정착민들은 왕도 궁궐도 없고 내야 할 세금도 공물도 없었다. 외국과 해상무역을 하지도 않았다. 농사지으며 생존을 영위했고 특별히 무엇을 문자로 쓸 필요도 느끼지 못했다. 그들이 그리스 반도에 정착하면서부터 우리가 암흑기라고 부르는 시대가 시작된다. 이 시기는 문자 기록이 없기 때문에 자세히 들여다볼 수는 없다.*

---

* 지금까지 다룬 중국과 인도 역사의 대부분도 암흑기에 속한다고 볼 수 있다. 그러나 일반적으로 암흑기라는 용어는 문자 기록이 광범위하게 사용되기 이전 시대를 뜻하기보다는 그 전에 문자 기록이 쭉 내려오다가 갑자기 사라진 경우에 주로 쓰는 표현이다.

연표 40	
이집트	그리스 반도
제19왕조(B.C. 1293~1185)	
람세스 2세(대략 B.C. 1278~1212)	
	미케네의 트로이 VIIa층 공격(대략 B.C. 1260)
메르넵타(B.C. 1212~1202)	
	북부 도리아인의 유입
제20왕조(B.C. 1185~1070)	
세트나크테(대략 B.C. 1185~1182)	그리스 암흑기 시작
람세스 3세(대략 B.C. 1182~1151)	
'바다 사람들' 의 침입	
람세스 4~11세	
헤리호르(대략 B.C. 1080~1074)	
제3중간기(B.C. 1070~664)	

Chapter 41

메소포타미아의 암흑기

B.C. 1119~1032년
히타이트가 궤멸되고
아시리아와 바빌론의 영화도 시들다

미케네인들이 도시를 버리고 도리아인이 그리로 들어올 무렵 혼란은 동쪽으로 트로이(초라하게 재건한 상태였으나 예전의 영광에 비하면 허깨비 같았다)와 히타이트 제국이 차지하고 있던 땅까지 차츰 번져갔다.

이 무렵 히타이트 제국은 껍데기만 남은 국가에 불과했다. 가난과 기근과 투드할리야 4세 치하의 전반적인 불안 등으로 외곽 지역은 떨어져 나갔고 왕권을 둘러싼 다툼은 계속되었다. 미케네가 몰락하는 동안 투드할리야 4세의 차남이 형한테서 왕위를 빼앗았다. 그는 수필룰리우마 2세를 자처했다. 한 세기 반 이전에 활약한 위대한 히타이트 제국의 건설자를 되살려내려는 노력의 일환이었다.

수필룰리우마 2세가 남긴 명문들은 '바다 사람들'에게 대승을 거두었다고 허풍을 떤다. 그는 여러 차례 소아시아 연안에서 해전을 벌여 미케네 난민과 용병 무리를 물리치고 일시적으로나마 남부 해안을 안전하게 지켜냈다. 그러나 진짜 수필룰리우마가 자기 아들을 이집트 왕좌에 앉히기 일보 직전까지 갔던 히타이트 제국의 영화

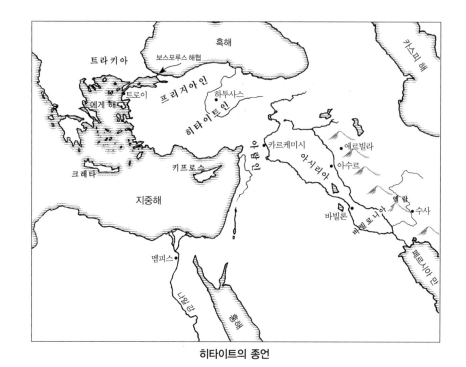

히타이트의 종언

를 재현하지는 못했다.

이집트로 밀고 들어간 것과 동일한 종족들(기근이나 전염병, 인구 과잉이나 본국의 전쟁 등을 피해 달아난 사람들이다)이 소아시아로 파고들었다. 일부는 트로이 방면에서 에게 해를 건너 히타이트 땅으로 들어왔다. 또 다른 일부는 바다 쪽에서 왔다. 히타이트 연안 남쪽 키프로스 섬이 집결지였던 것 같다. "키프로스 배들이 나와 싸우려고 바다 한가운데서 전열을 가다듬은 것이 세 차례나 되었다"고 수필룰리우마 2세는 적고 있다. "나는 그 배들을 파괴했고, 바다 한가운데서 붙잡아 불태웠다. …… [그러나] 적은 떼거지로 키프로스에서 밀려왔다."[1] 다른 적들은 그리스 반도 북쪽 트라키아에서 좁은 보스포루스 해협을 건너왔다. 이들은 프리지아인으로 알려졌다.

그들은 수가 너무 많았다. 그에 비하면 히타이트군은 너무 적었다. 프리지아인들은 수필룰리우마의 군대를 돌파해 방어선을 무너뜨리고 제국의 심장으로 들이닥쳤다. 수도 하투사스는 불에 타 잿더미가 되었다. 주민들은 달아났다. 궁정은 먼지처럼 흩어졌다.

히타이트어는 제국 남쪽 끄트머리 주변 몇 개 도시에서 살아남았다. 카르케미시는 그 중 가장 큰 도시였다. 마지막 남은 이들 변경의 전초기지에서 히타이트의 신들은 간신히 목숨을 부지했다. 그러나 그들을 섬기던 왕국은 이미 사라졌다.

히타이트에서 시작해서 미케네, 이집트까지 초승달 모양으로 이어지는 서쪽의 세 문명이 쇠퇴하는 동안 동쪽에서는 강력한 세력이 폭발적으로 성장했다. 유랑 유목민과 바다 사람들이 서쪽을 한창 괴롭히던 짧은 기간에 아시리아와 바빌론이 되살아난 것이다.

하투사스 약탈 이후 오래지 않아 아시리아에서는 티글라트-필레세르(한글 성서에는 '디글랏 빌레셀'로 나옴—옮긴이)가 왕위에 올랐다. 그의 증조부, 조부, 아버지는 잇달아 아시리아의 심장부를 지배했다. 아래쪽 아수르를 정점으로 북쪽 에르빌라(서쪽)와 니네베(동쪽)를 잇는 역삼각형 지역이었다. 동네는 좁지만 여건이 좋아서 풍요롭고 방어도 잘 되었다. 메소포타미아에서 옥수수가 가장 잘 자라는 옥토였다. 선대(先代) 세 왕은 한결같이 이곳을 안전하게 지키는 것으로 만족했다.

티글라트-필레세르는 그 이상을 원했다. 그는 샬마네세르 이후 여덟 세대 100여 년 만에 처음으로 호전적인 왕이었다. 그는 침입자들의 도발을 영토 확장의 기회로 보고 맞섰다. 그리하여 아시리아는 단기간에—40년 조금 못 되는 세월이다—예전의 영화 비슷한 것을 회복했다.

프리지아인들은 히타이트 영토를 휩쓸고 아시리아 북서쪽으로 다가가고 있었다. 초기에 티글라트-필레세르는 그들을 패퇴시킨다. 그가 남긴 명문은 프리지아 군사(그는 이들을 '무시키'라고 부른다) 2만을 티그리스 강 북쪽 계곡에서 물리쳤다고 떠벌린다. 그의 설명은 이렇게 이어진다. "나는 놈들의 피가 골짜기를 적시고 높은 산에서 뿜어 나오게 만들었다. 놈들의 머리를 잘라 곡물 더미처럼 쌓았다."[2]

그러고 나서 북서쪽으로 정벌을 계속해 밀려드는 적군과 정면으로 맞섰다. 그가 남긴 연대기에는 "[나는] 위쪽 바다 해변에 있는 먼 나라들[로 향했다]. 그들은 결코 복종이라는 것을 몰랐다"고 되어 있다. 나는 전차와 전사들을 데리고 가파른 산을 올라 청동 곡괭이로 험한 길을 헤치며 앞으로 나아갔다. 나는 전차와 군대가 다닐 수 있도록 길을 만들었다. 티그리스 강을 넘었으며 …… 적군을 쫓아 …… 놈들의 피가 땅을 적시게 했다."[3]

티글라트-필레세르는 38년 동안 싸웠다. 이 왕이 정복한 도시들은 아시리아 궁정에 세금과 노동력을 공급하면서 아시리아인 총독의 지배를 받았다.[4] 그 중에는 카르케미시도 있었다. 티글라트-필레세르는 카르케미시를 '하루 만에' 장악했다.[5] 그가 남긴 명문에 따르면 어쨌든 그렇다. 다른 도시들은 싸워보지도 않고 항복했다. 왕들은 티글라트-필레세르가 다가오자 뛰쳐나와 땅에 엎드려 그의 발에 입을 맞추며 환영했다.[6] 티글라트-필레세르 자신은 지중해 연안으로 행군을 계속해 그곳에서 배를 타고 돌고래 사냥에 나섰다.[7] 이집트의 파라오—람세스라는 이름이 들어간 여덟 명 중 하나다—는 악어를 선물로 보냈고, 그는 이것을 아수르로 가져와 왕실 전용 사냥터에 풀어놓았다.[8] 그는 영묘와 요새와 신전을 세웠다. 이런 건물들은 결국 아시리아에 또 하나의 위대한 왕이 태어났다는 것을 선언하는 행위였다.

저 아래 아시리아 남쪽 바빌론에서도 위대한 왕이 나타났다.

바빌론과 그 주변 땅은 200년 전 투탕카멘과 서신 왕래를 했던 부르나부리아쉬 이후로 제대로 된 인물이 통치한 적이 없었다. 아수르에서 티글라트-필레세르가 등극한 지 3, 4년도 안 된 시점에 흐리멍덩한 이신 제2왕조에서 돌연변이가 툭 튀어나왔으니 그 이름은 느부갓네살(네부카드네자르라고도 함—옮긴이)이었다.*

티글라트-필레세르가 서쪽과 북쪽으로 원정을 다니는 동안 느부갓네살은 동쪽으로 눈을 돌렸다. 마르두크 신상은 여전히 수사의 엘람인들 수중에 있었다. 100년 전 빼앗긴 이후 바빌론의 그 어떤 왕도 그것을 되찾아올 만한 강력한 힘을 입증하지 못했다.**

느부갓네살의 1차 엘람 침입은 엘람 병사들의 장벽에 막혔다. 그는 군사들을 퇴각시킨 다음 교활한 계획하에 2차 공격을 시도했다. 그는 한여름에 엘람을 쳐들어가려고 했다. 감각이 있는 사령관이라면 군사를 출동시키지 않을 시점이었다. 바빌론 군사들은 엘람 국경에 도착한 다음 국경 순찰대원들을 급습해 경보를 발동하지 못하게 하고 수사를 들이쳤다. 사원 문짝을 떼어내고 신상을 탈취한 다음 의기양양하게 바빌론으로 되돌아갔다.

느부갓네살은 마르두크를 모시는 신관들이 나서기도 전에 서기를 시켜 마르두크를 기리는 찬가는 물론이고 신상을 구해온 이야기를 쓰도록 했다. 신상을 바빌론의 여러 신을 모시는 신전에 앉힐 때까지 궁정에서는 그런 이야기며 노래, 각종 제례 의식이 쏟아져 나왔다. 마르두크가 바빌론 사람들의 주신이 된 것은 느부갓네살 통치 때였다.⁹ 그리고 역시 고전적인 순환논법을 사용해 느부갓네살은 자기가 바빌론의 주신을 구해냈기 때문에 바빌론의 주신이 자신에게 성스러운 가호를 베풀어주었다는 식으로 미화했다. 이신 제2왕조의 시작이 신통치 않았다는 것은 이제 기억에서 잊혀졌다. 느부갓네살이 신이 주신 권리를 가지고 바빌론을 통치하게 된 것이다.

두 강력한 왕 아래서 바빌론과 아시리아는 어느 정도 힘의 균형을 이루었다. 첨예한 국경 다툼이 왕왕 실제 전투로 격화되기도 했다. 아시리아 국경 지역 읍락 두 개를

---

* 이 사람은 느부갓네살 1세다. 이름이 똑같은 느부갓네살 2세보다는 덜 유명하다. 예루살렘을 함락시키고 바빌론을 재건하고 (전설에 따르면) 향수병에 시달리는 아내를 위해 그 유명한 바빌론의 공중정원(空中庭園)을 만든 것은 느부갓네살 2세(대략 B.C. 605~561년)다.
** 38장 pp. 376~377을 보라.

바빌로니아 군사들이 약탈하기도 했고, 티글라트-필레세르가 바빌론까지 쳐내려가 왕궁을 불태움으로써 복수를 하기도 했다.[10] 이 사건은 생각만큼 심각한 것은 아니었다. 바빌론은 아시리아 국경에서 너무 가까웠기 때문에 대부분의 바빌론 관료들은 이미 다른 곳으로 옮겨간 상태였다. 바빌론은 성스러운 장소였지만 이제 권력의 중심은 아니었다. 티글라트-필레세르도 한번 본때를 보여준 다음 바빌론은 그냥 놓아둔 채 바로 본국으로 돌아갔다. 그는 전면전을 도발할 의사는 없었다. 두 왕국은 세력 면에서 난형난제인 데다 그러지 않아도 다른 종류의 더 심각한 위협에 시달리고 있었던 것이다.

북쪽과 서쪽에서 여러 부족의 유입이 끊이지 않았다. 티글라트-필레세르는 거의 1,000년 전 아모리인들이 그랬던 것처럼 급속도로 침투하는 유랑 부족들과 국경에서 지속적으로 전쟁을 하고 있었다. 이들은 서셈족 땅 북서쪽에 살던 서셈족으로 더 멀리 서쪽에서 여러 종족이 유입되는 바람에 계속 밀려 내려오게 된 것이다. 아시리아인들은 이들을 아람인이라고 불렀다. 그리고 티글라트-필레세르 자신의 기록에 따르면 그는 서쪽으로 28차례나 정벌에 나섰다. 하나같이 아람인의 침입을 격퇴하기 위한 조치였다.

바빌론과 아시리아도 기근과 가뭄에서 자유롭지 못했다. 수확량 감소와 전염병이 다른 지역들까지 괴롭혔다. 궁정 기록은 티글라트-필레세르 치세 말기를 절망적이고 굶주린 시대로 묘사하고 있다. 아시리아 인민들은 먹을 것을 찾아 주변 산악 지역으로 흩어져갔다.[11]

바빌론도 시련을 겪고 있었다. 느부갓네살의 20년 통치가 말기에 다가갈수록 곤궁은 심해졌다. 이 도시가 직면한 난관은 『에라 서사시』에 묘사되어 있다. 이 긴 시에서 마르두크 신은 신상을 제대로 닦지 않고 신전은 보수도 하지 않는다고 불평하면서도 바빌론을 비울 때마다 끔찍한 일이 벌어지니 볼일이 있어도 바빌론을 오래 비울 수 없다고 말한다. 지금 일어나고 있는 끔찍한 일은 또 다른 신 에라(아카드 신화에서 전염병과 상해를 유발하는 신—옮긴이)의 악행이었다. 에라는 본질상 바빌론을 괴롭히지 않을 수 없는 존재이다. "나는 이 땅을 멸망시켜 폐허로 만들 것이다"라고 그는 말한다. "나는 소떼를 쓰러뜨리고 사람들을 쓰러뜨릴 것이다." 바빌론 자체는 '무성한 과수원'이었으나 세찬 바람에 오그라들어 열매가 익기도 전에 시들고 마는 형국이 되었다. "바빌론에 화가 미쳤도다"라며 마르두크 신은 슬퍼한다. "내가 솔방울처럼 많은 씨를 뿌렸건만 그 풍성함이 결실을 거두지 못하였구나."[12]

가뭄으로 수확이 안 되었다는 것은 기근을 의미한다. 사람과 소가 쓰러졌다는 것은 아폴론 스민티안의 재앙의 화살이 다시 날아들었다는 이야기다. 두 도시 모두 질병과 기아로 자체 방어력을 개선할 여력이 없었다. 티글라트-필레세르의 아들이 뒤를 이을 무렵 아람인 문제가 너무 심각해져 바빌론의 새 왕과 협정을 맺지 않을 수 없는 상황이 되었다. 두 왕국은 힘을 합쳐 공동의 적을 몰아내고자 했다.

이 시도는 실패했다. 얼마 후 아람인들이 아시리아 전역을 휘젓고 돌아다니며 땅을 점거했다. 제국의 핵심만 예외였다. 그들은 바빌론도 침략했다. 위대한 왕 느부갓네살의 아들은 왕위를 아람인 찬탈자에게 빼앗기고 말았다.

아람인은 도리아인과 마찬가지로 문자가 없었다. 이집트가 혼란에 빠지고 그리스 반도에 암흑기가 닥친 것과 유사한 기류가 예전 히타이트 왕국의 땅에서부터 메소포타미아까지 스며들었다. 두 강 사이의 땅도 암흑기에 들어선 것이다. 이후 100년 정도는 암흑 속에서 그 어떤 역사 기록도 나타나지 않는다.

연표 41	
그리스 반도	메소포타미아와 소아시아

그리스 반도	메소포타미아와 소아시아		
	(바빌론)	(아시리아)	(히타이트)
		샬마네세르 1세	하투실리스 3세
미케네의 트로이 VIIa층 공격(대략 B.C. 1260)		투쿨티-니누르타	투드할리야 4세
	카시틸리아쉬 4세		
북부 도리아인의 유입		아수르-나딘-아플리	
			수필룰리우마 2세
그리스 암흑기 시작	이신 제2왕조		하투사스 궤멸
			(대략 B.C. 1180)
	느부갓네살 1세(B.C. 1125~1104)		
		티글라트-필레세르(B.C. 1115~1076)	
		아수르-벨-칼라(B.C. 1074~1056)	
	아람인의 메소포타미아 점령		

Chapter 42

상나라의 몰락

$$✿✿✿✿✿$$

B.C. 1073~1040년
상 왕조가 주 왕조의 덕(德)에 무너지다

멀리 극동에서 무정 임금이 60년 재위 끝에 왕위를 아들에게 넘겨주었다. 상 왕조는 당분간 형제에서 형제로, 아버지에서 아들로 그런대로 평화롭게 이어졌다. 상 제국의 중심은 황허였다. 수도는 여전히 은이었다.

메소포타미아의 왕국들이 무너지기 시작할 무렵 중국의 왕권도 위기에 봉착했다. 그러나 느부갓네살 1세나 티글라트-필레세르가 직면한 것과는 전혀 다른 종류의 위기였다. 미지의 이방 민족 침입 같은 문제는 없었다. 상 왕조의 적은 사촌뻘 되는 백성들이었다.

상나라 바로 서쪽 위수(渭水) 건너편 연안에 주(周)라는 부족이 자리 잡고 있었다. 그 수장은 서쪽 제후들의 우두머리라는 뜻의 서백(西伯)이라고 했는데 상 왕실의 권위를 형식적으로 인정하는 정도였다. 따라서 이들은 정확히 말하면 상나라 임금의 신민은 아니었다. 그들의 땅은 상나라 수도에서 644킬로미터나 떨어져 있었다. 서백과 상 왕실 사이에는 점을 친 동물의 뼈가 오가곤 했다. 언어와 관습이 어느 정도 같았다는 이야기다.[1] 그러나 주의 귀족은 자기 주인(서백)에게 충성하는 것이 우선이었으며 멀리 떨어진 상 왕조가 우선은 아니었다. 반란이 일어나자 그들은 서백의 명령을 기다렸다.

고대의 연대기들은 상나라 왕들이 이 반란을 자초했다는 점을 분명히 하고 있다. 그들은 지혜를 내버렸다. 그런데 지혜는 멀리 서쪽 메소포타미아와 이집트에서 군사력이 중요했던 것과 달리 그들 권력의 기초였다. 무정 이후 다섯 번째 임금인 무을(武乙)이 처음으로 몰락의 징후를 보였다. 사마천에 따르면 그는 주로 신들을 공격했다. 우상을 만들어 "하늘의 신이라고 불렀으며" 그것들을 가지고 제비뽑기 놀이를 했다. 자기가 이기면 그 우상들을 더러운 노름꾼들이라며 놀려댔다.

이는 왕실의 책임을 심각하게 저해하는 행위였다. 뼈로 점을 치는 의식의 중요성이 점점 더해가면서 왕실은 살아 있는 사람들에게 선조들의 신성한 계시를 내려주는 중심이 되었다. 선조들에게 하는 모든 질문을 왕의 이름으로 한 것도 그 때문이다. 왕은 신성한 힘으로부터 오는 메시지를 전달하는 통로였다. 그런 왕이 신성한 힘을 비웃는다는 것은 소름끼치는 일이었다.

패악에 걸맞은 징벌이 내렸다. 무을은 사냥하러 나갔다가 벼락에 맞아 죽었다. 이어 그 아들과 손자가 차례로 왕위를 이었다. (사마천에 따르면) 이 두 임금 치하에서 상나라는 더더욱 몰락의 길을 걸었다. 이어 증손자 주(紂) 임금이 왕위를 물려받고 나서 상나라의 권위는 곤두박질쳤다.

주왕은 천품이 탁월했다. 사마천은 주왕이 힘이 장사에 똑똑하고 말을 잘하며 이해력이 뛰어났다고 평가한다. 그러나 그런 재주를 하나같이 나쁜 쪽으로만 썼다. "그는 간언을 물리칠 만큼 아는 게 많았다"고 사마천은 적고 있다. "그리고 자신의 비행을 능히 덮을 만큼 언사에 능했다. …… 그는 모든 사람을 우습게 알았다. 술을 좋아하고 음탕한 쾌락에 탐닉했으며 여자를 밝혔다." 주왕은 술과 쾌락을 좋아한 나

상나라와 주나라

머지 세금을 올려 사냥터에 온갖 사냥감을 채웠다. 또 여자를 좋아해서 잔인하고 교만한 애첩 달기에게 푹 빠졌다. 신하들의 충언은 무시하고 그녀의 말만 들었다. 또 거대한 것을 좋아해서 연못을 만들고 거기에 술을 가득 채웠으며 주변 나무마다 고기를 열매처럼 걸어놓고 "벌거벗은 남녀들이 서로 쫓아다니며 희롱하게 만들었다."[2]

난잡함이 극치를 이루면서 혹심한 전제정치로 이어졌다. 충성심이 의심스러운 귀족들은 뻘겋게 불에 달군 구리기둥 위에 올려놓았다. 주왕은 한 관리의 가죽을 벗기는가 하면 살점을 도려내고 매달아 말려 죽였다. 삼촌이 충고를 하자 성인(聖人)의 심장은 구멍이 일곱 개라는데 정말 그런지 자기 눈으로 직접 보아야겠다며 산 채로 심장을 도려냈다고 한다. 그의 잔혹함은 "끝을 몰랐다." 명예로운 이름을 가진 "100개의 가문" 귀족들은 "분노로 치를 떨었다."

결국 그는 도를 넘었다. 주 부족 수장인 서백 문왕(文王)이 수도에서 일을 하고 있는 사이 주왕이 첩자를 보내 감시하게 했다. 첩자들은 서백이 임금의 행동에 대해 "남몰래 한숨을 쉬었다"고 보고했고 주왕은 문왕을 체포해 감옥에 가두었다.

주인이 투옥되었다는 말을 들은 주 귀족들은 주왕의 화를 달래려고 금은보화와 아름다운 여인들을 바쳤다. 주왕은 마음이 누그러져서 문왕을 풀어주었다. 그러나 서백은 억압받는 신민(臣民)을 주왕의 잔혹함으로부터 구하지 않고는 고향에 돌아가지 않겠다고 했다. 그는 주왕에게 한 가지 제안을 했다. 불에 달군 구리기둥을 사용하지 않겠다고 약속하면 낙수 주변의 비옥한 땅을 선물로 주겠다고 한 것이다. 낙수는 남쪽으로 흘러서 위수와 만난다. 주왕은 문왕을 가두어 재미를 본 터라 이 제안에 동의했다. 문왕이 제안한 땅을 차지하고 문왕을 고향으로 돌려보낸 것이다.

이것이 결국은 실수였다. 문왕은 자기 나라에서 어질고도(인민을 위해 자기 땅을 희생했다) 강력한(후대의 역사가이자 철학자인 맹자는 그의 "키가 10척이었다"[3]고 말한다) 임금으로 더더욱 인민의 사랑을 받았다. 다시 서쪽으로 돌아온 그는 조용히 반대세력을 규합하기 시작했다. "많은 제후들이 궐기해 서백에게 호응했다"고 사마천은 적고 있다. 궁정에서 신탁 일을 맡은 신관들도 합류했다. 그들은 제의에 쓰는 도구들을 가지고 궁정을 떠나 서쪽으로 갔다.

이 무렵 문왕은 나이가 많아(맹자에 따르면 100살이었다고 한다) 추종자들을 이끌고 상나라 수도로 진격하기 전에 죽었다.[4] 대신 그 아들 무왕(武王)이 기치를 들었다. 800명의 제후가 그의 뒤를 따랐다. 제후마다 군사를 이끌고 나섰다. 주나라 군사 5만은 은 왕궁으로 진군했다. 그러자 주왕은 군사를 내보내 싸우게 했다. 70만 대군이었다.

양군은 은에서 32킬로미터 떨어진 목야(牧野)라는 들판에서 대치했다. 어떤 식으로 계산해보아도 상나라 군대가 소수의 반란군을 쓸어버려야 했다. 그러나 주나라는 두 가지 강점이 있었다. 첫째는 전술적인 것이었다. 주의 귀족들은 전차 300대를 조달했다. 반면 상나라 군대는 전차가 하나도 없었다.[5] 그러나 전투를 승리로 이끈 것은 두 번째 강점이었다. 즉 주나라 군사는 사기가 드높았다. 주왕의 신하들도 그의 잔인성에 학을 뗀 나머지 이반의 조짐을 보이고 있었다. 주의 주력군이 들이닥치자 최전방에 있던 상나라 군사들은 방향을 되돌렸고 전군이 달아났다.[6]

패배가 불가피해진 것을 보고 주왕은 왕궁으로 퇴각해 옥으로 만든 갑옷을 입고

결사항전을 준비했다. 그러나 주나라 군사가 왕궁을 불태웠고, 그는 화염 속에서 죽었다. 불로 사람을 고문하고 죽인 인물치고는 시적인 종말이었다.

이 이야기에서는 무왕의 반란에 대해 못마땅해 하는 분위기가 물씬 묻어난다. 중국 고대 역사가들은 전제군주 타도를 환영하지 않았고, 무왕도 해가 뜨는 곳에서 해가 지는 곳까지 다스리게 되었다거나 적군의 시체를 산더미같이 쌓아놓았다고 떠벌리지 않는다. 그를 찬양하는 이유는 전쟁을 잘해서가 아니라 마땅한 질서를 회복했기 때문이다.

주의 반란은 정확히 말해서 통치 대상인 인민의 불복종이 아니다. 반란을 일으키기 전에도 상나라와 주의 관계는 모호했다. 문왕은 나름의 권리를 가진 왕이었지만 상나라 왕은 그를 투옥시키고 몸값을 강요할 수 있었다. 또 문왕이 선물로 땅을 바치자 주왕은 내가 그 땅을 이미 다스리고 있는데 무슨 소리냐고 화를 내는 대신 기분 좋게 받아들였다.

그러나 고대 역사가들은 주나라의 봉기를 정당화하지 않을 수 없는 처지다. 주와 상은 쌍둥이 문화였으며 둘 사이의 전투는 고대 이집트의 세트와 오시리스의 적대관계처럼 당혹스러운 것이었다. 어쨌든 주나라의 첫 임금은 무도한 신하가 아니라 떨쳐 일어나 사악함을 물리치고 새로운 순환을 시작하는, 미덕을 갖춘 인물이어야 했다. 주나라 통치의 시작을 실제로 전쟁에서 승리를 거둔 무왕이 아니라 그의 아버지 문왕으로부터 잡는 것은 바로 그 때문이다.

문왕은 부당하게 투옥되었지만 인민의 평안을 위해 기꺼이 자기 땅을 희생한 인물이었다. 그래서 호전적인 아들 대신 주나라 초대 임금으로 인정된 것이다. 상나라는 왕궁이 불타면서 끝이 난 것이 아니라 귀족과 신관 들이 서백의 영도 아래 뭉쳤을 때 이미 그 종말이 시작된 것이다. 주의 통치권 접수는 적군의 침입이 아니었다. 주왕의 죽음은 자신의 무법성이 원인이었다. 중국 연대기 작가들에게 타락은 늘 내부로부터 오는 것이었다.

주나라 무왕은 덕을 갖춘 인물이었지만 죽은 폭군 주왕의 머리를 창에 꽂아 은 왕궁 대문 앞에 내걸어 모두가 볼 수 있게 했다. 낡은 질서가 화염 속에서 사라지고 새로운 질서가 도래한 것이다.

연표 42			
메소포타미아와 소아시아			중국
(바빌론)	(아시리아)	(히타이트)	
	샬마네세르 1세	하투실리스 3세	
	투쿨티-니누르타	투드할리야 4세	상 왕조
카시틸리아쉬 4세			
	아수르-나딘-아플리		
		수필룰리우마 2세	무을
이신 제2왕조		하투사스 궤멸	
		(대략 B.C. 1180)	
느부갓네살 1세(B.C. 1125~1104)			
	티글라트-필레세르(B.C. 1115~1076)		주왕
			주 왕조(B.C. 1087~256)
	아수르-벨-칼라(B.C. 1074~1056)		서주(西周, B.C. 1087~771)
아람인의 메소포타미아 점령			문왕
			무왕

인용문헌

서문

1. 총서 *Archives royales de Mari*, vol. X, 123에서 인용했다. 원래는 Jean Bottéro가 쓴 *Everyday Life in Ancient Mesopotamia* (2001년), pp. 129~134에 실린 Bertrand Lafont의 논문 "The Women of the Palace at Mari"에 번역·인용된 것이다. 키룸과 쉬마툼 사이에 벌어진 다툼을 요약한 Lafont 씨에게 감사드린다.
2. Bottéro, p. 130.

1장 왕권의 기원

1. Samuel Kramer, *The Sumerians: Their History, Culture, and Character* (1963)의 Appendix E, p. 328의 영역 인용.
2. 예를 들어 Charles Pellegrino, *Return to Sodom and Gomorrah* (1994), p. 155ff를 보라.
3. M. E. L. Mallowan, *Early Mesopotamia and Iran* (1965), p. 7.
4. Gwendolyn Leick, *Mesopotamia: The Invention of the City* (2001), p. 1의 번역 인용.
5. Diane Wolkstein and Samuel Noah Kramer, *Inanna, Queen of Heaven and Earth: Her Stories and Hymns from Sumer* (1983), p. 33의 번역 인용.

2장 최초의 이야기

1. N. K. Sandars, *The Epic of Gilgamesh* (1972), p. 110 산문 번역을 필자가 좀 다듬었다.
2. Bottéro의 책 p. 69에 실린 번역문을 필자가 다듬었다.
3. William Ryan and Walter Pitman, *Noah's Flood: The New Scientific Discoveries about the Event that Changed History* (2000), p. 54. 두 사람이 대홍수에 관한 전문적인 연구들을 깔끔하게 정리해준 데 대해 감사한다.
4. Ryan and Pitman, p. 57.

5. Charles Pellegrino는 *Return to Sodom and Gomorrah*에서 이런 입장을 취한다.

6. John Keay, *India: A History* (2000), pp. 1∼2에서 인용.

7. Peter James and Nick Thorpe, *Ancient Mysteries* (1999), p. 13을 보라.

8. Sandars, p. 112.

9. Ryan and Pitman, p. 50에서 인용.

10. Lewis Spence가 *The Myths of Mexico and Peru* (1994), p. 108에서 인용한 *Origin de los Indias*.

11. Samuel Kramer 번역으로 Bottéro의 책 p. 19에서 인용했다.

12. Richard J. Mouw, " 'Some Poor Sailor, Tempest Tossed' : Nautical Rescue Themes in Evangelical Hymnody" in *Wonderful Words of Life: Hymns in American Protestant History and Theology*, ed. Richard J. Mouw and Mark A. Noll (2004), p. 249.

3장 귀족제의 등장

1. Michael Rice, *Egypt's Making: The Origins of Ancient Egypt 5000∼2000 BC* (2003), p. 73.

2. Stephanie Dalley, ed. and trans., *Myths from Mesopotamia* (2000), p. 196.

3. 위의 책, pp. 198∼199.

4. Pellegrino, p. 39.

5. Harriet Crawford, *Sumer and the Sumerians* (1991), p. 23.

4장 제국의 출현

1. Rice, p. 11.

2. David P. Silverman, general ed., *Ancient Egypt* (2003), p. 107.

3. A. Rosalie David, *Religion and Magic in Ancient Egypt* (2002), p. 46.

4. Gerald P. Verbrugghe and John M. Wickersham, *Berossos and Manetho, Introduced and Translated: Native Traditions in Ancient Mesopotamia and Egypt* (1996), p. 131.

5장 철의 시대(깔리 유가)

1. Stanley Wolpert, *A New History of India* (2004), p. 11.

2. Keay, p. 2.

6장 철인왕(哲人王)

1. J. A. G. Roberts, *The Complete History of China* (2003), p. 3.

2. Anne Birrell, *Chinese Mythology: An Introduction* (1993), p. 46.

7장 최초의 문자

1. Steven Roger Fischer, *A History of Writing* (2001), pp. 25~26. Fischer는 Denise Schmandt-Besserat를 '이 이론의 지도적인 주창자'라고 인정하고 이 이론은 (문자의 기원에 관한 다른 수많은 이론과 마찬가지로) 여전히 논란의 여지가 있다고 지적한다.
2. W. V. Davies, *Egyptian Hieroglyphs: Reading the Past* (1987), p 47에서 인용.

8장 최초의 전쟁 연대기

1. J. A. Black 등이 번역한 "Enmerkar and the Lord of Aratta", *The Electronic Text Corpus of Sumerian Literature* (http://www.etcsl.orient.ox.ac.uk/(1998~)에 실려 있다. 이후 *ETC*로 약칭한다.
2. Sandars 번역, p. 61.
3. Sandars, p. 71. 필자는 Sandars가 *The Epic of Gilgamesh* 번역본 앞에 붙인 서문 중 길가메시 북행의 근저에 있는 다양한 역사적 가능성을 일목요연하게 소개한 부분에서 많은 도움을 받았다.
4. 내가 사용하는 투말 명문은 Kramer의 *The Sumerians*, pp. 78~80에 나온 것이다. Kramer 박사는 이 명문을 역대 왕 목록과 결부시켜 세 도시 사이에 벌어진 전쟁의 경과를 설명한다.
5. "Gilgamesh and Agga of Kish", in *ETC*.

9장 최초의 내전

1. Herodotus, *The Histories*, Robin Waterfield 번역 (1998), 2.99.
2. Ian Shaw, ed., *The Oxford History of Ancient Egypt* (2002), pp. 68~69.
3. Rudolf Anthes, "Egyptian Theology in the Third Millennium B.C.", *Journal of Near Eastern Studies* 18:3 (1959), p. 171.
4. 앞의 책, 같은 곳.
5. Ian Cunnison, *The Luapula Peoples of Northern Rhodesia* (1959), p. 98.
6. Edmund Leach, "The Mother's Brother in Ancient Egypt", *RAIN* [Royal Anthropological Institute of Great Britain and Ireland] 15 (1976), p. 20.
7. Shaw, p. 9.
8. William Flinders Petrie, *Researches in Sinai* (1906), p. 41.
9. Rice, p. 14.

10. Peter A. Clayton, *Chronicle of the Pharaohs: The Reign-by-Reign Record of the Rulers and Dynasties of Ancient Egypt* (1994), p. 28.

10장 최초의 서사시 영웅

1. Dalley, p. 42ff.
2. 길가메시 서사시 인용문은 어느 정도는 필자가 작성한 것이다. N. K. Sandars의 번역에 토대를 두되 약간 압축하고 어려운 단어는 쉬운 말로 풀었다. Samuel Kramer, Maureen Gallery Kovacs, Stephanie Dalley의 번역을 기초로 손질한 부분도 있다.
3. Sandars의 번역 pp. 118~119에서 거의 그대로 인용했다.

11장 죽음에 대한 최초의 승리

1. Clayton, p. 33.
2. Richard L. Zettler and Lee Horne, *Treasures from the Royal Tombs of Ur* (1998), p. 29.
3. J. M. Roberts가 *The Penguin History of the World* (1997), p. 71에서 낸 아이디어다.
4. Herodotus, 2.12.
5. Paul Jordan, *Riddles of the Sphinx* (1998), p. 73.
6. Clayton, p. 45.
7. Herodotus, 2.124.
8. Herodotus, 2.126.
9. Bruce G. Trigger, "Monumental Architecture: A Thermodynamic Explanation of Symbolic Behavior", *World Archaeology* 22:2 (1990), p. 119.
10. Dean Hardy and Marjorie Killick, *Pyramid Energy: The Philosophy of God, the Science of Man* (1994), p. 169.
11. Peter Tompkins, *Secrets of the Great Pyramid* (1971), p. xiv.
12. James and Thorpe, p. 208.

12장 최초의 개혁가

1. Samuel Kramer, *The Sumerians*, p. 51의 번역문.
2. 위의 책, p. 313.
3. John Winthrop Hackett, ed., *Warfare in the Ancient World* (1989), p. 4.
4. Leick, *Mesopotamia*, p. 149.
5. I. M. Diakonoff, ed., *Early Antiquity* (1991), p. 82.

6. Samuel Kramer, *From the Tablets of Sumer* (1956), p. 48의 번역문.

7. Diakonoff, p. 82.

8. J. S. Cooper, *Sumerian and Akkadian Royal Inscriptions*, vol. 1, *Presargonic Inscriptions* (1986), p. 78.

9. Nels Bailkey, "Early Mesopotamian Constitutional Developments", *American Historical Review* 72:4 (1967), p. 1222.

10. Kramer, *The Sumerians*, pp. 323~324의 번역문.

11. Leick, *Mesopotamia*, p. 150.

12. Kramer, *The Sumerians*, pp. 322~323의 번역문.

13. Cooper, p. 95.

14. Crawford, p. 25.

13장 최초의 군사독재자

1. James B. Pritchard, ed., *The Ancient Near East: An Anthology of Texts and Pictures* (1958), pp. 85~86의 번역문을 사용했다. 일부 용어는 Gwendolyn Leick가 *Mesopotamia*, p. 94에서 한 설명으로 바꿨다.

2. J. M. Roberts, p. 51.

3. Kramer, *The Sumerians*, p. 330의 번역문.

4. Xenophon, *The Education of Cyrus*, Wayne Ambler 번역(2001), 1.3.8~9.

5. "The Sargon Legend, Segment B", in *ETC*.

6. Kramer, *The Sumerians*, p. 324의 번역문.

7. Diakonoff, p. 85.

8. 위의 책, 같은 곳.

9. Kramer, *The Sumerians*, p. 324의 번역문.

10. H. W. F. Saggs, *The Might That Was Assyria* (1984), p. 19.

11. Benjamin R. Foster, *Before the Muses: An Anthology of Akkadian Literature*, vol. 1 (1996), p. 254에서 차용.

12. Michael Roaf, *Cultural Atlas of Mesopotamia and the Ancient Near East* (1996), p. 97.

13. A. Leo Oppenheim, *Ancient Mesopotamia: Portrait of a Dead Civilization* (1977), p. 154.

14. Diakonoff, p. 86.

15. Bailkey, p. 1225. Bailkey의 각주는 반란을 기록한 고대 바빌론 명문들(Omen Texts)에 관한 모든 문헌을 담고 있다.

16. Leick, *Mesopotamia*, p. 99.

14장 최초의 계획도시

1. Keay, p. 6.
2. Wolpert, pp. 14~15.
3. Fischer, p. 61.
4. Wolpert, p. 18.
5. Keay, p. 13.
6. Hermann Kulke and Dietmar Rothermund, *A History of India* (1998), p. 23.
7. 위의 책, pp. 22~23.
8. 용어와 도량형은 Kulke and Rothermund, p. 23과 Keay, pp. 8~9를 참작했다.

15장 최초의 제국의 붕괴

1. Herodotus, 2.127~128.
2. Jordan, p. 80.
3. 위의 책, p. xvii.
4. Herodotus, 2.129.
5. Herodotus, 2.133.
6. Herodotus, 2.131.
7. Clayton, p. 60.
8. A. Rosalie David, *The Egyptian Kingdoms* (1988), p. 16.
9. 주문 217행은 J. H. Breasted가 *Development of Religion and Thought in Ancient Egypt* (University of Chicago Press, 1912)에 번역해 놓은 것이다. 그 다음 309행은 R. O. Faulkner 가 *The Ancient Pyramid Texts* (Clarendon Press, 1969)에 번역한 것이다. 둘 다 Jon E. Lewis, ed., *Ancient Egypt* (2003), pp. 27~29에 실려 있다.
10. Clayton, p. 64.
11. Clayton, p. 67에서 인용.
12. Colin McEvedy, *The New Penguin Atlas of Ancient History* (2002), p. 36.

16장 최초의 야만족 침입

1. Kramer, *The Sumerians*, p. 61.
2. Roaf, p. 98.
3. Hugo Radau, *Early Babylonian History Down to the End of the Fourth Dynasty of Ur* (1899), p. 307에서 처음 언급되었다.
4. David Willis McCullough, ed., *Chronicles of the Barbarians* (1998), p. 8.

5. Oppenheim, *Ancient Mesopotamia*, p. 62.

6. "아가데의 저주", in *ETC*.

7. 위의 책, 같은 곳.

8. Kramer, *The Sumerians*, p. 330.

9. "구데아를 위해 바우 여신에게 드리는 통곡의 기도", in *ETC*.

10. "우투-헤갈의 승리", in *ETC*.

11. Kramer, *The Sumerians*, p. 325.

12. "운하 파는 자 우르-남마(Ur-Namma)", in *ETC*.

13. "우르-남마 찬미시", in *ETC*.

17장 최초로 유일신을 믿은 인간

1. 「창세기」 10장 11~24절.

2. Victor P. Hamilton, *The Book of Genesis: Chapters 1~17* (1990), p. 363.

3. "우르-남마의 죽음 (우르-남마 A)", in *ETC*에서 인용.

4. Jonathan N. Tubb, *Canaanites: Peoples of the Past* (1998), p. 15.

5. J. M. Roberts, p. 41.

6. Tubb, p. 39.

7. Donald B. Redford, *Egypt, Canaan, and Israel in Ancient Times* (1992), pp. 63~64.

8. Aidan Dodson and Dyan Hilton, *The Complete Royal Families of Ancient Egypt* (2004), p. 80.

9. Redford, *Egypt*, pp. 67~68에서 인용.

10. 코란 2.144~150.

11. Roaf, p. 101.

12. Leick, *Mesopotamia*, pp. 132~133에서 인용.

13. Leick, *Mesopotamia*, p. 126.

14. Roaf, p. 102.

15. Tubb, p. 38.

18장 최초의 환경 재앙

1. John Perlin, *Forest Journey: The Role of Wood in the Development of Civilization* (1991), p. 43.

2. Thorkild Jacobsen, *Salinity and Irrigation Agriculture in Antiquity* (1982), p. 468.

3. D. Bruce Dickson, "Circumscription by Anthropogenic Environmental Destruction: An Expansion of Carneiro's(1970) Theory of the Origin of the State", *American Antiquity* 52:4

(1987), p. 713.

4. Kramer, *The Sumerians*, pp. 333~334에서 인용.

5. 위의 책, pp. 334~335에서 인용.

6. "우림을 위한 애가", in *ETC*에서 인용.

7. 위의 책, 같은 곳.

19장 재통일을 위한 전쟁

1. Verbrugghe and Wickersham, p. 137.

2. Stephan Seidlmayer, "The First Intermediate Period", in *The Oxford History of Ancient Egypt*, ed. Ian Shaw (2002), pp. 128~129.

3. Verbrugghe and Wickersham, p. 194.

4. Clayton, p. 72.

5. "Instructions for Merikare", in Miriam Lichtheim, *Ancient Egyptian Literature*, vol. 1 (1975), p. 70.

6. Shaw, p. 161.

7. 위의 책, p. 151.

8. Dodson and Hilton, p. 87.

9. 위의 책, p. 90.

10. Shaw, p. 158에 인용된 "네르페르티의 예언(The Prophecy of Nerferti)".

11. Clayton, p. 79.

12. Shaw, p. 160.

13. Silverman, p. 79.

20장 합종연횡하는 메소포타미아

1. *ETC*에 나오는 A, B, D, E의 기사 "이슈비-에라와 킨다투"를 재구성한 내용임.

2. Roaf, p. 110.

3. Saggs, *Assyria*, pp. 28~30.

4. *ETC*에 나오는 "난-키-아그가 군구눔의 군대에 대해 리피트-이슈타르에게 보내는 편지"와 "리피트-이슈타르가 적을 몰아내는 일에 관해 난-키-아그에게 보내는 편지"에서 재구성한 내용임.

5. "An adab to Nanna for Gungunum (Gungunum A)", in *ETC*.

6. L. W. King, *The Letters and Inscriptions of Hammurabi*, vol. 3 (1976), p. 213, "수무-아붐의 통치" 번역문.

7. A. K. Grayson, *Assyrian and Babylonian Chronicles* (1975), p. 155 번역문.

8. Saggs, *Assyria*, p. 25에 인용된 아시리아 역대 왕 목록.

9. Daniel David Luckenbill, *Ancient Records of Assyria and Babylon, Volume I : Historical Records of Assyria from the Earliest Times to Sargon* (1926), p. 16.

10. Saggs, *Assyria*, p. 37.

11. Roaf, p. 116.

12. Saggs, *Assyria*, p. 25.

13. Gwendolyn Leick, *The Babylonians: An Introduction* (2003), p. 33.

14. Oppenheim, *Ancient Mesopotamia*, p. 156.

15. H. W. F. Saggs, *Babylonians* (1995), p. 98.

21장 하 왕조의 멸망

1. Ssu-ma Ch'ien, *The Grand Scribe's Records(사기史記)* vol. 1, ed. William H. Nienhauser, Jr., translated by Tsai-fa Cheng et al. (1994), p. 21.

2. 위의 책, p. 22.

3. 위의 책, p. 32.

4. John King Fairbank and Merle Goldman, *China: A New History* (2002), p. 37.

5. Li Liu and Xingcan Chen, *State Formation in Early China* (2003), p. 35.

6. 위의 책, p. 35.

7. Ch'ien, p. 37.

8. 위의 책, p. 38.

9. J. A. G. Roberts, p. 5.

10. Ch'ien, p. 38. 정확한 인용문은 "하태(夏台)에서 탕을 죽이지 못한 것이 한이다. 그래서 내 가 이 지경이 되었다"이다.

22장 함무라비의 제국

1. Jorgen Laessoe, *People of Ancient Assyria: Their Inscriptions and Correspondence* (1963), p. 47.

2. Laessoe의 책 p. 50에서 약간 다듬었다.

3. Laessoe, pp. 68~69.

4. 위의 책, p. 76.

5. 위의 책, p. 78.

6. Jack M. Sasson, "The King and I: A Mari King in Changing Perceptions", *Journal of the American Oriental Society* 118:4 (1998), p. 454에 실린 마리 왕국의 편지를 André Parrot가

재구성한 것이다.

7. King, vol. 2, p. 176.

8. Pritchard, p. 142.

9. Norman Yoffee, "The Decline and Rise of Mesopotamian Civilization: An Ethnoarchaeological Perspective on the Evolution of Social Complexity", *American Antiquity* 44:1 (1979), p. 12.

10. Saggs, *Babylonians*, p. 101.

11. King, vol 1, p xxxvii.

12. Roaf, p. 121.

23장 힉소스가 이집트를 장악하다

1. Shaw, p. 169.

2. Clayton, p. 93.

3. Josephus, *Against Apion*, 1.14.74~77, in *The Works of Josephus* (1987).

4. 위의 책, 1.14.85.

5. Redford, *Egypt*, p. 126.

6. George Steindorff and Keith C. Steele, *When Egypt Ruled the East* (1957), p. 29.

24장 크레타의 미노스 왕

1. J. Lesley Fitton, *Minoans* (2002), p. 67.

2. 위의 책, pp. 104~105.

3. 위의 책, p. 138.

4. Apollodorus, *The Library* (1921), 3.1.3~4 and 3.15.8.

5. Cyrus H. Gordon, *The Common Background of Greek and Hebrew Civilizations* (1965), pp. 51~52.

6. Thucydides, *The Landmark Thucydides: A Comprehensive Guide to the Peloponnesian War*, translated by Richard Crawley (1998), 1.4~5.

7. Herodotus, 1.171.

8. Thucydides, 1.8.

9. Rodney Castleden, *Minoans: Life in Bronze Age Crete* (1990), p. 148.

10. Fitton, p. 166.

11. Christos G. Doumas, *Thera, Pompeii of the Ancient Aegean* (1983), p. 134.

12. 위의 책, pp. 134~135.

13. 위의 책, p. 139.

14. 위의 책, p. 147.

25장 하라파 문명의 해체

1. Wolpert, p. 21.

2. G. F. Dales, "The Mythical Massacre at Mohenjo Daro", in *Ancient Cities of the Indus*, ed. G. L. Possehl (1979), p. 291.

3. Gregory L. Possehl, "The Mohenjo-daro Floods: A Reply", *American Anthropologist* 69:1 (1967), p. 32.

4. 위의 책, p. 35.

5. Romila Thapar, *Early India: From the Origins to AD 1300* (2002), p. 87.

6. Julian Reade, "Assyrian King-Lists, the Royal Tombs of Ur, and Indus Origins", *Journal of Near Eastern Studies* 60:1 (2001), p. 27.

7. Wolpert, p. 27.

8. 위의 책, p. 24.

9. Keay, p. 20.

26장 히타이트의 부상

1. Robert S. Hardy, "The Old Hittite Kingdom: A Political History", *American Journal of Semitic Languages and Literatures* 58:2 (1941), p. 180.

2. Trevor Bryce, *Life and Society in the Hittite World* (2002), pp. 116~117.

3. G. G. Giorgadze, "The Hittite Kingdom", in *Early Antiquity*, ed. I. M. Diakanoff, trans. Alexander Kirjanov (1991), p. 271.

4. Bryce, p. 230.

5. Robert S. Hardy, p. 181.

6. Giorgadze, p. 272.

7. Robert S. Hardy, p. 194.

8. Bryce, p. 11에 길게 인용된 The Hittite *Testament*.

9. Bryce, p. 31.

10. Redford, *Egypt*, p. 134.

11. Leick, *The Babylonians*, p. 42.

12. Robert S. Hardy, p. 206.

13. Bryce, p. 107.

27장 아모세가 힉소스를 몰아내다

1. Steindorff and Steele, p. 31을 간단하게 부연 설명함.

2. Silverman, p. 30.

3. Clayton, p. 102.

4. Josephus, *Against Apion*, 1.14.

5. Lewis, p. 98.

6. Shaw, p. 216.

7. Redford, *Egypt*, p. 129.

8. Eliezer D. Oren, "The 'Kingdom of Sharuhen' and and the Hyksos Kingdom," in *The Hyksos: New Historical and Archaeological Perspectives*, ed. Eliezer D. Oren (1997). P. 253.

9. Lewis, p. 98.

28장 찬탈과 복수

1. Dodson and Hilton, p. 127.

2. Clayton, p. 105.

3. Edward F. Wente, "Some Graffiti from the Reign of Hatshepsut", *Journal of Near Eastern Studies* 43:1 (1984), pp. 52~53. Wente는 이 낙서를 다른 식으로 해석할 수도 있다고 인정한다.

4. E. P. Uphill, "A Joint Sed-Festival of Thutmose III and Queen Hatshepsut", *Journal of Near Eastern Studies* 20:4 (1961), pp. 249~251.

5. I. V. Vinogradov, "The New Kingdom of Egypt", in *Early Antiquity*, ed. I. M. Diakonoff, trans. Alexander Kirjanov (1991), p. 178.

6. 위의 책, 같은 곳.

7. 위의 책, p. 180.

8. Steindorff and Steele, p. 58.

9. 위의 책, p. 57.

29장 미탄니 · 히타이트 · 이집트의 3파전

1. Laessoe, p. 83.

2. 위의 책, p. 87.

3. Steindorff and Steele, p. 63.

4. Robert S. Hardy, p. 206.

5. 위의 책, p. 208.

6. Bryce, pp. 28~29.

7. Laessoe, p. 89.

8. Redford, *Egypt*, p. 164.

9. 위의 책, p. 167.

10. Alan R. Schulman, "Diplomatic Marriage in the Egyptian New Kingdom", *Journal of Near Eastern Studies* 38:3 (1979), p. 83.

30장 상나라의 천도

1. Ch'ien, p. 43.

2. Kwang-Chih Chang, *Shang Civilization* (1980), p. 11.

3. Ch'ien, p. 45.

4. Arthur Cotterell, *China: A Cultural History* (1988), p. 16.

5. Chang, p. 10.

6. Chang, p. 11에서 인용.

7. Ch'ien, p. 47.

31장 그리스의 미케네인

1. Lord William Taylour, *The Mycenaeans* (1983), p. 18.

2. Plutarch, *Plutarch's Lives*, vol. 1, The Dryden Translation (2001), p. 10.

3. Taylour, p. 41.

4. 위의 책, p. 147; Robert Morkot, *The Penguin Historical Atlas of Ancient Greece* (1996), p. 29.

5. Taylour, p. 137.

6. John Chadwick, *Linear B and Related Scripts* (1987), pp. 44~49.

7. Herodotus, 3.122.

8. Taylour, p. 156.

9. Fitton, p. 179.

10. J. T. Hooker, "Homer and Late Minoan Crete," *Journal of Hellenic Studies* 89 (1969), p. 60.

32장 신들의 투쟁

1. Clayton, p. 116.

2. David O'Connor and Eric H. Cline, *Amenhotep III: Perspectives on His Reign* (1998), p. 13.

3. 위의 책, p. 11.

4. Tacitus, *The Annals of Imperial Rome* (1996), p. 111.

5. Ernest A. Wallis Budge, *Tutankhamen: Amenism, Atenism, and Egyptian Monotheism* (1923), p. 68과 Clayton, p. 117에 상세한 내용이 나온다.

6. Donald B. Redford, *Akhenaten: The Heretic King* (1984), pp. 36~37.

7. Clayton, p. 116.

8. O' Connor and Cline, p. 20.

9. Laessoe, p. 90.

10. O' Connor and Cline, p. 243.

11. William L. Moran, ed. and trans., *The Amarna Letters* (1992), p. 1.

12. 위의 책, pp. 1~2.

13. 위의 책, p. 8.

14. O' Connor and Cline, pp. 2~3.

15. Redford, *Akhenaten*, p. 162.

16. Dodson and Hilton, p. 142.

17. Redford, *Akhenaten*, p. 52.

18. Cyril Aldred, *Akhenaten, King of Egypt* (1988), p. 278.

19. 위의 책, pp. 241~243.

20. Redford, *Akhenaten*, p. 141.

33장 전쟁과 결혼

1. 고고학자들이 '엘 아마르나(El Amarna) 20' 이라고 명명한 편지를 Moran이 편집·번역한 *The Amarna Letters*, p. 48에 입각해 약간 다듬었다. 이후 엘 아마르나는 EA로 약칭한다.

2. Redford, *Akhenaten*, p. 195.

3. EA 41, in Moran, p. 114.

4. EA 16, in Moran, p. 16.

5. Redford, *Akhenaten*, p. 197.

6. Laessoe, p. 90.

7. EA 9, in Moran, p. 18.

8. Saggs, *Babylonians*, pp. 118~119.

9. Clayton, p. 134.

10. Nicholas Reeves, *The Complete Tutankhamun: The King, The Tomb, The Royal Treasure* (1995), p. 23.

11. Clayton, p. 135.

34장 고대 초기 최대의 전투

1. Clayton, p. 138.

2. 위의 책, p. 146.

3. Bryce, p. 111.

4. Shaw, p. 298.

5. Diakonoff, p. 189.

6. Shaw, p. 298.

7. Clayton, p. 151.

8. Bryce, p. 172에 번역된 편지에서 인용.

9. Luckenbill, *Ancient Records*, vol. 1, p. 27.

10. Bryce, p. 108.

11. Luckenbill, *Ancient Records*, vol. 1, p. 40.

12. Redford, *Egypt*, p. 188.

13. Clayton, p. 153.

14. 위의 책, p. 155.

35장 트로이 전쟁

1. Taylour, p. 159.

2. Homer, *The Iliad*, Book 3. E. V. Rieu 번역본 (1950).

3. Virgil, *The Aeneid*, 2.13~20. C. Day Lewis 번역본 (1950).

4. 위의 책, 2.265~267, 327.

5. E. V. Rieu, "Introduction", in Homer, *The Iliad* (1950), p. xiv.

6. Chadwick, p. 36.

7. Clayton, p. 162.

8. Herodotus, 1.4.

9. Herodotus, 1.5.

10. Barbara W. Tuchman, *The March of Folly: From Troy to Vietnam* (1984), p. 43.

11. Thucydides, 1.11.1.

12. Homer, *The Odyssey*, Book 3, Samuel Butler 번역본 (1898).

13. Thucydides, 1.12.2.

36장 중국사 최초의 임금

1. Chang, p. 12에 인용된 J. Legge and C. Waltham의 번역.

2. Fairbank and Goldman, p. 34.

3. J. A. G. Roberts, p. 67.

4. 위의 책, p. 8.

5. Chang, pp. 32~35.

6. Chang, p. 13에 인용된 A. Waley의 번역.

7. Cotterell, *China*, p. 24.

37장 리그베다

1. Keay, p. 26.

2. Ranbir Vohra, *The Making of India: A Historical Survey* (2001), pp. 3~4.

3. Keay, p. 29.

4. Franklin Edgerton이 *The Beginning of Indian Philosophy* (1965), pp. 52~56에 번역한 『리그베다』 부분.

5. Kulke and Rothermand, p. 35.

6. Thapar, *Early India*, p. 114.

38장 운명의 반전

1. Redford, *Egypt*, p. 247.

2. Clayton, p. 157.

3. Bryce, p. 94.

4. 위의 책, p. 22.

5. K. A. Kitchen, trans., *Ramesside Inscriptions, Historical and Biographical*, vol. 4 (1969), 5.3.

6. Bryce, p. 95.

7. 위의 책, p. 109.

8. 위의 책, p. 26.

9. 위의 책, p. 234.

10. Redford, *Egypt*, p. 245.

11. Sylvie Lackenbacher, *Le roi bâtisseur. Les récits de construction assyriens des origines à Teglatphalasar III* (1982)에 나오는 서한 RS 34에서 인용.

12. Itamar Singer, "New Evidence on the End of the Hittite Empire", in *The Sea Peoples and Their World: A Reassessment*, ed. Eliezer D. Oren (2000), p. 22.

13. Laessoe, p. 98.

14. Leick, *Mesopotamia*, p. 209.

15. Saggs, *Babylonians*, p. 119에 인용된 Chronicle P.

16. Roaf, p. 148에서 인용.

17. Luckenbill, *Ancient Records*, vol. 1, p. 49.

18. Saggs, *Assyria*, p. 52.

19. Luckenbill, *Ancient Records*, vol. 1, p. 49.

20. Leick, *Mesopotamia*, p. 251.

21. Saggs, *Babylonians*, p. 120.

22. "Cushan Rishathaim and the Decline of the Near East around 1200 BC", *Journal of Near Eastern Studies* 13:4 (1954), p. 234에 A. Malamat가 인용한 대영박물관 소장 해리스 파피루스.

39장 이집트 신왕국의 종언

1. Clayton, p. 160.

2. Lewis, p. 219의 번역을 약간 축약한 것이다.

3. Jacobus van Dijk, "The Amarna Period and the Later New Kingdom", in *The Oxford History of Ancient Egypt*, ed. Ian Shaw (2000), pp. 304~305.

4. Redford, *Egypt*, p. 251의 번역을 약간 축약한 것이다.

5. Redford, *Egypt*, p. 252.

6. Lewis, p. 245.

7. David O'Connor, "The Sea Peoples and the Egyptian Sources", in *The Sea Peoples and Their World: A Reassessment*, ed. Eliezer D. Oren (2000), p. 95.

8. 위의 책, p. 85.

9. Lewis, p. 245~246.

10. van Dijk, p. 306.

11. Lewis, p. 247.

12. 위의 책, p. 252.

13. 위의 책, p. 254.

14. Clayton, p. 168.

15. van Dijk, p. 308과 Lewis, p. 265 참조.

16. Clayton, p. 171.

40장 그리스의 암흑기

1. Taylour, p. 159.

2. Morkot, p. 46.

3. Herodotus, 5.76.

4. Konon, *Narratives*, Sec. 26, in *The Narratives of Konon: Text Translation and Commentary of the Diegesis* by Malcolm Brown (2003).

5. Thucydides, 1.12.2~4.

6. Taylour, p. 161.

7. E. Watson Williams, "The End of an Epoch", *Greece & Rome*, 2nd series, 9:2 (1962), pp. 119~120.

8. Philip P. Betancourt, "The Aegean and the Origin of the Sea Peoples", in *The Sea Peoples and Their World: A Reassessment*, ed. Eliezer D. Oren (2000), p. 300.

9. Homer, *The Iliad*, 1.12~14. Robert Fitzgerald 번역본 (1974).

10. Williams, p. 117.

11. Williams, p. 112에서 인용.

41장 메소포타미아의 암흑기

1. *Mitteilungen des deutschen Orientgesellschaft* 94 (1963), p. 21에 실린 H. Otten의 번역문으로 Redford, *Egypt*, p. 254에서 재인용했다.

2. Roaf, p. 149.

3. A. T. Olmstead, "Tiglath-Pileser I and His Wars", *Journal of the American Oriental Society* 37 (1917), p. 170.

4. J. N. Postgate, "The Land of Assur and the Yoke of Assur", *World Archaeology* 23:3 (1992), p. 255.

5. Luckenbill, *Ancient Records*, vol. 1, p. 83.

6. Olmstead, "Tiglath-Pileser I and His Wars", p. 186.

7. Leick, *Mesopotamia*, p. 212.

8. Olmstead, "Tiglath-Pileser I and His Wars", p. 180.

9. W. G. Lambert, "Studies in Marduk", *Bulletin of the School of Oriental and African Studies*, University of London 47:1 (1984), p. 4.

10. Postgate, p. 249.

11. J. A. Brinkman, "Foreign Relations of Babylonia from 1600 to 625 BC: The Documentary Evidence", *American Journal of Archaeology* 76:3 (1972), p. 276.

12. Leick, *Mesopotamia*, p. 254에서 인용.

42장 상나라의 몰락

1. J. A. G. Roberts, p. 10.
2. Ch' ien, p. 51.
3. Mencius, *Mencius*, D. C. Lau 번역본 (1970), p. 172.
4. 위의 책, p. 26.
5. J. A. G. Roberts, p. 13.
6. Cotterell, *China*, p. 28.

찾아보기